北京服装学院
2020年度教学研究论文报告会优秀论文集

北京服装学院教研论文报告会优秀论文集编委会 编

中国纺织出版社有限公司

图书在版编目(CIP)数据

北京服装学院2020年度教学研究论文报告会优秀论文集／北京服装学院教研论文报告会优秀论文集编委会编．--北京：中国纺织出版社有限公司,2021.1

ISBN 978-7-5180-8272-8

Ⅰ.①北… Ⅱ.①北… Ⅲ.①高等学校—教学研究—北京—文集 Ⅳ.①G642.0-53

中国版本图书馆CIP数据核字(2020)第250797号

BEIJING FUZHUANG XUEYUAN 2020 NIANDU JIAOXUE
YANJIU LUNWEN BAOGAOHUI YOUXIU LUNWENJI

责任编辑：朱利锋　　责任校对：寇晨晨　　责任印制：何　建

中国纺织出版社有限公司出版发行
地址：北京市朝阳区百子湾东里A407号楼　邮政编码：100124
销售电话：010—67004422　传真：010—87155801
http://www.c-textilep.com
中国纺织出版社天猫旗舰店
官方微博 http://weibo.com/2119887771
北京密东印刷有限公司印刷　各地新华书店经销
2021年1月第1版第1次印刷
开本：787×1092　1/16　印张：19.5
字数：374千字　定价：108.00元

凡购本书，如有缺页、倒页、脱页，由本社图书营销中心调换

编委会

主　　编：詹炳宏　席　阳
副 主 编：张　然　贾云萍
编　　辑：薛　慧
参编人员：（按姓氏笔画顺序）

万　岚	马　涛	马　琳	王文岩	王文潇	王永忠
王成伟	王　娜	王素艳	王晓娜	王敬礼	王　颖
王群山	田红艳	付婉莹	白雯静	刘　勇	关芳兰
许海燕	寻　梁	孙安娜	李菁菁	李瑞君	吴玉凤
吴　雯	宋　丹	张迎迎	张　琛	张慧琴	陈春丽
陈　莹	陈　辉	范秀娟	洪　颖	耿金玉	贾云萍
顾　萍	徐立国	黄　易	曹向晖	崔　萌	章江华
董　妍	韩　燕	焦海霞	訾韦力	熊红云	翟　鹰
黎　焰	薛凤敏				

前　言

2020年是"十三五"规划收官之年，也是北京服装学院全面推进高质量内涵发展关键的一年。为深入贯彻习近平总书记关于教育的重要论述，全国、全市思想政治工作会议与教育大会精神，以及教育部、北京市教委关于高等学校本科教育的重要指示精神，更好地落实学校综合改革方案和各项教育发展规划部署，提升教师教学能力和研究水平，推动学校内涵式发展，2020年7月教务处以"课程建设年"为主题，组织召开了北京服装学院2020年度教学研究论文报告会，联合中国纺织出版社编辑出版了《北京服装学院2020年度教学研究论文报告会优秀论文集》。

本次论文报告会围绕习总书记关于教育的重要论述，以及教育部新时代高等学校本科教育工作会议精神、《高等学校课程思政建设指导纲要》和教育部关于疫情防控期间线上教学的重要指示精神等，从教育教学理念、专业建设与课程建设、创新人才培养模式、实践教学体系建设、产学研合作办学、基层教学组织建设和教育教学管理等方面展开全面深入的研讨和交流，特别结合学校一流专业建设、课程思政和"金课"建设等提出了工作的思路和改进建议。全校共有14个部门参加此次报告会，提交教研论文143篇，其中优秀论文51篇。

本论文集收录了此次论文报告会的全部51篇优秀论文，内容涵盖教学研究与改革、实践教学和管理研究等，既是教师们在教学实践与课题研究中的经验总结、教学设计与反思创新，更是教师们潜心研究、笔耕不辍的智慧结晶。希望通过本论文集的出版，进一步加强学校各部门、各学科之间的沟通与交流，同时向其他高校打开一扇沟通之门，以期得到广大同行、专家学者的指正引导，进一步促进我校的教育教学改革与创新发展，使我校的一流本科教育再上一个新台阶！

本论文集在编写过程中得到了全校11个教学部门和教学相关部门的大力支持和积极配合，在此致以诚挚的谢意。

北京服装学院教研论文报告会优秀论文集编委会
2020年12月

目　录

教学研究与改革

"服装图案与设计"课程教学思政的设置与实施 ………………………… 王群山（2）

基于 SPOC 模式的全在线混合式课程设计应用研究
　　——以"运动服装设计二"课程为例 ………………………… 万岚（7）

线上教学的教学设计思考与实践 ………………………… 吴雯（14）

从思维创新角度思考时尚插画的创作 ………………………… 王文潇（21）

设计项目流程为导向的色彩趋势设计教学探究
　　——以"纺织色彩趋势设计"课程教学实践为例 ………………………… 黄易（30）

疫情背景下无机及分析化学课程线上教学探索 ………………………… 崔萌（36）

面向未来纺织品的"纺织品设计"课程内容设计与教学模式优化
　　　　　　　　　　　　　　　　　　　　　　　　　　　陈莹　闵胜男（40）

课程思政的实践与探索
　　——以环境设计系专业课程的教学实践为例 ………………………… 李瑞君（46）

"交互设计"教学内容整体优化研究与改革实践 ………………………… 熊红云（51）

表演教学的数字化转型与空间革命
　　——"第四堵墙"的拆解与重构 ………………………… 许海燕（60）

总体艺术观下的艺文理跨学科教育
　　——"跨媒体艺术"学科教育的启示 ………………………… 王文岩（67）

突发公共卫生危机下高校线上教学"体验"透视
　　　　　　　　　　　　　　　　　　　　　　　　　　　曹向晖　彭璐（73）

高校经管类专业基础课"课程思政"教学改革实施策略研究
....马琳（79）

绘画（师范）专业"色彩 B"教学特色浅析
....翟鹰（83）

"产出导向"视域下的艺术类院校思政教育与大学英语教学同向同行探索
....张慧琴（89）

"中国大学慕课"平台英语课程学生学习情况调查研究
..................................王娜 冯颖轩 刘乐仪 刘盈盈（101）

专门学术英语微课程建设研究与实践
....訾韦力（108）

混合教学理念下艺术类学生跨文化交际能力培养模式研究
....薛凤敏（114）

基于督导员角度的在线教学思考
....范秀娟（121）

艺术元素融入艺术高校思政课教学路径探索
——以我校"毛泽东思想和中国特色社会主义理论体系概论"课为例
....王晓娜（128）

艺术类高校"思想道德修养与法律基础"课程混合式教学模式建构路径探析
....付婉莹 张红玲（133）

浅析当代中国政治理论对创新能力培养的意义
——以艺术类大学生为视角的分析 ....寻梁 王敬礼（139）

"马克思主义基本原理概论"课程线上教学的实践与思考
....吴玉凤（146）

新工科背景下"线性代数"教学设计与改革研究与实践
....王成伟（150）

高校公共基础课教师发展的瓶颈及实践探索
....王素艳（155）

疫情期间我校体育网络教学实践调查研究
....孙安娜（159）

普通高校特色体育文化的构建与研究
....徐立国（165）

基于 STEAM 的跨学科移植教学模式设计与实践研究
....王颖（170）

基于"雨课堂"线上教学的研究与探讨
.... 陈辉（175）

高校线上教学的实践及思考
.... 洪颖（179）

"高等数学"课程思政的理论思考与实践
.... 章江华（183）

"数据库管理系统"课程线上教学模式探讨
.... 陈春丽（187）

实践教学

服装专业本科的专业实习实效性评价初探
.... 李菁菁（194）

智慧教学环境促进产品设计教学效果研究
.... 刘勇 张弘（199）

设计性实验"苯乙烯乳液聚合"教学模式的探索与研究
.... 马涛 何璞祯 朱志国 张秀芹 杨中开 张文娟 董振峰 汪滨（205）

非遗文化传承课程对大学生创业能力的培养
——以传统手工印染为例 .... 关芳兰（209）

"新媒体广告实践"课程教学改革的实践与创新
.... 张琛（214）

"艺文融合"背景下时尚传播专业毕业设计发展分析
.... 董妍（221）

"传感器与检测技术"实验课教学改革实践
.... 王永忠 韩润萍（231）

管理研究

新冠肺炎疫情防控常态化形势下高校班主任工作的思考
.... 韩燕（238）

电子数据存证技术在版权保护中的应用研究
.... 王敬礼（242）

基于学校特色的高教研究发展策略探析
　　——北京服装学院高教研究实践体会 ·················· 贾云萍（249）

教学改革效果对教师教学职业生涯的促进作用探析
　　·· 田红艳　白雯静（256）

论文格式检测系统在实践中的应用初探
　　——以北京服装学院为例 ············ 张迎迎　章美薇　崔胜丹（261）

新时代背景下教材建设的路径与实践
　　——以北京服装学院教材建设工作为例 ··· 白雯静　田红艳　尉坚锋（270）

开拓思路精心组织　有条不紊推进落实
　　——疫情期间毕业设计（论文）工作督导调研 ········· 顾萍　李璧君（276）

浅谈特色数据库建设的可持续发展
　　·· 黎焰（282）

数字学术视角下艺术类学科服务研究探析
　　·· 宋丹（287）

浅谈图书馆配商线上书展平台
　　·· 耿金玉（292）

浅谈高校日文文献回溯建库工作
　　——以北京服装学院图书馆为例 ····························· 焦海霞（296）

教 学 研 究 与 改 革

"服装图案与设计"课程教学思政的设置与实施

王群山[1]

摘 要 中华民族有五千年的文明史,服饰文化作为传统文化的一部分具有深厚的积淀。中国传统服饰艺术特征鲜明的体现在服装图案上,服装图案早已成为中华民族审美意识和服装制作经验的结晶,是一份具有很高学术研究价值的珍贵文化遗产,是非常值得传承学习和借鉴的。我们深刻地意识到,有责任对当代高级服装设计师进行高素质培养,使他们对服装图案的传承创新应用保持清晰而全面的认识。

关键词 服装图案与设计;教学思政;设置;实施

党的十八、十九大以来,基于对服装学科和产业提升转型需求的深入考察,对中国传统文化伟大复兴的文化语境的深入理解,本课程以"传承文化,创意未来"为教育理念,在课程设置中不断加强传统文化传承与创新设计的课程思政内容,在创新教育实践中培养"设计+文化+技艺"的新型服装设计人才。以"立足当代之生活,融合当代之审美,做有民族情怀的设计,做有文化滋养的创新"为导向,以"技艺传承、文化积淀、设计创新"为内容,把传承与创新设计作为主导,使学生立足当代美好生活,学习和体验传统民族技艺和优质文化资源,掌握基本的设计规律和创新方法,产生对传统技艺和文化的兴趣和热爱,提升民族文化自尊心和自信心,激发学生的创新设计灵感,培育传承和创新的能力。在"服装图案与设计"课程中探索出一条服装图案与设计的传承与创新人才培养之路径。

一、弘扬我国传统图案艺术,提升文化自觉与自信

在当今经济、信息全球化的趋势下,世界各国的差距正在逐步缩小,西方文化的强势扩张和价值观的渗透,使我们的民族优秀文化受到了很大的冲击。

虽然近些年来我们的服装设计与服装产业有了长足进步,经济飞速发展,但是相较欧美等国家,还是较弱,如何发展我国的服装设计,是服装设计界和教育界共同思考的命题。具有中国韵味和文化内涵的服装及其产业化发展是国家文化软实力的象征与体现。但在我国服装设计教育中存在着"重西方、轻东方"倾向,对于西方服装设计如数家珍,对于包括服装在内的中国传统文化存在着"无论魏晋乃不知有汉"的问题。随着

---

[1] 作者简介:王群山,北京服装学院服装艺术与工程学院,教授。

中国经济的快速发展，"中国设计"在当今世界格局中显得尤为重要，研究中国传统服装图案是寻找设计的中国化语言的一种方式，对于一个有着悠久传统文化的民族来说，它将为"中国设计"提供来自本土的智慧和想象力。中国传统服装图案凝聚着中华民族所特有的一种艺术形式，是我国人民吉祥文化心理的一种载体，它特有的造型手法和表现手段，能成为现代中国服装设计的有利借鉴。在学习过程中，一方面需要加强引导学生对传统服装图案艺术的学习和研究，另一方面是以中国传统文化为本位的设计实践与探索。这样才能从根本上提高我们的文化自信心，才能达到挖掘发展"中国设计"之目的。

学习中国传统服装图案的内容，让学生进一步了解中国传统服装图案的美感和内在寓意，我国传统图案承载着我们祖先几千年的文化，是中华民族向往、追求美好生活而创造出来的一种特有的具有浓郁时代和民族风格的艺术形式，是最富有中国特色的传统视觉资源。中国传统图案主要是以吉祥祈愿为主题的一种心理需求的产物，包含着传统文化的众多内容，包括了人生各种需求的方方面面，在教学中，首先使我们的学生要充分了解传统文化的含金量，深入认识和把握它的精髓。虽然近年来我国不断提倡保护和传承非物质文化遗产，但这是远远不够的，中国博大精深的传统文化还需要我们通过不同途径把它传承与创新并发扬光大。

二、课程思政的教学计划制订与培养方案的实施

教学计划的制订，以我国服装行业和市场需求为导向，充分考虑传统服装图案传承与创新应用设计人才的培养方向与目标，使学生不断领悟和深化"传承文化，创意未来"的教育理念；在创新教育实践中培养有民族情怀的、新型的高级服装设计人才。

本课程以"文化滋养下的创新"为导向，以"文化传承、设计创新"为内容，在教学中"以传统为本，以创新为魂"，在学校和学院的支持下，探索出一条培养服装图案传承与创新设计的思政课程。加强服装图案与设计的传承与创新应用教育，对未来中国服装图案的传承、传播、创新设计有着重大的意义。课程设置分为纵向的中国传统服装图案的传承与传播、横向的服装图案创新设计的学习与拓展、合理的创新、科学与时尚的应用。

培养方案的实施，通过纵向的中国传统服装图案课程的学习，主要培养学生对传统服装图案的兴趣和热爱，提升民族文化自尊心和自信心，激发学生的创新设计灵感，培育传承和创新的能力。并在此基础上去传播、创新、活化当下。传统服装图案是我国传统服饰文化的重要组成部分，对于此方面的教育教学，在高等（本科）教育的环节中有很大缺失，从人才的培养上来说，是不系统、不完善的，不能形成一个完整的人才培养体系。完善这样一个人才培养体系，不仅有利于做好我国服装企业品牌在世界服装之林的服饰文化地位，同时能够很好地促进我国服装高等教育的科学发展，也有利于我国服饰文化的有序传承、广泛传播和科学创新，进一步完善我国当代服饰文化优秀人才培养的目的。

对于中国传统服装图案的研究、传承和创新发展的学习是非常必要的。合理的创新

应用设计和有效的学科设计实践方法的学习是必需的，只有这样才能使学生在短时间内有效提升艺术设计与审美能力。将传统文化的元素和精神内涵运用到现代的时尚潮流，使学生系统掌握传承创新应用设计的理论及技能；借助服装设计来体现出我国服饰文化的精粹。特别是要与当今的新材料、新工艺、新手段、新思路乃至新的文化语境相结合，使学生能够更深入地掌握服装图案与设计的专业知识，并获得综合运用专业知识进行创新能力培养的实践经验。

三、"服装图案与设计"课程思政的教学培养目标及基本要求

1. 培养目标

为国家文化艺术的繁荣发展和服装行业及文化创意产业培养"善于学习、富于创新、敏于行动、诚于德行"的，具有高水平艺术设计修养，扎实的服装与服装图案设计理论和创新实践能力，能独立进行服装与服饰设计创作构思和成品实现，能从事各类服装与服装图案设计、传统文化研究、产品策划及相关工作的高素质应用型服装与服饰图案设计的专业人才。

2. 基本要求

政治上：充分领会十八、十九大精神，马克思主义、毛泽东思想和邓小平理论的基本原理，热爱社会主义祖国，拥护共产党领导，遵纪守法，具有高尚道德品质以及责任感和事业心。

业务上：完成本课程的学习和实践，通过课程的理论教学、外出参观、资料收集和实践学习，掌握现代服装图案应用设计与设计实践。学生应不停地学习，向传统、向社会、向企业、向民间、向姊妹艺术、向国外先进经验等学习。使之成为具有民族情怀的、艺术性的、人性的、实用性的、营销性的，能够服务于社会，繁荣我国文化艺术发展和服装市场，立足国际的优秀人才。

四、发挥集体记忆，讲好中国故事

在合理利用本院的教师资源外，聘请国内专家学者为学生授课，形成了教学方法多样化，在教学方法上注重学生的自学能力，重素质培养，总结和归纳"服装图案与设计"课程在传承与创新设计教育方面的特殊规律，采取一些行之有效的教学方法。

1. 走进课堂

有效地扩大了学生的学习视野，及时地了解中国传统文化技艺和国内外先进的专业信息和动态，培养学生的学习兴趣，同时调动学生的积极性。

课程设置目的：

课堂教学是学习知识的主要途径之一，在大多数条件下，学生通过教师在课堂上言传身教获得知识，并合理安排互动交流，同时辅以课外实践教学，使学生理解的更加透彻。

理论课程让学生得到更多的信息来充实自己。通过各方面渠道，邀请文化艺术、工艺美术、服装与服饰等业内资深专家来讲学、交流，为我们的学生带来独特的专业见解

和丰富的传统与现代的前沿资讯。

教学形式：

在"走进课堂"这一教学环节中，充分借助了我校的影响力，通过各方面渠道，邀请同行业内资深专家来为我们课堂授课，使学生更加直观的学习和了解传统文化内涵与现代创新设计，为丰富学生对传统文化的传承与创新应用设计发展学习与交流提供了便利的途径。

2. 走出课堂

充分利用首都文化中心的地理优势，到国家博物馆、民族服饰博物馆和故宫博物院参观，以弥补教学知识摄取量的不足，有效开阔学生的知识视野。

教学目的：

"走出课堂"的教学模式，不仅要让学生在课堂内学习到书本上的知识，更要使学生走出课堂，领略课堂之外的广博天地，培养学生在社会中实践自学的能力。只有课堂内外知识和经验相互结合，才能使学生的素质得到全面的提高，培养出高水平的优秀设计人才。

教学形式：

在"走出课堂"这一教学环节中，充分借助了我校的少数民族博物馆的研究资源与北京首都的传统文化优势，为丰富学生的传统文化技艺学习与交流提供了深厚保障。

五、构建粉丝基础，激发生命力，符合时代要求

现在的学生是我们的传帮带，把我国的传统服饰文化在他们今后的教育、教学和工作中系统有效地传授到他们的下一代，使我国优秀的传统服装图案艺术能够不断地发扬光大、传承创新。使他们在工作中不断加强服装图案传承与创新设计教育，使我们一代接一代的学生或设计师能够更好地学习和体验传统民族文化和技艺的优质资源，在此基础上进行创新设计，立足时代生活、时代审美，掌握高超的设计规律和创新方法，培养他们对传统服装图案艺术和技艺的兴趣和热爱，提升民族文化自尊心和自信心，激发学生的传承与创新设计意识，培育传承和创新的能力。让越来越多的人开始重视优秀的本国文化，借助服装图案与设计的艺术成果来体现出我国文化的精粹。

本课程思政内容的确立，在一定程度上关系着我国服装市场的繁荣，社会经济的发展，国际化的交流和国际服饰地位的确立。因而服饰传承与创新人才培养的教学体系，必须具备很强的艺术性、人性、实用性和营销性。这就为"服装图案与设计"课程的传承与创新人才培养的教学确定了目标，同时也确定了该课程与创新人才培养在服装设计中的目的、意义和社会效益。

六、与时俱进，捕捉灵感，反映当代现实的美好生活

通过授课教师对传统图案艺术的讲授，使学生掌握这方面的知识。让学生主动参与研究传统图案和了解传统文化的内容中。课后安排学生查找我国不同时期的传统图案资料，在课上，学生自己用PPT的形式为大家讲解，同学们互相探讨，互相学习，教师给

予正确指导与补充。使学生很快了解我国传统图案艺术和传统文化的整体脉络，提高他们对我们传统文化的自信心。利用设计实践，把传统图案有机地运用到现代服装设计之中。

主要实施的方法：

（1）教师讲解现代图案的设计方法与规律，使学生了解现代图案设计方法的多样性。

（2）为学生提供设计大主题，引导学生的设计内容，主要是时事政治的内容，例如，以改革开放40年为主题，让学生收集资料，用巧妙的方法绘制出能够说明改革开放40年来我们国家的大发展和人民欣欣向荣的生活方式。在此过程中学生们就会深入了解到，我国近40年所取得的伟大成就，为我们作为中国人，在中国共产党的领导下，取得的来之不易的幸福生活感到骄傲，就会珍惜当下，展望未来。

（3）进行爱国、爱校、爱家的主题设计，并运用到服装图案的设计之中。2019年是新中国成立70周年，为纪念这一时刻的到来，我们进行了主题为"我爱你祖国"的服装图案设计，让学生去领略新中国的繁荣昌盛，学生们全身心地投入设计之中。

去年也是北京服装学院建校60周年，学生们以学校的一草一木一建筑为题，进行主题设计，大家的作品都很有特色，充分反映了学生在此期间对学校的进一步了解和热爱。

以家乡为主题等，学生都能创造出原创的、优秀的作品。

在此过程中不仅学到了专业知识，还能感受到祖国的繁荣昌盛和不断发展壮大，社会的和谐与稳定，人民生活水平的不断提高，对中国传统文化的崇尚，民族自信心的增强。让学生亲身参与到我们的教学之中，他们才是主体，他们是祖国的未来。

七、总结

当今我国经济飞速发展，国力不断强盛，教学改革持续推进，习近平总书记多次强调，要坚定文化自信，推动社会主义文化繁荣兴盛。在此背景下，"服装图案与设计"课程也迎来了新的发展契机。因此，在本课程中不断加强课程思政内容，系统梳理、研究传统服装图案艺术，分析、总结其代表性图案的艺术特征及装饰规律，具有重要的学术价值、应用价值和现实意义。

基于SPOC模式的全在线混合式课程设计应用研究

——以"运动服装设计二"课程为例

万岚[1]

摘 要 新冠疫情的全球爆发迫使艺术类高校不得不加快教学改革的步伐追赶以人工智能、虚拟现实、区块链、5G信息技术等一系列技术革新所引发的教育领域的变革浪潮。后慕课时代对于高等教育的教育理念和方法都提出了更高的标准和要求，服装设计专业的本科教育培养目标不再满足于工业化背景下的具有专业操作技能和素养的人员，而应转为面向未来时尚产业的兼具创造力、协作力以及具备解决复杂问题能力的综合创新型人才。本课题以"运动服装设计二"课程为例，探讨数字化信息技术以及SPOC模式的混合式教学设计如何为服装设计专业课程扩容赋能。

关键词 SPOC模式；全在线混合；服装设计；教学设计实践

SPOC（Small Private Online Course）小型限制性在线课程，由加州大学伯克利分校的Armando Fox教授在2013年首次提出。Private是指对学生设置限制性的准入条件，达到要求的申请者才能被纳入学习系统。SPOC被看作是慕课MOOC（Massive Open Online Course）的一种衍生形式，两种模式都是以互联网教育资源及技术为依托，将面授与网络这两种学习模式优势重组，优化教学资源及教学活动，提高教学质量的一种混合式教学模式。

鉴于艺术设计专业实践操作的限制性，国内本科服装设计专业课程以面授教学为主。国际知名时尚教育机构，伦敦时装学院及中央圣马丁艺术与设计学院的时尚课程体系中包含系统化的远程短期培训课，该体系面向社会大众无准入门槛，采用线上线下两种授课模式，搭载其自有的教学平台WORKFLOW，可以实现远程直播授课、教学资料分享、作业布置及提交、学生讨论社区等功能。全球疫情爆发前其学位制课程尚未广泛采取线上授课形式。

目前，迫于新型冠状病毒全球大流行背景压力，国内、国际艺术院校均被迫转至线上教学，以保证教学进度。同时，为了积极响应教育部推出的国家级金课双万计划，在

---

[1] 作者简介：万岚，北京服装学院服装艺术与工程学院，讲师。
资助项目：2019年北京高等教育"本科教学改革创新项目"《基于OBE教育理念的国际化服装人才培养整合式课程体系研究》（项目编号：201910012003）。

清华大学等先驱的带领下，国内各大知名高校已经推出大量优质的在线课程。随着人工智能时代的到来，第四次教育革命的帷幕徐徐拉开，无论是迫于目前形势的被动接受还是面向未来教育趋势的主动拥抱，抑或基于对未来学生的成长环境与学习习惯的预测及满足，服装设计专业本科教学中的混合式课程建设均有着积极的探索意义。本文就以运动服装设计这门课程为例，探讨基于 SPOC 小规模限制性的全在线混合式课程模式在艺术设计学科服装设计专业中的应用及价值。

一、"运动服装设计二"课程概述

"运动服装设计二"是服装艺术设计专业的学科基础课程及专业必修课，也是运动服装设计方向的核心课程之一。该课程要求学生通过学习运动服装材料、版型、工艺的特殊性，掌握运动服装设计的款式造型、色彩搭配、材料运用的方法和原理；通过命题式设计项目训练，使学生熟练掌握运动服装产品设计、研发、发布等系列环节的工作方法。是一门专业性及操作性都非常强的专业实践课程。SPOC 模式的小规模、限制性特点非常适合艺术类高校以校本化为中心、学科专业性强、课程特色鲜明的专业特点。因此，基于 SPOC 模式的混合式课程设计，更加适用于该课程的教学开展。

二、"运动服装设计二"混合课程构建思路

1. 课程目标清晰明确

"运动服装设计二"隶属于设计实务课程群，根据本专业学生的阶段性培养目标，本课程的教学目标是使学生在完成概念术语、技能流程、行业标准等理论知识的学习后，通过实际操练来掌握运动服装设计、研发的工作程序及方法，最终获取运用创造性思维生成设计解决方案的能力。该课程的传统教学模式是以教师为中心的信息讲授结合实践指导，由于学生存在学习能力及学习主动性的差异，该模式无法及时评估学生对于课堂信息理解、掌握的情况，课堂讲授缺乏良性互动，教学体验不佳。同时实践指导部分存在时空、时效限制，课堂节奏掌控性不强。混合式教学模式通过重构课堂内外的教学组织和教学资源，调整教学顺序、拓宽教学时空，将学习的主动权从教师转移到学生。使学生在有限的课堂学习时间中，能更专注于基于主动探究的知识应用及创造性活动。在课堂实践及研讨中观察教师及同伴，通过内省获得知识和技能，掌握解决问题的思路与方法，实践在做中教，做中学，做中求进步，同时实现情感与态度自我提升。

2. 课程设计科学合理

"运动服装设计二"课程从教学平台的选择、教学内容的构设、教学活动的组织三个方面展开课程设计思考。混合式课程的核心是学生在课前通过慕课、微课等网络资源及其他形式的课程资料完成浅层知识的自主学习，期间教师需提供必要的学习指导及支持。课程中学生在老师的引导及同伴的协作下通过课堂任务来实践知识迁移、决策制订及问题解决等深层次的学习活动。课后学生通过练习来巩固知识及技能的掌握，实现知识的内化及升华。

（1）混合式课程的平台选择应基于以下几个原则：①课程资源丰富且质优，即平台

相关联慕课、微课及其他可链接资源的质与量；②平台稳定、功能完善，建课与学习路径清晰，操作便捷；③后台管理功能完善，具备教学全周期的数据统计、分析、追踪、干预等教学管理功能；④端口开放兼容性强，不仅支持多样化终端，同时可满足数字化学习者的移动学习及网络社交等多元化需求；⑤由于疫情期间面授课程全部移至线上，直播平台的稳定及功能也决定着授课过程中师生双方的体验。根据本课程特点和需求，选取超星学习通和ZOOM作为本课程的混合授课平台。

（2）教学内容的构设是混合式课程的核心，也是实现教学对象向培养目标能力迁徙的重要保障。布鲁姆教育目标分类理论将认知过程分解为记忆、理解、应用、分析、评价、创造六个层次，将教育目标领域划分为认知、技能、情感三个部分。"运动服装设计二"的理论教学部分涵盖事实性知识，例如运动服装材料、服装结构、服装功能的术语、要素等；概念性知识如人体工程学原理、图案设计构成原理、情感化设计概念等；程序性知识，如运动服装设计开发的流程与方法等。实践教学部分则是对以上知识的应用、分析、评价及基于实际问题解决的项目创作。教学内容的构建对应布鲁姆教育目标分类领域如图1所示，覆盖了学生在认知、技能、情感三个领域的学习诉求，重点关注知识的综合应用及分析、评价、创造等高阶思维能力的训练及培养。课程内容构建关注时尚道德、环保科技、弱势群体保护、可持续时尚等情感、理念价值观的植入和引导，以及设计者情感态度的塑造。

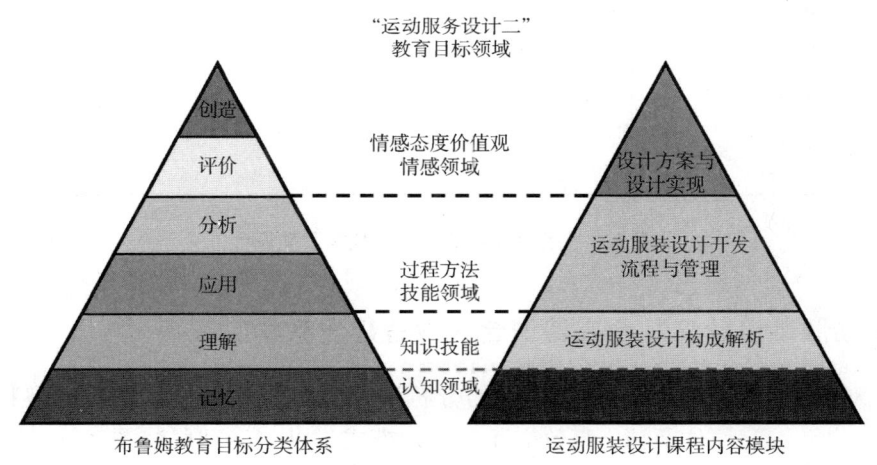

图1 "运动服装设计二"课程内容构建

（3）"运动服装设计二"课程的教学活动组织以实现教学目标、优化教学体验、增强教学效果为原则。根据混合式课程三段式课程模式以及以学生为中心的教学原则，课前、课中、课后三个不同学习阶段教学活动设计如图2所示。从图中可以看出，在混合式课程的课堂活动中，教学活动的主体和内容都发生了转变。学生从传统课堂中被动接受教师传递的抽象经验转变为混合课堂上通过同伴协作、参与真实问题解决从而在实践和操作中获取生动、具体、形象的直观经验。继而促进新旧知识的相互作用，激活知识及信息的内化及升华。教师的角色也发生了转换，课前他们是课程资源的学习者和整合者，课中他们从知识的传递者转变为学生学习过程中的指导者和促进者。教师组织学生开展各种形式的研讨，随时为他们提供有针对性的指导和建议，同时要兼具协作者的角色与学生共同解决遇到的难题。

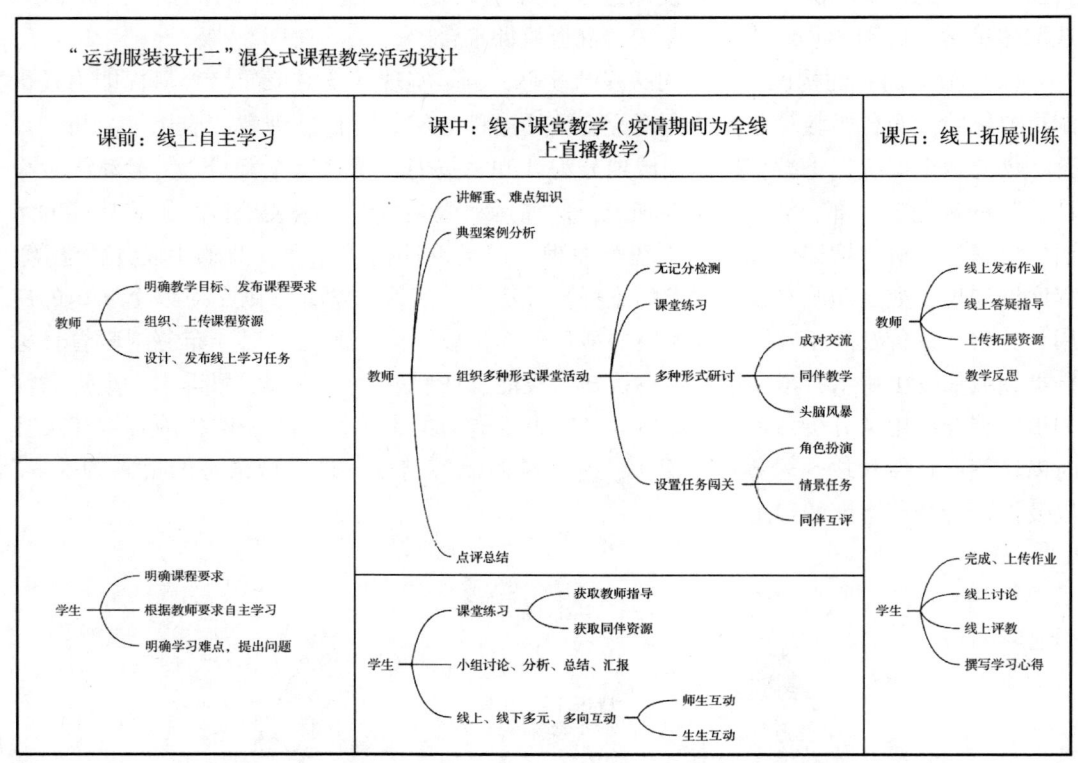

图 2　"运动服装设计二"教学活动设计

三、"运动服装设计二"全在线混合式课程建设教学实践

基于对课程现状的把握、教学目标的分析以及对疫情期间居家学习的现状，构建"运动服装设计二"原位翻转、高效交互的教学模式，以"运动服装图案设计"章节为例细述全在线混合式教学活动的具体实施过程。

1. 课前线上自主学习

开课前，教师将本章节教学的相关资料上传至超星学习通平台（图3）并通过学习通发布课前学习要求。学生利用超星手机端开展自主学习，并在线上完成相关知识点的课前考核。

2. 课中在线原位翻转

课中在线原位翻转即原混合模式中的面授部分在疫情期间采用Zoom直播授课。根据超星平台中提前发布的任务点，该章节要求学生在自主完成"图案设计构成基本原

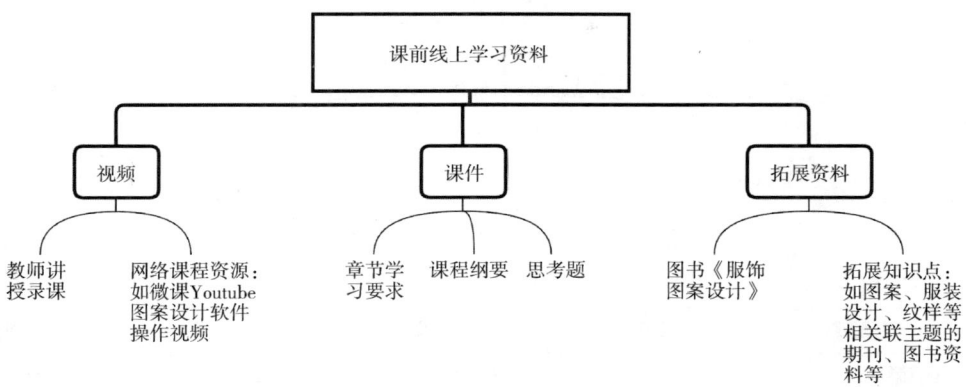

图 3　课前线上自主学习资料

理、运动服装图案设计方法及实现工艺、数字图案设计的常用软件及操作"等知识点的学习后，通过"调研、搜集运动服装图案设计的成衣案例及总结归纳其设计原理与实现手法"这一具体任务自主探究运动服装图案设计的形成原理，实践知识的理解、应用、分析、评价这一系列认知行为的进阶。课程中教师利用 Zoom 平台的分组会议功能组织分组讨论，将学生分配至若干个不同网络会议室，组内随即分享各名组员的调研成果，随后小组成员共同进行调研内容的分类汇总、分析提炼及报告总结，同时提炼该小组共同面临的核心问题。讨论过程中教师可以任意切换进入各个分会议室，并根据每组讨论的具体情况有针对性地讲解相关知识，为学生答疑解惑。分组讨论结束后，由教师主导，各小组代表进行全班范围的汇报分享以及互问互答活动。最后，基于学生的自主思考，教师采用讲解法、案例分析法帮助学生梳理总结相关知识点（图4）。此阶段课程活动充分运用了师生互动及生生互动等多维多向的互动形式，鼓励学生相互提问、互为导师，充分调动了学生的主观能动性，真正成为学习的主动参与者，教师则成为生学习的支持者、引导者与组织者。

3. 课后线上拓展训练

课堂教学结束后，教师可及时登陆超星平台统计区进行课程数据查看，回顾教学环节、反思教学设计。同时为考查学生对本次课程重难点知识的掌握情况，教师在平台作业及讨论区发布课后练习及开放式讨论题。根据教学过程及课后练习中的反馈，上传补充学习资料（例如课件、视频、文本等）。同时，利用班级微信群等即时聊天工具针对个别学生的问题进行课后辅导。最后，教师可以根据平台的数据记录来检验学生的学习痕迹，通过客观题与开放式讨论题的作答情况以及学生自评、互评汇报，综合考量项目过程及项目结果，实现评价标准的多样化、动态化和过程化。学生则需要总结课上讨论的问题及所学知识点，绘制凸显其逻辑关系的思维导图，完成平台作业，并基于项目任务进程开展设计研究及动手实验。

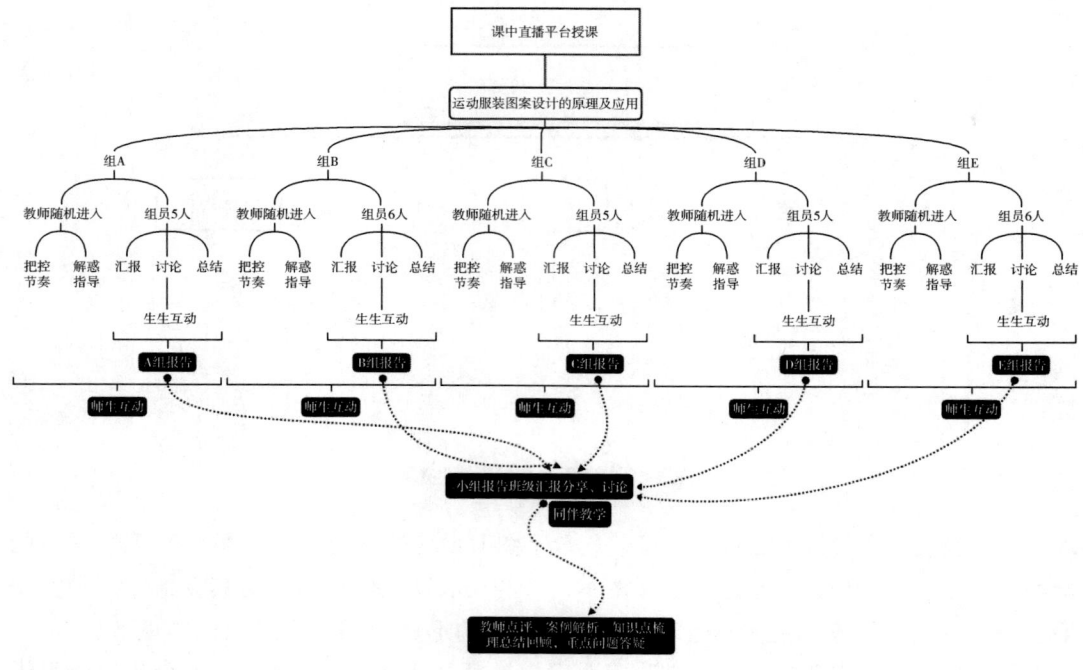

图 4　课中直播平台授课

四、"运动服装设计二" 混合式教学模式的反思

（1）本文中设计的"运动服装设计二"混合式教学实施方案，已经在本院运动服装设计专业进行了尝试。为了论证学生在线学习及混合式课程模式的适应性，保证教学效果，课程中就本校服装设计专业的 72 名学生进行了问卷调查。根据调查结果，基于传统单一的线下授课模式，84.72%的学生表示不排斥混合式教学模式，54.17%的学生更倾向于线上线下混合模式，76.93%的学生认为设计类课程的传统课堂与信息化课堂有必要结合，61%的学生不确定混合式学习能否激发自己的学习积极性和主动性。另外，看微课视频自主学习与在线交流为学生最喜爱的在线学习活动。教师讲授、案例讨论、实操训练、小组协作探究是学生们最喜爱的课堂学习活动。同时，根据开放式问答结论提取，学生表示混合式课程的平均课业任务要高于传统课程的学习投入，建议平衡各门专业课程的作业量的同时希望增加优质的视听资源以及希望自我管理能力得到提升等。

（2）对于服装设计专业的学生而言，混合式教学模式的实施无疑是对其惯有学习方式和学习习惯的一次调整和打破。学生由"信息传递"的被动接受者转变课堂实施的主动参与者，由传统模式的定时定点学习转变为随时随地自由、自主学习，由传统课堂的参与度低，参与形式单一，转变为多形式高频率参与课堂活动。学生与教师的沟通途径也由单一的上课听讲，转变为信息化多渠道多平台多向沟通。从课前、课中、课后学生的表现来看，本学期"运动服装设计二"课程的学生课堂表现活跃、学习积极性高，其团队意识、表达能力、协作意识及自信心都得到了较好的训练及提升，学习表现超出原有预期,切实实践了有效学习。

（3）对于服装设计专业教师来说,线上线下混合式教学模式是全新的挑战和机遇。其一,疫情的契机迫使所有教师迅速提升其信息化素养及技能。其二,构建、梳理混合式课程的内容框架及组织优质网络课程资源的过程,本身就是一次有效而集中的自我学习及提升。其三,课堂教学的重构,情感化教学模式的引入、任务驱动模式、课堂讨论、团队合作与竞争等多元课堂活动的引入,对教师的课堂全局把控能力要求提升。其四,混合式课程模式下课堂容量的扩充有助于教师对学生实现分层次教学、因材施教,对教师的教学能力和投入都提出了更高的要求。

参考文献

[1] 吴宁,房琛琛,任燕飞. 大班教学环境下基于SPOC的混合教学设计与效果分析[J]. 中国大学教学,2016（5）：32-36.

[2] 王夕予,袁明霞. 混合式教学模式下高校知识生态系统协同进化研究[J]. 科教文汇,2020（2）：38-39.

[3] 王利平,石大为,吴薇,王子鹤. 基于对分课堂教学法的"纺纱原理"金课建设[J]. 纺织服装教育,2020（2）：33-36.

[4] 邵璇,张礼慧,高俊山. 双一流建设下《现代控制理论基础》课程混合式教学设计[J]. 高教学刊,2019（22）：107-109.

[5] 康叶钦. 在线教育的"后MOOC时代"-SPOC解析.[J]. 清华大学教育研究,2014（1）：85-93.

线上教学的教学设计思考与实践

吴雯[1]

摘 要 在新冠肺炎疫情影响下，高校对线上教学模式进行探索。本文通过对线上教学的优缺点进行归纳总结，提出了可行的教学设计思路，涉及课前、课中和课后等多环节，并通过"运动服装结构设计2"课程进行实践，为未来的线上教学模式提供了一定的理论实践基础。

关键词 线上教学；教学设计；现状；课程环节

面对2020年年初暴发的新冠肺炎疫情，本着"停课不停学"的新教学方针，学校制订了相应的网络教学方案，并组织教师参加网络教学平台使用方法的培训，让教师更快地熟悉网络教学模式及技巧。与此同时，随着教学改革的不断深入，广大一线教师越来越深刻地认识到开展线上教学的必要性。

本文就高校开展线上教学的现状、基本模式及案例分析进行了探索和总结。

一、新模式下的线上教学现状分析

1. 线上教学的优势

（1）教师和学生的上课地点不受限制，通过互联网教学，打破时空限制，为学生提供了丰富的教学资源，而且教学设备可以多元化，手机、计算机、平板、电视都可以[1]。与线下教学相比，线上教学的灵活性较高。

（2）学生可以根据自身需要，参加多门课程学习[2]。同时教师可以进入其他教师的线上课堂，加强了教师间互动、互学和监督。进入课堂的便捷性为教师、学生提供了高效的学习途径。

（3）各大网络教学平台都提供了回看功能，学生可以根据需要，在课后进行二次回看，加强巩固。教师也可以通过回看及时发现自己不足，后续进行改善。线上教学强大的回看功能提高了教师、学生的教学及学习效率。

（4）网上教学留下的痕迹，以数字化形式保存起来，形成了庞大的网络教学数据库，可以帮助教师及时了解学生学习情况，辅助学生了解课程开设情况等。线上教学形式为教师和学生提供了符合各自需求的大数据。

---

[1] 作者简介：吴雯，北京服装学院服装艺术与工程学院，讲师。

2. 线上教学的弊端

（1）线上教学中教师无法看到学生的具体上课情况，比如专注力、学习状态。学生也不能真切地感受到教师对他们的教学温度，故而缺失了比较充分的教学互动[3]。这是与线下教学最大的区别，因此互动性差是线上教学亟待解决的问题。

（2）有些教学内容需要线上教学和线下实操配合起来才能达到最理想的教学目的，在无法进行实操训练的情况下，会降低学生对课程的兴趣，导致教学效果不理想。

（3）由于线上教学需要用到手机、计算机等设备，基于学生身处全国各地，甚至国外的情况，有些偏远地区无法保证网络的流畅，有时候还会出现突发状况，比如教学平台故障、断网等，影响教学效果及教学节奏。

（4）学生的自律性较差，学生上课时身边缺少督促和交流，容易走神，放松自己。另外，觉得可以看回放，就不会太认真听课，学习状态和效果难以保证。

正是基于以上优缺点，面对势在必行的线上教学，教师在开展线上教学时应该扬长避短，同时通过不断修正及改良，达到与线下教学相似的教学效果，甚至高于线下教学。

二、基于线上教学的教学设计思路

线上教学不等于网上直播或把线下课堂搬到线上，也不是将课件发给学生就可以了。教学活动均要注意"教什么、怎么教"，特别是"怎么教"。教学设计是基于课程标准要求和教学对象特点，将教学诸要素有序化安排，确定合适的教学方案设想及计划[4]。教学设计对于教师在线教学质量至关重要[5]。根据新模式下线上教学的现状，本文对线上教学的教学设计进行了优化，如图1所示，主要围绕课前、课中、课后开展相关工作。

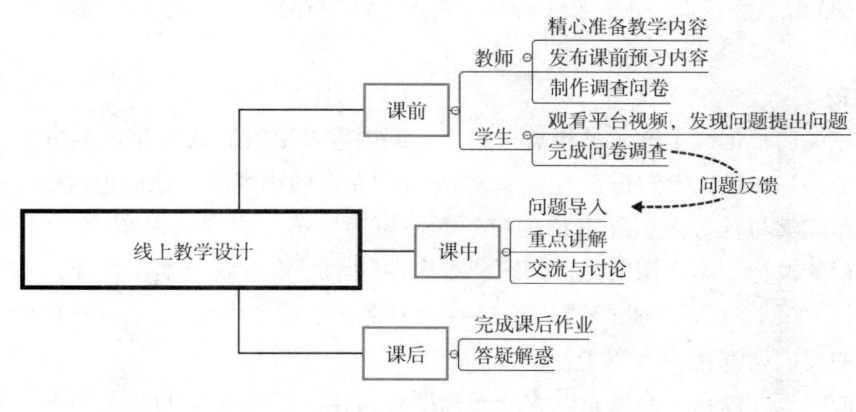

图1 线上教学设计图

1. 课前

线下教学中，课前环节主要集中在教师的备课环节。而线上教学中，需要充分地发挥学生的主观能动性和积极性[6]。因此线上教学在课前需要强调学生的课前预习环节，并提醒学生主动发现问题、寻找问题。

（1）教师层面。首先，根据课程特点，精心准备教学内容，主要包括完善课程PPT及相关资料。为了适应线上教学，需要将写在黑板上的板书等内容制作成易于进行在线展示的图文形式，同时精选所讲实物案例，帮助学生更好地理解和掌握相关知识点。其次，提前发布课前预习内容以及任务单。通过制作调查问卷，了解学生学习情况。

（2）学生层面。课前，学生需要登录网络教学平台查看学习任务以及课前预习内容。在预习过程中，标记有困惑的地方，可通过查找资料去解决问题，解决不了的，带着问题去听课。简言之，就是完成预习和问卷调查，提出问题。

2. 课中

有了学生前期的准备工作，让学生带着问题来上课。利用直播软件讲解课程，进行互动答疑，反馈学生学习状况和知识点掌握情况，引导学生自主地完成网络教学平台上的学习及自我督促。在线上教学中，教师应该充分发挥学生的自主性和积极性，在必要的讲授之外，充分调动学生进行问题讨论，并互相探讨交流。

3. 课后

学生按照要求完成作业后，老师利用软件随时随地有针对性地回答学生学习疑惑，对于一些特殊类型的问题，可以点对点为学生答疑，即课后教学跟踪反馈。

三、在"运动服装结构设计2"课程中的教学设计实践

"运动服装结构设计2"是面向运动方向的专业必修课，在"运动服装结构设计1"的基础上，进一步讲解运动服装的结构变化，是以理论讲解为主，实践操作为辅的课程。为了让学生在线上教学中有一个较好的学习效果，将以上教学设计思路进行了实践。为确保每一个学生都能观看和学习，开课前对不同直播教学平台进行了测试，最终选择了"QQ群直播授课+超星平台预习、调查、课堂作业+微信通知、答疑"的配套教学方案。

1. 课前

教师在课前根据线上教学的特点，完善上课内容及PPT。通过录屏的方式将教师的讲解、PPT、CAD操作等知识点，制作成15分钟左右的小视频。课前把这些小视频在超星平台发布成学习任务点，并上传相应的学习资料。第一次课共发布19个任务点，包括本门课程的概论、本次课的重点问题、本次课的学习重点以及本次作业，学生的完成度是100%，如图2所示。此门课共发布98个任务点，学生共完成5840次的学习，学生每个视频的完成度都在80%以上。

上课前一天在超星平台发布调查问卷和课程讨论，了解学生的学习情况。调查问卷主要围绕课程内容、难度、教学方式和其他问题或建议展开，如图3所示。根据学生的反馈，与学生进行点对点的沟通后，对后续内容进行调整。课程讨论主要围绕本次课的重难点问题展开，学生们也积极留言，全班28名学生，共有15名学生在此提出问题，如图4所示。

图 2　第一次课前学习任务点

2. 课中

利用超星平台、QQ 群等软件开展课程并进行互动答疑、反馈。

（1）利用超星平台的签到功能，在开课前 5 分钟内通知学生在软件中签到，所有的签到记录作为学生平时考勤的重要依据。

（2）利用 QQ 群的屏幕分享功能，对本次课程的重点内容进行讲授，适当补充相关的案例分析。在学生提前预习的前提下，可以进一步加深课程印象，也便于难点内容消化吸收。

（3）根据前一天的问卷调查和主题讨论，进行互动答疑，反馈学生学习状况，引导学生在网络平台上进行自主学习。该环节主要让学生提出问题和自主解答问题，充分调动学生的积极性，以此作为学生平时表现的重要依据。

3. 课后

（1）在超星平台上发布相应的作业，要求学生按照规定完成相应作业并上传。该门课共发布 5 次小作业，1 次大作业，如图 5 所示。

（2）虽然受到疫情影响，无法当面完成授课及讲评作业的工作，但学生利用 CAD 软件来绘制纸样，教师依然可以很清楚地看到学生作业的完成情况，能够给出很具体的修改建议。

（3）学生在复习、做作业的过程中，或多或少地会出现一些问题或疑惑，利用微信群答疑解惑，同时针对个别学生还进行了点对点问题处理。

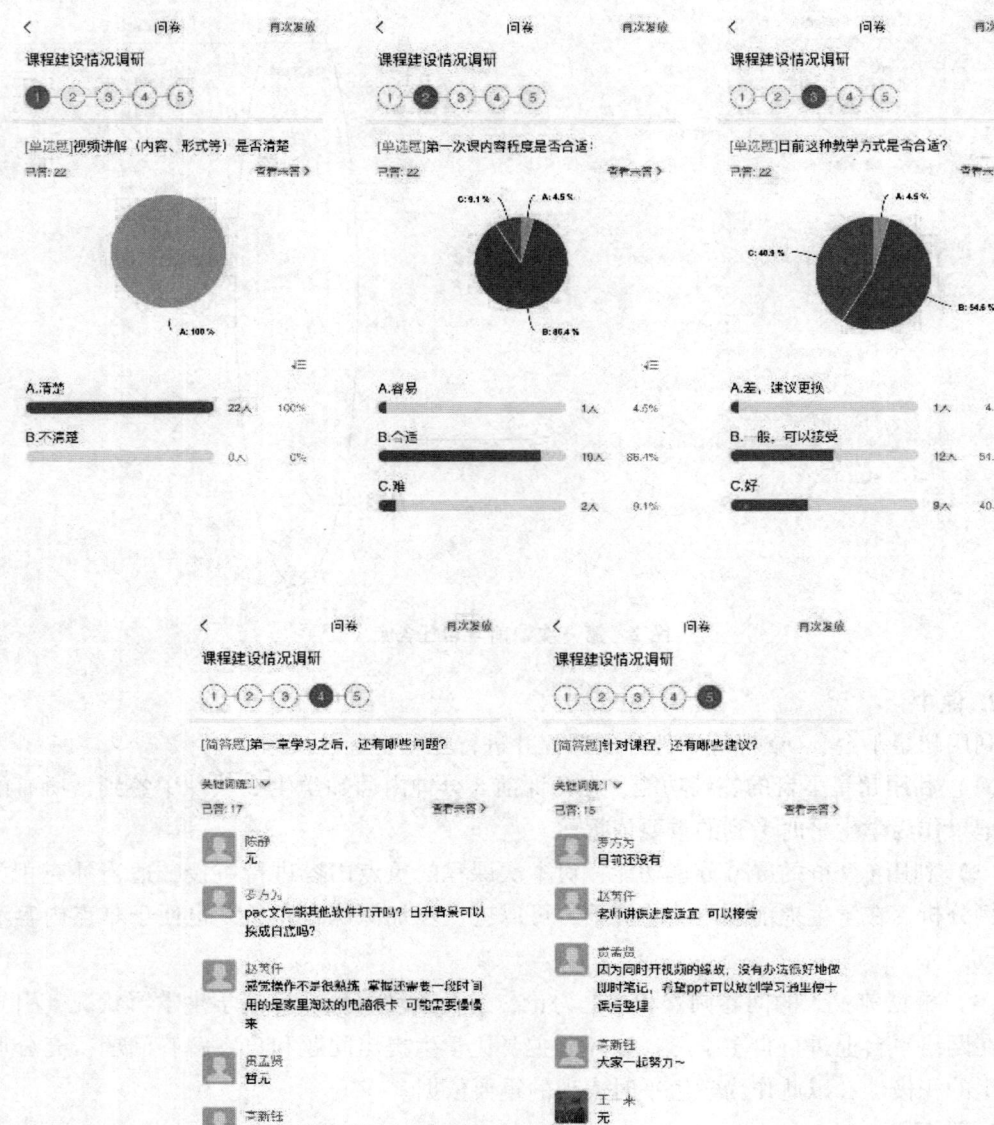

图 3 调查问卷情况

四、结论

线上教学是一种新的教学模式。疫情期间，通过真实的网络教学实践，对其进行认真思考、总结、改善。借助线上教学的优势，更好地服务了学生。通过对教学设计的思考，总结归纳更优设计思路，充分发挥在线教育的优点来促进教学效果的提高，同时提升学生的主观能动性和学习积极性。

图 4　课前讨论截图

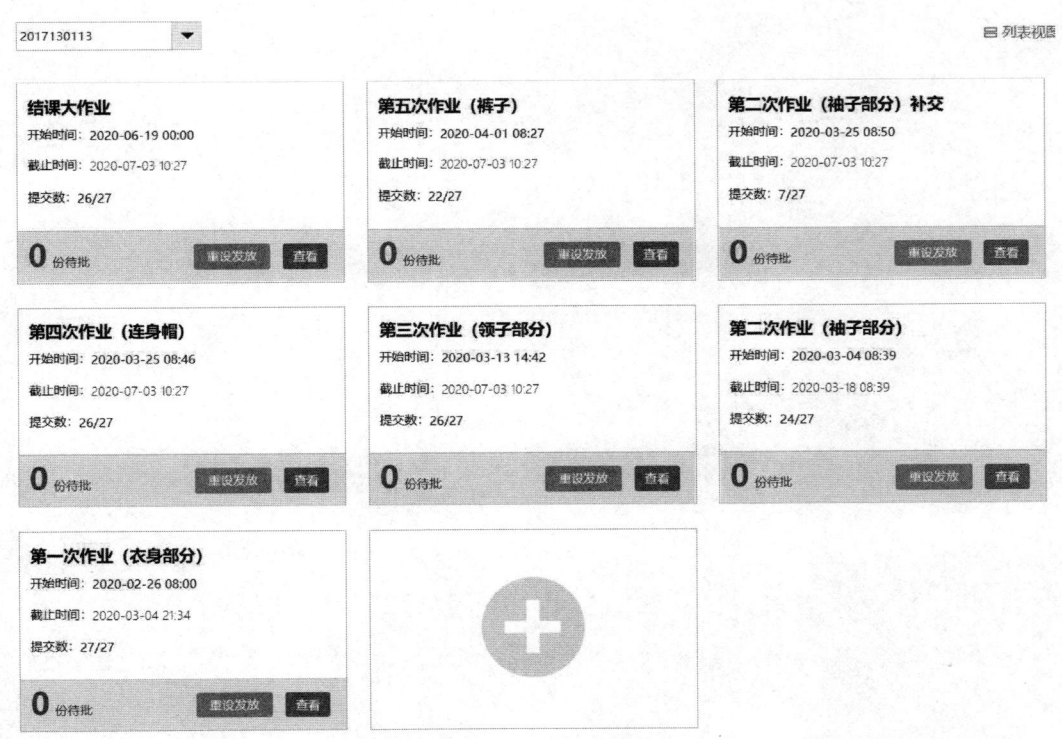

图 5　作业情况

参考文献

[1] 张红彬. 停课不停学背景下网络教学的利弊与对策[J]. 进展, 2020 (3): 79-80.

[2] 胡小平, 谢作栩. 疫情下高校在线教育的优势与挑战探析[J]. 中国高教研究, 2020 (4): 18-22.

[3] 唐翠翠. 基于网络教学平台的教学方法探索[J]. 科技与创新, 2020 (16): 71-72.

[4] 朱根. MOOC教学在高校基础教育中的模式探讨[J]. 福建电脑, 2016 (1): 149.

[5] 王智慧, 李志祥, 张海云. 网络教学条件下面向效果的教学设计模式[J]. 创新教育, 2020 (15): 212-213.

[6] 罗冬梅. 混合学习模式下的教学过程设计与实施[J]. 现代教育技术, 2010, 20 (10): 36-40.

从思维创新角度思考时尚插画的创作

王文潇[1]

摘　要　本文主要研究时尚插画，对其发展历程进行梳理，并从思维创新的角度重新界定时尚插画的表现内容，在研究创意思维的训练方法时，发现调研和主题性对于画面设计的重要作用，进而整理出主题性时尚插画创作的思路与方法，希望能为现下的时装画教学提供新的思路。

关键词　时尚插画；思维创新；无范围联想；调研；主题性创作

一、时尚插画的界定

1. 时尚插画溯源

时装画的发展经历了几个时期，其起源尚无定论，例如，刘元风主张早在文艺复兴时期就有了利用素描和版画形式记录服装样式的服装画，贝斯安·莫里斯（Bethan Morris）则将17世纪中叶温塞洛斯·休勒（Wenceslaus Hollar）用蚀刻版画来详尽描述服装的细节视为时装画的开端。19世纪印刷技术的革命性发展为时装画的发展壮大提供了舞台。到了20世纪，各种艺术思潮极大影响了艺术家和设计师们的创作意识，使得时装画的风格更加多元化。

在传统的定义中，认为时装画是服装设计的一个重要环节，它是以绘画为主要手段，通过一定的艺术形式来体现服装造型和艺术气氛，兼具实用性和欣赏性[1]。但时装画的界定一直比较模糊，阿尔丰斯·穆夏（Alphonse Maria Mucha）装饰风格的版画，查尔斯·达纳·吉卜森（Charles Dana Gibson）描绘年轻女孩生活场景的钢笔素描插图（图1），莱昂·巴克斯特（Leon Bakst）色彩亮丽、造型生动的服装设计图（图2），乔治·巴比尔（Georges Barbier）描绘上流社会交际活动场景的富于细节的插画（图3），芮内·格鲁瓦（Rene Gruau）颇具时尚态度的时装人物画（图4），均可以被看作是时装画。

---

[1] 作者简介：王文潇，北京服装学院服装艺术与工程学院，讲师。

图1 查尔斯·达纳·吉卜森
为时尚杂志绘制的插图

图2 莱昂·巴克斯特的
芭蕾舞剧服装设计图

图3 乔治·巴比尔描绘的
上流社会的女性

图4 芮内·格鲁瓦笔下的
迪奥女郎

近年来,随着时尚设计产业分工的不断细化,时装画的界定也日渐清晰。根据诉求的不同,可以将时装画分为两大类,一类是服装效果图,它是设计师对于产品设计意图的输出,服务于服装的制作,需要比较完整地展示出服装的款式、色彩和面料肌理;另一类是时尚插画,它既可以是传达时尚资讯的广告招贴、活动海报、时尚杂志插图,也能够是纯粹表达艺术家思想的艺术作品,时尚插画对画面的表现内容没有太多限制,设计者可以运用一切表现技巧和绘画方式来"讲述"一个故事。本文研究的正是时尚插画的创作思路与方法。

2. 新时代背景下时尚插画的全新定义

关于时尚插画所传达的内容,卢彬在《时装画与时装插画的艺术特征》中给出了比较详细的解释[2]:"时装插画是对于社会精神面貌的抽象提炼,它的创造性主要体现在精神的层面上,反映了画家眼中的时尚世界,能够引发观者的共鸣……时装插画的创作者必须运用丰富的想象力,从不同寻常的角度,创造一种新的时代风貌。"笔者认为将"时装插画"替换为"时尚插画"或许更为妥当,一字之差,它们所涵盖的范围却大不相同。

提及时装画或其分支时尚插画，从前的研究往往认为它所描述的主体必须是时装人物，像芮内·格鲁瓦笔下的迪奥女郎，还有肯尼斯·保罗·布洛克（Kenneth Paul Block）所绘的穿着伊夫圣罗兰时装的女性，画面都是通过描绘时装人物来传达品牌态度的。然而在加速变化的时尚审美影响下，新的时尚生态和产品结构为时尚插画提供了全新的应用渠道，时尚插画的界定标准也相应产生变化。从前的时尚插画仅仅被应用于海报、招贴、杂志插图，或是作为绘画作品悬于画廊。而现在，一方面，随着数码印花等电子技术的普及，一些带有笔触感的、渲染性的图案效果得以在服装服饰品上呈现，能够与服装结构高度配合的定位印也开始流行；另一方面，人们的猎奇心理被激发，开始追求视觉上的新奇感，具有时尚风貌、新颖感和趣味性的画面表达受到追捧，这些画面还可以作为图案应用到服装、包袋、丝巾、手帕等。

综上所述，时尚插画的多维应用决定了人物和时装不是构成其画面的必要元素，画面只要能够传达时尚态度或者产生装饰作用即可（图5、图6）。另外，传统绘制也不再是完成时尚插画创作的唯一途径，使用面料或其他材质进行拼贴同样可以达到很好的艺术效果。

图5 "逃离地球速度"主题时尚插画　　图6 "马戏团"主题时尚图案
（水彩，学生作品）　　　　　　　（马克笔，学生作品）

二、创意思维应用于时装画教学的思考

1. 创意思维应用于时装画教学的必要性

时装画是高校服装设计本科教育的必修课程之一，对于培养学生的艺术调性有着至关重要的作用。广义的时装画可以分为服装效果图和时尚插画，学生在大一年级往往已经学习了服装效果图课程，服装专业常说的时装画实际上指的是时尚插画。然而大部分时装画课程仍然是以教授学生绘画技法和人物结构为主，这与已经学习过的服装效果图的内容有所重合，并且这种由教师通过讲授、作范画为主的灌输式授课方式很难调动学生去主动思考，从而影响了学习的主观能动性。

已经有很多服装设计教育工作者开始思考新时代时装画课程的教学方式，屈杨在其发表的《时装画课程教学改革的几点思考》[3] 中提到："时装画的主要功能是用来完成设计师头脑风暴的输出，在所掌握绘画技法能够满足设计表达的情况下，设计师创意思维的培养更为关键。虽然这种'以教师为中心'的教学方式有利于教师主导作用的发挥与课堂教学的组织管理，但它对于艺术设计类课程来说却存在一个很大的缺陷，那就是偏向于技法理论的掌握而忽视学生的主动创造性，不能把学生的主体作用很好地体现出来，不利于培养创造型的人才。"

时装画教学不能故步自封，想要解决学生思维上的"懒惰"，调动他们的积极性，就该凸显设计专业的特色，从思维创新的角度重新思考时装画课程的引导方式和培养目标，鼓励学生用富于创造力的画面表达自己对于时尚的理解。

2. 将创意思维引入时装画教学的方法

创造性思维是智力活动的重要组成部分，它是一种摆脱了习惯定势解决问题的思维方式，它鼓励在散性思维的基础上进行聚合思维，创造性地解决问题[4]。西方的服装设计专业早就将创意思维引入了时装画教学，即通过调研和头脑风暴来发展主题系列设计，教师需要引导学生通过调研获得创作灵感，而后确定创作主题，再通过头脑风暴等方法扩充与主题相关的元素，并将这些元素加以组合和取舍，最终完成系列插画的创作。

由于国内学生在进入服装专业学习前对于思维发散的培养比较匮乏，在正式开始时尚插画创作前，还需要进行"头脑风暴"训练。笔者根据多年时装画教学经历，总结出两套开拓"脑回路"的方法。

其一是"脑洞"训练，即随意选取一些元素，通过天马行空的想象构建出这些原本毫不相干的元素间的内在逻辑关系，并用画面将想象的内容记录下来。当我们将毫无关联的事物并列于纸面之上时，画面是散的，而当我们发挥"脑洞"将这些事物组合在一起后，画面就拥有了主题，变得更加和谐。图7所示是笔者在课堂上进行的"脑洞"训练示范，学生随机给出他们当下脑海中想到的事物：某个学生、猫、蜘蛛、甜甜圈、玻璃、蜡烛，笔者通过想象，将所有元素统一在织毛衣的场景中，"某个学生"是织毛衣的人，毛线由"蜘蛛"纺织，"猫"在人身旁玩线团，"甜甜圈"变为针插，插在玻璃烛台上的蜡烛照亮了房间一隅。

图7 "脑洞"训练课堂示范

其二是无范围联想，即无限制的自由联想和讨论，其目的在于产生新观念或激发创新设想。笔者对西蒙·西弗瑞特（Simon Seivewright）在《时装设计元素：调研与设计》中介绍的头脑风暴调研法进行了演变，通过思维导图的方式对原始主题进行挖掘，思维导图中的各个环节均可摘取出来作为系列创作的主题。例如，我们可以先订立一个原始主题"黑色"，而后围绕"黑色"展开联想，建立树冠状思维导图，衍生出具象的事物（如夜空、黑色垃圾袋、头发等），或是抽象概念（如恐怖情绪、黑色幽默等），这之后，我们可以选取几条能够激发自己想法的线路继续延伸，如由黑色幽默想到卓别林讽刺工业革命的喜剧短片《摩登时代》，进而联想到片中的吃饭机器，再由机械想到蒸汽朋克或者人形傀儡（图8）。

图8　卓别林喜剧短片《摩登时代》中的吃饭机器

三、主题性时尚插画创作的思路与方法

与服装设计相似，时尚插画也需具备系列感。调研、主题和手稿图册（sketch book）是系列时尚插画创作必不可少的三个因素，这其中主题尤为重要，画面的元素构成、色彩基调都或多或少受到主题的影响，从而达成风格上的和谐统一，否则就会成为一盘散沙。同时，主题的挖掘与发展离不开调研，而不管是调研的素材还是主题设计的思路都需要借由手稿图册来承载。

1. 主题的选定与发展

系列时尚插画的主题可以通过调研来确定，商业性时尚插画往往有既定主题，我们在此不做讨论。需要注意的是，你所选的主题应当能够在你对其进行探索的过程中持续吸引你的注意力，并且提供源源不断的可以被应用于画面的素材，或许你很喜欢某个主题，但却难以将其转化为可视的时尚语言，那么就要适当放弃了。

（1）调研对象的选择。调研是针对素材和资料来源所进行的系统化的调查研究，自然界生物、艺术家的创作、传统文化、当代潮流……任何能够启发灵感的元素都可以成为调研的对象。

调研可以围绕主题展开，但不能仅调查与主题相关的内容，否则最终的作品会显得乏味且不够时尚。例如，你的主题是"山海经"，如果只针对主题做调研，最后形成的画面很可能更像是古生物图鉴。想要解决画面缺乏时尚感的问题，不妨去欣赏一些先锋艺术家的作品，那些脑洞大开的构思可以在短期内迅速帮我们开拓艺术思维。

（2）确定与发展主题的方法。

一是运用思维导图发动头脑风暴，展开无范围联想（图9）。笔者已在本文第二部分的思维训练部分对无范围联想有过详细分析，在此不做赘述。

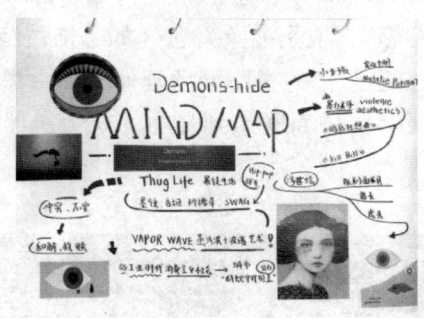

图9　以"Demons"为原始主题展开的无范围联想（学生练习）

二是抽象。这一方法是西蒙·西弗瑞特在其所著的《时装设计元素：调研与设计》中提出的，是指你或许会从一些不相关的词语或描述开始，如"超现实主题"，而后，这个词语可以转化成为一系列的理念，或许可以逐步指向你所进行的调研和设计[5]。虽然书中的方法针对的是服装设计调研，但它同样适用于时尚插画创作。图10所示是主题为"传统与现代的碰撞"的时尚插画，设计者用非洲土著形象代表传统，以卡尔·拉格斐尔德（Karl Lagerfeld）的形象象征现代，这些看似完全没有关联的元素通过设计者的巧妙构思被统一到了一个画面中，产生了诙谐的效果。

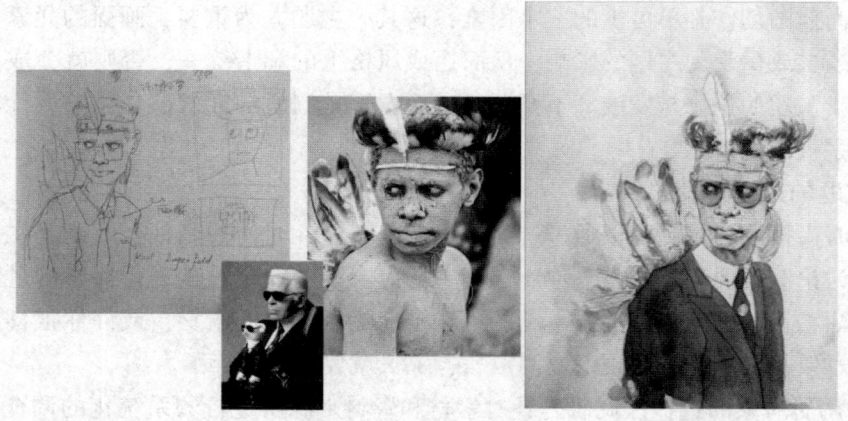

图10　"传统与现代的碰撞——非洲土著与拉格菲尔德"主题时尚插画（水彩，学生作品）

三是概念化。这种方法同样来自于《时装设计元素：调研与设计》，指各种可视资料的组合显现出可被探寻的相似特性，它们可以转化成为系列设计的造型、肌理和色彩。如图11所示，人物的帽子和丝巾的纹理及色彩均是受到了狮子鱼鱼鳍花纹的启发。

图11 "海洋世界"主题时尚插画（水溶性彩铅，笔者绘）

四是讲故事。意为书写一些文字、一个故事或一个传说。这也是时尚插画创作中最常用到的手段，我们可以为某样事物或事件编写一段故事，故事中出现的所有元素都可以用来组织画面，但这个故事不必符合逻辑，最终的时尚插画作品也不必如实地传达故事信息，因为时尚插画不是传统意义上的插图或绘本，讲故事是创作手段而非创作目的。图12所示是以《爱丽丝梦游仙境》为故事背景的时尚插画，设计者对故事进行了演绎，整个画面围绕兔子的老怀表展开，凸显了时间的概念。

图12 "机械爱丽丝"主题时尚插画（水彩，笔者绘）

2. 时尚插画的创作步骤

在开始创作前，需要建立手稿图册，它是时尚插画创作的载体，是将收集到的所有信息资料进行拼贴和加工的地方。手稿图册可以用来搜寻灵感来源、记录创作过程，也能够帮助设计者理顺思路，甚至服务于未来其他系列的创作。

由于国内的思维培养方式与西方不同，到了大学阶段，学生在吸收西方设计教育所推崇头脑风暴和调研方法时有一定困难，放任学生自主完成手稿图册恐怕无法达到理想的效果，因此需要将创作步骤系统化以提高学生接受程度。笔者对时尚插画的创作步骤做了如下总结。

步骤一：运用头脑风暴或其他方法寻找与主题相关的调研图片及文献，并对主题进行系列联想。在这一步，设计者需要通过调研主动寻找主题，并将与主题相关的图文资料整合到手稿图册上面，这样做可以帮助设计者迅速建立主题元素间的联系，有利于画面设计的统一感。

步骤二：记录辅助于系列设计创意及绘制的各种灵感来源图片及文字资料。与第一步不同的是，这一步所调研的范围更广泛，可以是与主题无关但能够启发设计思路的艺术作品，也可以是起参考作用的时尚造型或动态，一切能够帮助设计者组织画面的元素均可作为素材补充到手稿图册里。

步骤三：绘制由调研资料衍生的创意细节及时装画构图小稿并配以文字说明。那些通过调研获得的想法都可以记录或描绘在手稿图册上，然后通过构图汇聚于一个画面。构图对于时尚插画的最终呈现有着极大的影响，因此需要做大量的构图尝试。

步骤四：时装画定色及制作手段的尝试。在这一步需要进行多种绘画技法、制作方式以及绘制媒介的尝试，以选定最适合自己主题的表现手段。而色彩作为极其强烈的视觉语言，它的搭配优劣与否直接影响着最终的画面效果，因此色彩实验是时尚插画创作必不可少的步骤。

步骤五：终稿制作与展示。完成前面的步骤后，我们就可以选取满意的构图、色彩和媒介进行正式稿的绘制或拼贴了，在完成作品后，应该将其缩印一版贴于手稿图册，以便完整设计思路，服务于未来的创作。

图 13 所示为"Twiggy"主题系列时尚插画的创作步骤节选。

图 13 "Twiggy"主题系列时尚插画的创作步骤节选（水溶性彩铅，学生作品）

以上步骤不是绝对的仅用作参考，当我们获得了足够的创作经验后，会发现时尚插画创作的切入点很多，步骤与步骤之间不存在绝对的逻辑关系，设计者可以根据自己的需求选择先去完成哪一步。

四、结语

当今时代，时尚插画的定义已经发生了变化，时尚插画的多维应用决定了人物和时装不是构成其画面的必要元素，画面只要能够传达时尚态度或者产生装饰作用即可。在满足时尚审美需求和激发学生学习积极性的双重要求下，时装画教学开始重视创意思维的培养，而主题性时尚插画创作正是创意思维在时装画教学中的实践。建立手稿图册，设立系统性的调研和创作过程规范将是推行主题性时尚插画创作的有效途径。另外，传统绘制也不再是完成时尚插画创作的唯一途径，使用面料或其他材质进行拼贴同样可以达到很好的艺术效果，设计者可以根据所要表达的主题和内容选择技法，并在完善画面的过程中达到技法的提升。

参考文献

[1] 刘元风. 时装画的艺术表达与审美[J]. 饰DECO，2009（1）：39-42.

[2] 卢彬. 时装画与时装插画的艺术特征[J]. 才智，2013（34）：251-252.

[3] 屈杨. 时装画课程教学改革的几点思考[J]. 艺术科技，2017，30（3）：359.

[4] 陈传万，李立新. 心理学[M]. 北京：现代教育出版社，2015.

[5] 西蒙·西弗瑞特. 时装设计元素：调研与设计[M]. 北京：中国纺织出版社，2009（1）：38-39.

[6] 方芳. 时装插画的百年变奏[D]. 上海：东华大学，2010.

[7] 何群. 时尚插画话时尚[J]. 服装设计师，2004（1）：116-123.

[8] 侯妍峰. 浅谈时装画在服装设计专业教学中的创意与表现[J]. 职业技术教育研究，2005（7）：33.

[9] 卢彬. 时装画与时装插画的艺术特征[J]. 才智，2013（34）：251-252.

设计项目流程为导向的色彩趋势设计教学探究

——以"纺织色彩趋势设计"课程教学实践为例

黄易❶

摘 要 本文通过对纺织色彩趋势设计教学方式现状的分析，得出对该课程设计上可以思考改变的方向，通过提出以设计项目流程为导向的纺织色彩趋势设计教学方式，阐述了以设计项目流程方式来串联各知识点的教学设计逻辑与基本内容，并总结了本课程教学方法的主要方式特色，进而从正反方面对现阶段的教学实践提出了一系列思考与总结，得出最后结论。希望能对纺织色彩趋势领域教学设计的思考提供一定的借鉴。

关键词 纺织品设计；色彩趋势；设计项目流程；实践教学

色彩作为一种强大的市场工具，在时尚纺织行业长期占据着极其重要的地位。甚至对于大部分消费产品来说，色彩的存在都直接关乎终端消费者的购买决定，极大地影响着企业的自身商业利益，这也是为何全球各权威色彩趋势预测机构每次的流行色发布都会成为商业趋势领域内最热点的话题之一。

"纺织色彩趋势设计"是纺织品设计专业本科高年级阶段的专业课，是联结设计与市场、社会趋势等外围环境因素的重要综合性实践应用型课程。笔者至今已连续两年担任纺织品设计专业此课程的授课教师，虽然接手时间并不算长，但也希望能通过对色彩趋势设计课程教学中阶段性的反思整理，为相关设计领域的教学方式转变与创新提供若干可参考的思路。

一、纺织设计专业色彩趋势设计教学方式现状分析

在纺织品设计专业中，色彩趋势设计课程通常以"流行色"为主要讲述对象，结合国际流行色权威机构发布的趋势案例讲解和实践练习，培养学生对色彩、特别是国际最新流行色的敏感度和关注度。而课程中流行色趋势分析和预测方法一般作为课程重点来强调突出，通过详细展开叙述流行色从何而来，让学生知晓流行色产生的依据及其背后逻辑，并通过结合实践练习达到能熟练运用色彩流行趋势进行设计与应用的目的。在实践作业环节则较多会要求学生通过一系列的调查研究对未来1~2年内的流行色彩进行预

---

❶ 作者简介：黄易，北京服装学院材料设计与工程学院，讲师。

测，并通过具体的产品应用（如家纺、服饰产品等）进行最终呈现。

目前的色彩趋势教学内容一般对于流行色的产生、演绎方法都做出了较为充分的阐述，也会在教学中对色彩分析与预测方法进行相应的实践练习，能够让学生提高对于色彩的敏锐度，以及加深对"流行"概念的认知。实践部分的内容需要学生发挥一定的个人创意以及材料整合能力，展现色彩从概念提出到应用呈现的完整过程。同时，在教学过程中对于国际权威流行色趋势发布机构的介绍也能够丰富学生的调研信息手段，让学生们在当下及未来的工作、学习中长期了解并受益。

结合笔者自身在过去对于本专业"纺织色彩趋势设计"这门课程的思考与实际教学经历，以及曾经在行业中对于色彩设计领域的若干项目经验，对目前常见的色彩趋势设计教学方式进行了相关反思，提出了若干问题以便在本人的教学计划与执行中进行参照和思考：

1. 对于流行色预测方法复杂性的忽视

色彩预测主要的方式大致可以分为"直觉预测"（"专家预测"）、"调研预测"与"模型预测"等方法，在传统的预测方法中，前两者占了主导地位。在一般艺术类专业色彩趋势课程中，介绍的主要也是前两种方法。但随着技术手段的不断发展，基于计算机技术的模型预测方法也受到了行业愈来愈多的重视，其中包括了 FPV 法和 FCPV 法、模糊聚类分析法、回归分析法、灰色模型预测法、BP 神经网络预测法等。基于此，行业专业机构面向于未来的色彩趋势分析与预测会趋向更加综合运用多种手段方法，发挥技术优势，充分结合定性与定量分析方式来更为合理、精准地进行。

因此色彩预测发展到现今阶段其实已经是一个非常复杂的系统化工作，对于纺织品设计本科教学或者一般相关设计从业者来说，在有限的时间内了解掌握色彩预测的方法实际上已具有非常高的门槛。即便是传统方法中运用较多的直觉预测与调研预测，虽然容易理解，但也需要相当丰富的色彩经验积累与数据统计支撑，这也是为何掌握海量信息资源的权威流行色预测机构才会来对色彩趋势进行预测发布。而对于本科学习的学生来说，笔者认为主要能够知晓流行色预测背后存在的方式和系统即可，更多的精力应更加着重于思考如何在充分理解时代精神的情况下针对自己的设计服务对象，合理利用专业流行色机构的趋势信息。

2. 流行色对于商业品牌的应用指向

任何设计师、品牌经理人或零售厂商都不会将色彩预测机构的色彩趋势信息直接照搬运用到自己的产品中。对于商业品牌来说，每一个成熟的品牌都会有自己明确的品牌属性与市场指向，而不是根据流行趋势随波逐流。这就需要在色彩趋势设计过程中，充分理解所服务品牌的基本属性，明确服务对象才能够产出更为落地的设计方案。常见教学方式中过于宽泛的进行趋势色彩的提出与应用指向太过于模糊，作业过程中容易陷入"想当然""自圆其说"的思维陷阱，所以产生的设计方案内容自然也就容易有过于概念化、空洞化的倾向。

3. 对于完整项目设计流程的强调

由于色彩趋势设计需要较为综合的设计思维与实践能力，一般为面向高年级学生开设，所以对于即将进入社会实践工作或进一步深造学习的同学来说，完整的设计流程意识在实践过程中显得尤为重要。色彩趋势设计强调从前期调研到终端呈现的整个流程思路与逻辑，在这方面的实践与以往许多单方面、片段式的专业课作业练习有较大差异。因此以针对具体产品品牌的完整色彩趋势设计方案输出为目标，来思考设定教学框架，能够让课程具有更清晰的目的性。

4. 及时反映行业领域发展

流行色彩趋势信息发端与时尚纺织行业，但随着商业社会的发展，流行色早已不再是时尚纺织行业的专属；同样对于纺织品设计行业来说，新技术、新理念的发展也让设计对象不再仅限于传统的面料设计范畴，纺织品设计已逐步趋向更为广阔多元的"新纺织"、新材料设计领域，纺织品设计所能涉及的行业领域较之以往已有相当大的拓展。因此在本门课程对于纺织流行色彩设计与应用中，设计对象应可以有更为广泛的消费产品形式选择面，以实时照应行业领域的变化发展。

针对以上问题方面的思考，形成了本课程在教学实践环节中区别于以往类似课程的框架形式，尤其是从原本较宽泛的流行色预测与应用转变成了针对更为明确、具体的品牌色彩趋势设计项目，尝试让学生在课程中，能够结合更为真实的背景情况完成色彩创意方案的产生与有效输出。

二、设计项目流程为导向的色彩趋势设计课程教学思路阐述

课程以商业品牌中色彩趋势设计方案的生成作为课程重点，了解流行色、趋势信息对于商业品牌来说应如何进行恰当转化。学生通过选择大众消费市场中的具体品牌进行针对性的调研分析，从纺织、产品设计的角度为具体品牌提出新季产品色彩趋势整体设计方案。学生通过既定进度的作业过程，掌握色彩趋势设计方案从无到有的完整产生流程，以此串联包括时尚趋势信息收集、品牌调研、色彩方案制订、设计应用等主要内容知识点，并训练把创意理念用合乎商业逻辑的方式转化成更具有实际意义的设计方案。

1. 课程内容设置及实施计划

课程概要及目标任务。说明本课程基本情况与关注重点，强调色彩在产品设计中的重要性。通过展示完整的色彩设计流程让学生明确整个课程的结构框架以及任务节点、目标，让学生在课程开始就对整个课程安排与任务布置有一个全面印象。并通过分组讨论方式确定各自想要聚焦的产品领域，并找出该领域的代表性品牌作为后续研究与设计实践的对象。

调研与分析。作为设计展开的前序工作，讲解设计调研方法。本项目调研部分主要包含两方面内容——趋势灵感与品牌洞见。流行趋势来自活生生的周遭世界，趋势灵感线索的获得需要基于当下的种种因素，如政治、文化、社会、经济、技术、地域等，通过相关事例阐述外部环境如何影响趋势发展进而影响流行色的生成。提醒色彩趋势工作者对于正在发生或者潜在的"流行热点"（或称"时代精神"）需要时刻保持警惕与关注，这是所有设计发展的起始点，是作为表象的流行色彩真正的内在核心；而另一方面对于品牌的洞见则是要了解设计服务的对象，从详细的品牌用户分析、定位分析到过往

产品线的色彩材质运用梳理，全方面了解把握设计服务对象的性格特质。

设计方案的产生。介绍国际色彩预测权威机构并阐述流行色的产生机制，对于代表性的色彩发布机构（如 WGSN、Pantone 等）近年来的色彩案例进行具体分析。而后通过结合色彩工具（系统）分析，讲解对于品牌来说应如何合理有效地利用权威机构所发布的流行色讯息。学生结合前序调研分析，针对各品牌提出新季产品色彩概念，从色彩理论、品牌特质、审美风格、流行趋势信息等方面对主题概念进行色彩提取，逐步形成色彩方案。同时在色彩方案设计过程中，强调材料结合的重要性，并同步进行产品色彩设计应用呈现。在色彩设计应用中，除了在产品端要求学生给出色彩应用示意，为了突出品牌整体性的概念意识，还要求学生思考拓展了新季色彩方案在与之对应的品牌传播端可以应用的方式呈现（如视觉物料、商业陈设等）。

方案评价与反馈。以幻灯片方式汇报各自设计方案，要求在规定时间范围内清晰阐述整个设计方案，包括设计思路、依据与设计发展。师生根据汇报内容进行现场提问、讨论及点评，老师在最终课程后针对个人给出书面反馈总结。

整个课程在基于上述教学思路情况下，结合实际教学条件状况，可以灵活调整安排。如在今年疫情期间进行远程线上授课的情况下，本课程便运用了线上直播课加补充慕课资源的方式进行，通过提供多方线上学习资源渠道，可以使得不同学生根据课程项目所处的不同阶段灵活按照需求选择补足或扩充的内容。不仅没有因为距离因素导致学习质量的下降，反而打破了地理和时间的限制，让学生把握了更大的学习主动权。

2. 主要教学方式与特色

以接近实际的项目流程构建课程框架。充分结合了实践与理论的搭配，把原本单纯讲述的授课方式转变为边做边讲边学的递进式引导。为了能更好地结合实际，课程中绝大部分理论知识点讲授都以实际设计案例通过内容分享的方式进行，目的在于使理论知识点不再停留于抽象空洞的状态，而是以更方便理解、容易引发听者兴趣的具象内容进行呈现。各知识点以设计项目流程进行串联，有助于学生从更为整体的视野面对设计任务，理解如何把任务合理分配的同时也能保持良好的内容延续性，同时也使得目标得以明确，从而提升学生知识学习到运用实践的转换效率。

通过明确任务节点分配提高学生学习主动性。整个"纺织色彩趋势设计"课程各个学习、作业阶段在课程起始就清晰地传达给了学生，每一次课程都明确对应了教师教授内容与学生需要完成的任务，中间还穿插了每一周需要结束的工作与汇报讨论部分，课程各部分以连贯的设计项目流程方式紧密联结。另外，在作业布置中兼顾了已学与即将所学的内容，以便让学生在课下作业中能对已知信息充分回顾、新课信息预先思考，提高了在整个课程中学习运用知识的主动性。

针对具体对象的设计项目强调了更为实际的价值意义。课程以明确的商业品牌来作为纺织色彩趋势设计的对象，突出流行色彩趋势信息对于真实行业工作中所面对的品牌商、制造商的实际价值。避免了学生在以往作业实践中空泛、不切实际的倾向，尽可能地在接近真实的项目实践环境中积累设计经验，并逐步形成适合个人并行之有效的独立思考与工作方式。

33

学生对于设计传达能力的锻炼。由于课程中设置了较多的调研分析分享环节，需要大量的信息总结与快速交流，这也有助于引发学生之间的互相学习与激励。而在此过程中视觉形式通常是传递信息最高效便捷的方式，因此对于信息的概括精炼以及信息的视觉化呈现在课程内都有明确的要求。并且课程内也安排有若干次的阶段性作业总结与最终方案汇报，都需要学生在严格规定的时间内进行高效的沟通表达，这是学生未来作为专业设计师所需要具备的重要职业素养之一。除了训练效率的沟通表达方式，另一方面这也对个人自己所负责的项目情况熟悉程度提出了很高的要求。

以更为广泛的行业发展趋势引导学生的设计视野。课程中对于设计对象选择范围的扩展得以让学生拥有更多元的产品领域选择。例如有学生作业中就出现了诸如新能源汽车内饰色彩趋势设计方案、某酒店品牌客房产品空间装饰色彩趋势设计方案等不同于以往的行业领域设计范畴。由于都有明确的品牌指向，通过扎实的信息调研，学生们所呈现出的设计方案也并没有出现"空想"的状况，在设计命题新颖的同时也给出了相对令人信服的分析与设计发展思考依据。

三、关于设计项目流程为导向的色彩趋势设计教学反思

"纺织色彩趋势设计"课程目前已经过两轮周期的教学实践，通过过程中的不断补足优化，逐渐形成了目前的课程框架内容。对于课程本身的思考总结主要归结有以下几个方面：

（1）本课程内容始终围绕"针对商业品牌提出流行色彩预测与设计应用的解决方案"这一核心进行设计项目式的课程展开与规划。目的与目标设定明确，知识点通过设计流程环环相扣，课程内容上形成了较好的整合度。

（2）从课程反馈情况来看，尤其是最近一次课程（2019~2020年第2学期）的学生反馈，大多数学生表示学习积极性有被很好调动，紧凑连贯的课程安排大大提高了学习作业效率，整体来说在专业认知与实践能力上都有较大程度的提升。即使在上半年由于疫情影响改为线上远程授课的情况下，从最终的作业效果来看，绝大多数学生呈现出了不亚于甚至优于往常线下课堂的学习成果，课程整体成效是令人欣慰与鼓舞的。

（3）理论授课中的互动性交流需要进一步提升。受限于有限的教学经验与课程接手时间，在授课过程中对于讲述内容与形式的把控上，尤其例如课堂讨论部分，对于学生互动的引导与调动还不够充分，在课堂问题讨论中还没能做到畅所欲言。虽然学生学习积极性比较高，在单独的实践作业指导讨论中也保证了大量的师生互动交流，但作为授课过程中的互动性，以及提升学生课堂参与感方面，仍是需要在以后的教学中去思考优化的。

（4）未来课题设置在保证足够的创新发挥空间基础上，可以考虑更加聚焦性的品类主题。上文现状分析部分提及了纺织色彩趋势设计课程需要及时的反映行业变化与发展，目前的课程设置通过对设计新趋势、行业新动向的介绍，拓展了同学们对于纺织品设计所涉及行业领域的认知外延，再由学生自由选择感兴趣的品类领域进行挖掘思考。这种方式一方面提高了学生作业内容的多元性，能够相对激发学生选择自己更感兴趣的

话题内容进行设计探究；但另一方面过于多方向的所涉及领域某些层面来说也会降低整体课程内容成果产出的深度，教师在作业辅导与学生交流工作中的精力耗费也会随之大量增加。如果课程一开始可以更聚焦于某一类新兴产业领域或者创新潜力方向，或许可以在保证内容形式与时俱进的情况下提升课程成果产出的纵深。

四、总结

把纺织色彩趋势设计教学导向设计项目的方式，从更为实际的角度聚焦商业设计对象，有助于学生在学习了解既定内容要求的前提下，收获更为落地的设计思考方法与实践经验，能够把抽象的趋势色彩概念知识直接导向应用，有效内化为个人认知，也为学生们今后的职业工作与实践提供了指导思路与经验参考。

参考文献

[1] 斯卡利，科布．色彩预测与流行趋势[M]．北京：中国青年出版社，2013．
[2] 雷蒙德．什么是时尚设计预测[M]．北京：中国纺织出版社，2013．
[3] 亚伯斯．色彩互动学[M]．台北：积木文化，2018．
[4] 张毅．流行色预测的量化分析[J]．装饰，2007（9）：51-53．
[5] 方方，韩怿．浅析流行色与流行色预测[J]．艺术科技，2016（1）：165-166．
[6] 宋建明．色彩心理的学理、设计职业与实验[J]．装饰，2020（4）：21-26．

疫情背景下无机及分析化学课程线上教学探索

崔萌[1]

摘 要 针对疫情防控期间教育部提出的"停课不停学"要求,各高校积极采取线上教学方式,以保障教学计划正常推进。本文以无机及分析化学课程为例,根据各网络教学平台的特点,选用中国大学MOOC、雨课堂、腾讯会议和微信群等平台进行多平台联合线上教学,保证了线上教学的顺利有序进行,以期为"线上+线下"混合式教学改革提供新思路。

关键词 无机及分析化学;线上教学;多平台;MOOC;雨课堂

为了应对因新冠肺炎疫情导致的延期开学,同时响应教育部"停课不停学"的号召,各高校纷纷采取线上教学方式,以保障教学计划正常推进,本科教学模式发生了巨大改变。无机及分析化学课程是我校材料设计与工程学院工科专业本科生的第一门专业基础课,学生的学习效果对其后课程的深入学习及专业能力的培养起着重要作用。因此,在疫情期间教师综合考虑大多数学生具备的在线学习硬件条件和各网络教学平台特点,取众家之所长,选用中国大学MOOC、雨课堂、腾讯会议和微信群等平台进行多平台联合线上教学(图1),从而保障线上教学的顺利有序进行。

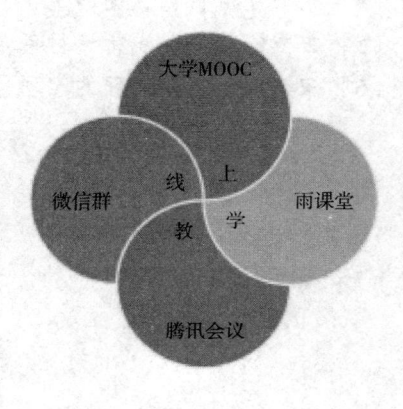

图1 多平台联合线上教学

一、多平台联合保障线上教学

1. 课前:用中国大学MOOC完成预习

在传统教学模式中,学生大都通过看书上内容进行课前预习,教师可以在线下课堂上根据学生对知识点的接收反应来判断是否需要再次进行着重讲解。与线下授课不同,线上教学模式由于采用大班授课,教师在直播授课时无法看到每位学生在计算机前的实时听课状态,因此不能及时获知学生接收新知识的情况。基于此,在线上教学期间,学生的预习不能只通过看书上内容来实现,还需要合理改变预习方式以了解知识难点。

---

[1] 作者简介:崔萌,北京服装学院材料设计与工程学院,讲师。

中国大学 MOOC 平台是由网易与高教社携手推出的在线教育平台，承接教育部国家精品开放课程任务，向大众提供中国知名高校的 MOOC 课程。通过利用他校无机及分析化学国家精品在线开放课程资源作为预习课程，学生能够按照教学计划提前完成视频观看来达到深入且充分预习的目的。然而，由于此在线开放课程不完全符合我校的教学计划，因此需要基于他校 MOOC 课程，根据本校教学计划及实际教学情况删改原有内容，开设适合于本校学生的异步 SPOC 课程。SPOC 课程是指小规模限制性课程，具有小众化、限制性、集约化的特点，可以将 MOOC 和课堂深度融合[1]。

教师于每周固定时间向学生发布本周 MOOC 视频预习任务，同时在课程后台查看学习数据统计，了解学生的视频观看数量和时长。为了详细掌握学生具体章节的预习情况，教师还在 SPOC 课程中建立了慕课堂班级。学生的预习情况可以通过慕课堂中的"学情统计-线上课程"数据反映，包括班级学习进度分布、已学习和未学习学生名单、每位学生各视频的开始学习时间和学习时长等信息。通过这些数据，教师可以提醒学生按时完成预习任务，促使学生充分预习，提前发现知识难点，带着疑问到直播课堂学习，教师对难点进行重点听讲，查漏补缺。

2. 课中：用雨课堂与腾讯会议双平台直播教学

通过提前在中国大学 MOOC 进行自主视频预习，学生可以掌握大部分课程知识，但是学生在预习中遇到的重点和难点问题，则需要教师在课堂教学中进行详细讲解。无机及分析化学课程采取直播方式开展课堂教学，教师通过试用多种直播软件，最终选取雨课堂和腾讯会议双平台进行直播教学。

雨课堂是清华大学和学堂在线共同研发的智慧教学工具，致力于为所有教学过程提供快捷免费、数据化、智能化的信息支持，可以将 PPT 和微信结合起来，其使用贯穿于整个教学过程[2]。课堂教学时，教师开启雨课堂"语音直播"授课模式，同时生成一个二维码，学生通过扫描此二维码签到进入雨课堂上课，后台会准确记录学生进入课堂的时间，方便教师掌握学生的出勤情况。在授课过程中，学生可以对困惑知识点所属的 PPT 页进行标记，及时反馈给教师，而教师则可以通过雨课堂的"随机点名""弹幕""投稿""课堂测试"等功能进行课堂互动，及时掌握学生的学习情况，提高学生的课堂注意力。同时，雨课堂拥有非常完善的数据统计功能，能够保留整个教学过程的教学数据。尽管使用雨课堂进行直播授课优点众多，但是雨课堂稳定性差，在上课高峰时段容易发生网络拥堵和瘫痪，如果学生无法按时进入课堂，将影响直播教学进度。

基于此，教师又选取了网络稳定性好的腾讯会议作为第二直播平台。利用腾讯会议的"共享屏幕"功能，共享计算机桌面 PPT，再登陆雨课堂选择"语音直播"。上课前，学生首先扫码签到进入雨课堂记录考勤，然后进入腾讯会议室等待教师直播课程开始。由于使用了这两个平台进行直播教学，教师既能利用腾讯服务器的稳定性保证课程直播的畅通，让学生通过腾讯会议麦克风对教师的提问进行实时语音作答，还能利用雨课堂提供的多种功能实现课程互动和教学数据全过程保留。

3. 课后：雨课堂与微信群相辅相成

雨课堂能完整保存课堂的全部教学内容，如 PPT、教师讲课语音等，学生可以随时进入雨课堂回看课程，复习知识点。教师还建立了无机及分析化学课程微信群，学生也可以将课堂上疑惑的知识点通过微信反馈给教师，教师及时给予解答。教师也能利用微信进行线上班级管理和交流，布置、督促班级学生自主学习。

布置课后作业能够加深学生对知识点的掌握，教师通过利用雨课堂将作业以试卷形式推送给学生并设置收卷时间，学生在规定时间内完成作业后将答案拍照上传至作业题目相应位置。教师通过雨课堂批改作业，对学生的主观题答案添加批注并给出评语和得分。批改完成后，雨课堂会自动计算学生得分及各题的正确率，方便教师了解学生对知识点的掌握情况，为改进教学提供数据支持。学生也可以根据教师对自己作业的批注情况，加深对知识点的理解。此外，使用雨课堂推送作业这种形式还能增进师生交流，例如，有部分学生会在上传作业照片时附上感谢教师的可爱图片，与教师进行交流互动，这是传统线下作业模式不具备的。

4. 考试：雨课堂与腾讯会议互为补充

疫情期间，无机及分析化学课程期末考试采用线上方式进行。由于有近200名学生参加期末考试，教师通过了解学生现有设备条件，确定了"雨课堂+腾讯会议"的考试模式。教师利用雨课堂的试卷功能，将期末试卷提前录入雨课堂试卷库并设置发布时间、答题时间、收卷时间、题目顺序等信息。考试开始前，所有学生进入腾讯会议室，教师强调考试注意事项。考试开始时，雨课堂自动向学生推送期末试卷，学生按规定作答。在考试期间，腾讯会议保持开启状态，以便教师能及时通过语音提醒学生考试时间，学生也能随时向教师反馈问题，做到沟通顺畅。对于试卷中主观题的作答，学生需要将主观题答案写在答题纸上，再将答题纸与学生卡/学生证/身份证其中一种证件同框拍照上传至试卷相应位置，保证线上考试的规范性。收卷后，客观题由雨课堂根据答案自动批改完成，教师只需批改主观题并给出得分。雨课堂能自动保存所有考试数据并对学生成绩进行统计，教师通过雨课堂后台导出相关数据可以计算学生最终成绩。采用"雨课堂+腾讯会议"的考试模式不仅可以做到考试期间全过程监考，还能在一定程度上减轻教师的阅卷压力，提高教学效率。

二、学生对多平台联合线上教学的反馈

学生们的积极响应和密切配合是能够顺利推进无机及分析化学课程多平台联合线上教学的强有力保障。通过在2020年春季学期的实践，多平台联合线上教学方式得到了2019级学生的普遍认可。比如，有学生表示：使用MOOC预习课程，老师能在后台监控，会起到很好的督促作用。还有学生表示：雨课堂比较容易卡顿，而腾讯会议会好很多，所以无机及分析化学课程用雨课堂和腾讯会议结合的方式来上课，不仅能记录考勤，还能避免上课卡顿的情况，也可以实现师生互动。也有学生认为：多平台学习可以避免某一软件在高峰期无法使用的弊端，老师将一些精品课程放在MOOC、雨课堂中，为我们提供良好的学习资源，直播形式虽然很固定，没有线下教学更有管理性，但在特殊时期，这种形式更可以体现同学们的自觉性，让同学们的自我要求更严格。

三、对线上教学的进一步思考

通过多平台联合线上教学实践，课程取得了良好的教学效果，并受到了学生的好评，然而目前线上教学仍然存在一些问题需要进一步思考和改进。

1. 学生线上学习的自主性问题

学生在进行线上学习时没有了线下课堂的束缚，容易出现不认真对待课程的情况，教师很难管理和订正学生的学习状态。例如，MOOC 视频的预习是完全自主的，尽管教师可以在后台查看学生的预习进度并提醒学生及时预习，但是并非全部奏效。再如，教师在课堂上虽然能够利用雨课堂和腾讯会议与学生互动，进而了解学生当前的听课状态，但是互动只针对某一知识节点下学生的状态，无法全面掌握整堂课中学生的整体状态。因此，在线上教学时除了教师应尽可能采取措施（如改善教学内容设计以增加课程趣味性等方式）提高学生的学习自主性外，更重要的是学生自己要发挥主观能动性，这也需要学校相关部门之间进行有效配合，共同营造良好的学习氛围。

2. 理论课与实验课的结合问题

无机及分析化学是一门与实验课密切相关的课程，在传统线下教学模式中，无机及分析化学实验对应着无机及分析化学课程中的相关知识章节，学生在做实验时可以将理论应用到实践，进而加深对知识点的理解，做到理论课与实验课相辅相成。然而受疫情影响，已提交教学计划、需要在线下进行的无机及分析化学实验只能延期开课，这导致理论课和实验课教学进度相差很大，学生对理论知识点的理解关联性不强。因此，今后进行线上教学时应适当调整实验课的教学计划，利用我校当前拥有的无机及分析化学虚拟仿真实验平台，将一部分线下实验转为虚拟实验形式。这样学生在进行线上学习时，理论课和虚拟实验课可以同时开设，联动学习。

四、结语

无机及分析化学课程采用以中国大学 MOOC 作为预习平台，以雨课堂和腾讯会议双平台作为直播教学平台，辅以雨课堂和微信群进行课后作业布置和答疑，利用雨课堂和腾讯会议作为考试平台，通过这样多平台联合的线上教学方式，不仅保证了教学任务按计划实施，同时也保证了良好的教学质量。虽然线上教学还存在不足之处，但是多平台联合线上教学方式能提高学生的学习能力，提升教学效果，为"线上+线下"混合式教学改革提供了新思路。

参考文献

［1］李慧慧，吴承春，肖湘平，王运．MOOC 资源的有效利用：基于 SPOC 的无机及分析化学教学改革［J］．大学化学，2019，34（7）：6-10.

［2］王磊，张艳鸽，吴利军．基于雨课堂的无机及分析化学课堂教学改革与实践［J］．教育现代化，2020，7（35）：91-93.

面向未来纺织品的"纺织品设计"课程内容设计与教学模式优化

陈莹[1] 闵胜男

摘　要　本文在对比国内外高校纺织品设计课程内容设计的基础上，针对新时期学生的特点，并基于学生的学习现状及未来纺织品发展的需求如功能性、智能性等，进行了相应的课程内容和教学模式设计。提出了面向未来纺织品的功能性、艺术性及课程思政内容的设计；在教学模式上针对新时期学生特点，以混合式教学与启发式教学模式为主，并增加以练代教的课堂设计，充分利用第二课堂教育，鼓励学生不断探索，全面培养学生的创新能力。

关键词　未来纺织品；纺织品设计；课程内容；教学模式；混合式教学

一、背景介绍

我校工科设有"纺织品概论""纺织工程与纺织品"等课程，2019年新增"纺织品设计"课程，是为高分子及轻化工程专业大三学生开设。轻化工程及高分子材料与设计专业的学生学习纺织及面料的相关知识主要是使学生深入理解纱线、机织物、针织物的结构特征；学会根据织物组织结构识别主要的纺织面料如棉织物、毛织物、丝织物及麻织物等，为前期纤维相关课程提供面料开发方法及思路，为后续课程如"纺织品印花""纺织品染色""纺织品功能整理"等提供专业基础。

目前国内外高校工科所开设的织物结构设计相关课程包括"织物结构与设计""纺织品设计与实践""纱线设计与实践""纺织品设计与方法""纺织品设计学""织物组织设计""织物组织与结构设计"等。大多数课程都为织物三原组织、变化组织、联合组织和复杂组织等的组织结构设计基础课程，也有如东华大学现有的"纺织品设计学"课程教学主体内容是从纺织品的色彩、图案、纹理和光泽等外观形态设计，性能和功能等内在特征设计，以及结构和加工工艺等生产技术设计三个方面，进行专业知识的介绍和专业技能的训练。青岛大学的"纺织品设计与方法"课程要求同学掌握设计的内涵和本质，学会从方法论角度领会纺织品设计本质；掌握纺织品的分类及基本设计方法、服

---

[1] 作者简介：陈莹，北京服装学院材料设计与工程学院，副教授。
　　资助项目：北京服装学院教育改革项目"织物结构设计艺工融合教学模式优化研究与实践"（项目编号：JG-1807）。

用纺织品设计理论；掌握传统纺织品的设计方法和思路。综上可看出"织物结构设计学"相关课程是在传统组织基础上依据相关面料外观和性能要求进行组织的设计。目前工科课程主要集中在棉、麻、丝、毛四大类面料的设计或在织物的功能要求上如表面性能与光泽、机械性能与风格、透通性与传递性、穿着舒适性及耐用性与防护性等方面。

而本校所开设的"纺织品设计"课程则希望学生系统得获得纺织品设计的基本原理与创新方法，培养学生具有开发、设计未来纺织品以及优化产品功能的能力。因此本校"纺织品设计"课程应根据实际需求以及未来纺织品发展的需求如功能性、智能性等，进行相应的课程内容和教学模式设计。未来纺织品为功能、智能和高性能的纺织品，需要在不同学科的交叉融合下实现[1]，如信息化、智能化、艺术性与纺织品的深度整合等。因此面向未来纺织品的"纺织品设计"课程内容可体现不同工科与工科专业之间的广度交叉、还可体现艺术与工科的深度融合。在教学模式上应根据新工科要求，适应新时期学生特点，灵活调整及充分利用各种教学手段，最终能够培养多元文化素养高度综合的人才。

二、课程内容设计

1. 课程内容总体设计

课程内容应是面向未来纺织品的功能设计及外观艺术风格设计，具体教学安排如图1所示。

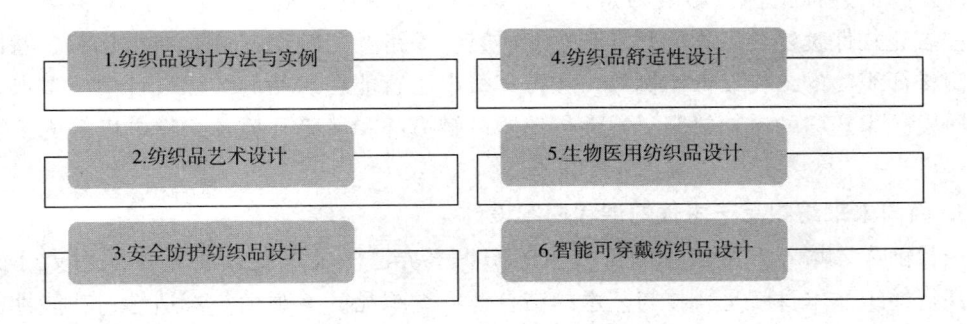

```
1.纺织品设计方法与实例      4.纺织品舒适性设计
2.纺织品艺术设计            5.生物医用纺织品设计
3.安全防护纺织品设计        6.智能可穿戴纺织品设计
```

图1　"纺织品设计"教学模块安排

因此课程第一章首先介绍纺织品设计方法与实例，包括纺织品设计的含义和内容，如原料设计、纱线设计、织物结构设计；还有纺织品设计原则包括仿制、改进、创新设计；最后是纺织品设计实例分析如基于褶皱肌理的纺织品创新设计。第二章为纺织品艺术设计，主要包括纺织品艺术设计的原则、基本要素、组合方式及实现方法。后续章节则为面向未来纺织品的功能设计，每一部分内容都包括功能要求的定义、组成要素等基本概念；功能要求的结构设计原理、影响因素及实现方法；还有功能要求的实施案例，此部分内容均为国内外最新研究进展，资料来源为国内外核心期刊公开发表的学术论文或硕士、博士学位论文。最后会总结指出每一个功能或智能要求的现有存在问题及未来发展趋势。

2. 面向未来纺织品功能性的课程内容设计

功能性纤维除了具有常规纤维的柔软、保暖等特性外，还有一些常规纤维没有或不足的性能。开发个性化、高档化以及能够满足多种需求的功能性纺织品成为行业高质发展的主流趋势之一，功能性纤维及功能性整理技术作为实现纺织品多样化功能的创新路径，也逐渐成为业界人士关注的焦点。智能纤维和智能纺织品在保持纺织品原有风格和性能情况下，能够感应内部状态或外界环境变化，并自动据此做出反应，如智能调温、形状记忆、智能变色等。它们大部分具备信息累积、感应与传导、信息识别与反馈等智能功能和响应功能、自我诊断修复与自我调节能力等仿生特性，未来具有广阔的市场，据 IntertechPira 预测，柔性的可穿戴智能纺织品预计将达到 25 亿美元以上的市场水平。因此功能、智能纤维与纺织品可以称为是未来的纤维及纺织品，目前我国在未来纤维及纺织品的研发上还处于起步阶段，需要在以下几个方面进行结构和性能方面的改进：如透气性和柔软性：若作为可穿戴设备，材料服用舒适度和灵活性需大大提高；多功能化：目前几种智能纺织品的功能较为简单，可尝试将几种智能材料的功能进行复合制备高级型多功能智能纺织品。

因此根据上述针对未来纺织品的功能要求及教师自身科学研究方向，选择纺织品舒适性的结构设计以及冲击防护纺织品、交通用纺织品、医疗及卫生用纺织品和电子可穿戴智能纺织品的结构设计，并在具体项目讲解中将个人研究成果在教学内容中体现出来。在纺织品舒适性结构设计里主要针对热湿传递性，对保暖织物、防水透湿织物和吸湿排汗织物的表征指标、影响因素、设计原理进行讲述，然后以最新科研实例展开论述。如填充式保暖复合织物的开发和性能研究、探路者 TiEFDRY 单向导湿面料、智能单向吸湿排汗织物的结构设计实例等。在可穿戴电子智能纺织品的结构设计中，重点讲授目前研发较为热门的电加热服、柔性传感器、触摸屏和薄膜开关及织物电极等的织物组织结构设计。

3. 面向未来纺织品艺术性的课程内容设计

按目前人才培养方案培养的工科生的知识素养已不能满足新工科发展对人才的需求，并且纺织品本身就是科技与艺术的结合体，纺织品的美观性与舒适性、功能性、安全性同等重要，甚至可以说纺织品本身就是艺术品[2]。因此努力提升工科大学生的艺术修养有利于进一步重构其素质结构，促进学生的全面发展。培养既具有创新能力和创造性思维，又能够熟练掌握本专业技术能力的综合素质人才；将设计不仅停留于表面，而是上升到可行性应用性设计，使课程建设与社会需求合理对接。

纺织品的艺术设计实现方法从织物结构上来说，主要包括色织和提花组织设计，这就需要同学们掌握纺织品的配色模纹以及织物组织设计的艺术性原则如平衡与对称、对比与和谐等，以上将是本部分讲授的重点内容。

4. 面向未来纺织品的课程思政内容设计

教授课程不仅要传授给同学们专业技术知识，更要让同学们知道这些专业知识要为谁而用，怎么用，要激发学生科技报国的家国情怀和使命担当；使他们了解专业发展的历史、现状与未来，更好地为祖国建设出力。课程思政的难点在于如何将知识传授和价值引领相统一，并且能够让学生易于、乐于接受，同时可做到"润物无声"的效果。

对于"纺织品设计"课程来说，主要通过案例教学来完成课程思政的内容，也就是在进行实例讲解时，选择人们在现实中面临的真实问题。用求解真问题获得课程逻辑，使得学生具有获得感。如在新冠肺炎疫情期间，在讲授医用纺织品设计内容时，把疫情下口罩的作用、口罩的结构与功能进行了介绍，引导学生出门戴口罩，否则最好待在家里，认真学习与锻炼身体。针对医用防护服，将一线医生穿脱防护服的视频及照片展示给学生，让他们了解现有防护服的不足及需要改进的方向，如透气透湿性与防护的矛盾设计等，同时了解一线人员的牺牲与奉献精神，对学生进行价值塑造和能力培养。

三、教学模式优化设计

1. 针对教学对象变化的混合式教学与启发式教学设计

现在大三学生已经是"95后"的年轻人，他们都是有个性的独立个体：价值取向多元化，这使得不同学生的学习态度千差万别；知识获取碎片化已经是目前学生的学习习惯，信息来源的丰富主要是优质教育资源普及及移动互联，使得教师不再是知识的单一来源。因此对完整高效的知识教授已不再那么重要，而是能够让学生通过课程的学习，对所学部分产生浓厚的兴趣，愿意在课内和课外投入时间钻研[3]。教师则成为学生高效高质量学习的促进者。这也就是以学生为中心（学生发展、学生学习、学习效果）的教学模式[4-5]。针对以上分析，教学内容设计包括混合式教学、启发式教学等教学手段。具体如下：

（1）线上教学资源利用。在"纺织品设计"课程中则采用主动利用优质在线学习资源、软件，开展混合式教学。如纺织品设计专业教学资源库和纺织与现代科技等网络资源：

http：//www.zhijiaotong.com/subsite/fangzizyk9012wm45/index.html

http：//www.icourses.cn/web/sword/portal/videoDetail？courseId = 62c03984 - 13d8 - 1000-92ee-83202360307f#/？resId=62df0bee-13d8-1000-a036-83202360307f

（2）线上教学软件应用。利用腾讯课堂、腾讯会议及雨课堂等软件进行线上线下混合式教学。

（3）"线上面料库"应用（淘宝网等）。利用淘宝网等网站检索相关面料以辅助或替代实地市场调研，连接课堂与市场[6]，让材料实物亲眼可见，让织物组织及织造工艺直观呈现。

（4）启发式教学。在课件上多问号或省略号，进行场景再现的启发式教学。启发式教学课程设计包括三位一体，所谓三位一体也就是真问题、过程性、互动性，最终使得学生具有获得感，其中间关系如图2所示。

这就是说对于启发式教学的课程设计，需要体现问题解决的过程性，不要

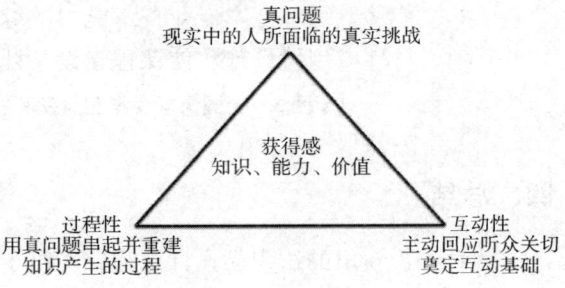

图2 启发式教学课程设计的三位一体[4]

直接呈现知识产生的结果,而是重建知识产生的过程。建立知识产生的过程,用一个个真问题串起来。另外就是要体现课程设计的互动性,能够主动回应学生心中的关切。

2. 以练代教的课堂设计

在课程讲解过程中,可以增加练习题来提高学生学习的主动性,也可利用雨课堂出题或弹幕方式让学生解答,所出题目要活,严肃且严谨、合理且合情、并与现实、热点相呼应,可紧密联系中国国情,或深刻挖掘学科元认知,可连接学生知识性和感受性,获得共鸣。在课后教学设计中设计项目化的题目如医用纺织品的设计、冬季运动服的设计等用于检验课外学习效果[7]。

3. 充分利用第二课堂教育

第二课堂教育主要包括大学生创新创业项目、大学生创新创业学科竞赛、毕业设计三个环节[8]。本课程将充分利用这些科研创新训练课程,针对具体项目增加对学生的指导,充分调动学生的学习兴趣,培养创新创业意识。目前所实施的具体项目既包括功能智能型纺织品设计,如防弹面料的设计与开发,橄榄球运动服的设计与开发,织物柔性传感器的组织结构设计等;也包括纺织品艺术再设计再创作,如"艺工"学生联合组队开展纤维材料环保印染设计、面料再造等。灵活丰富的设计项目内容,并给予相关案例分析,以应对不同社会需求出口,增加了学生的学科学习的兴趣及主动性。学生基于项目实施参与学科竞赛,取得了包括全国大学生绿色染整科技创新竞赛一等奖,唯尔佳优秀新产品学生设计作品评比二、三等奖等优异成绩,优秀获奖作品如图3所示。

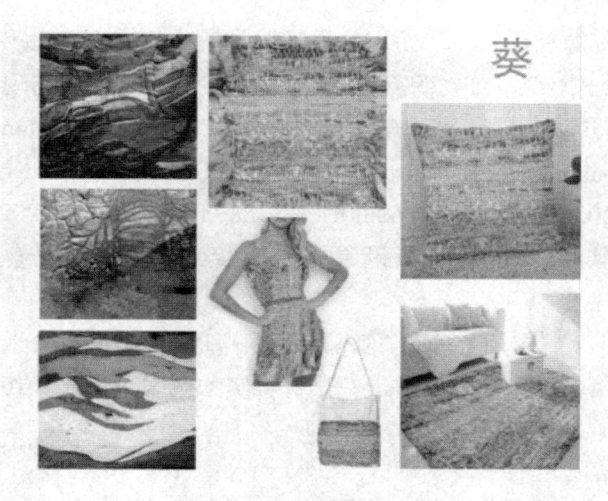

图3 全国大学生绿色染整科技创新竞赛一等奖获奖作品

四、总结

针对本校新增的纺织品设计课程,在基于类似课程分析的基础上,根据本校学生特点及功能化、智能化未来纺织品的发展趋势,进行了相应的课程内容设计,包括面向未来纺织品的功能性、艺术性及课程思政内容的设计。在教学模式上以混合式教学与启发式教学模式为主，并增加以练代教的课堂设计，充分利用第二课堂教育。因此本课程的教学内容是基于未来纺织品外观风格与功能实现的定位，对纺织品构成基本元素进行设计组合，并掌握纺织品艺术性和功能化应用的设计原理与实现方法，可为学生未来从事纺织服装设计与功能开发奠定必要的理论基础和实践经验。

参考文献

[1] 宋亚男，宋子寅，徐荣华．多学科交叉融合的工程人才培养模式探索与实践[J]．实验技术与管理，2020，37（9）：23-25，31．

[2] 洪岩，戴晓群，潘志娟．纺织类高等教育时尚创业人才培养模式研究[J]．管理观察，2020，744（1）：137-138．

[3] 于歆杰．理工科核心课程中的课程思政：为什么与怎么做？[OL]．全国高校课程思政教学设计与课程思政建设专题研修班．黄河雨课堂，2020-7-1．

[4] 蒙克-面向新时代学生的课程思政：以课程设计为基础[OL]．全国高校课程思政教学设计与课程思政建设专题研修班．黄河雨课堂，2020-7-1．

[5] 聂亮，张维光，吴慎将．光电专业综合课程设计的实践教学改革[J]．教育教学论坛，2020（40）．150-151．

[6] 刘星．"互联网+"背景下"材料构造与创作"课程的创新与实践[J]．艺术与设计（理论），2019（9）：141-143．

[7] 马昱春．基础理论课的课程思政：以《组合数学》为例[OL]．全国高校课程思政教学设计与课程思政建设专题研修班，黄河雨课堂，2020-7-1．

[8] 张天芸，丁辛．基于地方特色的纺织工程专业课程体系的研究[J]．轻工科技，2019，35，252（11）：185-186，188．

课程思政的实践与探索

——以环境设计系专业课程的教学实践为例

李瑞君[1]

摘　要　课程思政指以构建全员、全程、全课程育人格局的形式将各类课程与思想政治理论课同向同行，形成协同效应，把"立德树人"作为教育的根本任务的一种综合教育理念。在国家"乡村振兴"战略的背景下，北京服装学院环境设计系的教师们利用环境设计专业的优势积极参与农村的发展与建设工作，在本科生和研究生专业课的教学过程中积极推进课程思政的实践和探索，把课程思政有机地融入专业课教学中，取得了很好的教学效果。

关键词　课程思政；立德树人；教学实践；有机融入

课程思政指以构建全员、全程、全课程育人格局的形式将各类课程与思想政治理论课同向同行，形成协同效应，把"立德树人"作为教育的根本任务的一种综合教育理念。着力培养德智体美劳全面发展的社会主义建设者和接班人，着力培养担负民族复兴大任的"有理想，有本领，有担当"的"时代新人"，是我们党在新时代关于"培养什么样的人，如何培养人以及为谁培养人"这个根本问题上对高校加强和改进思想政治教育和人才培养的新定位、新要求、新任务，强调"立德树人"理念，推进"课程思政"实践。

近几年来，北京服装学院艺术设计学院环境设计系的教师们结合专业课程的教学，在本科生和研究生专业课的教学过程中积极推进课程思政的实践和探索，取得了很好的教学效果和一定的科研成果。

一、背景与意义

> 中国要强农业必须强，中国要美农村必须美，中国要富农民必须富。
> ——习近平

近年来，中国在城市化方面取得了巨大的成绩，但在城市化的进程中也出现了种种问题。农村的土地、空气和水环境急剧恶化，村民的生活环境低下，乡村已经丧失了吸

---

[1] 作者简介：李瑞君，北京服装学院艺术设计学院，教授。

引力，年轻人大都离开了自己的家园，到城市里工作和生活。农村的土地出现了被抛荒的现象，新一代农村无人愿意种地，慢慢也无人会种地。因此城市与乡村必须互动发展，这样才能改善乡村的生活和劳作环境，产生新的吸引力，同时使一些已经被当地农民过度开发的自然环境和条件得到恢复，为那些生活在乡村的农民带来新的机遇和前景。因此美丽乡村的建设势在必行，要彻底改善乡村居民的生活和工作环境。

环境设计系党支部结合专业特色，创造性地开展基层党建工作，很早就开始了地域性建筑设计研究、乡村规划和建筑设计探索的设计实践和研究工作。在国家"乡村振兴"战略的背景下，响应国家的教育方针政策，利用环境设计专业的优势积极参与农村的发展与建设工作，积极地推动课程思政与专业设计课程的有机融合。结合精准扶贫和定点帮扶政策，带领学生开展新农村规划设计、景观设计、建筑设计，以及相关课题的研究等，打造"望得见山、看得见水、记得住乡愁"的美丽村落。同时在乡村与城市之间搭建沟通的桥梁，带动乡村产业和经济的发展。

二、组织与实施

北京服装学院艺术设计学院环境设计系党支部一直把服务乡村建设的活动融入日常工作中。

近几年来，在党支部的带领和协调下，环境设计系的老师们结合教学工作，先后20多次组织学生到乡村进行调研、建筑测绘和实地考察。环境设计系教师8人、本科生有大二、大三和大四的同学100多人、研究生50多人参加了乡村建设的考察和调研活动。

环境设计系教师结合本专业课教学，组织学生一起或分头到北京延庆北地村、房山灵水村、怀柔西栅子村、通州吕家湾村、河北省秦皇岛市青龙满族自治县石城子村实地调研、考察和测绘，走访居民，了解当地经济的发展状况。教师和研究生结合自己的研究课题，利用假期和课后时间，开展实践调研和考察，了解山东、贵州和云南等地的美丽乡村建设的情况，感受改革开放和党的富民政策为村民带来的实惠。环境设计系教师组织带领学生到上海、江苏、浙江一带的城市和乡村参观考察，了解城市的环境建设和乡村的城市化状况。

结合研究生课程"地域性建筑设计研究"的教学，对中国传统地域性建筑及环境设计及文化进行了系列研究，在专业期刊发表多篇阶段性的研究成果。

结合"一带一路"的国家方针政策，申请并完成了北京市教育委员重点社科基金项目"清代时期中西方在室内设计中的交流与影响"。

三、特色与成果

> 新农村建设一定要走符合农村实际的路子，遵循乡村自身发展规律，充分体现农村特点，注意乡土味道，保留乡村风貌，留得住青山绿水，记得住乡愁。
>
> ——习近平

在中国"美丽乡村"建设的背景下，利用环境设计系的专业优势积极参与新农村建设。结合扶贫，开展新农村规划设计、景观设计、建筑设计等。同时在乡村与城市之间搭建沟通的桥梁，带动乡村经济的发展。

环境设计系很早就已经开始了乡村规划和住宅设计的探索与研究。2010年，陈六汀和李瑞君两位老师带领研究生团队，与中央美术学院、西安美术学院和太原理工大学的师生们一起，进行陕西省三原县地坑式窑洞的改造和再生设计，取得了非常好的成果。在接下来的几年里，这项工作一直持续下来，在山西和陕西的几个村子里落地实施。设计成果获得了包括第十二届全国美展金奖、北京国际设计周大奖在内的多个国内外设计奖项。2016年，环境设计系的教师还带领学生进行了延庆北地村的更新改造设计。

2016年8月至2017年11月期间，环境设计系与视觉传达设计系联合摄影系、纺织品设计系、雕塑系，共同围绕"设计改变乡村"议题，以多课堂协同实践教学方式探索高校作为一种社会力量，通过设计和创意帮助河北省青龙满族自治县石城子村精准扶贫。在金岩、郝雪莉和李瑞君等7位老师的带领下，环境设计系的同学为村子进行整体规划、景观和建筑设计；视觉传达设计系的同学在品牌设计课程上为石城子村农产品策划设计并注册了"石也香"农产品品牌；摄影系同学为该村设计形象推广方案，拍摄村民人物肖像；纺织品设计系同学设计开发当地满族文化家居纺织品，推动文化旅游发展；雕塑系同学设计乡村环境中的公共艺术作品。

项目课题组还举行了教学成果汇报展和设计改变乡村扶贫探索研讨会，得到农业部、人民日报社的关注和好评。目前，该项目已转化落地，投入实际实施阶段，探索了用设计助力乡村建设的新模式。民贸会政策研究室专门组团参观了社会实践成果展，在参观中，民贸会重点了解了实践地——河北省秦皇岛市青龙满族自治县七道河乡石城子村的发展历史、特色产品、民族文化和发展需求等。其后，民贸会与一乡一品产业发展促进中心和中贸国资商贸流通事业部将该村的特色产品（主要是板栗和核桃）列入民贸会一乡一品产业促进计划产品名录，协助拓展销售渠道，已成功促成湖南趴淘网络科技有限公司、北京新晟伊鲜网络技术有限公司与青龙满族自治县又飘香核桃专业合作社达成合作，将石城子的板栗和核桃等特色产品列入销售名录，并正式上线。同时，将组织专业团队前往拍摄产品的生长环境、采摘场景、加工制作等环节，全方位宣传该村的村容村貌，让更多的消费者了解该村的产品，让更多人群了解石城子村。这个项目一直延续至今。

环境设计系的教师们，结合岗位职责，进行专业课程教学改革，制订切实可行的计划，把设计改变乡村的项目纳入到研究生和本科生的教学体系中来。2018年暑期带领学生参与通州区西集镇吕家湾村美丽新农村建设的设计实践活动，此次活动使学生党支部在北京市"红色1+1"活动评比中获得一等奖。

结合环境设计系党支部到学校定点帮扶的怀柔区雁栖镇西栅子村开展党建活动的契机，积极推进，带领学生多次到村子里调研走访，把西栅子村的改造计划纳入毕业生的毕业设计和研究生的课程教学中来，李瑞君、李政、金岩、赵倩等几位老师一起结合专业课程教学推进"设计改变乡村"的工作。现阶段在今年刚入学研究生的工作营设计实践中，联合新媒体和视觉传达两个专业的师生，在西栅村的设计中进行跨专业合作，探索新的设计可能性和模式来助力美丽乡村建设和乡村产业的发展。

四、机制与持续

环境设计系党支部认真深入学习宣传贯彻党的十九大精神和习近平新时代中国特色社会主义思想，贯彻全国高校思想政治工作会议精神，落实学校各项工作部署，落实基层党建任务，较好地发挥了党员的带头作用，以本职教学工作中心，围绕中心抓党建，结合自身的专业特色创造性地开展工作，脚踏实地，解决遇到的问题。

在课程思政的实践与探索中，环境设计系的教师们能够立足于专业来抓住社会热点问题，有机地融入教学实践和课题研究中。但在设计服务乡村的过程中也遇到了一些具体问题，为了能够达到设计服务乡村项目的可持续发展，接下来需要做几个方面的事情：

（1）推动相关部门制订参与社会服务工作方面的配套政策。

（2）加强组织领导，要将社会服务工作纳入日常教学和科研工作中来，制订社会服务战略规划。

（3）建立与服务对象（政府和乡村）良好的互动关系，充分调动一切社会资源，形成社会服务的良性循环。

（4）建立和完善内部激励、评价、约束机制，调动师生的积极性。

（5）搭建平台，培养团队，加大投入，完善设施，规范管理。

五、感悟与体会

课程思政主要形式是将思想政治的教育元素，包括思想政治教育的理论知识、价值理念以及精神追求等融入各门课程中去，潜移默化地对学生的思想意识、行为举止产生影响。因此课程思政不同于思政课程，要把思政教育有机地融入专业课程中，因此一定要注意避免两种倾向：第一，生吞活剥、生硬地导入思政内容；第二，心灵鸡汤式地说教。

课程思政在本质上还是为了实现立德树人。坚持以德立身、以德立学、以德施教，注重加强对学生的世界观、人生观和价值观的教育，传承和创新中华优秀传统文化，积极引导当代学生树立正确的国家观、民族观、历史观、文化观。因此，爱岗敬业本身就是最好的课程思政。作为教师，首先要做好本职工作，要向学生传达一种积极的、乐观的、向上的、服务社会的精神；其次才是授业解惑，结合专业知识润物无声地达到课程思政的目的。

课程思政本身就意味着教育结构的变化，即实现知识传授、价值塑造和能力培养的多元统一。因此课程思政要求教师要将教学与学生当前的人生遭际和心灵困惑相结合，有意识地回应学生在学习、生活、社会交往和实践中所遇到的真实问题和困惑，真正触及他们默会知识的深处，亦即他们认知和实践的隐性根源，从而对之产生积极的影响。

　　课程思政是通过深化课程目标、内容、结构、模式等方面的改革，把政治认同、国家意识、文化自信、人格养成等思想政治教育导向与各类课程固有的知识、技能传授有机融合，实现显性与隐性教育的有机结合，促进学生的自由全面发展，充分发挥教育教书育人的作用。

"交互设计"教学内容整体优化研究与改革实践

熊红云[1]

摘　要　本文在对北京服装学院数字媒体艺术专业多年的"交互设计"课程教学现状及实践的基础上，提出"交互设计"课程体系与教学内容整体优化建设的一些设想，并对课程群建设目标、课程群内容建设及相关的教学方法改革做了一些研究和教学实践。

关键词　交互设计；数字媒体艺术；课程体系

一、引言

交互设计在国内经过了十多年的发展，已经成为推动工业、智能产品、IT、互联网等行业发展的主流力量。从2010年起交互设计便以蓬勃之势发展。随着交互设计的从业者数量的增多，行业中的交流聚会日益丰富。行业活动也从最初的民间自发的聚会转向由政府搭建平台推动交互设计发展的规模性活动，可见交互设计对产业、对社会、对创新的推动力已经被社会各界所认识。而交互设计也成为这个时代设计领域的新亮点。行业的发展也推动了高校在设计人才培养上的变革。与之相应，国内众多的高校也相继开展了交互设计的教学，每个学校在交互设计教育中都在探索自己的发展之路。

交互设计是一个多学科交叉融合的边缘学科，它自身的特点决定了它自身也在不断地吸取着外部的新方法、新理念，不可能被完全地固化下来，这个方向的教学并没有太多的前车之鉴，它需要我们不断地做出探索和尝试。因此，这些特点决定了"交互设计"课程设置应该是一种动态方式、而非固化的课程体系。在这个体系当中，课程所指的范畴、方法和理论体系是相对固定的，但课程中的具体内容和教授的方法、作业内容、实验内容却会进行改进和迭代。

按照"交互设计"的教学时段规划，"交互设计"课程体系分为5个基本的阶段：交互设计理论及生活方式的洞察、设计研究（人物角色模型、情景剧本、故事版、功能分析、信息架构）、原型设计、交互设计技术实现、产品与系统设计呈现。通过这5个

---

[1] 作者简介：熊红云，北京服装学院艺术设计学院，副教授。
项目资助：北京服装学院校级教改立项"'交互设计'课程体系与教学内容整体优化研究与实践"（项目编号：JG-1811）；北京服装学院"交互设计"2019年"课程思政"试点课程建设项目（项目编号：KCSZSD-1907）。

阶段的围绕"儿童交互"为主题的训练，要求学生掌握人与产品和服务的交互，通过"体验"实现交互设计的主要目的，学会用产品的思路去解决儿童科技互动、智能益智、智能生活、智能学习、智能社交、智能娱乐、智能游戏、智能安全、智能出行等方方面面的需求和问题。通过项目的具体实践，为交互设计的流程和方法提供实际的项目演练，同时建立的课程方法体系也可以为行业从业人员建立可以借鉴的方法和思路，为交互设计行业的发展探索一套切实可行的流程和方法。

二、"交互设计"课程的目标

本课程是理论结合实践课程，课程围绕从发现用户的问题出发，围绕一个实际问题进行概念设计—详细设计—原型设计—可交互或操作的产品。通过"发现问题—提出问题—解决问题"的创新设计方法，完成交互设计程序与方法的全过程。通过本课程的学习，学生掌握交互设计的基本流程、设计思路及方法，并完成一个实际设计案例。

学生通过交互设计课程，围绕儿童这个特殊群体，培养设计师的设计同理心，全面掌握完成一个交互设计项目的能力，做出具有一定水平的完整设计方案，为实际处理交互设计项目提供一次完整、独立的操作演练体验。打破了传统教学灌输教学内容的模式，要求完成从概念设计、用户研究、需求分析、原型设计、样机制作的全过程。切切实实地培养同学们实际项目的动手能力。

三、"交互设计"课程体系与教学内容建设

1. 课程体系建设

图 1 所示为北京服装学院艺术设计学院新媒体与动画系课程目标体系架构。

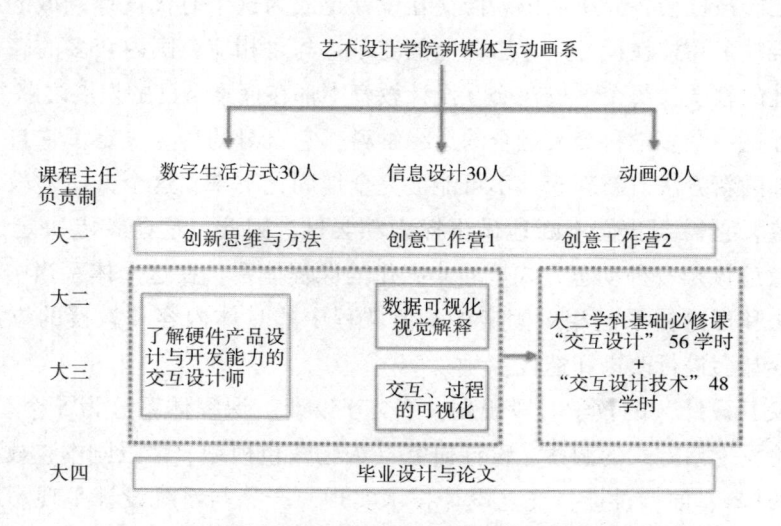

图 1　艺术设计学院新媒体与动画系课程目标体系架构

我校艺术设计学院新媒体与动画系有数字媒体艺术与动画两个专业，从 2015 级开

始，数字媒体艺术调整为数字生活方式和信息设计两个专业方向，采用课程主任负责制，两个方向设立两位课程主任，数字生活方式培养的是了解硬件产品设计与开发能力的交互设计师，信息设计有一部分的教学重点是培养交互、过程的可视化。因此，"交互设计"和"交互设计技术"成为数字生活方式和信息设计两个专业方向的学科基础必修课。由于专业方向的调整，"交互设计"课程群在新的专业方向目标下如何做到专业基础的通识课是改革的重点。经过近几年的教学实践，笔者在课程建设上把如何应用交互设计的理论、方法和思维过程，贯穿"以项目为中心的理论知识点+项目阶段进程管理模式"来进行教学，培养学生用交互设计的思辨方式去识别、发现用户的痛点和问题，避免了理论、方法和流程枯燥讲解的模式，结合具体的项目设计，通过交互设计的方法和流程去解决问题。

2. 教学内容建设

按照"交互设计"的教学时段规划，"交互设计"课程体系分为5个基本的阶段：

（1）生活方式洞察。一方面，学生在这个阶段，了解交互设计的基本概念，交互设计师的工作内容，什么是UI，什么是UE/UX，UE是如何做的，通过具体的案例展示和分析，掌握交互设计的具体流程等基础交互设计的理论和知识点；另一方面，学生采取分组团队合作方式，每组同学拍摄跟踪用户（图2）1000张照片，根据照片进行问题归类，发现洞察用户，找到设计点，并通过文献及资料等案头调研进行头脑风暴（图3），找到设计点。

图2　学生跟踪用户调研地点

（2）设计研究及需求分析。利用市场调研、典型人物角色模型、设计定位、情景剧本、情景模拟故事版（图4）、竞争分析、需求点/痛点及核心竞争力分析、用户使用行

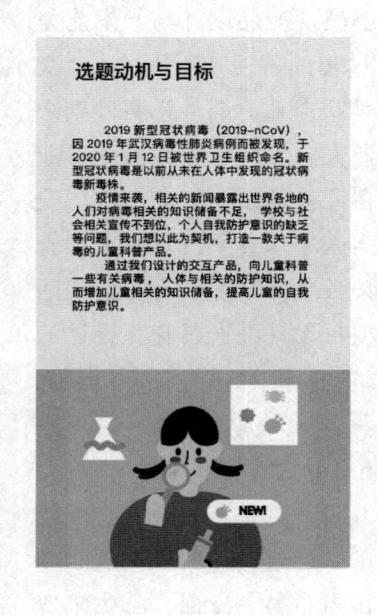

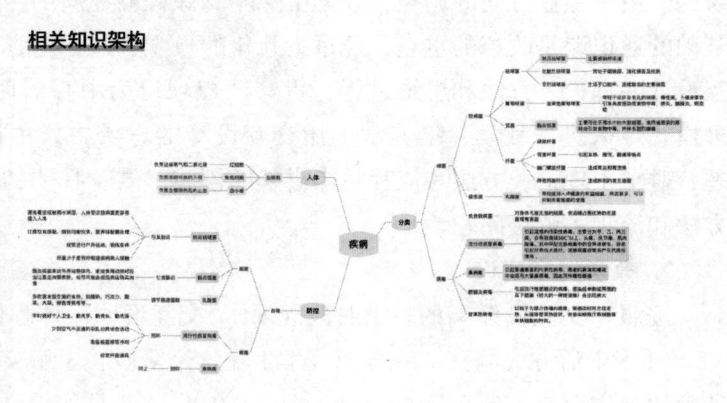

图3 选题头脑风暴

为分析、功能分析、服务/软件/产品的信息架构图等方法进行设计研究及产品功能需求分析，建立产品信息架构。学生通过这个阶段，建立系统的用户研究思路和方法，并通过这个过程，有理有据地改进设计提案，获得具有简单而又强大逻辑的设计提案。

（3）原型设计。一方面，这个阶段学生需要手绘交互草稿，绘制交互框架线框图，并撰写详尽的交互脚本设计文档，制订视觉设计规范和风格版，并进行视觉设计（图5）。通过这个阶段，获得具体的实施路径和方法，进行交互原型设计。另一方面，进行界面设计的视觉隐喻，以用户为中心的设计，大道至简、简约至上等交互设计策略等方面的理论讲授。

（4）交互技术实现。这个阶段，学生要动手实验完成硬件产品的内部元器件的功能原型设计，并通过硬件实验或编程等手段完成产品的功能实现，可以在"交互设计技术"课程上捆绑"交互设计"课程的产品设计进行实验。如有配套的软件产品，还需要完成软件产品的交互原型设计及移动端的模拟交互实现（图6），学生需要在课下学习 Adobe premiere、Adobe XD、Sketch up、Protopie、Principle 等原型演示设计的工具。

（5）产品系统设计呈现。这个阶段学生要撰写产品设计手册，有理有据，有逻辑地完成从生活方式洞察、设计研究及需求分析、原型设计、视觉设计、交互技术实现、产品系统设计（包括硬件产品设计方案呈现、软件产品效果图+视觉设计）等全流程的设计报告书。同时学生要进行产品最终呈现效果、产品使用状态、产品使用环境相结合的产品演示动态视频设计及呈现（图7）。

图 4 情景模拟故事版分析方法示例

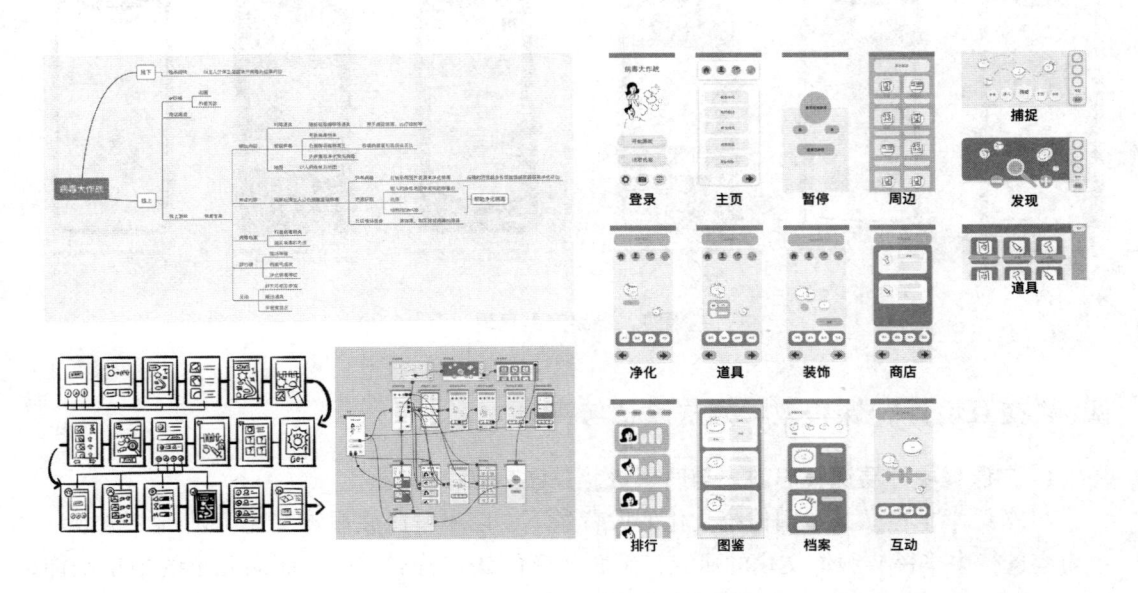

图 5 原型设计过程示例

图 6　移动端的模拟交互实现示例

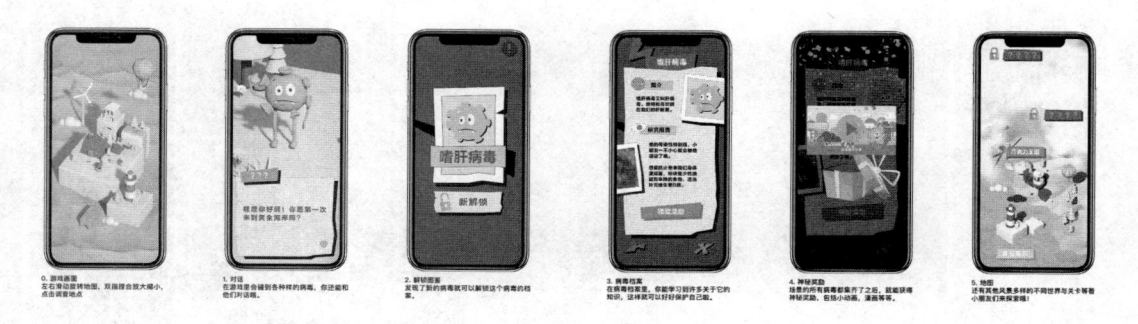

图 7　最终产品呈现

四、"交互设计"课程教学方法改革与实践

1. 在课程中开展课程思政，与时俱进，关注热点

2017级学生在弘扬中国传统文化的大背景下，以中华民族服饰文化为基础，选取一个内容进行中华民族服饰文化的研究，了解儿童的认知特点，设计面向儿童的中华服饰文化交互设计，使中华民族服饰文化能在儿童中进行传播和体验。通过设计研究，锁定

设计方向，进行设计提案，完成从概念设计—详细设计—原型设计—可交互或操作的产品。第一轮方案每位同学以个人为单位提出了一个比较完善的、具备简单而强大逻辑的面向儿童的中华民族服饰文化交互设计提案。第二轮方案在第一轮方案的基础上，具备机会缺口的方案，以小组为单位进行团队合作，详细设计及最终方案呈现（图8）。

图 8　中华民族优秀传统服饰百科

2018级学生正值疫情期间，在内容的设计上，为了解决同学们不能出门进行用户观察和入户访谈的现状，笔者进行多次讨论商议并进行前期设计研究，最后选定主题——"你知道吗？"儿童科普百科交互设计作为"交互设计"课程的实践课题。因为儿童百科的内容即使不进行观察研究，也能通过线上搜集到海量的设计内容资料，获得大量的原始素材。同时部分组聚焦"新冠病毒""餐桌文明""垃圾分类"等话题，为儿童进行防疫及文明条例的科普（图9）。

图 9　儿童病毒小百科科普示例

2. 以项目为导向进行教学，避免了理论脱离实践讲授的枯燥

通过生活方式洞察、设计研究及需求分析、原型设计、交互技术实现、产品系统设计呈现这些围绕项目进程所展开的五个阶段，以"儿童交互设计"项目为导向进行教学，课程中辅以笔者在历年课程及科研中积累的大量儿童交互设计案例进行分析，并在相应阶段教授本阶段必须让学生掌握的交互设计理论、方法、设计规则和策略等知识点，避免了理论脱离实践讲授的枯燥性。

3. 设计课与技术课捆绑教学，避免艺术类学生学编程技术的枯燥

由于"交互设计"与"交互设计技术"属于数字媒体艺术专业数字生活方式方向交互设计课程群，为了保证学生学习的完整性和系统性，设计课与技术课捆绑教学，避免艺术类学生学编程技术的枯燥。将这两个课程捆绑在一起完成一个大作业的作品设计，这样学生的作品不再是纸上谈兵的空想，有了程序设计进阶课程的加入之后，学生很好地完成了产品原型的试制，通过围绕主题的芯片实验，学生完成了从产品使用造型和产品内部功能的实践，很好地培养了学生的动手能力和实践能力。同时以任务目标为导向的学习，改变了学生在上传统技术类编程课程中漫无目的，无内容可做，艺术类学生无设计目标就无目的的弊端。

4. 结课举办线上线下课程展，提高学生的学习积极性和能动性

连续几年"交互设计"课程结束后，都举办线上或线下课程展（图10），通过展览，为学生搭建了学习检查、展示、总结及与外界交流的平台，展示了教师带领学生进行专业实践的成果，取得了良好的教学反馈和社会影响。有了课程展的效应，极大地提高了学生"交互设计"课程的学习积极性和能动性。

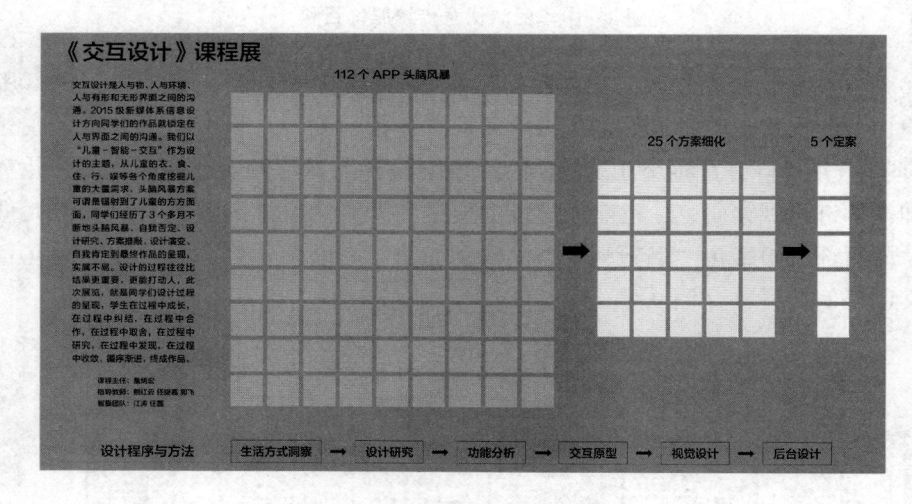

图10 "交互设计"课程展示例

五、结论

本文从"交互设计"课程的现状、目的、课程体系、教学内容优化、教学方法改革与实践等方面进行了教学研究与试探。经过连续几年的课程讲授实践，取得了较好的课堂反馈效果。美中不足之处是学生对材料、产品结构的了解和掌握的深度不够，需要到建材市场上参观，掌握最新的材料信息，学生对用户的研究深度不够，需要长期跟儿童接触进行观察和研究的基础上才能得到一手的用户体验，但是因为课程的时间关系，学生只能点到为止，希望在后面的课程中多多加强这些方面的能力培养。

参考文献

[1] Alan Cooper，Robert Reimann，David Cronin，et al. About Face 4 交互设计精髓[M]．北京：电子工业出版社，2015．
[2] 熊红云．工业设计学科计算机辅助设计课程教学改革初探[J]．高教研究，2014（3）：29-32．

表演教学的数字化转型与空间革命

——"第四堵墙"的拆解与重构

许海燕[1]

摘　要　"数字化"是当下教学方式亟待探讨的话题；作为新式教学模型，其应用与推广是高校教育无法规避的时代责任。进入到表演教学中，"数字化"的过程不仅在教学形式上让师生关系、实践应用、授课方式等发生了转变；更重要的是对传统表演教学理论与艺术产生的巨大冲击，尤其是纵穿美学论战的"第四堵墙"。基于此，本文将从课程实践与理论空间入手，在实操层面剖析"数字化"表演课程的设置与"第四堵墙"的美学壁垒；通过拆解与重构戏剧表演艺术中的"第四堵墙"，完成私语化表演教学模型的创建。

关键词　数字化；表演教学；第四堵墙；当众孤独；私语化

"数字化"的新式教学模式对当下高校教育，尤其是以实践为主的表演教学有着深刻的影响。虚拟的网络课程实践，一方面将有限的表演空间"无限化"，加速了资源、文化、信息传播的内生性与时效性；另一方面形成了舞台表演艺术中天然的"第四堵墙"[2]。在以斯坦尼斯拉夫斯基为代表的传统表演教学中，为了让演员能够有效地将舞台与观演环境见离，帮助演员创造空间的幻觉，导演通常会在舞台上前置设定激发认知、提示入梦的"第四堵墙"道具，诸如静物的放置、灯光的提示、舞台调度的安排等。这堵实际并不存在的"墙"在"数字化"的教育时代被彻底重组，让斯坦尼教学中戏剧化的舞台提示融合为日常化的表演事实。

在数字化表演教学实践中，媒介成为师生语言、内心甚至灵魂的交换场域，新型"互联网+表演"教学模式正逐步形成——"互联网+"不是在传统互联网中做一点提升，而会是一次全新的信息革命，在这次信息革命中，主角要从一个传播的时代，转向智能感应的时代[1]。在教学场景中，舞台表演与镜头前的表演相互交叠，演员的面部"微相"与细节变得尤为凸显，学生甚至可以利用网络的可塑性随时抠图，转置舞美，达到在场表演无法完成的效果。舞台的三向度空间扩容为圆形空间，学生一方面拆解空

---

[1]　作者简介：许海燕，北京服装学院时尚传播学院，助教。
[2]　"第四堵墙"是戏剧舞台表演中用于分割演员与观众的一堵实际并不存在的"墙"。

间的唯一性，灵活地将表演内容与时空对接，达到客观舞美的临场最优；另一方面重组表演空间，重建传统意义的"第四堵墙"，在疏离、"当众孤独"表演中完成情感的内生化表述。

基于此，本文将从传统表演教学中的"第四堵墙"入手，探究信息化背景下表演教学的数字变革。通过"数字化"的教学实践，在交互、沉浸、体验中完成传统表演教学的拆解；进一步利用互联网天然的表演"屏障"，引领学生重构私语化的表演技巧。

一、拆解：表演中的交互与沉浸

在斯坦尼演剧体系中，"第四堵墙"的存在是隔绝演员与观众、完成沉浸表演的训练方法。想象的、不存在的"第四堵墙"是表演者拒绝交流、独自沉迷的表演法则。随着演剧体系的更新，这种间离感、零交流的训练方法发生了变化，传统的"第四堵墙"的表演教学完成了现代化革新，师生之间的"交流"训练成为当代戏剧、影视表演教学的一种新模式。在这种模式下，表演教学（尤指戏剧舞台表演）更强调教师与学生之间"在场化"与"在地化"的"交流"，其中包括眼神的建立、动作的指认、心灵的互通。表演者需要在创作过程中无意识地跟随教师情绪的"变化"，达到与剧本人物状态共振的演出效果。这种与教师/文学人物共鸣的情绪，实则是建立人物与观众、演员与观众相互信任的根基，"从表演者的角度说，表演要求表演者对观众承担展示自己达成交流的方式的责任，而不仅仅是交流所指称的内容。从观众的角度来说，表演者的表述行为由此成为品评的对象（subject to evaluation），表述行为达成的方式、相关技巧以及表演者对交流能力的展示的有效性等，都将受到品评。"[2] 教师在这里起到了"第四堵墙"的作用，成为学生在表演中隔绝真实与梦境、文学人物与客观自我的边界。

现代表演教学中，教师作为边界强化了表演者"第四堵墙"的存在；进入数字化教学时代，表演课中教师与学生的"交流"属性发生了变化，屏幕拆解了两者的"在场""在地"原则，将教师的边界作用打破，取而代之的是隔空的情感、信念传递。"交流"的时效性遭到破坏，"教师≠第四堵墙"；延迟化的"交互"表演教学模式应运而生。基于"数字化"表演教学的特殊性，笔者对"表演基础"这门课程进行了适应性改良，依据高等教学原理与专业特殊性两个原则，对该课程做出了两方面的战略思考：

其一，按照教学规律，以美国教育学家约翰·杜威（John Dewey）对现代教学的定义，将"表演基础"这门课程的"数字化"教学思路与演员法训练则进行了详尽的说明，具体分为以下五个步骤：

第一步：因地制宜——根据学生自身基础条件与知识结构的差异，有机地将教学经验与学生状态的相融合，差异化的定制学生的表演任务、问题情境等；

第二步：规定情境——教师引领学生进入表演学科的初级阶段，指引学生自主且主动的查阅、探究相关表演资料（包括文本资料、历史史料、影像资料等），提供足够的表演与表现的启发；

第三步：反转课堂——让学生在引导下成为课堂的主导者，通过自我学习与创造，提出有效的人物假设以及践行表演实践内核，并做出相应的舞台展示；

第四步：发问与解决——教师根据学生反转课堂时的问题假设与背景资料，提出行之有效的表演启迪方法，让学生根据经验与认知进行解决；

第五步：展示与递进——学生完成一篇行之有效的人物小传、导演构思，能够在舞台上自如的完成剧本人物的表现，由内而外的让学生沉浸其中，渗透表演艺术的魅力。

二、表演教学实操

五步走的"数字化"表演教学，让学生们充分获取表演的内生属性，分别对应线下表演教学的交流、生发、转换、信念、认同。在一定意义上消失的"第四堵墙"反而让学生更加深入的体验全方位的人物动势。

其二，"数字化"的表演课程让"面对面"的交流丧失了意义，网络的延迟性与不确定因素造就了真实的障碍；加之表演课程的特殊实践意义，学生们需要投入大量的脑力、肢体练习；因而，在课程设置方面，笔者压缩了外部表演的动作感知、空间练习等"身体性"表演训练，适当地扩展了剧本分析、即兴表演、作品展示等"生命性"表演训练。

如表1"表演基础"课程设置所示，该课程主要分为反转课堂、规定情境、即兴表演、作品展示四个模块，根据学习内容的不断递进，逐步消除"隔空"表演的间离感。与传统表演课堂不同的是，"数字化"表演可以进行即录即放，尤其在最后一个模块"作品展示"中，学生的表演均能在下节课进行回放，反复观看自己表演有助于提高对自己的认识。

表1 "表演基础"课程设置

序号	课程模块	内容设置	课时	课程反馈	评判细则
1	反转课堂	给学生提供5~10个剧本，其中包括中国话剧、中国戏曲、美国/日本/法国/英国等剧本；让学生选择其中1~2本进行细读，完成人物分析、导演分析；让学生们对该剧本的理解（分为4组），通过PPT等形式进行汇报；教师做总结，并提示表演要领	12	让学生们掌握剧本中的时代、历史环境。了解人物的内心世界，剖析环境中的人物动作，达到与人物心灵的"交流"。将表演中的"反应""状态"等关键词进行深度剖析	完成剧本读解；人物小传以及PPT展示。能够对剧中人物产生兴趣，并完成应有的训练
2	规定情境	给学生提供不同的命题，例如规定环境——火车站、医院门口、剧院、飞机；规定动作——送别、相认、天冷、讨债；规定时间——母亲节、情人节、高考前夕等；进行分组（分为4组）接龙反应练习。教师根据学生们表演的状态，进行表演调整与人物塑造	16	主要用于塑造学生们的逻辑思维能力以及想象力，通过学生们对情境的编排展示，在理解状态的同时，抓住"细节""特写""微相"，这是"镜头前"表演最为有力的方式	能够完成情境叙事与创作，打开表演创作的想象力，构思完整的表演状态

续表

序号	课程模块	内容设置	课时	课程反馈	评判细则
3	即兴表演	在线上进行故事接龙练习，从个人创作到集体创作，探索即兴人物创作的社会背景、知识水平与历史因素的关联，了解人物的情境，并在反应中思考人物本真。教师将在课堂上提供三个电影片段、三个戏剧片段、三个文学片段，让学生当场进行故事接龙，拓展表演的立体感与反应力	12	通过对学生现场即兴作品的分析，将相同命题的创作进行比对，评述表演中的缺失与亮点。通过回放录像等方式，让学生真正看到自己在"镜头前"的表演方式，在"镜像"中找到表演的不足	能够完成课堂的即兴表演，通过对人物的即兴展示，凸显自己的表现力、想象力、创造力
4	作品展示	让学生们采用短视频（独自演出，不少于15分钟）或现场表演（独角戏）的方式进行作品展示。作品范围可以涉及影视、小说、戏剧等，类型不限，题材积极向上即可。由于线上创作的局限，无法实现集体创作排演。因此，需要投入更多的时间对逐个学生的作品进行深度表演分析与指导，鼓励学生完成相对独立的表演	24	孤独式的自我演出容易让学生陷入定位、理解的偏颇，独角戏（可以用剪辑的方式合成对话，但仍然是独自演出的形式）的演出更加挑战演员的沉浸式表达，需要在自我甄别与创作中找寻人物表演的本真	完成最后作品，根据学生作品的完成度，无论是短视频还是现场表演进行最后的评定

注　a. 该课程针对20人的班级所设置；
　　b. 总16周课，每周4课时，共64课时。

"表演基础"这门课程，重在让学生深度了解"人"，进而准确地进行表演创作。由于表演艺术创作的不唯一性，所以在指引学生进入人物的过程中，教师的作用在于增强表演者的"反应"（不单是朴素的应激反应，还应当是系统化的动作串）；而这一"反应"非简单的表演"状态"呈现，而是理解语义背后深层的动作提示。例如，模块2规定情境中的"生病"，表演者在创作该情境时应当将重点放在"生病"后的身体状态——发抖、咳嗽、昏昏欲睡等，而表演方式则可以通过扶墙走路、痛苦的喝药等反应对"生病"这一状态做出脚注。

综上所述，"数字化"的表演教学让学生扔掉了教师能够"面对面"调整这一拐杖；上课时，观众与教师合二为一，这时就需要学生破除教师等于"第四堵墙"的指认，从而引发自我沉浸的独立表演。表演教学的"数字化"让学生在课程中化被动为主动，最终抵达狄德罗在《论戏剧艺术》中的描述，"无论你写作和表演，不要去想到观众，把他们当作不存在好了"[3]。这一结论，成为表演艺术中"第四堵墙"破碎的美学源头。

三、重组：私语化表演教学模型

在高等教育中，广泛的存在以"沉浸式"为模型的教学体系，即运用第二语言为主要的授课方式，让学生的感官尤其是听觉、视觉时刻处于"他者"环境之中，形成内部情感与外部实在的信念力，从而完成语言与知识的全面浸染。进入新媒体时代，这种沉浸式教学模型被"数字化"技术予以指认并有机扩展。在表演教学中，面对面的动作引领与空间感知被打碎，取而代之的是学生在"孤岛"空间中完成的"自我"行动展演，即私语化的表演模式。教师与学生之间的三维真实转化为镜头前的二维虚拟，传统的表演教学受到前所未有的冲击。其中，师生体验与动作真实遭到破坏，肢体的力度、速度以及冲击力等物理互动发生畸变，转置的画框、流动的时间、自我的空间应运而生；这便更新了表演教学的模型，形成私语化的课堂呈现。

从私语化的课堂出发，不难发现，学生/演员想象的并不存在的"第四堵墙"成为表演课堂无法规避的前提，它既是演员区分观众与自我的内心视相，同时也是分割真实与虚拟、表演与观赏的重要界限。在传统表演教学中，"第四堵墙"更多的是以"想象的"形式存在于表演者的内心，需要教师承担/"假扮"其存在或是引导学生独立完成内心镜像的投射。进入数字时代，网络授课模式扭转了教师与学生之间的教育形式，"数字化"表演教学天然的"屏幕"（可以是手机屏幕也可以是计算机、电视等屏幕）成为表演中客观存在的、无法避免的、真实的"第四堵墙"。三向度的舞台空间消亡，取而代之的是"零向度"或是"全向度"的有限空间；在这里，学生上课时的"舞台"大小、动作呈现、面部细节等完全取决于摄像头的取景范围，屏幕不仅成为"第四堵墙"的真实依托，更是表演空间呈现的决定手段。表演教学的线上授课让学生与教师/观众在屏幕裁剪的场域中，彻底形成了"看"与"被看"的被动链接。

教师或是学生无论采取何种"交流"方法，这道真实存在的"屏幕"始终以"墙"的客观形式呈现。更进一步，真实的"第四堵墙"将学生/表演者围困其中，它不仅输出演员的表演状态，更重要的是让"三向度"的表演舞台闭合，形成以自我为中心的环形空间；学生沉浸其中，被动地沦为"当众孤独"的表演者。如图1所示，"数字化"表演教学让学生与教师分隔两地，形成了两个彼此独立的空间，即代表了观赏者/指导者的教师空间以及代表了表演者/沉浸者的学生空间。两个"封闭的"空间以屏幕为界，分立真实级与想象级两侧；其中，作为真实级的教师空间生产着信念与准则，随时准备唤醒沉浸自我的学生/表演者，在这里，"随时"的时效性与在场性受到屏幕/"第四堵墙"的制约，传统表演课程的"引导教学"发生了滞后，教师不得不沉积在"独自品评"的教学环境中。另外，作为想象级的学生空间则是处于彻底孤立的表演状态之中。主动的"当众孤独"带有了强制色彩，学生/演员的活动被限定在特定的环境中——既是真实存在的物理空间，也是心理空间外化的结果。学生/演员在表演中更加自如地忽略教师/观众的存在，被框定在文本与角色之间，仿佛整个屏幕前的空间都成了角色的"生活"；在这一层面，数字化的表演教学有助于拉近角色与学生之间的距离，形成角色与学生的紧密捆绑。屏幕前的空间也就成了学生表演的场域，课堂中师生的横向交流转变为学生与角色的垂直交流；在此基础上，私语化的表演教学模型最终确立，如图2所示。

在私语化的表演教学模型中（图2），教师将课堂搬上屏幕，线下教学中的神态、动作，尤其是细节示范均受到"第四堵墙"的限制。有限的空间让表演教学实践更多地投向音乐、语言甚至是思维之中；在某种程度上，网络成为决定交流的通道。教师再度将

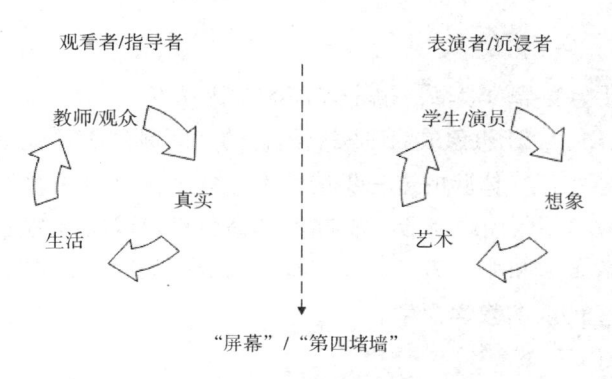

图1 数字化表演教学的闭合空间

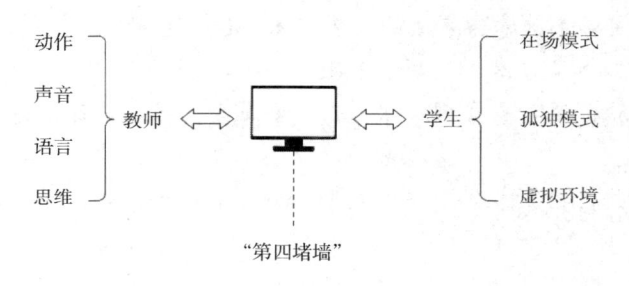

图2 私语化表演教学模型

表述的主动权转交给学生，成为聆听/观看的对象；而学生则成为教学舞台中最孤独的他者。进一步切分私语化表演教学模型的实质，呈现为以下两点：其一，"第四堵墙"的真实间离。屏幕的物理分割禁止学生/演员与教师、学生之间的动作交流，从而加剧了学生/演员与真实生活的间离感，同时也增强了与角色的合一属性。其二，心理空间的孤独呈现。有形的"第四堵墙"时刻提示学生/演员处于表演孤独的状态：沉浸角色，怀疑真实。学生/演员的表演成了屏幕窥视的对象：他们一会扮演学生，一会又沉浸角色；在随时切换身份的过程中，学生时常怀疑自己，凝视人物——"当演员批判地注意着他的人物的种种表演，批判地注意与他相反的人物和戏里所有别的人物的表演的时候，才能掌握他的人物。"[4] 在这一层面，数字化的表演教学引发的"当众孤独"又催生出学生/演员对角色的沉思，是正向的力量。在此基础上，屏幕的壁垒得到有效利用，私语化的表演教学生成。

简言之，私语化的表演教学模型是"数字化"媒介冲击下形成的结果。对于教学而言，新媒体在本质上推动了以实践为主导的表演课程革命。教师置身其中，在大多数时间内成了观看者，而学生则掌握了课程"绝对的"主导意义。屏幕/"第四堵墙"让学生被动地领略了"当众孤独"的美学形式，在这一意义上可以看作表演理论先锋实验的结果。私语化的表演教学模型是对表演教师的挑战，同样也是教师深度反思课程的机遇。

四、结语

"数字化"是社会变革的浪潮,也是表演教学无法绕开的时代背景,网络授课让屏幕与"第四堵墙"合一,让想象成为现实。闭合的空间诞生了教师/观看者与学生/演员的新型关系;交互、沉浸、体验的进一步迭代是"数字化"表演教学的产物。进入应用层面,"数字化"教学不仅引发了教学空间的革命,更对以实践为主的表演课程带来了前所未有的冲击。在此契机中,教师需要把握表演教学的内涵,重构新型表演课程,引领以私语化教学为主的表演教学模型。

参考文献

[1] 项立刚. "互联网+"是第七次信息革命[N]. 环球时报,2015-3-9.

[2] [美] 理查德·鲍曼. 作为表演的口头艺术[M]. 理查德·鲍曼,杨利慧,安德明,译. 桂林:广西师范大学出版社,2008.

[3] [法] 德尼·狄德罗. 论戏剧艺术[M]. 罗念生,孙铁,等,译. 北京:人民文学出版社,1985.

[4] [德] 贝·布莱希特. 布莱希特论戏剧[M]. 丁扬忠,等,译. 北京:中国戏剧出版社,1990.

总体艺术观下的艺文理跨学科教育

——"跨媒体艺术"学科教育的启示

王文岩[1]

摘　要　作为高等教育内涵式发展的路径之一，艺文理跨学科教育的构想符合"新文科"政策的导向。总体艺术观及跨媒体艺术学科的教育实践分别提供了有益的理论牵引与经验参照，对总体艺术源头和历史的回溯有助于理清头绪，而对跨媒体艺术教育前沿的观察则有助于开阔视野，从而构建艺术背景下人文科学和社会科学的跨学科教育，推进艺文理学科更深广意义上的交汇融通。

关键词　总体艺术；艺文理跨学科；跨媒体艺术；学科教育；教育前沿

2017年，美国西拉姆学院率先提出"新文科"概念，并在次年起陆续在我国高校由教育部"六卓越一拔尖"计划2.0得到推行，倡导哲学社会科学、新科技革命、产业变革间的交叉融合。在历史新节点，艺术类高校当如何开展新文科导向的"艺文理跨学科"课程建设？已经有60余年跨专业实践经验的"跨媒体艺术"学科教育无疑提供了有益的借鉴，出于对多边学科价值的关怀，"跨媒体"已成为跨学科实践的首选术语，其宽口径、开放式、拥抱科技的理念则是顺应了"总体艺术观"的发展趋势，并保持与艺术观念与传媒技术演进的密切回应。对总体艺术源头和历史的回溯有助于理清头绪，而对跨媒体艺术教育前沿的观察则有助于开阔视野，为艺文理跨学科建设提供具体的策略性启示。

一、总体艺术观的历史回溯

早在17世纪的巴洛克时期，祭坛作品《圣·特列萨的沉迷》便因其独特的表现力而艺惊四座，这件出自意大利雕刻家、建筑家多梅尼科·贝尼尼（Domenico Bernini）之手的作品，正是一件使用到跨媒体材料的综合作品，囊括大理石圆雕、雕刻、风景画绘画、金属条、光线……融汇建筑艺术与装饰艺术的诸多元素，构成整体的独特的艺术语言。18世纪末，"综合各种艺术门类"的思潮渐显于浪漫派艺术理论中，德国浪漫派哲学家尤西比乌斯·特拉恩多夫（Eusebius Trahndorff）于1827年出版《美学》一书，首次

---

[1] 作者简介：王文岩，北京服装学院时尚传播学院，讲师。

提出"整体艺术"（Gesamtkunstwerk）的概念。理查德·瓦格纳（Richard Wagner）进一步在《未来的艺术》/《艺术革命》（1849）等文中对这一概念进行加强："总体艺术"指的是一种融合各艺术门类（绘画、雕塑、建筑、音乐、戏剧、文学等）与各艺术媒介（图像、语词、音符等），以形成一种诉诸视觉、听觉、触觉、嗅觉、味觉等各感官系统的相互交织的综合性、统一性的艺术作品。

这种着眼于综合/总体的布局思维在20世纪初及"二战"后的艺术思潮中拾级而上。马勃罗·毕加索（Pablo Picasso）在1910年代开创立体派"拼贴"艺术：追求碎裂、分解、重组的立体几何结构，将皮毛、报纸、树叶的材料物体纳入创作之中。一种或几种媒介被选择并排布的方式总是要反映着彼时人们的问题和需求，1950年代罗伯特·劳申伯格（Robert Rauschenberg）身处在电视和杂志狂轰滥炸下的"无节制"时代，他有意模糊艺术边界，用"混合"来回应现实杂乱，"一幅真诚的作品应包含所有的素材，过去是这样，现在更是这样"[1]，这些富含异质元素和陌生符号的"混合体"（combines），以混搭、并置的手法将摄影、版画、纸本和行为等原本难以融合的媒介元素整合为具有美感的集合整体。1952年，约翰·凯奇（John Cage）在黑山学院的"事件"表演开启了"偶发艺术"的序幕，其在音乐、作曲和表演方面的实验使其成为观念艺术的先驱，1959年，阿伦·卡普罗（Allan Kaprow）进行了偶发艺术的第一个展览《6个部分中的18个偶发事件》，行为、声光、文字、实物等材料和效果拼合在一起，新意中蕴含惊喜，荒诞中不乏幽默，昭示着跨媒体艺术的出现。

1960年代，白南准（Nam June Paik）捕捉到"录像艺术"的电子化时代信号，以电视机为代表的电子器物，第一次被当作材料和媒介被放置在观众面前，电影、录像活动等传播介质开始参与艺术作品的创制与表达。1970年代，爱丽斯·艾科克（AliceAycock）和伊丽莎白·莫瑞（Elizabeth Murray）突破风格，让多层次相互间不联系的系统同时存在于一件作品中，1980年代，朱利安·施纳贝尔（Julian Schnabel）等艺术家将鹿角、天鹅绒绘画、陶瓷碎片等"看到的所有东西都融入作品中去"，图像与物品间被赋予新的关联，发散却又紧密统合。这些艺术实践形成对罗兰·巴特（Roland Barthes）观点的印证："一篇文章应是一个多维的空间，在这个空间里各种各样的作品碰撞交织"（1976），对文本内容进行定义的，应当是读者与历史，再次引起"文化总体性"（cultural totality）的探讨，艾德里安·亨利（Adrian Henri）的《总体艺术：环境，偶发与表演》（1974）一书中指出，无论环境/大地艺术，还是偶发艺术与表演行为都发迹于总体艺术的传统，此乃现代艺术运动的动力所在。

2012年，邱志杰出版《总体艺术论》一书，全面论述了作为"贯通"的总体艺术观及总体艺术方法，在泛滥的艺术媒介、庞杂的艺术作品中理出一条主线，他主张将艺术当作生活来创作，超越艺术之上并回归到艺术当中，成为总体艺术观在中国的一种现实落地。这种艺术观在近年来我国艺术院校开设的跨媒体艺术专业中得到了显现，2015年，"跨媒体艺术"在我国获批教育部新增专业，作为最新锐的学科集群，跨媒体艺术学院在中国美术学院乘势奋起，以创意文化要素为着力点，关注公共文化生态中跨领域、跨媒介的艺术实践问题，"致力于以培养兼具跨界整合能力和媒体创意能力的复合型创新人才为目标,一方面提供最前沿的新媒体艺术创作与媒体技术的训练。另一方面,强调社会思想与艺术策划的知识培养,注重媒体手段与思想方法的综合训练"[2],推动了当代艺术和创意媒体的提升,为探索艺文理跨学科研究和跨领域实践开辟了新的方向。当下,跨媒体艺术不啻为世界文化产业的热门术语,而它的概念也由艺术与文化的范畴广泛延展至科技与社会层面,折射出传媒与技术沿革下人类思维、情感、行为的人伦思考与重构。

二、跨媒体艺术教育前沿:大知识整合、工作室制、公共性与社区性

虽然跨媒体艺术在我国仍然是新兴学科,然而其却已经在国外有着60年的发展历史,自1965年迪克·希金斯(Dick Higgins)对"跨媒体艺术"进行命名后,即经汉斯·布雷德(Hans Breder)之手开始在美国爱荷华大学(The University of Iowa)落地生根,在艺术与艺术史学院开设了第一个提供"跨媒体艺术"MFA艺术硕士学位的项目,根据布雷德和泰德·佩瑞(Ted Perry)1968年撰写的教学计划,该项目旨在"让参与者通过对各类艺术做技术和美学上的考虑,激发创造性工作和实验精神,并引发他们做学术、理论和美学层面的探究性发掘。"作为这一学科的开山鼻祖,爱荷华大学首创了"访问艺术家"的制度传统,并吸引了如希金斯、卡普罗、维托·阿肯锡(Vito Acconci)等20世纪知名艺术家直接与跨媒体专业的学生进行合作创作。20世纪70~80年代,该项目实践的空间超越了美术学科,进入到更广泛的文科范畴,其他系的师生们开始参与布雷德每周举办的跨媒介工作坊,此举也打开了跨媒体艺术与比较文学、传播学、心理学、人类学等进行跨学术合作的大门。

除了爱荷华大学,北美区域开设该专业方向的还有缅因大学(University of Maine)跨媒体艺术研究生项目、马里兰大学巴尔的摩分校(University of Maryland, Baltimore)跨媒体和数字艺术专业、马萨诸塞大学阿默斯特分校(University of Massachusetts Amherst)跨媒体艺术专业、亚利桑那州立大学(Arizona State University)艺术(跨媒体)方向、科罗拉多大学博尔德分校(University of Colorado Boulder)跨媒体艺术、写作与表演博士项目、密歇根州立大学(Michigan State University)电子艺术与跨媒体专业,西北太平洋艺术学院(Pacific Northwest College of Art,PNCA)跨媒体学院等。

欧洲及亚洲方面,则有爱丁堡大学(The University of Edinburgh)跨媒体艺术专业、匈牙利大学美术学院(Hungarian University of Fine Arts)跨媒体系、捷克奥斯特拉发大学(University of Ostrava)跨媒体研究系等、东京艺术大学(Tokyo University of the Arts)跨媒体艺术系。在我国,围绕此专业开展教育教学的高校有中国美术学院跨媒体艺术学院、四川美术学院实验艺术学院跨媒体艺术系、广州美术学院跨媒体艺术学院、中国人民大学艺术学院跨媒介艺术研究工作室、中央美术学院实验艺术学院、清华大学美术学院艺术与科技研究中心、北京电影学院数字媒体学院等。欧美及亚洲各高校对跨媒体艺术概念的解读不拘一格,而培养层次、隶属院系、专业年限、学科派生上也有所差异,这里,笔者试图对这一学科教育培养所呈现出的共性与发展趋势进行略述。

1. 大知识整合

从艺术的跨媒介性出发，中外跨媒体教育都希望"突破某门艺术的单一媒介局限而进入一个更大的视域，采取总体性的方法来思考艺术"[3]，打磨面向时代精神的敏锐性，为次世代发掘变革媒介与社会变迁的新媒介表现。匈牙利大学美术学院是成立于1851年的老牌艺术名校，Intermedia 计划为期五年，围绕艺术化媒介使用的问题，并非宣导一种艺术技巧、流派或观点优于他者，而是试图在所有其他方向的框架内解释、教授和实践所有方向。缅因大学旨在通过多元化的合作生态实验研究和教育，重新构建创造性教学/学习/研究模式，用"大知识生产"（larger knowledge-making）实践修正创意教与学的研究模型，并扩大其影响和范围。科罗拉多大学博尔德分校"跨媒体艺术，写作与表演"是一个实践性博士项目，作为全美西部科研实力最强的著名公立大学之一，学校提供跨学科的研究实验室集群，开展对媒体实践、理论、历史、哲学及其与创造力、传播、技术和信息关系的前沿研究。

2. 工作室制

在强调观念先行、个性培养的同时，大部分高校非常注重艺术技术的实操训练，在较低年级即引入工作室制（workshop/studio）工作方法，并通过项目、装置、展览等来历练创造力、技术和知识。爱荷华大学跨媒体方向直接隶属于"工作室艺术"（studio art）专业，为学生提供具有协作研究的工作室环境；爱丁堡大学第一学期，包含素材收集、调研策略、创意转化等内容的工作室课程占到 SCQF 20 学分；密歇根州立大学设有"从思考中形成实验室"（FFT Lab—Form From Thought Laboratory），学生可使用先进电子设备进行雕塑制作，还可共享物理和天文学的机械车间开展跨学科研究；中国美术学院跨媒体学院采用课堂教学与专题工作坊、项目制教学交互授课方式，并设立"流动工作室""联合实验室"机制；四川美术学院在原来新媒体工作室前身基础上建立跨媒体工作室，注重培养学生的自我认知与本真的回归。

3. 公共性与社区性

受到源自北美的"地方本位教育"（place-based education）影响，如果学习者在身体上、政治上、情感上和精神上与他们所在的地方和社区建立牢固的联系，随着时间的推移他们就更有可能关心它，并寻求改进的途径[4]。西方跨媒体教育重视"公共与基于地点的艺术"（public and place-based art）概念——将场所教育与艺术教育相结合，启发学生关注艺术与日常、生态、国土、全球文化。爱丁堡大学为本科一年级学生开设"从城市中汲取"（Drawn From the City）课程，爱丁堡紧凑而多样的地形、历史与现代并置的风貌，给予学生物质的、身体的、心理的和现实的调研沃土，四年级阶段，学生则被鼓励参与城市以及更远地区的校外实践，参与"基于地点的工作"（site-specific work）训练。西北太平洋艺术学院开设社区参与类课程，通过美国风景、艺术与社区、社区学习实验室等话题研讨文化生产的历史，探索社区协作策略。亚利桑那州立大学引导学生"探索自我表达，合作和社区行动的新途径"，为学校、医疗机构、非营利性机构输送社区艺术家（community-based artist）也是专业就业方向之一。

另外，独立视角、批判思维、问题意识、实验艺术精神、观念探索、未来面向、生态素养意识、环境资源可持续性、商业导向、文化市场、公益事业、项目孵化、创业技能……亦应当成为跨媒体艺术教育的共性关注所在。

三、对艺文理跨学科教育的启示

李佩宁认为"真正的跨学科主题学习需要从现实情境中提炼出更多的跨学科课程研究的视角"[5]，而跨媒体艺术学科教育所提供的正是这样一种综合视野下的现实情境，艺术创意设计属于文科，数字技术属于理科，有具体的选题，才有可能实现真正意义上的整合。通过总体艺术观发展以及跨媒体艺术教育前沿的梳理，能够获得艺文理跨学科课程构建上的一些启示，笔者试图从以下几个方面，对如何在艺术背景下开展人文科学和社会科学跨学科课程的构建进行思考。

一是以艺术为依托，观察技术的融合与参与，以大知识整合的创意形式，促生适应当下文化时刻（cultural moment）的新的混合形式的艺术、写作、表演、智识、理论、设计、策展、展览和出版。例如"2020亚洲数字艺术展"参展作品《"未"填海》（"JINGWEI" FLEW OVER THE SEA）以精卫填海这一神话故事作为内容元素来呈现，让每一个进来的观众都将化身为"精卫"，使用到hecoos Sever服务器、arduino控制器、滑轨、步进电机、投影机、诺亦腾动捕系统、灯光控制器等技术设备。在这件作品中，表演、装置、投影等艺术表现是如何安排的，视听感官和艺术效果有怎样的预设；其蕴含的神话故事、文化观念和哲学思考是什么；科学技术手使用方面，涉及的物理原理、计算机编程、机械设计等是怎样完成的。借助真实的跨媒体艺术作品，让学生用知识整合的视角观察与探索艺文理的融合，尤其要关注其中科技要素的运用，当代艺术表现样态之所以如此多元的很大原因得益于科技革命的赋能，这也反逼我们思考新科技革命在艺术表现方面的融合发展问题。

二是以具有人文性的创意文化要素为着力点，关注跨媒体作品对生活方式、价值理念、生产模式的表达，在对其进行分析、综合、评价的前提下，注重动手能力的开发，借鉴跨媒体教育的工作室制，通过项目、装置、展览等来进行创意设计与技术实操能力的提升。例如，邱志杰的"邱注上元灯彩计划"是一个大型综合艺术计划，艺术家通过临摹明代佚名画师的《上元灯彩图》形成了一系列的写作、绘画、装置和剧场表演等170余件（组）艺术作品，以跨媒体艺术创意展览表现的形式呈现出了艺术家对人、生活、历史、传统、文化等认识的深刻性。在与学生一同分析并解读这些作品的过程中，探讨艺术家从一幅画展开叙事创意的人本含义，试图培养学生树立人文精神，通过艺术实验、文化研究、媒体创作、策划展览的构想和创作，去探索更深层次的人文内涵。

三是关注公共文化生态，主张在公共性社区、城市的情境中进行艺术创意与协作，从而以建设性的姿态介入社会，为本土艺术、传统文化的扎根与生长创造表达领地。当代跨媒体艺术很重要的创意价值体现在技术对公共文化生态问题的关注，例如费俊的《城市规划与旧城保护——"白塔寺再生计划"》中，借助于基于AR技术的应用程序，就可以让消失的阜成门又出现在原来的位置，通过数字透镜在物理空间中建立穿越时空的想象。这就可以训练同学们探寻社区、城市文脉资源的意识，思考如何对当地建筑遗产、地貌风俗等进行创造性转化、创新性发展，达成对未来城市及社会的建设性意义的探索。

20世纪初，思想家、教育家蔡元培先生便有"美育"和文理不分家的教育主张，作为高等教育内涵式发展的路径之一，艺文理跨学科教育的构想符合"新文科"政策的导向。这里，总体艺术观及跨媒体艺术学科的教育实践分别提供了有益的理论牵引与经验参照，如若能够在人文社会科学和医学、生物科学、信息科学等学科领域间建立联动统合的知识求索驱动，则可以实现不同专业学生打破专业课程界限的综合性跨学科学习，从而通过界与域的跨越、糅合、渗透、延伸，推进艺文理学科更深广意义上的交汇融通，为开展新型文化生态下的文创人才、文旅人才的培育提供智力支撑。

参考文献

[1] Robert Rauschenberg. Cited from Mary Lynn Kotz, Robert Rauschenberg: Art and Life [M]. New York: Harry N. Abrams, 1990. p. 99.

[2] https://www.caa.edu.cn/xy/jxjg/kmtysxy/. 2020-11-08.

[3] 周宪. 作为艺术理论方法论的跨媒介性[J]. 江海学刊, 2020（2）: 202-209, 255.

[4] Hilary J. Inwood. At the Crossroads: Situating Place-based Art Education[J]. Canadian Journal of Environmental Education, 2008, 13 (1): 29.

[5] 李佩宁. 什么是真正的跨学科整合：从几个案例说起[J]. 人民教育, 2017（11）: 76-80.

突发公共卫生危机下高校线上教学"体验"透视

曹向晖❶ 彭璐

摘 要 本文从用户体验的核心要素——场景、交互和感知三个方面出发,结合教学一线的实际反馈和调研数据,分析新冠疫情这一突发公共卫生危机下,高校线上教学的体验现状:认为疫情期间的教学典型场景包括线下的家与线上的网;线上教学交互体验主要受到"流量的承载力"和"操作的习惯性"的制约;线上线下教学的感知体验存在差异性。文章提出如何从场景、交互和感知三个方面提升线上教学体验的可能方法和路径,认为虽然影响现阶段高校网络教学体验的因素是复杂的,但在其背后却彰显出未来教育模式的变革方向。

关键词 体验;场景;交互;感知

2020年2月5日,针对新冠肺炎疫情这一突发公共卫生危机对高校正常开学和课堂教学造成的影响,教育部印发《关于在疫情防控期间做好普通高等学校在线教学组织与管理工作的指导意见》,要求实现"停课不停教、停课不停学"。实现这一目标离不开网络,但网络教学怎样才能得到最佳的学习体验?

"体验"作为一种研究对象,主要涉及用户体验(User Experience)、体验经济(Experience Economy)和管理领域的客户体验(Customer Experience)。本文将以用户体验为切入点,重点通过分析突发公共卫生危机下的网络教学的体验状况,提出改善线上教学体验的措施与方法。

一、新冠疫情期间高校线上教学"体验"现状分析

用户体验指一个人对如何使用系统(产品或服务等)的感觉。国际标准化组织(ISO 9241-210:2019)定义用户体验为"一个人由于使用或预期使用产品,系统或服务产生的感知和反应(A person's perceptions and responses that result from the use or anticipated use of a product,system or service)"[1]。用户体验研究包括三个核心要素:场景(Context)、交互(Interaction)和感知(Perception)。场景是所有用户行为和感知发生的背景和环境;交互指用户在场景中为达成目标和需求时,进行各种形式的双向互动和影响的行为;感知则指包括用户在使用产品,系统和工具前、中、后期的结果,即所有的情

---

❶ 作者简介:曹向晖,北京服装学院时尚传播学院,副教授。

感、信仰、偏好、认知、心理和生理反应、行为等[2]。而且，用户体验是主观的，因为它是关于一个个体使用、感知系统和对系统的看法；用户体验又是动态的，因为它随时间、环境的改变而变化。下面从场景、交互和感知三个方面具体分析此次新冠疫情之下高校在线教学体验状况。

1. 场景体验（Context）：线下的家与线上的网

场景是所有行为和感知发生的背景环境。疫情期间，网络教学的主要用户即在线的师生，学习的主要场景线下是物理空间的家，线上是虚拟世界的网。

首先，作为线下物理空间的"家"是大多数人心中最温暖的港湾，也是我们最放松的地方。与现实场景中的教室相比，居家学习更容易受到干扰，这一点对师生都是一样的。以笔者所在的北京服装学院所做《疫情防控期间在线教学开展情况报告》[3]（下简称《北服情况报告》）调查，在"教师疫情期间线上教学中遇到的主要困难"中，"在线教学环境易受到干扰"位居第四，前三位分别是"无法实时掌握学生学习状态""网络问题""课堂状态不易控制"。所以，师生在疫情期间居家学习网课时段的严格自律，是保证良好学习效果的首要前提。这种自律包括师生的自觉及家人的支持。同时网络教学更考验教师课堂应变和课程设计能力，更精彩的语言表达（是否能在有限时间内吸引住学生的注意力）、更合理的教学节奏（是否能得当的安排讲授与讨论的比例）、更丰富的作业安排（课前预习书单、在线问答时间和课后作业规范），所有这一切都是尽量让学生居家心不散，网课不懈怠，在舒适的家庭环境中全身心地学习。

其次，作为线上教学的主战场，互联网利用数字技术为我们搭建的各种在线教学平台，对广大高校师生可以说是既熟悉又陌生，熟悉的是在线场景，陌生的是个人体验。疫情期间主流的网络教学模式或线上场景是"慕课""直播""会议"。慕课平台的授课场景通常是：教师设置课程内容并提前录制好讲课视频，定时在平台发布，然后通过平台反馈获得学生观看时长、频次等准确数据，比如哪节课的哪一段视频学生回看的次数最多，或者视频的哪一部分内容最受学生关注等，教师可以根据这些数据反馈获知课程内容的受欢迎程度，反之也会获悉哪些内容的吸引力不够，从而改进。另外，由于慕课学生观看视频的时间分散，对于平台流量的压力也相应减小。总的来说，慕课平台适应需要连贯性和流畅性授课的理论知识型课程，其不足之处在于较难即时了解学生的学习状态，无法进行即时互动。

而"直播"和"会议"无疑是疫情期间线下课程迅速转为线上的一种利器，其授课场景通常是：师生在提前约定好的时间同时出现在直播间和屏幕前，一切以模拟线下教室学习为样本。以 Zoom 为例，教师通过屏幕进行 PPT 课件共享，同时摄像头会实时传输教师授课现场情况，学生通过屏幕切换收看课件内容与教师音画获取课堂知识；或现场直播教师实验或实践的操作过程，老师边做边讲，学生随时提问，所以"直播"和"会议"适合即时问答或讨论型内容较多的课程，而不足之处在于对网络条件的要求较高，在瞬时并发状态下，容易引发平台崩溃。

2. 交互体验（Interaction）：流量承载与操作习惯

交互是师生在场景中为达成学习目标，进行各种形式的双向互动和影响的行为。这次疫情让很多人变"宅"了，也就意味着大家同时在线的频次和时长瞬间增加了，许多平台的运转压力骤然加大。对于线上线下打通的平台来说，它考验的是接单能力、仓储能力、配送能力、客服能力，比如"美团""盒马鲜生""叮咚买菜"等；对于纯线上的平台来说，它考验的则是运算能力、推送能力、匹配能力，比如"今日头条""抖音""百度""淘宝"等；这对于在线教育平台来说也是一样，面对突如其来的海量学习要求，交互体验的好坏将主要受到以下两方面条件制约：

（1）流量的承载力。以"学习通"为例，2月24日，由于无法承载超大流量并发受访的冲击，"学习通"系统崩溃，相关话题"学习通崩了"登上热搜榜，随后"学习通"发布官方微博进行答复：由于当天高校网络课程陆续开课，早上8:00使用量瞬间超过1200万人，服务器压力过大，导致部分用户的登录、图片传输等功能出现短暂异常。另据《北服情况报告》反映的数据显示，"学生在线学习时的网络情况"，认为网络非常稳定的仅占15.85%，而76%的学生认为网络基本稳定，35%的学生认为网络学习最大的困难是"网络拥堵"；影响在线学习效果的最重要因素也是"在线学习平台是否稳定、流畅"。可见平台流量的承载力是在线教学体验的关键性因素。2020年是5G全面商用之年，而AI人工智能+大数据+5G+区块链将给很多行业带来翻天覆地的变革。随着"云计算"进入"雾计算""甘露计算"，各种及时性、敏捷性的去中心化的分布式计算方式，将会使整个社会的运营效率大幅提升[4]。相信在线教育平台也会顺势迎来跨越式的发展。

（2）操作的习惯性。教育平台的交互体验还是一种发展中的新事物，仍需要技术的进步、人机的磨合和时间的积累，这就需要激发教师主导、学生主动的主观能动性。这次新冠肺炎疫情保守的估计也得持续三个月甚至更长时间，而行为心理学研究表明，21天以上的重复会形成习惯，90天的重复会形成稳定的习惯。体验的舒适某种程度上其实就是一种习惯的养成，习惯的存在证明了一个道理：只要是按照明确的步骤能得到明确的结果，达成目的，那么记忆这些步骤也不成什么问题。一旦记住，那么就习惯了新的"好用"的标准。而改变习惯对任何人来说都是一个痛苦的过程，所以从操作的习惯性改善体验的方法要慎重。2003年的"非典"催生了淘宝、京东、起点中文网、前程无忧，让原本线下购物、阅读的行为"习惯"转变到了线上。2020年以前，抖音、快手、bilibili的持续壮大是视频教学草根式的野蛮生长期，而2020年的新冠肺炎，则使直播、慕课等线上教学平台加速步入传统教育的巍峨殿堂，成为全球公共卫生危机爆发期间应对"停课不停教、停课不停学"的不二之选。这次新冠肺炎势必会使线上线下混合的体验式教学成为未来教育的潮流，一大批熟练的在线知识达人、直播up主会成为新时代的弄潮儿。在《北服情况报告》中，34%的学生表示，疫情结束后，更愿意参与的教学方式是"线下教学主导，线上教学辅助的混合式教学"。

3. 感知体验（Perception）：线下的五感与线上的声画

感知是在某一场景下，主体通过与组织的交互行为而产生的主观感受。线下教学的主观感受，来自人五感现场接收的综合信息，如教师可以通过观察学生的表情动作感受课堂气氛，以便及时调整自己的教学节奏，达到最佳的讲授效果；学生则可通过教师的肢体语言、眼神交流扩容自己接收知识的信道。但线上教学主观感受获得的渠道仅局限于屏幕中的"声画"。于"声",如果教师在一段时间听不到学生反馈就会焦虑,并要求同学做出互动,线上教学出现频率最高的词汇就是老师问学生"在吗?听得见吗?";于"画",虽然通过屏幕师生能够进行面对面交流,但囿于头像尺寸的限制,很难顾及每个人的细微反应,另受带宽所限,教师有时还不得不让学生暂时关闭摄像头并全员静音,以保证直播授课的音画质量,这样带来的直接问题就是:教师对着屏幕自说自话,有些精心准备并在线下课程中屡试不爽的"包袱"此时却鸦雀无声。所以线上教学体验的主观感受,技术上依赖交互条件的支持,心理上则需要教学双方的态度与热情,线上教学需要师生付出的更多,因为信息沟通的管道变窄了,这样就更需要良好的传达秩序和高度的自觉自律,只有人人排队遵守规则,我们才能高效登车快捷出行。

二、线上教学用户体验提升的路径

依据以上的分析,毋庸置疑,线上教学的"用户"体验还有极大的提升空间。

1. 网络空间与精神场景的搭建

从场景的角度而言,随着全国高校复课,大学生回到校园,校园的线上教学场景与家中学习又有大不同。作为高校而言,首先,需要加强信息化建设,为网络教学提供技术保障,雨后春笋般出现的"智慧教室"就是很好的路径。其次,要充分开发在线教学的各种资源,比如自2017年以来教育部牵头建设"国家虚拟仿真实验室教学项目共享平台"有两千余个;林登实验室(Linden Lab)利用VR技术搭建了全球最大的虚拟社区"Sansar",其中就建构了虚拟大学,尝试提供更具代入感、真实感和全球化的虚拟教学场景。最后,学校不仅要为学生网络学习提供安全、舒适的物理空间,还要有严格、细致的教学和生活管理,这也是一种疫情之下的精神场景。

2. 交互工具与服务平台的迭代

从交互的角度而言,改善在线教学体验首先要为师生提供优质的网络教学平台和工具。只有明确用户和目标,并设计出符合实际情况的使用流程,才能确保产品好用;其次应合理迭代平台产品系统,避免对原有产品进行过于激进的改变,从而增加师生的学习成本[5]。而应以渐进完善的方式,提供周到细致的服务平台。如在疫情之前,各大线上教学平台多以录课播放、提交作业功能为主,而疫情以来,众多网络教学平台不仅在技术上极速扩容增速,还都逐步增加了直播、多人分享屏幕等实时互动及讨论的诸多功能,以增加线上教学的互动性。

3. 内在需求与深层感知的洞悉

从感知的角度而言,改善体验最重要的是把人放在第一位,感知包括了多个维度,如目标的完成程度、整个过程的惬意程度、便捷性等。而只有人才会有感受可言,却又无法客观准确地描述自己的感受,即体验必然有一定程度的主观性。所以从感知角度改善体验的要点是洞悉用户内心的需求。上海交通大学设计系和设计管理研究所把用户研究分为表面的"冰山在海面以上部分"和深藏的"冰山在海面以下部分"。"冰山在海面以上部分"是看得到、听得见(触摸到、闻得到、品尝到)的信息,这些信息是可以直接获得的外在表现，是容易了解与测量的部分，如用相机拍摄、用摄像机等记录，属于仪器水平的物理识别（人对感觉的认知和判断能力）。"冰山在海面以下部分"则是深层的、不易看到也不易听见的深层次信息，是人内在、难以测量的部分。它们不太容易通过外界的影响而得到改变，但却对人的行为与表现起着关键性的作用，主要包括偏好、品味、态度、动机、利益和价值观等[6]。从这点上，目前我们已有的网络教学产品也许已经解决了大部分"冰山在海面以上部分"的用户需求，但是对于师生"冰山在海面以下部分"，更加个性化、更具"同理心"（Empathy）的网络教学体验洞悉，还有待进一步研究。

三、结语

综上所述，用户体验是由多种因素互相作用而成的。所有的体验都发生在某一场景，师生作为网课主体进入虚拟教学空间时就会产生需求：教师希望顺利便捷地传授学理，学生渴望即时高效地获得知识，当有了这些需求后，就会引发具体行为，同时还会受到之前主体所持态度的影响，比如线下教学形成的某些习惯。当这些行为（教与学）与目标组织（师和生）产生互动时就形成了交互，进而产生主体感知，主体会将这些感知与预期进行比较，形成最终的体验。我们在透视这次疫情期间居家学习的体验时，会发现线下的物理实境与线上的虚拟现实似乎提前为"未来已来"做了一次模拟考试。教师通过与学生在线互动，从最初直播达人的新鲜与兴奋，逐步感受到线上教学的各种优缺点，渐渐地从陌生到熟悉，由拘谨至从容。

对突发公共卫生危机下网络教学的诸多体验，还有待进一步深入总结与研究，未来10年是新型数字基础设施的安装期，目前我们只是看到了网络虚拟现实教学的曙光，只有数字化基础逐步成熟，包括管理服务在内的整个教学系统的完善，真正优质的线上教学体验才会广泛出现。未来的教育方式必将因这次疫情带来前所未有的大变革。越来越多仪式感较强的知识讲授型课程，会在网络技术、人工智能进一步发达的基础上彻底走入线上，大学的场景终将会不止于原清华大学校长梅贻琦先生所说的那样，"所谓大学者，非谓有大楼之谓也，有大师之谓也。"今天我们或许还可以在这个场景上再加上"有大数据之谓也，有大流量之谓也"。

显然，突如其来的疫情使线上教学不再是时艰之下的一种权宜，而是被倒逼出来的一种改革，更是一种已来的未来！所有的变化不会因为任何事件的发生而停滞，相反，它们只会加速到来！

参考文献

［1］韩挺．用户研究与体验设计［M］．上海：上海交通大学出版社，2016．
［2］杨智宝，袁小伟，刘远．用户体验在我国的发展概述［J］．中国质量，2020（6）：98-103．
［3］教育部高教司指导、高等学校教学信息化与教学方法创新指导委员会．北京服装学院在线教学情况调研报告［R］．2020．

[4] 顶尖商业学府. 疫情后,中国将出现8大变革! [EB/OL]. [2020-04-03]. https://www.digitaling.com/articles/254995.html.

[5] 张玳. 体验设计白书[M]. 北京:人民邮电出版社,2016.

[6] 韩挺. 用户研究与体验设计[M]. 上海:上海交通大学出版社,2016.

高校经管类专业基础课"课程思政"教学改革实施策略研究

马琳❶

摘　要　课程思政对于高校经管类专业课具有重要的思想指导作用。本文以经管类专业基础课为例，对高校经管类专业以习近平新时代中国特色社会主义经济思想为指导进行"课程思政"教学改革的实践策略进行研究，从师资队伍、资源平台、管理制度三个方面进行具体措施的探讨。

关键词　课程思政；习近平新时代中国特色社会主义经济思想；经管类专业基础课；教学改革实践路径

作为国家未来建设的中坚力量，高校青年学生的思想道德水平对于实现我国社会主义建设目标具有重要意义，而高校经管类专业学生由于其专业与社会紧密相连，对其进行习近平新时代中国特色社会主义价值观的教育尤为重要。

自 2016 年习近平总书记明确提出"把思想政治工作贯穿教育教学全过程，开创我国高等教育事业发展新局面"以来，高校教师及行政管理机构已在课程思政领域进行了大量的理论分析及实践探索，总结了大量的课程思政相关成果。如何将专业课程教学目标与课程德育培养目标相结合，在传授专业知识的同时融入价值引领，成为各类专业进行课程思政教学改革的重点。但针对高校经管类专业的课程思政相关研究成果较少，截至 2020 年 9 月，检索中国知网的期刊论文子库，经管类专业课程思政的核心期刊论文寥寥无几。

本文仅针对经管类专业核心课程作为进行课程思政改革的应用对象，探讨进行课程思政改革的具体策略。

一、习近平新时代中国特色社会主义经济思想指导经管类专业课程思政教学改革

党的十八大以来，以习近平同志为核心的党中央运用马克思主义经济学分析框架，总结以往中国经济改革与发展的实践经验，立足于新时代中国国情和经济发展实际，形成了习近平新时代中国特色社会主义经济思想。

---

❶ 作者简介：马琳，北京服装学院商学院，副教授。
资助项目：北京服装学院 2019 年教育教学改革项目：基于"课程思政"理念的时尚管理专业方向培养方案改革研究（项目编号：ZDJG-1906）

以习近平新时代中国特色社会主义经济思想指导经管类专业课程思政教学改革，可高效实现课程中思政元素的"与时俱进"。习近平新时代中国特色社会主义经济思想是对我国经济发展状态和规律的最新解读，对当前我国经济总量、经济结构、社会主要矛盾等重要内容均有详细、深刻、系统阐述，是当代经管类专业大学生全面理解我国经济社会生活的最好注脚。因此，经管类专业课程思政教学改革必须坚持以习近平新时代中国特色社会主义经济思想为指导。

下文将从师资保障、平台建设、管理制度等方面详细阐述高校经管类专业基础课"课程思政"教学改革的实施策略。

二、加强课程思政师资队伍建设

首先，授课教师应具有高尚的道德情操与思政水平。教师在授课过程中将思政元素与专业知识相结合时，必须能对时事政治、新闻热点给出符合社会主义价值观的正确判断与评论。特别是如何客观传授、评价、吸收西方资本主义国家经济管理理论知识，尤其是对西方资本主义经济发展道路的认识，教师的正确引领作用尤为重要。

其次，授课教师应注重提升课程思政的授课水平。经管类专业课中具有大量思政元素，应巧妙融入日常的专业知识教育过程中。对于融入的内容，应既包括思政元素与具体知识点的融合，又包括社会主义价值观与课程体系的融合。对于融入的形式，注重教学方式改革，可采用案例研讨、组队教研、自制视频、主题辩论、情景模拟等多种形式，并且由于当代大学生习惯使用网络，应充分利用网络媒体工具与平台。授课教师可通过参加相关研讨会、专业讲座、教学比赛等，改进教学设计，优化教学方法，提升课程思政的教学能力。有条件的高校，可定期举办由思政课专任教师进行相关专题讲座等。

再次，应把握学生群体的心理特征，因材施教。了解学生的学习兴趣、学习方式偏好、思想素养等特征，围绕学生关心的问题，增加课程思政内容的说服力、感染力、吸引力。例如，进行专业教育时，结合各专业特点，进行本专业的职业精神讲解，如工商管理专业的社会责任观，会计学专业的诚信守法，市场营销专业的可持续发展观，国际经济与贸易专业的合作共赢理念，信息系统与信息管理专业的工匠精神，文化产业管理专业的文化自信等。

最后，结合经管类专业基础课，充分挖掘课程中的思政元素。例如，"管理学"作为经管类专业的核心基础必修课，主要介绍管理学各分支模块的核心内容及学科体系，是学生进入专业学习、树立管理理念的首门课程，对于学生树立专业领域的价值观、从业观具有重要意义，因此也是课程思政实施的关键课程。在管理理论发展史部分，讲解中国管理思想的历史成就，以及在当前现代企业管理应用中的成功实例，增强学生的爱国主义情怀。在经典理论介绍部分，讲解"科学管理之父"泰勒因失聪辍学，仍坚持努力上进，最终成为企业高管，并创建管理学经典理论的伟大成就，激发学生的勤奋坚毅与敬业精神。在计划与决策模块，结合我国"五年规划"的政策制定背景，深刻认识新中国成立以来取得的巨大成就，树立社会主义建设的自信心；结合当前正在进行的"十四五"规划编制工作网上意见征求活动，引导学生养成关注国家大事的良好习惯。在控制与执行模块，结合企业现场安全管理、生产质量管理等内容，培养学生的敬业精神和诚信担当精神。

三、加强课程思政资源平台建设

首先，可极大丰富授课教师的思政元素资源。党员教师在日常参加组织生活中，会系统学习党和国家的重大方针政策和重要会议精神，选择思政元素资料的整体水平较高。但非党员教师往往缺乏相关内容系统学习，或者是重视程度不够，或者是政治理论水平不高，导致客观上无法自信地进行课程思政授课。如果能够搭建经管类专业相关的课程思政资源平台，在平台上分享蕴含课程思政元素的企业案例、时事新闻、人物传记、国家历史、马克思主义哲学等相关内容，则能很好地解决这一问题。

其次，可促使学生进行自学。经管类专业课程思政的最终成果，就是令学生能主动将自己所学的专业知识与我国的社会生活相联系。如果有这样成熟的资源平台，学生就可便捷地获取相关资料，不受时空限制地自学。

当然，这样的资源平台，也一定能成为授课教师交流的平台，从而促进课程思政师资队伍的建设。

四、加强课程思政管理制度改革

首先，从认识上，突破专业课教师对课程思政施教主体的认识局限。经过近几年的相关宣传教育，多数教师已认识到课程思政的重要意义。但仍有少数教师认为课程思政是思政课的职责，未认识到课程思政的重要作用。应作为课程管理制度，令每位教师明确课程思政全科目全过程覆盖的重要意义。

其次，监督管理与激励评价机制相结合。管理部门组织教师进行课程思政的教学内容与教学方式的专题培训等。

最后，分阶段实施完成。由建设精品示范课领头，逐步实施全专业、全课程的课程思政改革。二级学院从人才培养方案的制订，到教学大纲、授课计划、教学评价与考核等各方面均应发挥重要作用，将课程思政从隐性教育转向显性教育，落实到每门课每章节。

五、结语

以北京服装学院商学院的本科专业设置为例，经管类专业均为与社会发展密切相关的专业，全面实施课程思政的任务艰巨。目前北京服装学院商学院有经济学门类的国际经济与贸易专业，管理学门类的工商管理、市场营销、会计学、信息管理与信息系统、文化产业管理六个专业，专业领域几乎覆盖社会经济各重要部门或环节，按照学校明确课程思政全覆盖的要求，正在逐步推进课程思政的整体改革。本论文通过对于课程思政改革中不同参与主体视角的行为分析，希望能对经管类专业课程思政改革提供一些可操作的改进建议，从而推动商学院的课程思政改革顺利进行，最终实现全方位育人的"大思政"格局。

参考文献

[1] 隋庶. 经管类专业基础课进行课程思政的探讨[J]. 沈阳工程学院学报（社会科学版），2020，16（3）：141-144.

[2] 肖咏嶷. 新阶段高校经管类专业"课程思政"教学改革路径探讨[J]. 教育现代化，2020，7（32）：88-91.

[3] 李清泉. 习近平新时代中国特色社会主义经济思想融入高校经管类专业课程教学研究[J]. 湖南科技学院学报，2019，40（4）：81-83.

[4] 王海威，王伯承. 论高校课程思政的核心要义与实践路径[J]. 学校党建与思想教育，2018（14）：32-34.

[5] 刘承功. 高校深入推进"课程思政"的若干思考[J]. 思想理论教育，2018（6）：62-67.

[6] 陆道坤. 课程思政推行中若干核心问题及解决思路：基于专业课程思政的探讨[J]. 思想理论教育，2018（3）：64-69.

[7] 高德毅，宗爱东. 从思政课程到课程思政：从战略高度构建高校思想政治教育课程体系[J]. 中国高等教育，2017（1）：43-46.

[8] 习近平在全国高校思想政治工作会议上强调：把思想政治工作贯穿教育教学全过程 开创我国高等教育事业发展新局面[N]. 人民日报，2016-12-09.

[9] 杜芳芳. 基于应用型人才培养模式的课程思政实施路径研究：以《管理学》课程为例[J]. 教育现代化，2019，6（A5）：148-149，155.

[10] 李浩. 课程思政视域下专业课程思政教育路径探究：以应用型经管类专业课程为例[J]. 教育教学论坛，2020（33）：49-51.

绘画（师范）专业"色彩 B"教学特色浅析

瞿鹰[1]

摘 要 绘画（师范）专业是北京服装学院美术学院近两年受北京市政府委托为北京每年培养 50 名中小学美术教师而新近承担的项目，"色彩 B"是绘画（师范）专业的基础必修课，是借鉴前人与其他院校"色彩"教学的基础上结合美术学院绘画（师范）专业的具体需求自主创新并有针对性地制订的一套色彩训练系统，有以下几点教学特色值得关注：即"色彩 B"教学中的思政结合、理性因素、个性化发展、创意思维、审美诉求等五项特色，"色彩 B"教学对于绘画（师范）专业方向学生是实用且有效的。

关键词 "色彩 B"课程；绘画（师范）专业；教学特色；创新

绘画（师范）专业是北京服装学院美术学院近两年受北京市政府委托为北京每年培养 50 名中小学美术教师而新近承担的培养项目，现已有在读绘画（师范）专业本科生三个年级共 150 名学生，通过几年的摸索与实践已逐步形成美术学院绘画（师范）专业教学特色体系，从教育理念到课程设置均具有较强的针对性，紧密结合绘画（师范）专业的特点并联系美术学院的资源优势，使美术学院培养出来的绘画（师范）专业的学生在符合师范生毕业标准的前提下具有鲜明的北京服装学院学科特色，同时，又兼具健康的审美观与深入浅出的理论表述能力，这样我们培养的绘画（师范）专业的学生将来毕业后进入社会才具有竞争力，也才彰显出鲜明的北京服装学院美术学院办学特色。

"色彩 B"是绘画（师范）专业的基础必修课，也是能够体现美术学院学术精神与办学理念的特色课程，经过教学一线的多年实践体会颇丰，现整理出一些粗浅经验供同仁们参考，期盼得到抛砖引玉之功效。

众所周知，"色彩"在美术专业学生的基础课中至关重要，关系到学生将来审美品位的提升与学业的发展，尤其对于绘画（师范）专业的学生来讲，色彩学习是必不可少的关键环节。北京服装学院美术学院在绘画（师范）专业的课程设置中将"色彩"分为两段进行即："色彩 A"与"色彩 B"，"色彩 A"主要训练学生色彩写实的能力，通过色彩静物写生掌握条件色（环境色）表现规律，能够准确表现对象的色调、形色塑造、质感与空间感等。"色彩 B"则是在"色彩 A"的基础上加进一些主观的创作因素，如运用色块、平涂、晕染、归纳色、肌理、构成等手法来强调装饰色彩情趣，使色彩学习

---

[1] 作者简介：瞿鹰，北京服装学院美术学院，教授。

变被动为主动，根据主体需求自由发挥色彩的抒情与表现效果。相比之下，"色彩 B"具有更大的自由度与表现空间，加入了更多的主体精神、主观因素和能动作用，因此，"色彩 A"与"色彩 B"相辅相成、互为表里，"色彩 A"是"色彩 B"的必备前提，"色彩 B"是在"色彩 A"基础上的升华与创新。

北京服装学院美术学院绘画（师范）专业的"色彩 B"课程是借鉴前人与其他院校"色彩"教学的基础上结合美术学院绘画（师范）专业的具体需求自主创新并有针对性地制订出的一套色彩训练系统，实践证明，这套色彩训练系统在一线教学实践中是行之有效的，收到了事半功倍的教学成效。总结起来，有以下几点教学特色值得关注。

一、"色彩 B"教学中的思政结合

绘画（师范）专业的"色彩 B"课程中的一个主要内容就是敦煌壁画色彩的学习，说起敦煌壁画，众所周知，那是中华民族悠久历史的瑰宝，是文化艺术的宝库。因此，当给同学们讲起敦煌壁画色彩的艺术魅力与特征时，师生们都怀有一种敬畏与虔诚之心，民族自豪感油然而生，这种发自内心的爱国情怀不是喊几句口号可以代替的，这种潜移默化的思政功能是以"润物细无声"的方式自然而然地感染了学生们且刻骨铭心、传之久远。其中有两个因素在起作用，其一是这不是生硬的说教，而是紧密结合学生的专业学习顺理成章自然而然进行的，学生就会心悦诚服地接受且印象深刻。其二是从实用的角度来讲，学生确实从敦煌壁画色彩中窥见了装饰色彩的个中三昧并被其艺术魅力所折服，因此，学生会自觉主动地深入学习研究。这带给我们诸多启示：专业基础课程中的思政结合是要讲究方式方法的，即如何使其水乳交融、自然而然，让思政内容与效果能够深入人心、事半功倍，就在于平时要从身边的点点滴滴做起且要思考其整体关系与切入点。

二、"色彩 B"教学中的理性因素

在"色彩"教学中我们经常要讲色彩感觉，毫无疑问，色彩感觉是学好色彩的一个不可或缺的重要因素。尤其是在色彩写生中所触及的诸如：色调、冷暖、微差、空混等均来自于感觉，包括对灰颜色的识别也要靠敏锐的色彩感觉来完成。而"色彩 B"中却加入了许多理性的因素和内容，如归纳色彩的学习与应用就运用了很多理性的思考与介入，归纳色彩即将客观对象的色彩进行简化并概括为几套颜色来表现，省略了其中的过渡层次，运用"少即是多"的辩证美学原理，如同套色木刻原理一样使对象在有限的色彩中体现出无限的艺术魅力。如何精简色彩关系是归纳色彩学习的重中之重，这里有一定的数理关系，即先将对象概括成大小不同的色块，再按照一定的比例来排列布局，如此形成具有一定节奏韵律的色块组合。因此，归纳色彩要求学生讲求严格的秩序意识，强调画面内在的逻辑关系，在比较分析的基础上进行同质归纳，在类比的关系中追求色彩的单纯与节律，这一点在金山农民画中得到了佐证。在以往的教学实践中我们曾做过实验，找一些理工科没有绘画基础的学生，经过给其讲解色彩的归纳原理与方法，然后让其动手进行归纳色彩练习，其结果令人惊奇地发现仅靠理性就能表现出不凡的色彩艺术效果。由此得知，归纳色彩的理性因素是通往装饰色彩规范化、条理化、程式化的桥梁，同时，理性的严谨与感性的激情并行不悖，使"色彩B"教学如虎添翼、生动异常。

三、"色彩B"教学中的个性化引导

"色彩B"教学中很突出的一个特色就是强调主体精神，即借助于色彩来抒发作者的主观情感与浪漫想象，色彩在其中充当了实现人的意志与精神的媒介与载体，可以天马行空般自由驰骋，如敦煌壁画中北魏时期的色彩虽然只有石青、石绿、朱砂、赭石等色再加上黑与白，但其色彩组合效果与风韵节律均超拔脱尘、不同凡响，显示出魏晋风度的神韵与魅力。同样，我们还可以在近现代的西方艺术作品中找到答案，如后期印象派中的高更，其作品中那神秘的岛国情调与土人风俗在其笔下成了充满宗教色彩的伊甸园，原始的土著部落变成了充满装饰情趣的色彩世界，作者的敬畏与痴迷化作了浓郁的色块传达着对这块土地的眷恋。我们还可以在意大利著名画家莫迪格里盎尼的作品中找到答案，莫氏画中的人物肖像拉长变形，色彩充满张力如同作者畅饮之后的遣兴与抒怀。这种主体精神的释放与宣泄暗合了色彩的抒情功能的滥觞，使色彩摆脱了在"色彩A"中的依附地位，真正变为了驾驭画面的主人。

"色彩B"教学中提倡古今中外各种艺术风格的合理借鉴，鼓励学生大胆创新、勇于尝试各种艺术表现形式的探索。例如：可参考中国传统敦煌壁画装饰色彩的运用，或民间木版年画中的纯色对比，或维也纳分离派克利姆特所绘肖像中华丽的色彩构成，或野兽派著名画家马蒂斯笔下大写意般的色彩构图，或立体派艺术大师毕加索画中魔幻般的色彩交响。同学们在"色彩B"教学中充分地施展艺术潜力，尽情享受色彩的艺术魅力，在各种艺术风格的感召下更有利于学生找到适合自己的色彩表现方式，实现自己心中的色彩梦想。

"色彩B"相对于"色彩A"在艺术表现风格与形式上均富有更广阔的艺术施展空间，无论是构成方式、色彩效果、装饰情趣、肌理组合、艺术表现等方面皆有独到的语言形式，自由的发挥与尽情的表现促进了学生的创新意识的萌发。今天发达便利的互联网促进了知识信息的共享，也开阔了学生的视野，学生可以在广阔视觉领域中选择自己心仪钟情的风格范本并以此来催生自我风格的诉求。在"色彩B"教学实践中不难发现：有些学生思想解放并手下放得开，领悟"色彩B"教学宗旨就比较到位，学习效果也较乐观。相反，有些同学思想相对保守些，就跳不出"色彩A"的模式，学习效果就欠理想，问题就出在如何从"色彩A"的写实思维模式灵活转换为"色彩B"的装饰色彩表现模式，从收到放、在认识与表现的路径中加大思维的维度与张力。

艺术教育是针对每位同学的艺术个性和自身潜力因材施教，充分挖掘与开发艺术个性是培养艺术人才的不二法门。而如何发现学生们不同的潜力个性则是考量教师是否独具慧眼的撒手锏，所以说艺术园丁的伟大就在于伯乐式的发现。

每位同学来自全国各地，有着不同的文化背景与成长经历，再加上家庭环境的不同，知识结构的相异以及本人性格爱好的殊异，共同构成了学生复杂的性格特征与审美偏爱。作为艺术教育工作者就要面对各个复杂的生命个体，通过审慎的观察与科学地分析逐步走进每位学生的内心深处，洞察鲜活独特的生命状态与复杂迥异的心理轨迹，会惊奇地发现年轻学子们丰富的艺术想象与青春活力，这正是艺术创造的原动力与创新发展的生命源泉。

通过"色彩B"的教学实践深深地告诫我们：作为教师重在为学生营造一个艺术宽松、自由、健康、积极的氛围以利于学生能够释放潜能、增添自信、从而充分发挥主观能动作用并努力达到自身特色的极限效果。这样的教学效率是令人满意的，进入了良性的绿色生态机制，为教学相长创造了有利的前提条件。学生在这种绿色生态的艺术教育环境中专注于艺术理想的实现与美的熏陶，身心得到了美的神圣洗礼与善的沐浴滋养，从而使内心真实的感受得以释放与自然流露，迹化到色彩作业中使艺术真情得到永驻。倘若每位同学都能够真实地表露情感、彰显个性，那样整体就会出现"百花齐放"的生动局面，也就圆满完成了艺术教育的神圣使命——教书育人，让每一位受教育者身心得到全面健康的发展。

四、"色彩B"教学中的创意思维

当今时代欣逢文化创意产业繁荣发展的态势，借艺术教育改革的东风色彩B教学得到了长足的发展，尤其是开发学生创意思维与促进其自主创新能力的提高均遇到了千载难逢的机遇与挑战。如何有效把握时机创作出具有鲜明时代特征的艺术作品是当代艺术家的神圣使命，也是艺术教育摆在面前的重要命题。

"色彩B"教学强调创造性思维发展意识的培养，鼓励学生勇于挑战条条框框、大胆创新，充分发挥年轻人的青春活力与好奇心理，调动其内在潜力与能动作用，如学生们不满足千篇一律地描摹自然、千人一面、陈陈相因，而要标新立异、独立自主、拥抱世界、放眼未来。学生们在色彩B的作业中从图式构成到色调布局，从造型结构到肌理对比，从意境情调到细节表现均展现了不同的创意思维，有的厚重大气，有的小家碧玉，有的直率刚劲，有的委婉绵长，有的靓丽夺目，有的耐人寻味。不同的发散型创意思维使学生们彼此拉开了个性距离，呈现出迥异的风格面目，造就了丰富多彩的教学效果。实践证明，"色彩B"教学正是牢牢把握住创意思维训练这一准绳才有效培养了学生的创新意识，更为学生的未来学业发展与艺术创作的可持续发展奠定了扎实的基础。

五、"色彩B"教学中的审美诉求

培养健康的审美观对于师范专业至关重要，尤其是面对未来的中小学美术教师尤其值得强调，关系到祖国的未来希望，教育的长远健康发展。

在"色彩B"教学实践中把培养健康的艺术审美观与合格教师所应具备的"教书育人"的神圣天职紧密联系起来，如在作业要求中就强调艺术审美的朴素与健康，在此审美基调上进行探索与创新发展，如此才能更好地在传播知识的同时自觉地春风化雨般将美育的种子播撒到学生的内心深处。

面对当今艺术多元化所带来的泥沙俱下的负面影响，让学生多关注经典艺术与熟悉艺术史发展脉络，提高自身艺术肌体的"免疫力"，有效抵制不良思潮的冲击与危害，坚守纯洁向善的内心净土，保有一颗正直向上的爱美之心。如在赏析大师作品或评析学生作业时要传播正能量，从审美的角度来分析人类文明生生不息的发展文脉，使学生在内心深处树立起伟岸超拔的科学探索与审美自觉，面对人类文明的雄厚积淀与大自然鬼斧神工的杰作肃然起敬与敬畏感恩，让学生更多地接受健康审美阳光的洗礼，增进经典艺术的陶冶与"充电"，使审美观在健康的阳光雨露的滋润下茁壮成长。

绘画（师范）专业学生艺术教学与其他非师范专业的主要区别在于：在艺术审美方面，绘画（师范）专业学生更注重建立健康、朴素、通俗的审美观，理由是将来学生的角色将转换为教师，面对中小学生传递健康的美育情愫就如同对稚嫩的幼苗播撒阳光雨露，而朴素的审美境界在我国传统文化中有着相当的高度与境界，如儒家的"绘事后素"，道家的"朴素而天下莫能与之争美""既雕既琢，复归于朴"等论点与命题对我们当今面临的纷繁奢华、急功近利的社会审美现象具有警示与现实意义。而通俗则会取得平易落地接地气的实际功效，更易为广大的中小学生所接受与认同。因此，如此的艺术审美理念也贯穿在"色彩B"教学的全过程，潜移默化、润物无声，对学生艺术、学业以及心灵成长发展均起到了积极的作用。在专业技能方面，针对绘画（师范）专业学生艺术学习的特点与需求，"色彩B"教学中特别强调了口头表述能力的训练与培养，也就是不光要学生画得好，更要说得好。因为学生们将来走向社会要为人师表，要肩负起培养中小学生美育素质的神圣使命，因此，要着重培养学生的口头表述能力，能将一些美术作品赏析与创作原理深入浅出地表述出来，让中小学生能够心悦诚服地接受且印象深刻，这就需要日常的训练和艺术史知识的积累。通过"色彩B"教学中课上交流互动与课后写心得总结两种方式来督促与提高学生们的理论水平与口头表述能力，实践证明，无论是线上或线下教学均起到了积极的作用与效果。另外，绘画（师范）专业学生强调"一专多能"，在"大美术"艺术理念引领下提倡培养多面手，如此才能胜任中小学美术教师职责的诸多机遇与挑战。

六、结论

"色彩B"教学对于绘画（师范）专业是实用且有效的，从学生们课后的反馈意见可以看出得到了同学们的广泛认可与好评，许多同学流露出了发自内心的感慨如："色彩B"像是为我们打开了一扇用色彩认识世界的窗口，丰富了我们用色彩表现心中梦想的手段，课上得既开心又收效显著等。从学生中肯的肺腑之言中不难看到"色彩B"教学的成效与作用，也更有信心将其不断地完善发展下去。通过师范专业方向"色彩B"教学实践，我们深刻认识到"色彩B"教学具有诸多特色诸如丰富了学生的知识结构，开阔了艺术视野，提高了装饰色彩创作的表现能力。增进了对祖国传统文化如敦煌壁画装饰色彩的理解与认识，在对祖国文化遗产震撼与敬畏的同时有效结合了思政的爱国主义教育。在专业学习上提高了学生的理性分析与归纳思辨能力，突出了艺术个性与主体精神，增进了学生创意思维的发展并呈现出艺术个性与风格多样化的理想教学效果。

参考文献

[1] 约翰内斯·伊顿. 色彩艺术[M]. 北京：世界图书北京出版公司，1999.
[2] 李天祥，赵友萍. 色彩之境：色彩美研究[M]. 北京：化学工业出版社 2015.
[3] 任志忠. 色彩的高度[M]. 杭州：浙江人民美术出版社：2015.
[4] 翟鹰. 装饰色彩设计[M]. 北京：中国青年出版社，2008.
[5] 蒋正根. 色彩归纳[M]. 上海：上海人民美术出版社，2005.

"产出导向"视域下的艺术类院校思政教育与大学英语教学同向同行探索

张慧琴❶

摘 要 中国特色社会主义新时代赋予中国教育事业前所未有的重大使命,大学英语作为高等教育的重要组成部分,必须将思想政治工作贯穿教育教学全过程,实现全程育人、全方位育人。本文基于中国特色英语教学"产出导向法"理论,聚焦艺术类院校大学英语教学,以"新视野大学英语"教学为例,强调立德树人,倡导"学习中心说",坚持"学用一体",践行"全人教育说",结合专业特色与时政要点丰富思政教学内容,关注思政融入后教学效果的呈现以及教师综合素质的提升,探索"产出导向法"视域下的艺术类院校大学英语教学与思想政治教育同向同行的实施途径。

关键词 大学英语教学;思想政治教育;产出导向法;艺术类院校

一、引言

中国特色社会主义新时代赋予中国教育事业前所未有的重大使命。习近平总书记在2016年全国高校思想政治工作会议上指出,要坚持把立德树人作为中心环节,把思想政治工作贯穿教育教学全过程,实现全程育人、全方位育人,努力开创我国高等教育事业发展新局面;在用好课堂教学这个主渠道上下功夫,与思想政治理论课同向同行,形成协同效应。《教育部高等教育司2020年工作要点》中指出,各高校要充分发挥育人功能,以学科相融、协同创新为抓手,"深入挖掘各门课程的思想政治教育内容,促进专业课程与思想政治理论课同向同行"。2020年5月28日,教育部印发实施《高等学校课程思政建设指导纲要》明确指出,课程思政建设的目标要求和内容重点,强调落实立德树人的根本任务,在价值塑造,知识传授和能力培养三方面要做到相互融合。大学英语作为高等教育的重要组成部分,如何结合学校特色,有效融入思想政治教育,做到润物无声,成为目前学界同仁亟待关注的问题之一。本文将聚焦艺术类院校的大学英语教学,基于"产出导向法"(production-oriented approach,以下简称POA)理论,从大学英语教学中强调立德树人,培养全人的教学理念,到结合专业与时政的思政教学内容融

---

❶ 作者简介:张慧琴,北京服装学院语言文化学院,教授,博士。
资助项目:北京市长城学者项目(项目编号:QTXM02170203),北京市"一带一路"项目基地项目(项目编号:GJHZ02180202),北京服装学院课程思政建设项目阶段性成果。

入与注重"以学生为中心"教学方法的调整,再到思政融入后教学效果的呈现以及教师综合素质的提升,探索"产出导向法"视域下的艺术类院校大学英语教学与思想政治教育同向同行的实施途径。

二、文献回顾

思政教育与大学英语教学的相关研究在近十年逐渐引起学界关注。查阅CNKI期刊文献,输入摘要中包含"思政教育与大学英语教学"的论文进行检索,截至2020年6月,文献总数78篇。检索条件:(摘要=思政教育与大学英语教学,或者abstract_ en=中英文扩展(思政教育与大学英语教学)(模糊匹配);数据库:文献跨库检索。针对检索。结果进行计量可视化分析,总体研究趋势与聚焦不同主题的发文情况分别如图1和图2所示。

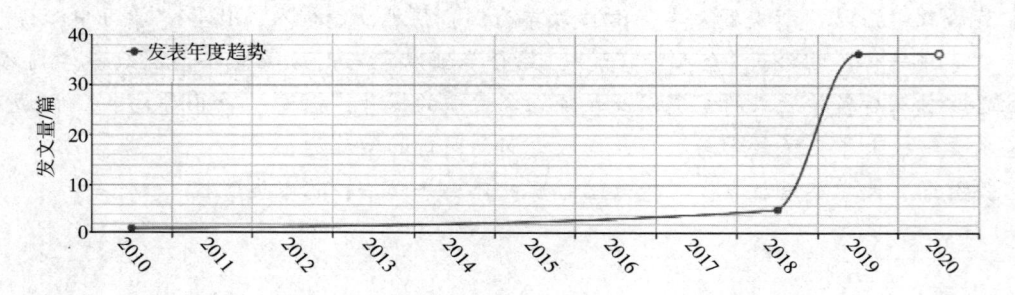

图 1 2010~2020年思政教育与大学英语教学相关论文发表趋势

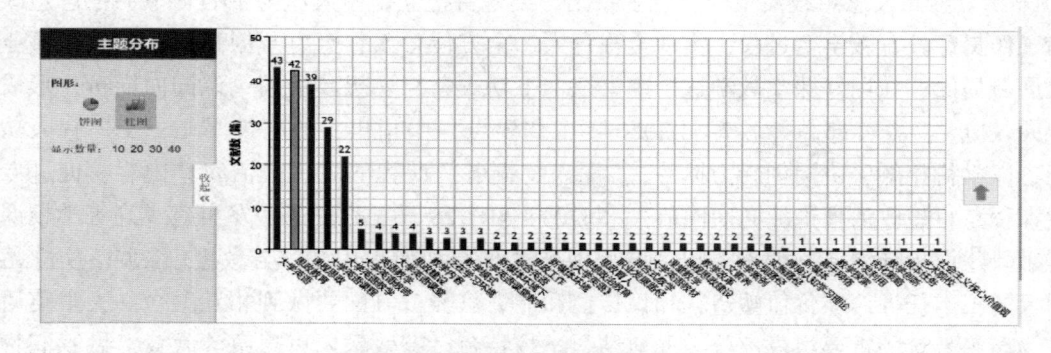

图 2 聚焦不同主题的发文量柱状图

图1显示,十年(2010~2020年)来思政与大学英语教学相关主题的论文发表呈现出明显的上升趋势,在2016年前后开始明显递增,特别是在2018年之后,呈现出直线递增的趋势。图2表明,针对思政与大学英语教学相关主题的论文,主题彰显大学英语、思政教育、大学英语课程、大学英语教学、大学英语教师的位居前五。艺术类院校的仅为1篇,其研究相对不足。

查阅 CNKI 期刊文献，输入主题词（思政融入大英教学）后发现，截至 2020 年 7 月，共有相关文献总数 131 篇。检索条件：主题＝思政融入大学英语，或者题名＝思政融入大学英语，或者 v_ subject＝中英文扩展（思政融入大学英语），或者 title＝中英文扩展（思政融入大学英语）（模糊匹配）；数据库：文献跨库检索。进行计量可视化分析，如图 3 所示。

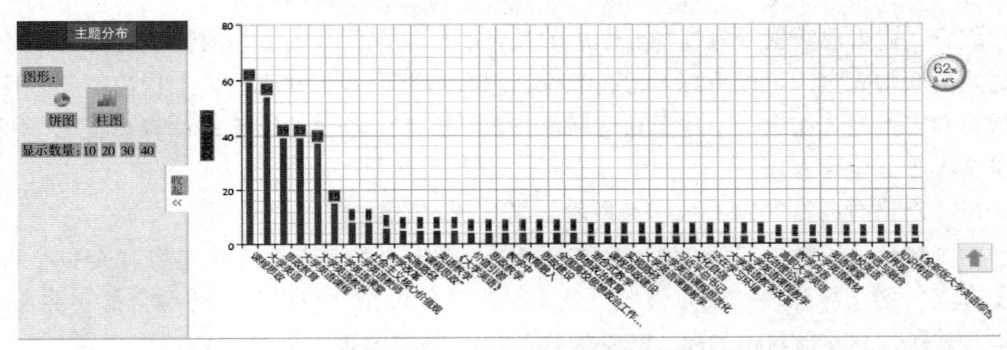

图 3 聚焦思政融入大学英语主题的发文量柱状图

（摘自 https：//kns-cnki-net-443. w. bift. edu. cn/kns/Visualization/VisualCenter. aspx）

如图 3 所示，聚焦课程思政主题与大学英语主题的论文发文量最大，分别占到总发文量的 59% 和 54%。以学校类型为主题（高职大学英语）的相关论文仅占发文量的 2%。尝试搜索 "艺术类院校大学英语与课程思政融合" 的主题，再次检索后未能发现相关论文，这在一定程度上表明，针对特色院校的思政教育与大学英语教学融合的研究相对较少。

基于上述相关文献，笔者选取具有代表性的研究观点归类剖析后发现：目前的研究主要有从大学英语 "课程思政" 使命担当角度阐释大学英语教学思政融入的使命与责任[1]，有从协同育人角度，探索大学英语 "课程思政" 教学模式建构[2-4]，有结合 "新时代" 背景，从最优化理论视角下探索大学英语课程思政的教学实现[5]，有从 "课程思政" 教学格局角度[6]，探索 "大学英语" 课程思政实践[7]；有立足本校特色 "大学英语" 课程思政的教学实践探索[5,8]；也有把准思政教育的度，促进英语教学的融合发展[9] 等的诸类研究，包括纺织服装类院校 ESP 教学实践[10-11] 的不断探索，都为大学英语教学与思政教育的同向同行奠定了基础。但是如何运用文秋芳教授创立的中国特色英语理论——"产出导向法"（POA），在增强文化自信的同时，结合艺术类院校的特色给予更具针对性的研究，则较为鲜见。本文拟聚焦艺术类院校的大学英语教学，以 "产出导向法" 为指导，从教学理念创新与教学内容补充，到教学方法调整与教学效果呈现，以及教师综合素质的提升五个方面入手，结合具体案例，探索基于中国特色英语教学理论——"产出导向法" 视域下的艺术类大学英语与课程思政的全方位融合。

三、POA 视域下艺术类大学英语教学与思政教育同向同行的理据

大学英语教学是落实思想政治工作的主渠道和主阵地，应最大限度发挥大学英语课

程的育人功能，充分挖掘课程教学中蕴含的思想政治教育元素，与思想政治理论课同向同行，携程全员全过程全方位育人格局。艺术类大学英语教学与思政教育同向同行意味着两者之间的协同效应，教师要充分挖掘大学英语课程蕴含的思想政治教育资源和功能，使思政教育落实到育人全过程，通过公开的有组织的、有计划地向学生表明思政教育目标的显性教育，以及将思政教育内容"不露痕迹"地隐含在创设好的教育情境中，使受教育者在不知不觉中获得某种思想、经验或做法，并且内化为自身行为规范的一种隐形教育。隐形思政融入教育与显性思政教育的区别在于，前者相对更加迂回、属于是渗透式的润物无声。习近平总书记在学校思想政治理论课教师座谈会上提出：要坚持显性教育和隐性教育相统一，挖掘其他课程和教学方式中蕴含的思想政治教育资源，实现全员全程全方位育人。

1. "产出导向法"指导大学英语教学思政融入的理据

中国特色外语教学理论"产出导向法"[13]的核心教育理念完全符合"全员全程全方位育人"的指导思想，POA视域下艺术类大学英语教学与思政教育融合的实践探索，其本身就是加强文化自信的思政教育体现。POA的教学理念倡导"学习中心说"，主张课堂活动服务于学生的有效学习，教学的目标在于促成有效学习的发生；在课堂教学中要关注"学用一体"，确保输入性学习与输出性产出在时效上的有机联动；坚持"全人教育说"并不意味着人文性目标的实现需要占用额外的课堂教学时间[19]，而是既要精心挑选产出任务的人文性与时政话题，帮助学生树立正确的世界观、人生观和价值观，培养学生中外文明沟通互鉴和传播中国文化的能力；同时还要下功夫结合每单元内容，节选思想境界高、正能量足的语言材料，陶冶学生情操、帮助学生建立正确的思想价值体系；鼓励学生关注国内外社会和政治热点话题的语言材料，相互交流，在培养学生的家国情怀中，不断拓宽国际视野。在课堂内外教学活动的阻止与安排上也要结合学生专业特色、性格特点、职业发展等，通过相互结对子或小组活动，培养学生的互助合作精神[12]，在互相评价产出成果的过程中，有意识引导学生加速向"全人"的品格与能力发展。

相比其他院校的大学英语教学，"产出导向法"对于独具特色的艺术院校大学英语教学更具指导性。这是因为艺术类院校大学英语教学融入思政具有特殊性，主要体现为三方面，一是艺术类学生的文化课程基础相对薄弱，大学英语属于基础类课程，普遍教学周期长，覆盖面宽，相比其他院校英语基础好，部分学生可以免修英语的状况而言，艺术类院校几乎所有学生都要学习二年的大学英语课程，可见大学英语教学中融入思想政治的教育的机遇与责任，思政教育在艺术类院校普遍具有长久性。二是从大学英语课本内容而言，阅读文本大多选自西方原版读物或改编版本，在一定程度上都属于西方作者对于西方文明的礼赞，这就意味着大学英语教学中教师要有意识正确引导学生在语言和文化学习中树立正确的价值观，全面客观针对具体问题进行中西文化对比，积极引导学生进行中国文化对外传播和推广。三是艺术类院校学生大多思维活跃，性格外向，个性鲜明，普遍追求时尚，在一定程度上学生的世界观、人生观、价值观容易受到外界影响。正因为如此，艺术类院校的大学英语教学亟待融入思想政治教育内容，引导学生在中西文化对比中理性看待、思考西方社会文化、政治经济、医疗教育等相关内容，更加坚定中国特色社会主义道路自信、理论自信、制度自信和文化自信。作为中国特色的"产出导向法"英语教学理论，其倡导的"学习中心说""学用一体"以及"全人教育说"，对于艺术类大学教学过程中明确结合教学目标，在教学过程中的"驱动"环节，首先结合课文主题有效融入思政元素，启发、鼓励、促成学生在语言输出与输入中多渠道学习，边学边干，逐步培养学生的全人意识，使思政教育在课堂内外的语言教学中通过师生之间的相互欣赏，达到内化与心，外化于行的育人效果。

2. 基于 POA 理论的艺术类院校特色大学英语教学融入思政实践之理据

教育部《大学英语课程教学要求》中指出：各高等学校应根据实际情况，按照《课程要求》和本校的大学英语教学目标设计出各自的大学英语课程体系，确保不同层次的学生在英语应用能力方面得到充分的训练和提高……其设置都要充分体现个性化，考虑不同起点的学生，既要照顾起点较低的学生，又要为基础较好的学生创造发展的空间……《国家中长期教育改革和发展规划纲要》（以下简称"规划纲要"）的第二条"工作方针"中提出：关心每个学生，促进每个学生主动地、生动活泼地发展，尊重教育规律和学生身心发展规律，为每个学生提供适合的教育。规划纲要的第三十二条提出：创新人才培养模式。适应国家和社会发展需要，尊重教育规律和人才成长规律，深化教育教学改革，创新教育教学方法，探索多种培养方式，形成各类人才辈出、拔尖创新人才不断涌现的局面。规划纲要中还多处提到要因材施教，把全面发展与个性发展统一起来。

事实上，艺术类院校特色大学英语教学目标的设定与国家对于高等教育人才培养要求的转变密切相关。目前我国高等教育的培养目标正在从单一化向多元化转变，大学英语教学服务于不同类型高校发展和学科专业建设的现实需求，体现艺术类专业特色的大学英语教学培养目标的制订成为必然。同时，随着全球化日益推进，国家对艺术类人才外语能力的需求不断增长，以单一语言技能为主的大学英语教学面临着向专业型范式转型的跨越，大学英语教学需要综合考虑艺术类不同专业、领域和行业对于国际化外语人才的战略需求，坚持"学用一体"，倡导"全人教育说"，服务国家发展战略。

四、基于 POA 理论的艺术类院校特色大学英语教学与思政融入实践

基于 POA 理论的艺术类大学英语教学针对大学英语教学目标与思政融入的人才培养理念，围绕单元主题及核心语言点，以全新思政素材为载体，在教学大纲制订中彰显学生专业特色要求，把握教学内容中思政元素融入的节奏与方法，探索思政融入后大学英语教学效果检测手段，以及教师综合素质提升的途径与表现，本文以《新视野大学英语》教学过程为例，遵循 POA 教学过程中驱动、引领和评价三环节，适时、适度发挥教师的引领、设计与支架等作用，结合实例，探索 POA 在思政融入大学英语教学中的指导作用。

1. POA 视域下艺术类院校校本特色大学英语教学理念的创新

艺术类院校大学英语教学在重视提升学生英语语言知识与应用技能、学习策略和跨

文化交际能力的同时，注重结合艺术类学生的专业特色，引导不同专业学生查阅与本校合作的国外院校所对应专业的课程体系，对比开设课程名称和内容要点等方面的差异，帮助学生加深对各自所学专业的理解，开阔视野。在此基础上，教师创新教学理念，引导鼓励学生参与大学英语教学目标的达成。针对全校范围内实施的大学英语 ABC 分级教学，学生可以根据自己的英语学习情况与未来专业发展需求，每学期在 ABC 三级中申请调整自己的层级。全校范围内 ABC 分级教学在课程学习进度与内容上有所差异，A 级学生在三个学期内完成《新视野大学英语》课本（1~4 册）的学习，第四学期开设学术英语写作、学术表达和文化翻译，为学生在通过四级考试后参加国际英语水平考试提供帮助；B 级学生在四个学期内完成《新视野大学英语》课本（1~4 册）的学习；C 级学生在四个学期内完成预备级和《新视野大学英语》课本（1~3 册）的学习。在实际教学中，教师针对不同专业学生的兴趣点和专业特色，启发引导学生借助网络查阅并讲述与课文主题、知识点或细节相关的"中国故事""专业故事""校园故事"，设计好教学的每个环节，使思政的融入的教学理念贯穿于师生理解，相互借力的全过程。坚持"产出导向法"倡导的"学习中心说""学用一体""全人教育说"，立足教材，贴近教学需求，融入思政元素。比如疫情期间，教师利用以下两张 PPT 教育学生，响应国家号召，做好防护（图 4）。

图 4　疫情期间教师选择两张 PPT 教育学生

（图片均源自 http：//www.chinadaily.com.cn/culture）

上面第一张 PPT 是关于社交保持距离，防止疫情传播，巧用 stand together（团结起来）、by not（通过不要）、standing together（聚集在一起）。教师提醒学生注意 stand 和 standing 之间的区别，关注动词-ing 形式强调的正在进行。

第二张 PPT 分别用 Aviod touching MEN to stop the spread of Covid-19（避免接触男人以阻止新冠病毒-19 的传播），M-mouth（M 代表嘴），E-Eye（E 代表眼睛），N-Nose（N 代表鼻子），Follow WOMEN to prevent Covid-19（遵从女人防止新冠病毒-19），W-wash your hands with soap（W 代表洗手用肥皂），O-Obey Social distancing（O 代表遵循社交距离），M-Mask to be used properly（M 代表正确使用口罩），E-Exercise regularly（E 代表有规律锻炼），N-Never ignore above four lines（N 代表忽略以上 4 条）。

以大学英语教材为基础，选用思政素材作为"立德树人"的教学内容的有效补充，解析时代金句、中华古语，注重经典人文特性，展现中华传统文化精髓；补充制作相关视频，传递新时代信息，关注新时代、新形势下的世界和中国动态，帮助学生了解新发展、新格局、新使命，践行广义思政，提升学生的语言应用能力，实现价值塑造、能力培养与知识传授，提高大学英语课程定位，在以学习为中心的语言输入与输出交互过程中，加强对学生"全人"的培养。

2. POA 视域下艺术类院校校本特色大学英语教学内容的拓展

改革开放 40 年来，中国大学英语教学的投入与受众之多，堪称世界外语教育史之最。

新时代大学英语教学肩负着中国高等教育领域国际化的重任，同时也是人力资源规划与发展中提升人才国际素养的基本途径。行业特色鲜明的大学英语教学，应当在教学内容上对接行业发展需求的同时，坚持"学习中心说"，加大对各类人才专业外语能力和对外交流能力的培养，倡导"学用以一体"，恪守"全人教育说"，使英语教学转变为英语教育。艺术类院校大学英语教学中应针对课本教学主题，在适度扩展相关专业知识的同时，融入思政教育内容。如《新视野大学英语》第 1 册读写教程第一课（Unit 1 Learning a Foreign Language），教师在教授语言知识的同时，要有意识、有计划地系统融入思政内容，加强对学生思想政治教育。针对第一课的英语学习，补充电视采访邓亚萍讲述从 ABC 开始学习英语到剑桥攻读博士的片段，抗疫期间中国医生直接用英文接受记者采访的音视频，引导学生加强对英语学习的认识与理解，能够自觉克服英语学习困难，学好英语，成为国际专业人才。同样第五课（Unit 5 The Battle Against AIDS）中有关艾滋战役，摘选网络上有关疫情隔离的中英文表达，隔离（Quarantine），人权没了（no human right）；不隔离（no quarantine），人全没了（no human left）。还有一些有趣的中英文相关表达（隔离，I see you；不隔离，ICU），对比中英文特色表达，体会不同语言表达魅力。再适度补充武汉、北京抗疫过程中典型的事例，在对比中增强学生的制度自信、道路自信，更加热爱伟大祖国，珍惜幸福安康的美好生活。

3. POA 视域下艺术类院校校本特色大学英语教学方法的调整

李大钊先生认为，"教育只是偏重知识，而忽于使用知识之人格，知识也不过是作恶的材料"[13]。为此，针对教与学双方提出来了自己的教育主张，倡导教师"至少每小时授课之余，当授以三五分钟的人格教育，使人们相互之间，都能以赤裸裸的真面目相见，而知识教育的效用也因此增进"；号召学生"青年呵！你们临开始活动之前，应该坚定方向……若是方向不定，随风飘转，恐怕永无到达的日子"。大学英语教学中通过思政育人铸魂贯穿于教学全过程，首先，教师要找准思政切入点，鼓励引导学生结合课文主题与细节，共同补充相关的思政信息。例如在《新视野大学英语》3 课文 Unit 5 Graceful Hands 的教学过程中，教师首先启发学生收集整理疫情期间中国大夫身穿防护服救治患者，甚至牺牲自己宝贵生命的典型案例，在中外医护工作的对比中增强学生对医护职业的理解与尊重，有意识培养学生仁爱、慈善以及对职业的敬重，向培养"全人"的目标努力。

其次，在语言词汇相关例句的学习巩固中，包括造句或翻译练习，乃至听力训练过程中，都要时刻关注核心词汇与思政元素的有机融入。比如《新视野大学英语》第一册第一课的听力，Q: What is one benefit of studying online?（在线学习的好处？）教师在开学之初通过这样的听力题目启发学生思考大学阶段英语应该如何利用现代技术，加强课堂内外自主学习，同时扩展 Benefit to 短语，启发学生思考习语"一荣俱荣、一损俱损"的英文表达，插播习近平总书记 2013 年 9 月 5 日在 G20 俄罗斯圣彼得堡峰会上的讲话[14]：各国要树立命运共同体意识，真正认清"一荣俱荣，一损俱损"的连带效应，在竞争中合作，在合作中共赢，补充该习语出自我国清代曹雪芹《红楼梦》第四回："四家皆连络有亲，一损俱损，一荣俱荣"，对照参考译文 Benefit to one means benefit to all, whereas harm to one means harm to all，深入理解地道的英文表达，体会 Benefit to 的用法，注意 harm to 的用法，扩展 Benefit from, good to 的用法，帮助学生结合语境理解该习语的文化内涵，理解全球人类命运共同体的理念。

最后，不妨仍以《新视野大学英语》3 课文 Unit 5 Graceful Hands 为例，在完成课文讲解的基础上，教师鼓励学生结合专业特色，美术专业的学生以绘画方式聚焦课文主题，通过"自画自说"的方式为大家讲解基于课文主题画作的蕴意，在娓娓道来中面对全班进行了语言输出的训练，课文中医患之间相互理解中彼此抚慰的手，对比疫情下我国医护工作者被口罩勒出印痕的脸；鼓励学生边干边学，坚持"学用一体"，鼓励新媒体专业的学生自拍短视频，模拟课文故事场景，展示课文中最感人的画面。在深入理解课文的基础上，教师引导学生扩展内容，用画笔展示校园、身边耳闻目睹的感人故事，弘扬社会主义核心价值观。正是教师主导性与学生主体性的结合，使思政教育与大学英语教学在"以学习为中心""学用一体"以及"全人教育"的"产学导向法"的指导下，真正做到水乳交融，润物无声，充分体现了中国特色英语教学理论指导下的英语教学融知识性、文化性和思想性为一体的有机结合，实现为党育人，为国育才的目标。

事实上，大学英语的思政元素源于课文内外的各个方面，甚至源于校园的每个角落。例如《新视野大学英语》4 的第四课 Achieving sustainable environmentalism，教师结合本校特色，调动学生充分发挥其积极性、主动性与创造性，引导学生归类查阅垃圾的英文表达，如垃圾的英文有 trash; rubbish; waste; garbage; refuse; dust; 而常用的有 Refuse composting（垃圾堆肥）; Garbage pulverator（垃圾粉碎机）; Uncollected garbage（散布的垃圾）。垃圾填埋场的英文有 refuse landfill 等词汇。教师在教学中鼓励学生对照如下四类垃圾分类标准（图5），尝试用英文描述日常校园生活中正确处理垃圾的方法，养成垃圾分类的好习惯，爱护环境，保护地球。

思政教育贯穿于大学英语教学育人的全过程，面对不同的教学环节，教师应结合教学内容，使用现代教育技术（线上线下混合，音频视频插入），鼓励引导学生基于课文相关知识，结合专业发展需求，师生之间、同伴之间共同搜集网络资源，分类整理，通过小组合作、任务型、讨论型、探究型学习等手段，实现资源的共建共享，包括相关微课、小视频录制等，使思政融入成为自觉意识，成为丰富教学内容，加强同学之间理解沟通，加强师生合作，建立集合校本特色的大学英语教学资源库，如图6所示。

类似资源库建设目标的确立，就是"以学习为中心"，基于学生的专业需求，学校

图 5　垃圾分类图标

（选自 https：//image.so.com/i？q＝%E7%94%9F%E6%B4%BB%E5%9E%83%E5%9C%BE%E5%88%86%E7%B1%BB%E6%A0%87）

图 6　北京服装学院资源库建设

特色课程的需要，鼓励学生主动学习，大胆实践，边干边学，使"学用一体"落实在日常的行动中，在师生合作、生生合作的过程中实现"全人教育"。

4. POA 视域下艺术类院校校本特色思政元素融入大学英语教学效果的呈现

POA 视域下大学英语教学思政元素的融入，要求教师有意识强化思政教育力度，扩展思政元素的宽度和广度，在有限的大学英语教学中使教育与教学有机融合，使大学英语教学效果的呈现方式更为丰富灵活。比如《新视野大学英语》第三册 Unit 4　Five Famous Symbols of American（美国五大文化标志），课文内容结构清晰，在学习语言点的同时，教师可以引导学生分组查阅我国最具代表性的"国家名片"（遍布全球各地的唐人街、入选 NBA 的姚明、传播中国的孔子学院、作为国礼的百雀羚、从中国制造到中国创造的海尔），中国五大地标性建筑（北京故宫、重庆解放碑、苏州园林、上海外滩、澳门大三巴牌坊），选派各组代表讲解相关历史文化知识，对比学生在思政元素融入大学英语学习后的细微变化，教师要以身作则，注重言行，有意识地引导学生改变过去谈到西方就"眉飞色舞"的心态，正确认识伟大祖国的秀丽山河以及我国四十年来改革开放的巨大成就。该篇课文学习目标之一就是要实现学生谈到中国时发自内心的"骄傲与自豪",而学生学习效果的检测则打破以往局限于语言知识点的掌握,写作手法的应用以及篇章结构等教学检测点,而是扩展延伸到教育的效果,在重视教学知识效果的同时关注教育效果,关注学生对于祖国情感的变化。

在基于课文教学的同时,教师结合学校特色,校园文化标志建筑,比如北京服装学院的标志性建筑——中山装结构,教师补充如下两张PPT(图7),阐释中山装四个口袋象征"礼义廉耻"四大美德,表达对称和平衡的概念;口袋上的四粒扣象征"选举、罢免、创制、复议",前面的五粒扣子代表五权宪法;袖口上的三粒扣子代表三民主义;倒山字形的笔架盖象征崇文兴教。结合校本特色的启发引导,帮助学生更加理解中华传统服饰文化内涵,在此基础上引入身边母校老师设计的新中装,奥运颁奖礼服中青花瓷元素的应用,冬奥会8分钟,"非常之美",国庆方阵服装设计等成就,激发学生对于本专业的热爱与未来的憧憬。

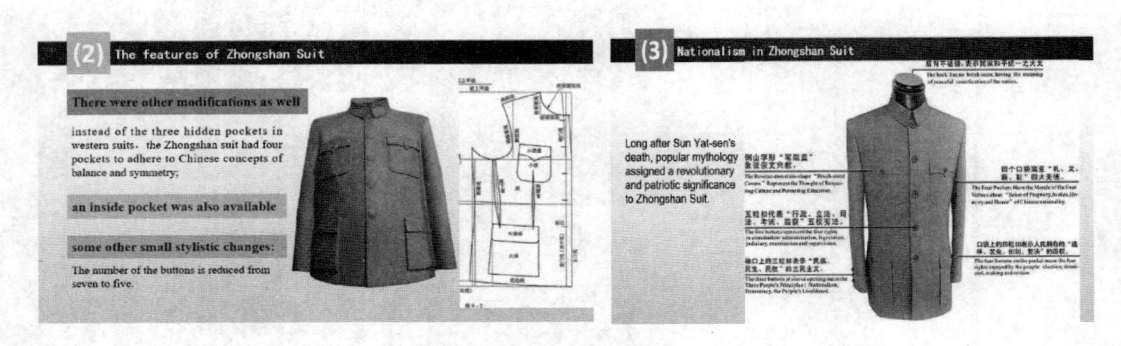

图7 两张介绍中山装结构的PPT

POA视域下思政元素融入的大学英语教学效果的检测,从语言文化知识的掌握到教育效果的达成,教师指导下的同伴互评,从显性知识的掌握到隐性情感的提升,基于课文相关主题进行扩展探索能力的培养,小组成员之间相互合作的辩论与表达,结合课文主题对于国情的思考,对于本专业的理解,对于校园文化氛围的情感体验,课堂内外参与各类主题活动的热情与投入等,所有检测的标准都基于爱,体现在学生对于生活的热爱,对于人世间情谊的珍爱,对于祖国最为深沉的爱。大学英语教育效果的检测植根于联合国教科文组织倡导的大学教育目的,旨在借助大学英语教学加强学生人文知识与素养,在全球化趋势下的人类命运共同体构建过程中,教育学生学会做人、学会做事、学会学习与学会与人相处,实现中国特色英语教学了理论指导下的"全人教育"目标。

5. POA视域下艺术类院校大学英语课程思政融入与科研成果提升

POA视域下艺术类院校大学英语教学基于传统与现代技术融合以拓宽思政教育渠道,兼顾语言教学与思政教育的双重目标,注重语言学习(Language Exploration)与价值观塑造(New Horizons),以思政教育——全人教育为核心,铸魂育人,从课文题目、语言点、词汇、传统文化内涵的汉英翻译表达、听力材料的补充等实现知识传授、能力培养、价值培养的全方位教育。同时，通过充分利用艺术类院校的特色资源，如博物馆、画廊、秀场和音乐厅等创设情境，丰富学生的情感体验，借助服饰、电影、音乐、美术、舞蹈、戏曲等不同表达方式，在英语语言教学中，融入独具特色的思政内容，推送诸如"北京电影学院英语在线"公众号，定期推送"习近平讲话英文学习"专栏，以及"中国文化"专栏，鼓励学生积极参与，增强文化自信。同时，结合专业特色融入思政元素，教师的综合素质得到提升，目前编写出版《艺术类大学英语》（1~4册）《时尚艺术英语》《中国电影文化英语阅读教程·导演篇》《中国电影文化英语·红色经典电影篇》等教辅材料，不断丰富、拓宽教学内容，使思政教育与大学英语教学水乳交融，合二为一，实现全方位育人。

五、余论

大学英语教学作为大学生的公共基础课程，覆盖面宽，持续时间长，融入思政元素的条件可谓得天独厚。艺术类院校的英语教师在大学英语教学过程中，以中国特色英语教学理论为指导，倡导"以学习为中心"，基于学生的专业需求，开设学校特色课程；关注知识的输入与输出，鼓励学生参与特色资源库建设；边干边学，注重"全人教育"，基于课文主题，结合专业特色，育人铸魂，在课堂内外、线上线下多渠道融入思政元素，从教学理念创新到教学内容扩展，从教学方法调整到教学效果的呈现，在中外文化比照中多角度培养学生的人文情怀和家国情怀，使师生之间的交流与互动在"产出导向"理论的指引下成为课程思政的有机组成。借助艺术特色，唤起学生的情感共鸣，激励学生产生学习的内驱动力，有效促进学生对课程知识的理解、拓展和深化，使大学英语教学与思政教育同向同行，形成协同效应，实现为党育人、为国育才的目标。

参考文献

[1] 夏文红，何芳. 大学英语"课程思政"的使命担当[J]. 人民论坛，2019（30）：108-109.

[2] 丁水芳. 协同育人：大学英语"课程思政"教学模式建构研究[J]. 东华理工大学学报（社会科学版），2020，39（1）：67-70.

[3] 杨琼. 基于课程思政的大学英语课程教学模式研究[J]. 教育教学论坛，2020（2）：49-50.

[4] 张新颖，李红梅. 论课程思政理念下大学英语课程育人功能的发挥[J]. 辽宁教育行政学院学报，2019，36（6）：72-75.

[5] 陈雪贞. 最优化理论视角下大学英语课程思政的教学实现[J]. 中国大学教学，2019（10）：45-48.

[6] 刘思阳. "新时代"背景下大学英语"课程思政"教学格局构建[J]. 吉林化工学院学报，2020，37（2）：1-4.

[7] 尹曼芬，刘娟. 依托学习任务的"大学英语"课程思政的实践研究[J]. 新疆广播电视大学学报，2020，24（2）：16-19.

[8] 黄佰宏. "课程思政"视域下的大学英语教学改革与实践：以浙江理工大学为例[J]. 浙江理工大学学报（社会科学版）：2020（4）：466-472.

[9] 杨志历. 把准思政教育的度，促进英语教学的融合发展[J]. 中国多媒体与网络教学学报（中旬刊），2020（3）：237-238.

[10] Zhang Huiqin, LiLi Ye. English Teaching reform and practice in an Arts university in China meeting the needs of diverse English learners[J]. The Asian ESP journal，2016（12）：93-111.

[11] 张慧琴. 纺织服装艺术类院校大学英语教学ESP探索[J]. 2020（6）：21-27.

[12] 文秋芳，构建"产出导向法"理论体系[J]. 外语教学与研究，2015（4）：547-558，640.

[13] 姜义军. "思政课先师"李大钊[N]. 北京日报，2020-03-02.

[14] 习近平在G20用过的古语[N]. 中国日报，2019-06-26.

[15] 习近平主持召开学校思想政治理论课教师座谈会强调：用新时代中国特色社会主义思想铸魂育人，贯彻党的教育方针落实立德树人根本任务[N]. 人民日报，2019-03-19.

[16] 中共中央宣传部. 习近平总书记系列重要讲话读本[M]. 学习出版社，2016.

"中国大学慕课"平台英语课程学生学习情况调查研究

王娜[1] 冯颖轩 刘乐仪 刘盈盈

摘 要 随着时代进步，线上学习方式的传播与普及，出现了越来越多英语线上课程。笔者所在学校，北京服装学院"大学英语"课程也施行了线下教学与线上教学相结合的教学方法。自2017级开始，学生需要修满一定学分的线上英语模块选修课程。这一方案自2018—2019学年第二学期开始实施，学校为学生提供了"中国大学慕课（中国大学 MOOC）"平台上的四门 SPOC（Small Private Online Course 小规模限制性在线课程）课程。此后每学期，都有几门线上模块选修课程供学生选修。为了真实了解最初四门课程上线后学生的选修情况，学习效果，学习中存在的问题，对课程质量的满意度以及意见和建议，我们研究小组以北京服装学院选修了该四门课程的2017级两个英语教学班的同学为调研对象，利用"问卷星"设计调查问卷，通过社交软件发放问卷，对收回的有效问卷进行数据统计与分析。通过研究学生在问卷中做出的反馈，我们总结了他们根据自己的学习经历，提出的涉及课程内容、时长、课后任务等多方面的意见和建议，为今后我校英语教学选择网络课程和制作网课提供有价值的参考。

关键词 "中国大学慕课"平台；线上英语课程；学生反馈

一、研究背景和意义

随着"互联网+"信息时代的快速发展，教育行业也实现了利用先进技术，融合优质教学资源。线上学习方式的传播与普及便是这一进步的重要体现。线上学习与教学摆脱了时间与地点的局限性，将存在于各时间和空间的资源展现在学习者面前。因此全新的"线上+线下"相结合的混合式教学模式应运而生，使传统教学模式得到进一步延伸和拓展[1]。北京服装学院英语教学也顺应潮流，开启了线上线下教学相结合的新模式。从2017级学生开始，我校大学英语课程选取了"中国大学慕课"平台上的几门优质 SPOC 课程作为线下教学的补充，供学生选修。"中国大学慕课"是国内优质的 MOOC 学习平台。陈国恩教授总结过慕课的三大优势，一是在线学习。学生不必定时定点到教

---

[1] 作者简介：王娜，北京服装学院语言文化学院，讲师。
资助项目：本文系北京服装学院教改项目（JG-1818）"大学英语语法在线课程的研究与实践"系列成果之一。

室上课，可以利用零散时间观看教学视频、参与讨论，完成测试和作业，从而提高了时间的利用率。而是慕课的教学内容制作精良，10分钟左右一个教学视频，知识点明确，重点突出，脉络清晰。三是学生在取得合格以上成绩时，既可以获得学校的学分，又可以获得中国大学MOOC证书。如果慕课的影响力进一步扩大，中国大学MOOC证书将会成为大学生求职的一种知识和能力的证明[2]。那么具备这些优势的"英语网课"的质量怎么样？课程设置合不合理？对同学们的英语学习有没有显著的帮助？在同学们看来究竟怎么样呢？本研究将对选修过第一批四门SPOC课程（"英语语法与句子写作""英语互译方法与技巧""中国文化与当代中国""英语文学导论"）的大三两个班的学生对四门课程的反馈进行分析，得出结论。

此次研究具有以下两方面意义：

①有利于从课程使用者的角度，为我校大学英语课程选课录课提供意见与建议，为同学们提供更优质、高效的英语网课。

②了解大学生英语网课的学习情况，总结得出大学生英语学习普遍存在的个人方面的问题，有助于大学生自我了解与改正，更好地进行英语学习。

二、调查过程

1. 调查对象基本情况

本项研究选择北京服装学院2017级两个班，101名学生作为调查对象。他们是我校第一批选修这四门SPOC课程的同学，上课体验如何，他们最有发言权。其次，自然班的学生英语水平参差不齐，这样得到的问卷结果更具有普遍性。

2. 调查工具与方法

此次研究使用问卷调查法。北京服装学院首批参加大学英语线上模块课的同学中的三位：2017级时尚传播学院的冯颖轩、刘乐仪、刘盈盈，根据陈国恩教授分析的SPOC课程的优势与不足，并借鉴其他学者关于大学生对慕课的认知与应用所做的调查[3]，再结合她们所了解的同学们在进行线上学习时实际反映的情况，研究设计了一份调查问卷（见附录），通过"问卷星"小程序，利用微信收集同学们的反馈，从这四门SPOC课程的使用者——大学生的角度出发，分析大家上课时感受到的利弊。

三、调研结果分析

1. 问卷数据整理统计

我们收到了87份有效问卷反馈。经过对调查问卷的分析统计，我们发现如下几个大部分同学的共同问题：

（1）在参与调查的使用中国大学慕课学英语的大学生中，英语学习方面的薄弱程度从高到低分别是"说""听""写""读"。

（2）在同学们可以选修的SPOC课程中，报名参加人数由高到低分别是"英语语法与句子写作""英语文学导论""英语互译方法与技巧""中国文化与当代中国"。65.86%的同学只能完整学习0~1门课程；仅有9.76%的同学能够完整学完4门课程。

（3）在英语网课的优势方面，多数同学因为"能免费上课"这个原因，选择在慕课上学习英语。而在慕课英语网课设置的弊端方面，多数同学认为"容易堆积课时""缺乏课堂互动""不能倍速播放，不能发弹幕"等（表1）。

表1　慕课英语网课的弊端调查结果统计

选项	小计	比例
容易堆积课时	23	56.1%
缺乏课堂互动	19	46.34%
不能倍速播放，不能发弹幕	19	46.34%
内容难度大，无法消化	14	34.15%
授课内容质量不高	9	21.95%
其他	3	7.32%

（4）在参与调查的同学自己看来，未能完成某门英语课程的主要原因是"课程内容量太大""没有认真对待"（表2）。

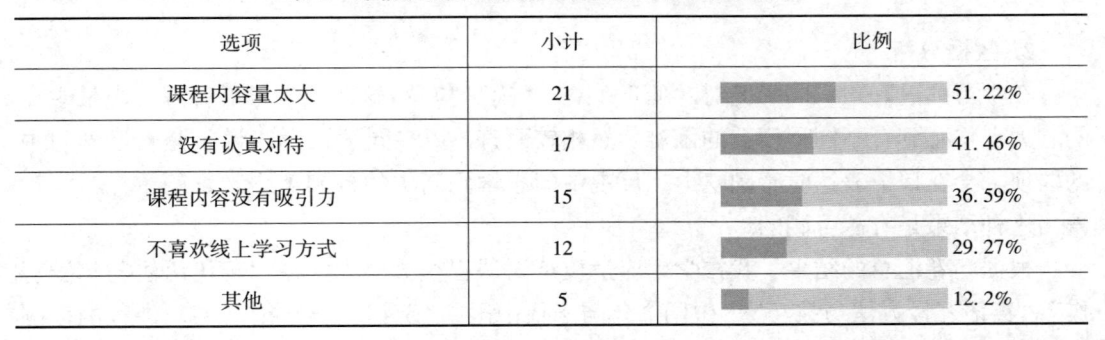

表2　未能完成某门英语课程的原因调查结果统计

选项	小计	比例
课程内容量太大	21	51.22%
没有认真对待	17	41.46%
课程内容没有吸引力	15	36.59%
不喜欢线上学习方式	12	29.27%
其他	5	12.2%

（5）对可以选修的四门SPOC课程的课程内容、课程作业、课程时长三方面内容进行调查，参与调查的同学多数觉得一般。

（6）搜集到参与调查同学的对已经选修过的SPOC课程的修改意见有集中的趋势，主要集中于以下几点：

- 缩短一节课的时长
- 降低操作难度
- 减少不必要的讨论
- 提高课程质量

具体修改意见如下：

与主题无关的讲述太多 课程内容不够深入
增加基础课程，减少不必要的讨论与作业 不要那么多没有必要的讨论 课程单元里的小标题课程太多，有时学完整个单元要好久
难度降低一些 希望操作上可以更简单一些 精简一点 题太难了
时间太赶了 必须倍速 时长短一些 视频时长太长 课时太多，一节课时间太长 课程发布时间堆积在一起，来不及及时消化，作业提交时间杂乱，同时报了四门课导致非常慌乱。
弹幕 互动更多些
精品课不要做成教室内精品课堂的样子，线上线下是不一样的

2. 数据分析

在学习的过程中，同学们对"听""说""读""写"这四个学习语言过程中最主要的着力点均感到有不同程度上的困难。然相较而言，更多同学认为"说"是自己学习中的弱项，会在口语表达时感到吃力。反观中国小学到高中的校园英语教育的重点，不难得出这种结果是有源可溯的。

根据问卷汇总的结果，我校学生应学校英语课程相关要求，在"英语语法与句子写作""英语互译方法与技巧""中国文化与当代中国""英语文学导论"四门课程的范围中选课的同学占绝大多数，多数同学选课数量在 1~2 门，其中"英语语法与句子写作"较为受欢迎。在完成情况上，有 31.71% 的同学完成了 1 门课程，19.51% 完成了 2 门课程，4.88% 完成了 3 门课程，9.76% 完成了 4 门课程；然而，也有 34.15% 的同学学习情况并不乐观，并没能完成自己所选择的课程，同时，在参与调研的同学中，也暂时无人完成超过 4 门课程的学习。从选课同学自身的角度来看，多数参与调查的同学在对自己学习能力和时间的预估上有部分偏差；从课程设置方面来看，学习时长和考核框架是否合理恰当值得探讨。

同学们在上这四门 SPOC 课程时体会到的网络课程的利弊是我们此次调研的重点。首先，在我们所给出的几个选项中，"能免费上课"与"不受空间约束"为大家更愿意认同的要点；同时，根据问卷反馈，同学们对平台的不足之处的感受主要集中于"课程不够精简""容易堆积课时"这样的具有个性化的问题。

在学习时长层面,绝大多数同学的学习时间约在15~30分钟这一区间,其次,为0~15分钟。说明多数同学愿意一次性花在网络课程学习上的时间一般不高于30分钟,只有极少数愿意花费1~2小时,乃至2小时以上,由此可见,网络课程单节课程时长不宜过长,总课时不宜过多。为了提升课程完成概率,平台在与院校合作设计课程时,还应当考虑在课程吸引力、课程难度和信息量上做出改进。同时,在日常教学中,老师和同学们也应当提升对网络课程的重视程度,从而使网络课程能够更好地发扬其不受时间、空间限制的优势。

在对课程的满意度上,同学们对网课的满意度总体偏低,绝大多数人认为课程的内容、作业、时长综合质量一般,且对自己的日常学习帮助不大。

四、结论

同学们对"中国大学慕课"上的英语网课选择门次多,具备较大的热情。然而实际学习情况和结果不容乐观,多数同学因课程内容量大及部分个人原因未能完成学习任务。同时,就课程本身来说,我校首批线上英语模块课所选用的中国大学慕课平台上的这四门SPOC课程,其课程时长及框架的设置在不少同学们看来存在"易堆积课时""缺乏互动""课时太长"等不少不合理之处。

就同学们反映的这些问题,我们对老师和同学们提出如下几点建议:

(1)老师们在设计和选择课程时,可以在保留课程精华重点的同时,削减不必要的部分,缩短课程时长,以节约时间,促进学生高效学习。

(2)增添"倍速播放"按钮,开发弹幕功能,提高效率,增强自然互动。

(3)简化课程结构,在课程内容研发方面多花精力,删减"讨论"环节在考核成绩中的占比。

(4)同学们在选课时不能一味求多,要做好计划,安排好时间,选最有助于自己能力提高的课程,使自己真正有所收获。

参考文献

[1] 陈国恩. 大学课堂对慕课的利用: 关于SPOC的探讨[J]. 中国大学教学, 2016 (7): 66-72.

[2] 张学明, 卞月芳, 张娟娟. 新时代大学英语课程"线上线下"混合式教学模式研究[M]. 天津: 天津科学技术出版社, 2019.

[3] 方婷云, 李金城, 元茂兵. 大学生对慕课的认知与应用调查[J]. 东南传播, 2015 (12), 80-82.

附录：

中国大学生慕课 MOOC 英语相关课程学习情况调查问卷

您好！

我们正在做关于大学生 MOOC 英语相关课程的使用情况调查，希望借用您的宝贵时间做一份调查问卷。我们一定会对问卷信息进行严格保密，也希望您能认真填写问卷！感谢您的支持！

1. 您是否在慕课上学习过？

   A. 是

   B. 否

2. 您英语学习中的薄弱之处在哪里？（多选）

   A. 听

   B. 说

   C. 读

   D. 写

3. 您报名参加过以下哪些课程？（多选）

   A. 英语语法与句子写作

   B. 英语互译方法与技巧

   C. 中国文化与当代中国

   D. 英语文学导论

   E. 其他

4. 您能完整学习的课程有几门？

   A. 0 门

   B. 1 门

   C. 2 门

   D. 3 门

   E. 4 门

   F. 4 门以上

5. 您认为在慕课上学习英语的好处是什么？（多选）

   A. 能免费上课

   B. 能够利用碎片时间学习英语

   C. 不受空间约束，随时随地学习

   D. 课程资源丰富

   E. 课程资源优质

   F. 其他

6. 您认为慕课的英语课程有什么弊端？（多选）

   A. 授课内容质量不高

   B. 缺乏课堂互动

C. 内容难度大，无法消化

D. 容易堆积课时

E. 不能倍速播放，不能发弹幕

F. 其他

7. 您每次上课的学习时长为多久？

A. 15 分钟以内

B. 15~30 分钟

C. 30~60 分钟

D. 1 小时以上

8. 您的课程通关情况

A. 0 门

B. 1~2 门

C. 3~4 门

D. 4 门以上

9. 您未能完成某门英语课程的主要原因是什么？（多选）

A. 课程内容没有吸引力

B. 不喜欢线上学习方式

C. 课程内容量太大

D. 没有认真对待

E. 其他

10. 请对慕课英语课程体验进行整体评价（课程内容、课程作业、课程时长）

A. 满意

B. 较满意

C. 一般

D. 较不满意

E. 不满意

11. 您认为现在的英语课程能够满足自己的学习需要吗？

A. 能

B. 一般

C. 不能

12. 您对慕课上的英语课程的修改意见：

_____

13. 您的性别

A. 男

B. 女

14. 您所在的专业？

A. 艺术类

B. 非艺术类

专门学术英语微课程建设研究与实践

訾韦力[1]

摘　要　本文基于学生专业、学术交流和未来就业岗位对英语应用能力的需求，以及目前我校 A 级大学英语教学存在的问题，以与专业相关的能力发展为目标，探讨学科内容与语言教学的整合，注重专门学术英语学习，使语言教学为服装专业发展服务，提高艺术类学生的国际竞争力。研究基于 14 级服装服饰类专业学生教学实践研究成果，以 16、18 级服装与服饰专业以及创新实验班学生为研究对象，按照：①2014 级实验与探索阶段，②2016 级实验检验与改进阶段，③2018 级实验深化阶段三个步骤展开基于微课的专门学术英语课程建设研究。研究结果显示，学生在专业交流与学术能力上得到较大提高，四级、雅思成绩显著。研究一方面通过专业内容与语言课程整合的微课程建设，系统培养专业水平高、国际交流能力强的艺术创新人才；另一方面推进了大学英语线上线下混合式学习教学改革，对随后展开的 B 级大学英语教学改革具有积极的示范作用。

关键词　专门学术英语；微课程；学科内容整合；研究与实践

一、引言

1. 研究背景

教育部《大学英语教学指南》（以下简称《指南》）明确强调：在课程设置上积极倡导校本、多元的课程组合，注重学生的语言应用能力与人文素养的提升，从而克服课程过于注重教知识和练技能的倾向。《指南》特别强调：面对在线教育和数字化教材、慕课及其他新型课程普及的新形势，充分利用各类教学资源提高教学质量是新一轮教学改革的发力点之一。基于此要求，大学英语教学应以学生为中心，以与专业相关的能力发展为目标，整合学科内容与语言教学，注重专门学术英语学习，提高艺术类学生的国际竞争力。

本研究着眼于学生专业、学术交流和未来就业岗位对英语应用能力的需求，将特定的学科内容与语言教学目标相结合，教学重点是培养与专业相关的英语应用能力，凸显大学英语的工具性特征。《国家中长期教育改革和发展规划纲要（2010—2020 年）》表

---

[1] 作者简介：訾韦力，北京服装学院语言文化学院，教授。

明国家急需具有国际视野和国际竞争力的人才，我国高校各专业学科也随之对学生的英语能力提出了特殊的要求。目前，各高校都在进行英语教学改革，专门学术英语已经成为各高校英语教学中的必修课程。

我校大学英语教学虽然分为 A、B、C 三个层次的教学，但是都以英语语言技能的提高为最终目标，忽略了"与专业相关的英语能力的发展"，各层次教学目的区分度模糊，尤其是 A 层次的学生，大多数英语程度较好，对与专业相关的语言能力要求高，目标明确。因此，有必要在服装类 A 层次学生或是服装实验班学生中进行专门学术英语教学实践，将专业学习与语言技能的提高结合起来，培养具有国际视野和国际竞争力的本科人才，这也是我校本科人才培养的最终目标。

2. 我校目前大学英语教学概况

专门学术英语作为通用学术英语的一部分是学生，尤其是服装设计专业学生，在专业学习和研究中所必不可少的专业学术英语能力。而将专门学术英语融入大学英语教学中，可以培养学生服装服饰专门学术英语中的词汇、结构语篇和体裁以及交流的策略和技能，与我校学生专业培养方向相向而行，深受学生欢迎。

研究背景：本研究是针对我校存在的如下问题而进行的教学实践与研究。

（1）与学校的专业培养方向结合得不紧密，课程设置不完善。目前我院大学英语教学仍然以通识教育为主，专门学术英语只是以零散的选修课形式由部分学生选修，多用汉语授课。通用学术英语也未在英语课堂中得到重视。

（2）学生需求与大学英语教学不匹配，专门学术英语课程未引起足够重视。其结果是：①学生往往把英语作为一门孤立的课程来学习，没有将学科内容与语言学习结合起来，存在英语学习懈怠现象；②学生专门学术英语不过关，影响专业学习的国际化，限制其专业深造与国际交流。

（3）服装设计类学生、创新实验班学生对专门学术英语需求性强，弥补学生专业学习过程中的国际化能力的培养计划存在缺失。

培养具有国际视野的复合型人才是教育发展的必然趋势。结合我校的办学特色以及人才培养的目标，研究旨在围绕专门学术英语教学，通过加强与专业知识相关的大学英语教学线上课程建设，加快教学内容的改革，解决当前我院大学生由于将专业学习与语言应用能力割离而导致的语言学习懈怠且动力不足的重大问题，其研究意义在于：推进大学英语线上线下混合式学习教学改革，达到提高人才培养质量目的；通过专业内容与语言课程整合的微课程建设，促进跨学科课程建设，培养出专业水平高、国际交流能力强的艺术创新人才。

二、课程建设实践与研究

1. 研究问题

针对围绕专门学术英语，将英语技能与专业知识有机融合，是否增强学生跨学科学习的意识和学习的动力，与此同时，围绕专业知识与英语技能的融合展开混合式学习，满足高水平学生的学习需求，这些能够有效解决学生由于需求得不到满足而导致的英语学习惰性增加、动力不足的问题。针对上述问题，研究提出如下问题：

（1）针对学生将专业知识学习与英语语言学习割离所导致的语言学习懈怠及动力不足的问题，通过课程建设与改革，学生语言学习兴趣加动力不足问题是否得到明显改善？

（2）通过教师与学生服饰类专门学术英语微课程建设，丰富与服饰相关学术英语教学资源的同时，是否优化了教学质量并助力了混合式课程改革？

（3）通过专门学术英语微课程建设与实践，是否真正解决专门学术英语缺乏实践基础的问题？对教师队伍跨学科教学、教研能力不足问题是否具有示范和启发作用？

2. 研究步骤

语言教学融合及语言教学提升到学术英语教学阶段的教学实践过程：

（1）2014级实验与探索阶段，2014级四级成绩显著。

（2）2016级实验检验与改进阶段，基于2014级的经验与总结，进行大胆实施。成绩卓著，四级成绩进一步提高。

（3）2018级实验深化阶段，专门学术英语与语言教学进行深度融合。学生专业交流能力得到明显提高，促进学习能力的增强，雅思成绩显著。（由于疫情原因四级未考）

三、专门学术英语教学实践研究内容与方法

本研究主要围绕以下内容展开：①整合学科内容与语言教学目标，使语言教学为服装专业发展服务。②按照中国服饰文化、西方服饰文化、中西方服饰文化对比分三个学期完成研究与专业陈述。③录制学术英语微课，推进专门学术英语混合式教学模式改革，培养服装专业领域具有国际竞争力的本科人才。

研究基于以下步骤进行了教学改革与实践：①2014级实验与探索阶段，2014级四级成绩显著。②2016级实验检验与改进阶段，基于2014级的经验与总结，进行大胆实施，各方面成绩卓著。③2018级实验深化阶段，专门学术英语与语言教学进行深度融合。

具体教学实践内容与方法如下：

（1）混合式大学英语课程模式的完善。2014级主要是传统课堂学习基础上的课外线上辅助学习；2016级实践网络平台学习辅助下的传统课堂教学；2018级采纳线上、线下混合式教学模式；2018级的最后一学期（由于疫情原因）则是完全采纳线上课堂教学模式。大学英语教学经历了从传统课堂教学到混合式教学，再到完全线上课堂教学，发生了重大的课堂教学变革，教学模式经历了从单一到多元，从实验到成熟，不断在教学中检验、实践、更新、创新，最终发展为较为完善的混合式大学英语课堂模式。

（2）基于微课的专门学术英语实践。在14级、16级到18级教学改革过程中，经历了以下的几个阶段：①尝试将微课融入传统课堂教学过程中，随后翻转课堂教学得到广泛采纳；②英语教学过程中，将专业知识与英语技能结合起来，突出工具为内容服务，英语为专业服务的理念；③混合式环境下，融入专门学术英语教学内容，引导学生进行专业陈述与专业研究活动，培养学生的国际沟通能力，促进专业发展。④根据四学期的

教学实践，指导学生进行学术研究，促进专业能力、英语技能双能力相向发展。

基于微课的专门学术英语教学不仅在大学英语各个学期教学中实施，也在2019年"服饰文化与语言"选修课程中得到应用，教学效果非常好，学生对此门课程教学评价为优秀。

利用翻转教学体现在每堂课的教学过程中：学生课前观看微课，自学新的教学内容与知识点，同时以小组为单位进行课前专业陈述准备，课前根据自学中的难点以及专业陈述准备过程中遇到的各种问题，通过网络或者微信等方式向老师提问以期解决问题。课堂学生进行陈述展示，教师进行评讲，并重点讲解教学难点和重点，教学效果事半功倍。除此之外，利用精品课程平台的大学英语资源库建设以及移动技术优慕课、超星学习通、U校园等平台辅助教学。教师录制学术英语微课以及学生关于中西方传统服饰文化陈述资源等，辅助课堂教学。在这个过程中，利用小组合作的方式将研究型教学实践有效地融入课程教学中。

四、课程实践研究结果与成效

研究结果成效显著：课程构建了一套学科与语言教学融合的有效模式；录制10个学术英语微课，建设成学生服饰英语陈述微课程资源库，作为教学资料资源供各届学生使用；出版了教材《英语学术论文写作技巧——纺织、服装、艺术学科》，发表了数篇相关论文，指导本科学生发表了学术论文；学生获得了各种竞赛的奖励；参与教学实践研究的学生四级成绩突出。此外，教学上取得如下成效：

1. 基于微课的混合式专门学术英语课程更加成熟

在14级、16级到18级教学改革过程中，经历了探索—完善—深化三个阶段，并在各届服饰设计与工程专业得到广泛的应用，学生满意度较高。大学英语教学经历了从传统课堂教学到混合式教学，再到完全线上课堂教学，发生了重大的课堂教学变革，教学模式经历了从单一到多元，从学生不接受网络学习到逐渐熟练使用，从实验到成熟，不断在教学中检验、实践、更新、创新，最终形成较为完善的混合式大学英语教学模式。

有了专门学术英语在大学英语教学实践的扎实基础，结合选修课"服饰文化与语言"课程特点，又将基于微课的混合式专门学术英语教学模式引入该课程，并进一步在教学实践中得到检验与升华，教学效果非常好。课程结课时，学生满意度高，教学评价为优秀。

以英语教学目的和大学英语教学目标为抓手，以激发学习兴趣和动力为目标，基于微课，采纳翻转课堂的教学形式，将语言技能与专业知识进行深入融合的混合式教学模式改变了传统的教学模式，学生积极性得到很大的提高，专业课堂的中西方服装史可以在英语课堂进行展示，学生兴趣盎然，学习积极性很高。尤其是将每班分为12组进行小组合作式学术研究，使学生认识到所学内容的重要性和实用性，同时学生合作能力、思辨能力等都得到明显提升。

2. 基于专门学术英语的研究型学习实践

结合精品课程平台的资源库建设大学英语精品课平台，北京服装学院清华网络在线平台以及同步优慕课移动APP以及超星学习通学习平台使学习更加方便，学生可以随时与老师进行教学讨论，改变了以往课上讲授、课下作业，互动缺乏等现象，真真正正优化了教学。其中微课、翻转教学手段、混合式教学模式更是优化了教学，助力了大学英语教学改革。相较其他平行班级，参加实验班级学生英语整体水平得到较大提高。学生在四级考试以及竞赛等方面成绩非常显著。

通过录制这些资源可以使学生学习目的性更强，专注性自然得到改善。另外学生以专业知识为内容录制英语陈述有助于教学内容的输出，促进学生语言能力的极大提升。而且以小组为单位，学生的合作能力、协调能力都得到了提高。研究型教学实践为学生未来职业能力打下坚实的基础。在研究型教学实践中，学生学会作为负责人带领小组进行中西方服饰文化对比研究，组员在小组研究中各司其职，培养了领导能力、学习能力、合作能力和协调能力。而这些在传统课堂中是无法做到的。学生主动性变强了，学习兴趣增加了，学习动力更足了。

3. 基于微课的专门学术英语课程实践成果

基于微课的专门学术英语课程实践最终形成一套成熟的学科与英语教学融合的混合教学模式（图1），该模式在提高学术语言能力的同时，也助力其专业学习与发展。

经过教学实践，学生已经能用英语进行熟练的专业交流与研究。例如，2019—2020学年，李泽远等同学申请的"十九世纪末二十世纪初中西方服装面料对比研究"获得北京服装学院大学生创新创业训练计划项目立项（编号：X2020100120793）。

专门学术英语促进大学英语四级通过率大幅上升。2016级提前批参加大学英语四级考试，通过率93.75%。2018级提前批参加大学英语四级考试，通过率100%。

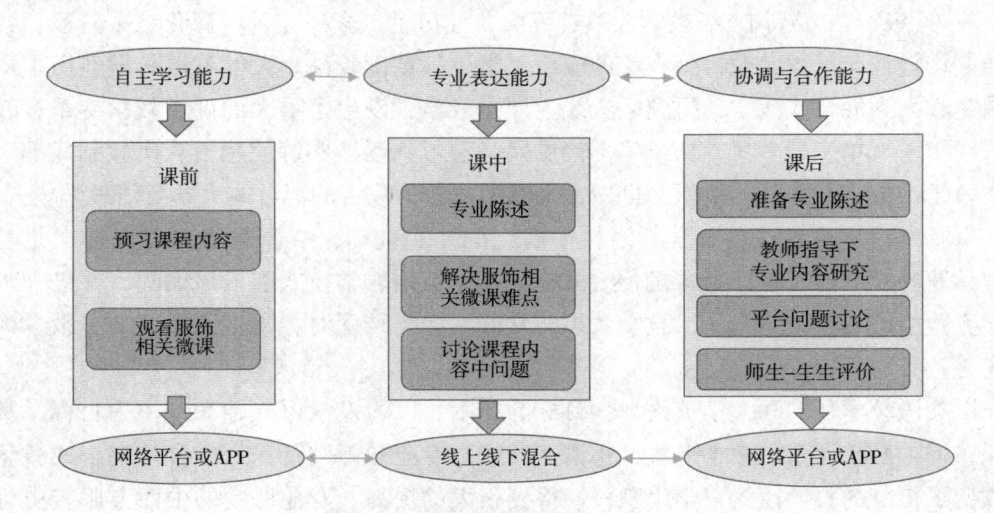

图1 学科与英语教学融合的混合式教学模式

16级服装与服饰设计（艺术A1班）提前批大学英语四级通过率达到91.3%，16级A班参加2018年6月（不含提前批）全国大学英语成绩达到93.6%，参加48人考试，通过44人，全班平均成绩502.2分（四级通过成绩425分），创我校近十年历史最好水平。16级艺术A1班所获成绩与教学上的创新改革——专门学术英语与英语教学相融合的教学模式不可分割。同时也体现出教学改革的成效。

2016级所教班级与2015级对应班级（未进行教学改革）的总通过率（83.33%）相比，高出8.4个百分点。

学生在大学英语大赛中获奖众多，部分学生的雅思成绩优秀。仅以18级为例，第四学期2019年18级服装工程与设计专业有沈可忻、赵可欣、高佳琦、夏韵婷4位同学，2020年18级服装与服饰设计专业有李泽远、凌佳宁、陈銎頔、朱君涵、李欣芮5位同学因通过了雅思考试而出国或申请了免修英语课程，这些说明教育教学改革的教学成果丰富且成效显著。

根据研究计划和进度，及时对研究和实验数据进行了分析和处理，对阶段性成果整理为论文发表，著作教材1部，对我校以及全国同类院校的专门学术英语建设起到示范与指导作用。通过基于专门学术英语建设的大学英语教学改革，教师和学生分别在教学能力、自主学习能力、专业研究与沟通能力方面得到很大的提高，教与学实现了双赢。专门学术英语建设间接促进了学生英语水平的提高，14级、16级以及18级提前批学生大学英语四级考试成绩突出，也是对我校大学英语整体教学质量提高的证明。（因为疫情四、六级考试未按期举行，18级非提前批学生由于疫情目前未参加考试。）

五、结论

本研究经过对A层次学生2014~2016年的前期探索性教学实践，2016~2018年的教学改革实践及2018~2020年课程深入建设与实践日臻成熟，最终解决并完善了诸多问题——通过课程建设与改革，学生语言学习兴趣增加，学习动力得到明显改善；通过专门学术英语微课程建设与实践，推动了大学英语混合式课程改革，也为专门学术英语微课程建设打下了扎实的实践基础；丰富的教研成果充分证明教师队伍跨学科教学、教研能力得到较大提升。

总之，通过基于微课的学术英语微课程建设，学生认识到语言与专业跨学科融合的重要性及其在学生学习动力方面的促进作用。通过课程建设资源库得到丰富，可以为今后各届学生进行教学示范。该研究实践为未来大学英语教学改革提供了可参考性的实践模式，也为B班大学英语教学改革提供了实践基础。教师在教学过程中职业能力得到更大的提升，对青年教师起了示范作用。

虽然历经14级、16级、18级系列研究与实践，形成一套成熟的课程教学模式，但是还需要进一步实践创新。因此培训教师转变单一教学理念、摒弃课堂仅围绕"词汇—语法—练习"的教学模式是目前需要重视并解决的问题。目前教师需要形成跨学科教学理念，与时俱进，不断学习，避免课堂教学固化现象，勇于创新，才能助力学校艺术创新人才培养。该研究成果虽然起始于A级教学层次，但目前还未形成B级层次的课程教学模式，B级层次学生占我校学生总数的75%~85%，因此，我们需要在此研究成果基础上，探讨适于B级及以下层次学生的课程教学模式，使我们的教学成果覆盖全体学生，真正实现"三全育人"，全面提高人才培养质量的最终目标。

混合教学理念下艺术类学生跨文化交际能力培养模式研究

薛凤敏[1]

摘　要　跨文化交际能力的培养是大学英语教学的重要组成部分，信息技术的发展为在大学英语教学中融入跨文化交际能力的培养提供了一个良好契机。本文根据艺术类学生的英语基础和认知特征，提出了基于混合教学理念的跨文化交际能力培养模型，探索了在艺术类学生大学英语教学中，如何利用传统课堂与线上课堂相结合的混合教学模式培养学生的跨文化交际能力，希望为今后大学英语教学中跨文化交际能力的培养提供一些借鉴。

关键词　混合教学；艺术类学生；跨文化交际能力；培养模式

一、引言

随着科学技术和互联网技术的迅速发展，将信息技术与教育相结合已经成为教育发展的必然趋势，"互联网+教育"也成为教育界的普遍共识。混合教学模式指将传统教学模式与网络技术、线上资源与线下课堂相结合的一种教学模式，它将教学和学习延伸到了课堂之外，受到了许多教育研究者和教师的关注和认可。

跨文化交际能力是大学英语教学中的一个重要组成部分。2017，教育部颁布了新版《大学英语教学指南》[1]，其中强调了"大学英语"课程的人文性和工具性，指出"大学英语"课程的重要任务之一就是要了解中外文化的异同，增强跨文化意识，提高学生的跨文化交际能力，同时还指出可以在通用英语课程中融入跨文化的内容。

然而由于授课时间的有限性，很多大学英语教师对如何在大学英语教学中融入跨文化交际能力的培养心存疑问。尤其是在对英语基础薄弱的学生的教学中，许多教师反映因为要将更多关注放在培养学生英语基础方面，没有条件顾及跨文化交际能力的培养。艺术类学生的大学英语教学正是这种情况。因此，本文探讨了混合教学理念下艺术类学生跨文化交际能力的培养模式，以期为在大学英语教学中加强对学生跨文化交际能力的培养提供一些思路。

---

[1] 作者简介：薛凤敏，北京服装学院语言文化学院，副教授。
资助项目：2018年度北京服装学院教育教学改革立项项目"艺术类学生跨文化交际能力培养模式研究"（JG-1817）部分研究成果。

二、混合教学模式

随着互联网技术的发展，网络教学得以迅速发展。网络教学以网络为媒介，具有学习方式灵活、学习内容丰富、学生便于自我掌控学习进度等特点，但从另一方面来讲，网络教学又容易造成学生缺乏归属感、自控力差的学生容易放松自我管理、教师也难以把控学生学习情况等问题。传统教学以教室为教学环境，学生需要保持统一学习进度，缺乏自主学习机会，但有利于教师组织教学进度和教学内容，且学生便于与教师交流，使学生具有归属感。因此，传统教学和网络教学可以说各有利弊。

混合式教学将传统教学与网络教学相结合，力图发挥两种教学方式的优势，避开二者各自为政时所产生的弊端。混合式教学具有如下特点：

（1）从在教学过程中的角色来看，传统教学中教师为主导者，学生为跟随者，处于被动接受状态，是以教师为中心的学习；混合式教学中教师角色多样化，从单一的知识传授者转变为指导者、规划者、组织者、促进者，学生主动探索知识，是学习的主体，是以学生为中心的学习。

（2）从教学环境来看，传统教学以教室为教学环境，混合式教学则把学习环境延伸到教室之外，延伸到了无限大的网络空间，同时又利用传统教室作为学生答疑解惑、寻求归属感的环境。

（3）从教学材料来看，传统教学的教学材料为教材，而混合教学的学习材料除了传统教材之外，还包括丰富的网络资源。

（4）从互动过程来看，传统教学由于以教师为主导，加上课堂时长有限，课堂上师生互动、生生互动较少，教师往往感到心有余而力不足，混合式教学可以增加课下师生互动、生生互动，同时由于学生往往是带着他们在课下探究的结果、问题来到课堂上的，增加了师生互动和生生互动的动力和基础。

在我国，何克抗早在21世纪初期就提出将信息技术与课程整合，创建新型教学结构，在传统教学要素中增加教学媒体要素，把教学媒体看成是"用来创设情境、进行协作学习、讨论交流即作为学生自主学习和协作式探索的认知工具与情感激励工具"[2]。近几年，由于网络技术的迅速发展，社交网络在学生生活中已非常普及，教师如果在教学中充分利用网络资源，挖掘网络潜力，扩展教学内容，更有利于设计出适合当代学生特点的教学方式。

从国家层面来看，《国家中长期教育改革和发展规划纲要（2010—2020年）》明确指出，要加快教育信息化进程，教师要更新教育观念，改进教学方法，充分利用信息技术，使学生"利用信息手段主动学习、自主学习，增强运用信息技术分析解决问题能力"[3]。中共中央、国务院于2019年2月印发了《中国教育现代化2035》，其中指出要"利用现代技术加快推动人才培养模式改革，实现规模化教育与个性化培养的有机结合"[4]。2017年颁布的《大学英语教学指南》也指出要将现代信息技术与大学英语教学相结合，开展混合式教学，使学生能够自主学习，为学生提供个性化学习方式[1]。

三、混合教学理念下的跨文化交际能力培养模式

1. 跨文化交际能力

文化差异对不同文化之间的沟通造成了影响，甚至会带来交际中的矛盾与冲突。跨文化交际的研究始于20世纪50~60年代的美国，学科奠基人为Edward T Hall。随后，许多学者对跨文化交际能力的概念进行了研究，力求解释跨文化交际能力的具体含义。其中，Van Ek[5]把交际能力分解为六种能力：语言能力、社会语言能力、语篇能力、策略能力、社会文化能力和社会能力。

自20世纪80年代以来，我国也有许多学者致力于跨文化交际的研究，提出多个跨文化交际能力的框架。陈欣[6]指出，跨文化交际能力指基于跨文化意识的语言能力、语用能力和交际实践能力，其中她把语言能力定义为听、说、读、写、译等能力，交际实践能力定义为语言交际实践能力和非语言交际实践能力。由此可见，外语语言能力是跨文化交际能力的基本条件。没有外语语言能力，跨文化交际能力的其他方面也无从谈起，要培养学生的跨文化交际能力，首先要使学生具备基本的语言能力。因此，笔者在对艺术类学生跨文化交际能力的培养模式中，首先以培养学生基本语言能力为出发点，加以非语言交际能力的培养，力求根据艺术类学生的学习特征设计出适合艺术类学生的跨文化交际能力培养模式。

2. 艺术类学生学习特征

在确定一种教学模式之前，首先要对学习者特征加以分析。高校艺术类学生由于专业要求不同于其他专业等原因，在英语学习方面普遍具有以下特征：

（1）英语基础薄弱。艺术类学生往往从中学甚至是小学开始，就把大量时间精力投入到专业学习中，未能像其他学生一样给予英语等课程同样的重视和投入，因而大学入学英语成绩普遍较低，基础较差。

（2）缺乏英语学习动机。多数艺术类学生认为英语与自己的专业无关，对自己的专业发展不会产生影响，加之目前大学英语四级考试与学生毕业不挂钩，因此缺乏对英语的重视，英语学习动机不强。闫先凤曾对艺术类大学毕业生的跨文化交际能力进行了调查，发现学生外语运用能力差，缺乏文化差异意识[7]。

同时，当代大学生的主体为"00后"，他们出生成长在一个互联网高速发展的时代，从开始接受教育就与互联网密不可分，熟悉网络社交环境。Singh曾提出现代学习者的七个特征，包括：容易分心、大部分时间花在媒体网络上、渴求新知识、随时随地学习、独立性强、缺乏耐心、工作压力大[8]。丁韬也曾指出当代大学生的学习特征是"思维跳跃化、信息闪速化、知识碎片化、学习趣味化、选择个性化"[9]。

3. 艺术类学生跨文化交际能力培养模式

基于艺术类学生学习特征，笔者以提升学生的语言交际能力和非语言交际能力为培养目标，提出了课内+课外、线下+线上的混合教学模式，具体模式构成见图1。

（1）语言交际能力。Bachman提出，语言交际能力就是把语言知识和语言作用的场景特征结合起来，创造并解释意义的能力[10]。其中语言知识包括语法能力、语篇能力和

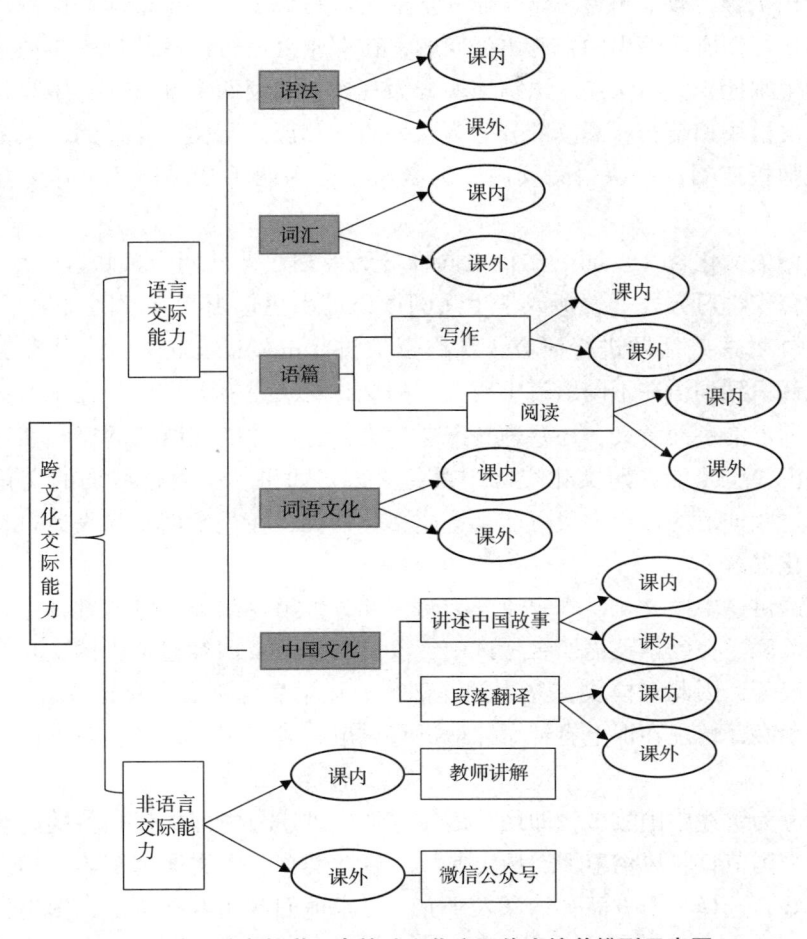

图1 基于混合教学理念的跨文化交际能力培养模型示意图

语用能力。根据我们调查研究结果,艺术类学生这几方面基础薄弱。我们把教学目标定为两个方面:一是能够用英语向来自不同文化的人表述自己的文化,这就需要学生很好地掌握正确的英语表达方式;二是能够理解不同语言中所蕴含的文化含义,所以帮助学生提高对目标文化中词语的文化内涵的认识是针对艺术类学生的大学英语教学中的一个重要方面。

①夯实英语基础。艺术类学生由于专业原因,在专业课投入精力和时间较多,而英语学习则投入较少,因此英语基础普遍比较薄弱,主要表现在语法、词汇以及语篇理解:语法掌握不够扎实,无法正确地理解语篇,也无法用正确的语法进行表达;词汇量较小,对语篇理解造成障碍,同时对有效的表达也造成障碍。为此,教师把夯实学生英语基础作为提高跨文化交际能力的首要任务。首先,语法、词汇学习分为课内、课外两个模块。课外词汇模块又分为两个部分:学生预习课文词汇,可通过教材和 Unipus 平台;学生通过教师推荐微信公众号(如语者)扩展词汇。课内词汇模块也分为两个部分:教师讲解重点难点词汇;采用课堂测验方式了解学生掌握词汇情况。课外语法模块

与写作模块相结合，教师布置写作作业，学生通过写作练习操练语法。课内语法模块指教师通过学生写作所反映出的普遍语法问题，在课堂上进行讲解并进一步通过练习反复操练，使学生掌握相关语法点。语篇模块分为写作和阅读两个部分，其中写作部分如前所述，与语法模块相结合；阅读部分分为课外阅读和课内阅读。课外阅读又分为学生自主阅读和教师指定阅读。课内阅读内容为教材，分为两种授课模式：师生互动和教师讲解。

②理解词语文化含义。词语文化也同样分为课内、课外两个模块。学生分为10个小组，采用合作学习方式。教师或学生从阅读语篇中挑选出具有不同文化含义的词语，由学生在课外对这些话题进行研究，课内以演讲（presentation）形式呈现学生研究结果。使学生认识到词语在不同语言中所蕴含的文化含义是有差异的，在学习词汇时，不能仅仅理解词汇的字面意义，还要理解深层含义，这样才能在语篇阅读和表达中正确理解和应用词汇，也才能在跨文化交际中避免失误。如果学生对这些词的文化内涵不了解，在使用这些词语的过程中很可能会造成文化冲突，在艺术创作和表达过程中，也可能会引起文化误解。

③用英语讲述中国文化。本模块分为两个部分。第一部分为段落翻译，与大学英语四级考试相关联。在大学英语四级考试中，段落翻译涉及内容包括中国文化、历史、经济和社会发展等，因此本模块首先为翻译部分。让学生课下翻译中国文化等相关内容，教师根据学生翻译情况在课上有针对性地进行讲解，讲解内容包含语法、词汇运用以及相关文化知识。

第二部分为讲述中国故事，即用英语在课堂上讲述与中国文化相关的内容。这里中国故事包括中国节日、风俗习惯、历史典故、餐饮美食、人文地理等等，学生可根据自己的兴趣爱好，选择一个方面进行深入研究，要求他们利用网络资源、图书馆资源，查找资料，汇集总结。艺术类学生出于专业原因，往往对中国文化中的艺术更感兴趣，例如他们会以中国的绘画、音乐、服装等为研究对象。在搜寻查找资料过程中，一方面学生可以了解中国文化，潜移默化中受到中国文化熏陶，开展探究式学习也可以最大限度地激发学生学习兴趣和主动性。另一方面，由于在讲述中国故事时需要用英语讲解，学生需要了解中国文化的相关词汇的准确表达方式，提高了英语能力。

（2）非语言交际能力。非语言交际是跨文化交际的重要组成部分。要提升学生的跨文化交际能力，非语言交际不可忽视。然而，我们在英语教学中所面临的一个重要问题是课时有限，教师无法在有限的课堂时间内兼顾提升学生的非语言交际能力。为解决这一问题，我们把非语言交际的培养也分为两个模块。在课外模块中，教师充分将现代科技与英语课堂结合起来，构建起课外的跨文化交际环境。教师寻找合适的公众号文章，通过微信群向学生推荐。如公众号"文化差异"中的文章《非语言交际之餐后甜点：国外体姿习俗》《非语言交际之主菜：触摸和握手》等，这些文章有汉语介绍，也有英语小短文，难度较低，故事有趣，较能吸引学生的注意力。学生可在课后利用几分钟时间阅读，了解西方文化，潜移默化提升学生的非语言交际能力。在课内模块中，教师结合教学内容，适时适度地引入非语言交际话题，使学生了解不同文化中非语言交际的差异。

4. 模式实施小结

（1）体现并利用了混合式教学模式优势。本教学模式兼顾了对学生语言交际能力和非语言交际能力的培养，将线上、线下教学方式结合利用，充分发挥了混合教学模式的优势。混合教学模式之所以得到迅速发展，一方面是因为科学技术的发展为这种新型教学模式提供了有利条件，另一方面也是因为当前大学英语教学现状的需求：大学英语课时量在不断缩减，而全球化的发展对学生的跨文化交际能力的要求则在不断提升，学生对英语学习的需求也随之增加。另外，语言教师的任务不是逐字逐句地教授文化内容，而是要使学习者对自己的文化价值和行为的理解相对化，并鼓励他们自己去调查[11]。混合式教学模式给学生提供了更多的机会，使学生可以自己去探索、调查和体验。

（2）符合艺术类学生特点。艺术类学生英语基础薄弱，但其突出特点是思维活跃，又不喜欢枯燥无味的内容和方式。因此，本模式中采取的课外利用一些公众号等方式扩展词汇、学习语法，生动有趣，能够吸引学生的关注。教师推荐的公众号，如语者中包含一些电影小视频、歌曲小视频等，北民大英语趣微学中包含美文朗读、歌曲欣赏等，都可以使学生利用几分钟甚至几十秒的时间通过欣赏的方式学习英语，将碎片时间充分且高效地利用起来。这种学习方式符合艺术类学术的学习特点，利于提升学生的学习兴趣。

四、结束语

时代在不断变化，科技在不断发展，同样教育理念也在相应变化发展。在此背景下，大学英语教学也需要紧跟时代的发展，把信息技术概念与大学英语教学进行深度融合是大学英语教学的发展方向。混合式教学把现代网络技术与传统课堂教学结合起来，既有利于学生发挥主观能动性，主动探索知识，又有利于教师组织授课、引导和推进学生学习、探索。

跨文化交际能力的培养是大学英语教学的重要组成部分，同时往往又是教师感觉力不从心的部分。信息技术的发展无疑为在大学英语教学中融入跨文化交际能力的培养提供了一个良好契机。本文探索了艺术类学生大学英语教学中如何利用把传统课堂与线上课堂相结合的混合教学模式培养学生的跨文化交际能力，提出了基于混合教学理念的跨文化交际能力培养模型，突破了传统教学方式的局限性。该模型考虑到了艺术类学生的英语基础和认知特征，发挥了混合教学的优势，希望为今后大学英语教学中跨文化交际能力的培养提供一些借鉴。

参考文献

[1] 教育部.大学英语教学指南[OL].http：//www.360doc.com/content/17/0203/14/413468_626210661.shtml，2017-02-03.

[2] 何克抗.E-learning与高校教学的深化改革（上）[J].中国电化教育，2002（2）：8-12.

[3] 教育部. 国家中长期教育改革和发展规划纲要（2010—2020年）[OL]. http：//www.moe. gov. cn/jyb_ xwfb/s6052/moe_ 838/201008/t20100802_ 93704. html，2010-07-29.

[4] 中共中央、国务院. 中国教育现代化2035[OL]. https：//www. csdp. edu. cn/article/4615. html，2019-2-25.

[5] Van Ek J A. Objectives for Foreign LanguageLearning，Vol. 1：Scope [M]. Strasbourg：Council of Europe，1986.

[6] 陈欣. 从跨文化交际能力视角探索国际化外语人才培养课程设置[J]. 外语界，2012（5）：73-78.

[7] 闫先凤. 艺术类大学毕业生跨文化交际能力现状调查：以广西艺术学院为例[J]. 广西教育学院学报，2013（5）：177-179.

[8] Singh, Harman. 7 important characteristics of modern learners eLearning professionals should know [OL]. https：//elearningindustry. com/7 – important – characteristics – modern–learners–elearning–professionals–know，2015-11-23.

[9] 丁韬. 大学英语词汇教学：问题与对策[J]. 外语电话教学，2020（2）：55-61.

[10] Bachman L F. Fundamental considerations in Language Testing[M]. Oxford：Oxford University Press，1990.

[11] Li Yinghao. Intercultural awareness in foreign language teaching：A Chinese Perspective [J]. Journal of language teaching and research，2016，7（4）：768-772.

基于督导员角度的在线教学思考

范秀娟[1]

摘 要 本文通过对时尚传播学院教学案例的研究，梳理线上教学出现的短板及解决的方法。探讨"以学生为中心"的教学理念在高校课堂教学中的教学设计和应用效果，分析教学过程和课堂教学价值观在教学质量保障体系中所起的作用。

关键词 学习主体；在线教学；教学过程；课堂教学价值观

2020年因抗击疫情采用的在线教学是有史以来最大规模的线上教学实践，全国超过95.2万名教师、713万门次课程、11.8亿人次学生参与其中。师生们迅速提升了信息化素养，成为深入推进高等教育教学方式改革的推动力。后疫情时代，线上课堂作为线下课堂的必要补充继续承担着培养人才的重要作用，线上线下相融合的混合式教学将成为学校教育教学的新常态。研究线上教学、弥补线上课堂短板，提升信息化教学成效有其现实意义。本文从一名督导员线上听课的角度分享授课教师的优秀教学案例，探讨线上教学的教学理念、教学设计和课堂价值观。

一、"以学生为中心"的教学理念是线上课堂的质量核心

信息技术与教育教学深度融合，慕课、微课程、翻转课堂、混合式教学为代表的基于互联网的在线教学模式应运而生，使得在线教育成为新常态。在共享优质课程资源的同时，也应注意到线上教学师生处于分离的时空之中，整个教学过程的实施均需媒介来实现，这影响了师生互动及教与学的闭环过程，在线学习中缺乏人际交往与互动也为有效教学带来了挑战。为此，授课教师们因课制宜、突破瓶颈，研究探索适应的教学方式和方法，提高教学质量，改善学习效益。

1. 强化学生学习主体作用，让学生成为线上课堂教学设计的参与者

在教学设计中，教学内容的选取在教学目标达成过程中占有重要地位。利用网络资源优势，教师从教学内容规划并传递给学生转化为学生作为学习主体深度参与。以学生为中心，强调学生对知识的主动探索与发展，对所学知识意义的主动建构。教师通过发布预习任务和作业反馈，使学生借助于网络进行资料收集、问题探究，并将结果立论反映在课堂教学内容中，学生在深入思考的过程中得到能力的提高。

---

[1] 作者简介：范秀娟，北京服装学院信息工程学院，教授，学校督导组督导员。

时尚传播学院董妍老师在"传播学"课程的教学设计中，善于提出问题，引导学生研究性学习，将学生的讨论发言和作业反馈作为教学内容的一部分呈现在课堂上，非常用心。董老师课堂上通过平台聊天区及语音对话和学生沟通顺畅，点评及时，课堂录播回访使学生可随时复习，教学效果好。图1所示为董妍老师课堂教学截图。

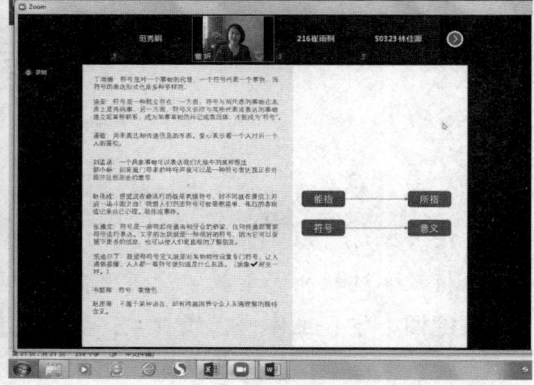

（a）同学们在总结"熵"的内涵与外延　　　　　（b）同学们在归纳"符号"的定义与意义

图1　董妍老师课堂教学截图

时尚传播学院向冰老师在"舞蹈基础（二）"课程中，要求学生以小组为单位协作学习，并通过作业视频汇报来反映学习效果。教师细致点评作业中的优缺点，以点带面，多维度地进行教学，很有特色。图2所示为向冰老师课堂教学截图。

2. 发挥教学平台的功能与价值，提升线上教学互动活动的实效性

线上教学需要借助于技术平台。教师在开展线上教学活动的过程中，如果对技术平台的功能有清晰的认识，并充分发挥现有技术条件下各类平台的优势，及时了解学生的学习状况，促进师生互动，将极大提升线上教学活动的效果。

时尚传播学院的吴琪老师在"服装社会心理学"课程中，借助腾讯会议的直播顺畅和屏幕共享优势在腾讯会议平台直播授课。同时开启雨课堂，将雨课堂中弹幕功能、投票功能、做题功能引入直播，进行随机点名提问和课堂测试反馈，加强与学生互动。雨课堂的课前预习和课后作业功能及学习状态数据分析使课程教学更加科学有效。图3所示为吴琪老师的课堂精彩瞬间。

3. 协作学习，以任务驱动线上教学活动的开展

线上教学需要学生主动性学习。项目式学习作为一种培养学生核心素养的有效学习方式，在线上教学中，特别是对于实践性课程来说有着得天独厚的优势。教师建立学生学习小组，构建学习共同体，明确项目要求，引导学生以小组协作的形式探究和设计解决方案，最后解决相关问题，并进行作品展示。教师和学生一起进行评价与修改。教学从以知识体系为中心到能力达到目标为中心。同伴间互相感染、及时互动的学习氛围将调动学生的学习积极性，帮助线上教学的目标达成。

时尚传播学院宋松老师在"舞台语言技巧（二）"课程中，以项目式教学方法展开

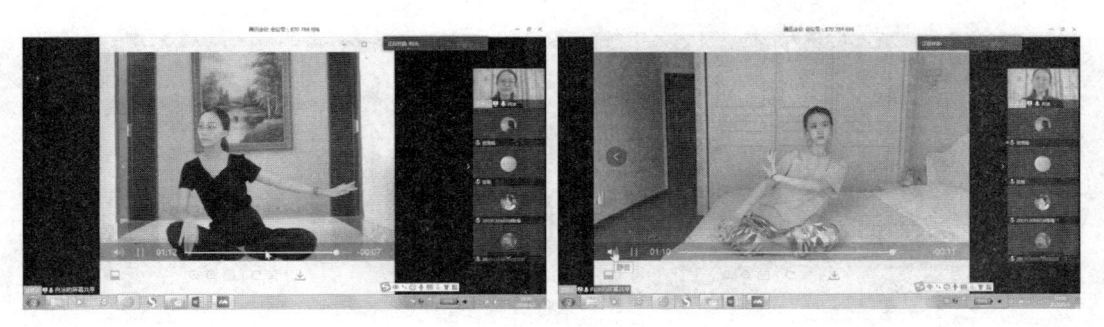

(a）回放学生作业视频

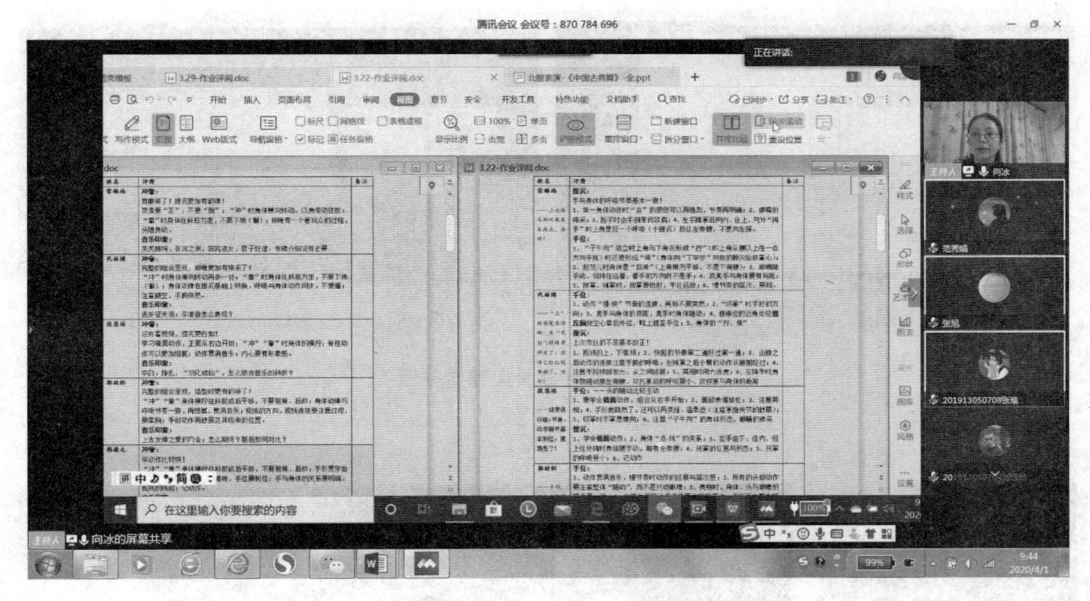

(b）根据学生作业视频进行详细点评

图 2　向冰老师课堂教学截图

教学活动。以小班授课方式组织学生进行分组学习，使学生们在对事物或知识本质的深度理解中进行实践创新。在学生项目汇报中，宋老师根据学生台词表演的问题，从声音、语言、情绪、节奏和人物关系分析等方面进行细致推敲、精彩点评并示范。图 4 所示为《芳华》小组的同学在表演中加入自己思想的"芳华"片断，宋老师的点评引发学生会心的笑容。

时尚传播学院的沈忱老师在"时尚摄影与实践（第一期）"课程中采用小班授课、项目式教学。项目要求分析成熟品牌的广告摄影定位及特点，进行方案的重新设计及作品展示。沈老师根据学生作品从平面构图、风格、灵感来源、妆容、道具、服装、模特、摄影地点等品牌摄影设计中的问题，进行点评与指导。课堂上两组同学既要陈述自己的作品，又要给对方作品提出合理化建议。沈老师在总结阐述中会对两组项目进行归纳、提炼，并为同学们提供相关案例材料来拓展思路，提升学生的解决问题能力，迁移

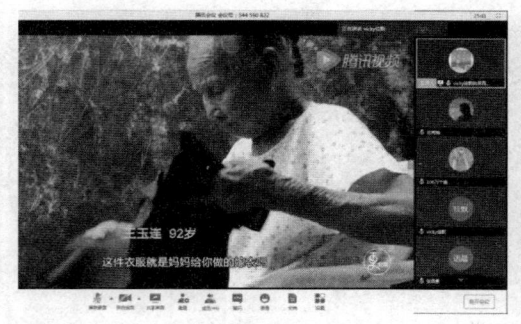

（a）腾讯会议直播授课　　　　　　　　　　　　（b）基于腾讯会议的屏幕共享播放课堂视频资料

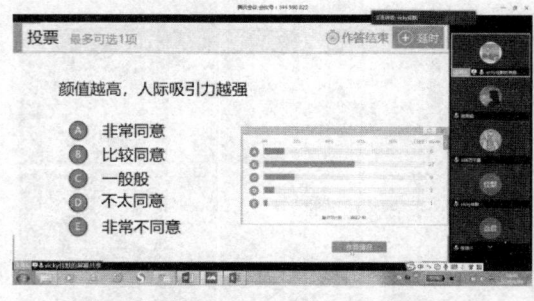

（c）在腾讯会议直播中引入雨课堂投票功能进行课堂互动　　（d）腾讯会议中引入雨课堂的做题功能进行课堂反馈

图 3　吴琪老师课堂教学截图

图 4　宋松老师课堂教学截图

运用能力和融合创新能力。图 5 所示为沈忱老师课堂精彩瞬间。

二、优化教学策略、重视教学过程是线上课堂的质量保障

传统的教和学分为两个阶段，教师上课讲授、学生听讲并接收知识的知识传输阶段；以及学生通过复习、做习题并参加必要的教学实验，将接收到的知识消化吸收并掌握的知识内化阶段。而在线教学将促进教与学的有机融合，课前学生就可以通过线上个性化的学习来接收知识。教师在教学过程中的角色不仅是知识的呈现者、对话的提问者和学习的指导者，更重要的是课堂教学过程中的组织者，引导和鼓励学生自主学习、合

　　　　（a）沈忱老师在点评学生小组的设计方案　　　　（b）学生陈述作品设计思路

图 5　沈忱老师课堂教学截图

作式学习和探究式学习。教师不仅要关注教材、教案，还要研究学生、倾听学生、关注学生的课堂活动状态，将此作为教学过程中不可缺少的重要组成部分。

　　时尚传播学院谢平、邓翔鹏老师的"时尚流行研究"课程在教学组织上，课前十五分钟通过平台播放课程相关的视频，引导学生按时上课，提前进入状态。课堂中用时间线理清历史上时尚流行趋势脉络，用流行趋势理论来对接时尚案例，画龙点睛，抓住时尚流行本质。授课中，两位老师一位讲授知识点，一位利用微信群和直播平台带动学生参与沟通，观察和把控学生学习节奏。学生边听边思考，边学习，边实践，提升了对知识的认知和吸收。课上的交流和互动亦可以随时调动网络资源，提出概念或问题后，让学生们通过汇集网络资源实现概念的初步认知，引导学生研究性学习。同时，微信群里的互动内容成为宝贵的资料库，有效地扩展知识点，形成内容上的补充。图 6 所示为邓翔鹏、谢平两位老师课堂精彩瞬间。

　　师生互动依赖于学习者和教学者双方参与，教师要修炼学识征服力、增强教学内容的穿透力、优选教学方法、提升语言的感染力，以较强的亲和力和最优的展示形式带给学生精神上的享受和视觉上的冲击，提高学生学习兴趣，突出教学重点，实现知识的高效传输和学生能力的提高。

　　时尚传播学院的曹向晖老师的"广告设计中的文字表情"课程，以案例教学的方式讲授广告设计中的文字如何向传统学习，向经典学习，向世界传播中国的传统文化。讲授艺术与科技的融合带给现代艺术作品的冲击力，鼓励学生字体设计时大胆想象、小心求证。曹老师讲课精神饱满、声音洪亮、思维开阔、引经据典。有效运用现代教学手段，视频音频材料安排得当，教学内容丰富，启发性强。图 7 所示为曹向晖老师教学课堂精彩瞬间。

三、进行课程思政建设，树立育人的课堂教学价值观

　　高校思想政治工作根本在于做人的工作，中心环节在于立德树人，核心在于提高人才培养能力，全面推进课程思政建设是落实立德树人根本任务的战略举措。线上课堂教

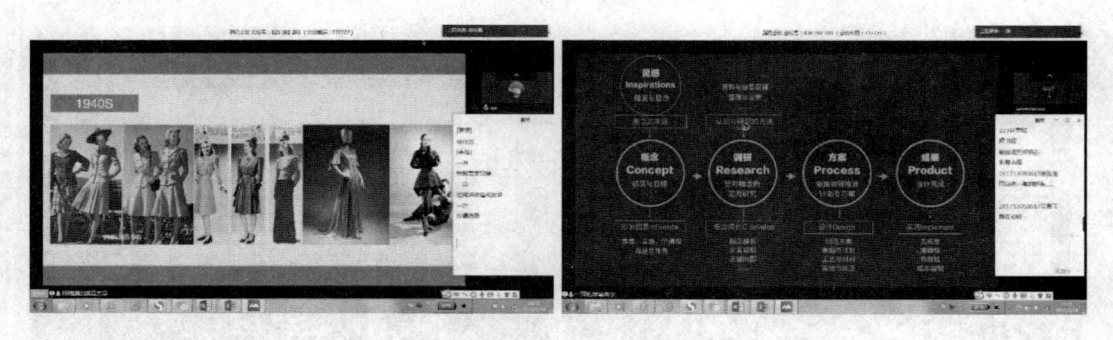

（a）邓老师、谢老师双师配合，理论教学和交流引领无缝联接

（b）课堂上师生互动精彩纷呈

图 6　邓翔鹏、谢平老师课堂教学截图

学价值观要体现学科的育人价值，把价值引领、能力培养和知识传授贯穿于线上课堂教学之中。教学目标应全面反映培养目标，促进学生的全面发展，使得学生在潜移默化中深受教育与浸染。教师在教学设计中如果深度挖掘提炼专业知识体系中所蕴含的思想价值和精神内涵，找准"思政内容"与专业知识的契合点，将会更好地把"立德"与"求知"融在一起。线上课堂也要发挥学科文化的育人功能，以学术前辈勇攀高峰、严谨治学的高贵品质和提携后辈的人格风范阐述探索精神、质疑精神、社会责任和家国情怀；以中国科技发展和文化艺术弘扬民族精神，体现民族意识，以多维的课程设计彰显价值属性。

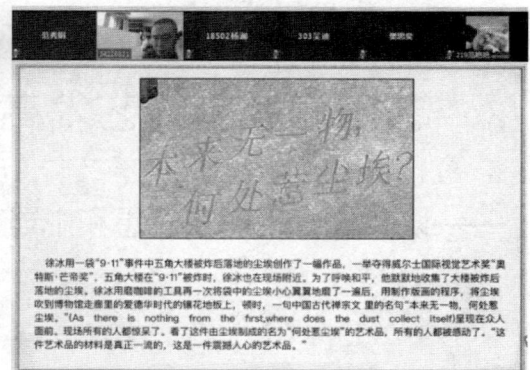

（a）用中国书法撰写英文的教学案例　　　　　（b）现代艺术家作品教学案例

图 7　曹向晖老师课堂教学截图

四、结语

互联网技术、数字技术、移动通信技术的迅猛发展，正在改变着人类获取知识的方式和渠道。知识传递的方式，从过去传统的单向传递为主，转变为多向互动。将来的教育形态是线上线下融合的深度学习，培养创新型、个性化人才的教育范式。教学改革坚持"以学生为中心、产出导向、持续改进"的理念，教学评价重视分析学生的成长度、获得感、满意度会成为趋势，大学质量文化建设将从经验走向科学。

参考文献

[1] 田昕. "以学生为中心"的高校教学质量保障体系构建[J]. 上海教育评估研究，2020（1）：13-17.

[2] 王少莲. 线上教学应厘清的"四个认识"[J]. 基础教育课程，2020（4）：44-48.

[3] 王玉生，宋晓燕，张天杰. 线上线下结合的教学模式探索[J]. 华北水利水电大学学报（社会科学版），2019，35（3）：39-42.

艺术元素融入艺术高校思政课教学路径探索

——以我校"毛泽东思想和中国特色社会主义理论体系概论"课为例

王晓娜[1]

摘 要 面对新时代的新挑战，高校思政课改革创新势在必行。艺术高校思政课因其自身特点，所面临的挑战更为严峻，所承担的责任更为重大，所即将开展的改革任务也更为艰巨。将艺术元素融入思政课教学是艺术高校思政课守正创新的独特路径。我校"毛泽东思想和中国特色社会主义理论体系概论"课程已在艺术素材案例教学、艺术作品实践创作、课程思政与思政课协同育人三方面做出了相应探索，并将继续深入，以提高课程的育人实效。

关键词 艺术元素；思政理论；艺术高校思政课

新时代新形势对高校思政课教育教学提出了新的任务和要求。长期以来，高校思政课都被认定为是"思想政治课"，是一种单纯的意识形态宣传课，这无疑是对高校思政课的一种狭隘理解。高校思政课承担着用马克思主义的正确人生观世界观价值观为青年大学生引路的重任，需做到对青年大学生的理论教育与价值引领相统一。艺术高校和艺术大学生有着自身的独有特点，这就要求新时代艺术高校思政课的改革创新需另辟蹊径。深度挖掘、充分利用本校艺术元素，以提高艺术生对思政课的兴趣、改善思政课的育人效果，是当今艺术高校思政课守正创新的独特且有效的路径。

一、社会主义艺术创作与高校思政理论育人的契合点

习近平总书记在文艺座谈会上的讲话指出[1]，追求真善美是文艺的永恒价值。艺术的最高境界就是让人动心，让人们的灵魂经受洗礼，让人们发现自然的美、生活的美、心灵的美。同艺术创作有着异曲同工之处，高校思政课不仅仅包含意识形态的政治化内容，更是一个内涵哲理启迪、道德涵养、法律教化、历史省悟、审美育人等立体丰富的系统体系，其最高理想是追求马克思所倡导的"人的自由而全面的发展"[2]。因而可说，至真至善至美是艺术创作和高校思政课共同追求的至高境界。中国特色社会主义新时代的艺术创作同高校思政理论育人工作有着诸多的契合点。

---

[1] 作者简介：王晓娜，北京服装学院思想政治理论课教学部，讲师。

1. 党的领导是二者继续发展的根本保证

党是最高政治领导力量，坚持党的领导，是推进社会主义艺术创作和高校思政育人工作继续发展的根本保证。其一，党的领导是社会主义文艺创作的根本保证。党的根本宗旨是全心全意为人民服务，社会主义艺术创作的根本宗旨也是为了人民而创作。人民立场是中国共产党和社会主义艺术的共同内核。人民的需求是艺术创作的动力，人民的喜爱与否是艺术作品是否成功的评判标准。其二，党的领导是高校思政育人工作的根本保证。党中央对高校思政工作高度重视，大力推进马克思主义和中国特色社会主义学科体系建设，为高校思政课建设提供了根本保证。

2. 中国精神是社会主义艺术创作的灵魂

以爱国主义为核心的民族精神和以改革创新为核心的时代精神是中国精神的典型写照，社会主义核心价值观是中国精神的内核凝练和集中表达。弘扬伟大的民族精神和时代精神，培育和践行社会主义核心价值观，是高校思政课育人的主要内容之一。而中国精神恰是社会主义艺术创作的灵魂。其一，社会主义艺术创作必须高扬社会主义核心价值观的旗帜，把爱国主义作为艺术创作的主旋律，用生动活泼的形式表现社会主义制度的优越性，以坚定人民群众的道路自信、理论自信、制度自信、文化自信。其二，社会主义艺术创作必须传承弘扬中华民族美学精神，以中华优秀文化独特的思想理念和道德规范为根基，坚守中华文化立场，传承中华文化基因，展现中华审美风范。

3. 中华民族伟大复兴是共同的目标指向

实现中华民族伟大复兴，是中华民族近代以来最伟大的梦想，是全党全国各族人民共同的奋斗目标。实现这一目标，必须高度重视新时代的艺术创作和高校思政育人工作。其一，推进新时代艺术创作以建设社会主义文化强国。文化自信，是更基础、更广泛、更深厚的自信，必须激发全民族艺术创作创新创造活力，推动社会主义文化繁荣兴盛。其二，落实高校思政立德树人根本任务以培养担当民族复兴大任的时代新人。高校思政育人工作是为中国共产党治国理政服务的，是为巩固和发展中国特色社会主义制度服务的，必须推动高校思政育人工作守正创新，培养社会主义现代化建设的专业人才与中坚力量。

二、艺术高校思政课面临的困境与挑战

新时代艺术高校思政课面临着一些困境，这些困境倒逼着思政课教学模式必须改革创新，才能有效应对挑战，提高育人效果。

1. 从当今国际形势看，意识形态安全成了突出问题，高校思政课的责任更加重大

随着网络科技的发展，西方国家对我国进行意识形态渗透的方式越来越隐蔽。他们往往通过微博、微信朋友圈等种种更不易察觉的方式，宣传他们所谓的"普世价值"，攻击我们的党史、新中国史、改革开放史、社会主义发展史，利用其消极文化冲击我们的社会主义价值观，以达到消解中华民族凝聚力、实现其和平演变中国的目的。2019年香港暴乱实质是西方国家在我国香港进行的"颜色革命"，打着"法治"的旗号破坏香港的稳定，打着"自由"的旗号危害香港民众的生命安全。高校思政课在引导大学生树

立"四个自信"、培育和践行社会主义核心价值观、维护国家意识形态安全方面的责任更加重大。

2. 从思政课程本身看，思政课传统教学模式吸引力不足，思政课教学亟须改革创新

教师讲授教材理论知识是思政课教学的传统模式，单纯理论知识讲授这种模式极易带来思政教学枯燥乏味、课堂吸引力不足、学生缺乏学习兴趣等问题。尤其"毛泽东思想与中国特色社会主义理论体系概论"（以下简称"概论"），这门课程具有较强的理论性、专业性、政治性，很难将理论的深刻阐述和活泼的讲授方式恰如其分地进行融合。其一，过度偏重理论讲授使得课堂教学刻板又沉闷。"概论"课重在阐述党的治国理政方略、国家大政方针政策，教材文字语言本就具有较强的概述性，如若照本宣科，很容易使得课堂教学氛围刻板、沉闷、枯燥，缺乏生气。其二，过于故事性的讲述会偏离教学的主旨。如果仅仅为了迎合学生，过度采取学生所喜欢的视频、游戏等花里胡哨的授课方式，只重形式、不重内容，那就偏离了"概论"课的教学主旨，达不到使学生系统深刻掌握马克思主义中国化理论的目的。

3. 从艺术高校和艺术大学生来看，其自身独有特点，对思政课育人实效提高带来了挑战

艺术高校具有专业性强、学科划分细、实践性较为突出的特点。艺术高校学生往往思维活跃，但理论基础较差，其专业理论知识与思政理论内容相距又较远，学生往往将思政课视为"副课"，思政课在艺术院校比普通高校更不受重视。当前，艺术专业课和思政课始终"两张皮"，无法达到协同育人的优良效果。艺术生思维活跃的特点又使得他们极易受煽动性文字、言论的影响，导致做出错误的判断甚至过激的行为。面对种种挑战，艺术高校思政课改革创新势在必行。将艺术元素融入思政教学，用学生所熟知的经典艺术素材阐释思政理论，打通专业知识与思政知识相融合的渠道，提高思政课的育人实效，是新时代艺术高校思政课教学的独特创新路径。

三、艺术元素融入艺术高校思政课教学的路径

如何提高艺术高校思政课育人效果？必须结合艺术高校自身特点、艺术高校思政课教学特点、艺术大学生独有特点进行教学模式的创新探索。我校思政课教学改革创新团队已经建立并在不断建设之中。下文将以我校"概论"课为例，从案例教学、实践创作、课程思政与思政课协同育人三方面进行具体阐述。

1. 案例教学：用艺术专业素材阐释思政理论

将艺术元素融入思政课堂，用学生所熟知的专业案例讲授思政理论，以提高课堂授课的生动性与活泼性。我校"概论"课致力于结合我校服装学院的特色，从中国民众服装发展史、中国服装文化自信、服装产业优化升级、服装服饰元素继承与创新等众多案例入手，深入阐释新时代中国特色社会主义理论。如以中国民众服装发展史来阐释新时代社会主要矛盾的变化。中国服装从中华人民共和国成立初期单调的卡其布服装、举国上下一片蓝色的海洋，到新时代对个性彰显的重视、"撞衫不可怕，谁丑谁尴尬"，可以凸显民众在物质生活基本需求已满足后，对美好生活向往的更高需求。

又如，以服装服饰和美妆产品中传统文化元素的运用，来阐释传统中华文化的继承与创新。典型如故宫口红。故宫口红是润百颜与故宫的首次深度合作推出的美妆产品，口红管上方饰以仙鹤、小鹿、蜜蜂以及各式各样的蝴蝶，下方则以绣球花、水仙团寿纹、地景百花纹、牡丹、四季花篮等吉祥图案传递中国传统的审美意趣。近几年在外套、短袖、裤子、鞋子上加入刺绣装饰的"国潮"风，也深得广大青少年的青睐。创立于1990年的运动服装品牌"李宁"，由于原有消费群体的老化，经历过较长一段时间的低迷。然而，在现今这股"国潮"风中，"李宁"深入挖掘中国传统文化中优秀元素，创造出了"李宁"的"行"系列产品，其设计思路就来自荀子的名言"道虽迩，不行不至"。可见，传统文化元素的运用使我国服装服饰设计得到了长足发展，达到了丰富我国服装设计内涵和增强我国文化软实力的双重目的。

再如，以太平鸟与迪士尼花木兰合作推出的女装系列来讲述供给侧结构改革理论，以抖音直播服装带货讲述疫情之下的制造业新型营销渠道，以巴拉巴拉推动童装环保面料创新研发来讲述服装产业贯彻落实新发展理念等。概而言之，用学生所熟知的经典案例与艺术元素来阐释专业性强又略显枯燥的思政理论，既能提高学生的学习兴趣，丰富多样化的教学模式，又能增强思政理论的实际学习效果。

2. 实践创作：将思政元素融入艺术作品之中

艺术专业只有通过实践创作出艺术作品，才能实现其社会价值。启发学生将思政元素融入艺术作品，在我校具体有两种实现路径。其一，学生创作思政课实践作品。我校每学期每门思政课都有实践教学环节，要求学生充分利用北京市文化资源，走进博物馆、艺术馆等场所，了解中国共产党不断推进马克思主义基本原理与中国具体实际相结合的历史进程，全面认识、深入理解马克思主义中国化的理论成果。之后围绕与时事相联系的固定主题，如"我和我的祖国""全面奔小康"等进行艺术创作，优秀实践作品公开展览并结集出版。"概论"课同其他三门思政课都是如此。其二，思政教师指导学生暑期社会实践。思政教师作为指导教师参与艺术生社会实践，指导学生结合时政热点创作艺术作品。如我校艺术学院学生在思政教师的指导下，利用暑期实践的机会，创造出了许多宣扬正能量、饱含时事元素的微动画、微电影、绘画作品、环保服装等艺术作品，真正达到了思政理论引领、指导艺术创作的效果[3]。

无论是学生创作思政课实践作品，还是思政教师指导艺术生暑期社会实践，都意在引导艺术大学生将思政元素贯穿艺术创作过程，不仅提高了学生对思政知识的学习兴趣，而且提高了艺术作品内涵的价值，使学生对时代的认识、对祖国的热爱、对个人的梦想有更为深刻的理解，从而树立正确的人生观世界观价值观。

3. 协同育人：课程思政与思政课建设相融合

课程思政与思政课建设有着共同的目标：教书育人、立德树人。习近平总书记在学校思想政治理论课教师座谈会上强调，要坚持显性教育和隐性教育相统一，挖掘其他课程和教学方式中蕴含的思想政治教育资源，实现全员全程全方位育人。虽然高校课程思政建设取得了一定成效，但课程思政与思政课建设协同育人方面仍然存在一些问题，统筹课程思政与思政课建设体制机制仍需健全。我校作为服装类艺术院校，在完善艺术专业课程思政与思政课建设领导体制、促进专业教师和思政教师经常性沟通探讨、相关评教与奖惩指标的建立等方面都需进一步探索。就"概论"课程而言，仍然需要思政教师全面深入了解学生所学专业、在深挖艺术素材、寻找艺术元素与马克思主义中国化理论的契合点上做出更多努力。

四、小结与思考

综上文所述，将艺术元素融入思政课教学是艺术高校思政课改革创新的独特路径，不仅能提高艺术大学生对思政课的学习兴趣，摆脱思政课理论讲授过于枯燥的困境，而且能推动课程思政与思政课程协同共进，提高艺术高校育人实际效果，培养出高素质的新时代艺术人才。然而，将艺术元素融入思政课教学对思政教师的综合素质与教学能力带来了极大的挑战。其一，思政教师的艺术素养亟须提高。思政教师并非艺术类专业出身，假如无法正确阐释艺术素材，那么将会产生适得其反的效果，教师的权威会因此受损，学生对教师的信服力也会减弱。其二，思政教师的理论素养亟须提高。思政理论的专业且透彻地阐述本身就具有挑战性，而艺术元素的融入更增加了这一难度。无论教学模式怎样改革创新，都无法撼动教学内容的核心本位，因而核心仍是思政教师的专业理论素养。其三，思政教师团队的建设亟须巩固。思政课教学模式改革创新需要一支专业素质过硬、艺术素养较高的思政教师队伍。每一门思政课都需要自己的改革创新团队，以相互支持、不断切磋、齐心协力，将改革与创新推向前进。这些问题有待以后教学研究过程中深入探索。

参考文献

[1] 2014年11月15日习近平在文艺座谈会上的讲话[J]. 美与时代（上），2014（11）：1.

[2] 赵素锦，赵素欣. 习近平"四真"理念：艺术院校思政教育困境的良效之方[J]. 高教学刊，2020（22）：84-87.

[3] 张红玲，常雪. 视觉元素融入思想政治理论课教学研究：以北京服装学院为例[J]. 北京教育（德育），2020（5）：58-61.

艺术类高校"思想道德修养与法律基础"课程混合式教学模式建构路径探析

付婉莹[1] 张红玲

摘 要 在教育信息技术高速发展的背景下，特别是在疫情期间开启的线上教学模式，对艺术类高校深入建构"混合式"教学模式提出了更高的要求。"思想道德修养与法律基础"课程是高校思想政治理论课的一门主干课程，在培养艺术类高校生作为"有理想、有本领、有担当"的新时代建设者和接班人方面发挥着不可替代的重要作用。本文通过分析艺术类高校"思想道德修养与法律基础"课程构建混合式教学改革模式的意义及原则，以疫情期间网上教学的开展为契机，重点结合北京服装学院"思想道德修养与法律基础"课程混合式教学改革实际，借助现代化信息技术，以多元网络授课平台以及在线教学资源为依托，致力于建构符合艺术类高校特色的混合式教学新模式，从而使艺术类高校的人才培养质量以及思想政治理论课的教学效果均得到一定程度的提升。

关键词 艺术类高校；思想道德修养与法律基础；混合式教学模式

所谓混合式教学，指的是结合网络教学与传统教学两者的优势，在混合式学习的理念之下发展起来的一种全新的教学模式。在艺术类高校开展思想政治理论课（以下简称"思政课"）混合式教学模式建构创新，是顺应当前高等教育发展形势需要，也是贯彻落实《国家中长期教育改革和发展规划纲要（2010—2020年）》[1]精神的具体举措。近几年来，越来越多艺术类高校加入思政课混合式教学模式建构创新的行列中，但成效并不明显。尤其是在"互联网+"的大背景下，互联网技术的快速发展，给当前思政课教学改革带来了前所未有的机遇与挑战。传统的简单化混合式教学模式已不能满足大学生尤其是艺术类高校大学生的需求。因此，在充分考虑思想政治教育规律及艺术类高校大学生发展规律的情况下，如何以"互联网+"为推手创新针对艺术类高校大学生的思政课混合式模式成为亟待破解的课题。

一、艺术类高校"思想道德修养与法律基础"课程引入混合式教学模式意义

作为思政课核心内容之一的"思想道德修养与法律基础"（以下简称"基础"），不仅是树立艺术类学生正确价值观、世界观、道德观、人生观以及法制观的重要途径，

---

[1] 作者简介：付婉莹，北京服装学院思想政治理论课教学部，助理研究员（社会科学）。

还是社会主义接班人培育的主要阵地。在当前"互联网+"的大背景下，如何在授课过程中引入新技术、新理念，探索创新针对艺术类高校大学生的混合式教学模式，对推进思想政治理论课教育入脑入心，提高思政课课堂教学效果和艺术类人才培养质量具有重要意义。

1. 打破了教学过程中信息不对称的局面

在传统的"基础"课堂上，当知识信息从教师传递给学生时，常常容易发生师生双方交流不畅、教师的指导方式不当、教学设备陈旧、学生接受知识的方式有差异等问题，继而影响教学的有效性。艺术类学生有着敏锐、活跃的思想，对于学习方面的需求各不相同，包括科学文化知识方面的需求、思想政治方面的需求、艺术专业知识与技能方面的需求以及人文素养方面的需求等。当"互联网+"背景下的混合式创新教学模式引入"基础"课堂中后，数字化的教学资源被贴上公共性的标签，以其零空间存储性、共享性带来的非消耗性、非竞争性等优势而存在。数字时代的混合式教学模式让教师不再是唯一的信息提供源，学生不知而教师独知的"信息不对称"的教育格局正在被逐步打破。

2. 激发了教学过程的动态生成

"基础"课程的教学活动不仅是艺术类高校师生之间的施教与受教行为，更是一种观念、价值、艺术风格及信息资源的传递与流通。在"互联网+"大背景下，在艺术类高校"基础"课程教学中引入混合式教学模式，使学生、教师、资源处于纵横交错的教学信息网络体系中，成为整个教学网络体系中的一个节点，这些节点在独立存在的基础上自由选择并重组，相互建立形成联结关系，使得"基础"课程教学过程形成多向、非线性的发展[2]。换言之，混合式教学模式在"基础"课程教学中的建构转变了知识的出发点与传递方向，扩展了艺术类高校大学生的学习环境与格局，提高了艺术类大学生思想政治教育规范化、多样化程度，为艺术类高校"基础"课程的教学模式创设了崭新的形态。

3. 打破在线教学与传统授课的单一桎梏

传统的"基础"课堂教学在有限的时间与空间内对学生施教，其最大优势在于能够在教师的指导下高效、快速地进行知识传递。然而传统的"基础"课堂教学在教学内容上相对单一，教材成为知识的主要呈现途径；在教学方法上过于整齐划一、一刀切的现象仍然存在，忽视艺术类大学生个性化特征；在教学规模上，由于时间、空间的限制，教师教授的课堂容量较大，进而影响课堂整体效果。伴随"互联网+"时代的到来，混合式教学模式开始引入艺术院校的"基础"课程的教学中，打破了传统教学过程的时空限制，采取多途径、多种类优势结合的教学过程，特别是针对艺术类大学生可以根据自身的实际情况与知识储备量自定步调，进行个性化学习，从被动接受者转变为学习的积极探索者，从而达到符合艺术类大学生特点的最佳教学效果。

二、艺术类高校"基础"课程引入混合式教学模式原则及存在问题

1. 艺术类高校"基础"课程引入混合式教学模式原则

建构主义教学理论认为"情景""合作""互动""自主建构"是教学环境发生的四

大要素[3]。艺术类高校"基础"课程引入混合式教学模式应在以上四要素为前提的基础上，遵循以下教学原则。

（1）融合性原则。当多种信息化教学手段与传统教学能够浑融无别的融合起来，就实现了混合式教学的最理想状态。实践证明，在"基础"课堂中运用多种信息化手段的混合式教学模式和传统教学具有共同的教学目标，二者互为对方的拓展和补充，二者的实施都不能在脱离对方的基础上进行，混合式教学模式的实施要依照传统课堂教学过程规律，不能机械脱离。

（2）开放性原则。依据系统论的思想，世界上一切事物都可以看作一个系统，由相互影响的若干要素组合而成的结合体，任何系统都不是孤立的存在，如果要保持长期的稳定就必须保持其开放性。在"互联网+"背景下的"基础"教学实践中，混合式教学模式就是一个开放的系统，能够及时吸纳外界环境中的新信息、新思想、新理念。具体体现在"基础"教学方式的开放，就是教学手段与硬件设施比较开放；"基础"教学内容的开放，就是教学资源不局限于固定的书本、图书馆等有限的学习空间内，而是为艺术类大学生提供无限延展信息的接收源，课堂逐渐向社会、多元信息化知识领域延伸，促进学生自主学习；"基础"教学过程的开放，就是"基础"教学理念从机械、灌输等价值取向转变为民主、开放、探究、交互等理念诉求[4]。

（3）协作性原则。在艺术类高校"基础"课程中引入混合式教学模式，从艺术类学生的"学"来讲，合作学习这种方式效率更高，通过合作往往能使学生维持活跃的思维与清晰的思路，同时更易在观点、思路的碰撞下产生新的火花及思维光点，对于问题能够做更深入的探究，在学习过程中加深知识的趣味性，同时提升相互协作的能力，符合艺术类大学生的特点。而从教师的"教"这一角度来讲，"合作"不是仅将学生已经掌握的知识灌输给他们，而且要让学生学会结构化学习，将发现式的学习材料提供给学生，正确引导他们进行知识的探索。

2. 艺术类高校"基础"课程引入混合式教学模式存在的问题

（1）艺术类高等院校"基础"课程混合式教学目标设定缺乏特色。艺术类高等院校"基础"课程主要以传统思想政治教育目标为主，但根据社会发展做出的适当调整不够具体和全面，无法跟随新时代混合式教学目标步伐及时满足学生真正要求。同时，教学目标主要以传统教学方式为主，忽视了学生专业需求，没有考虑艺术类大学生的专业差异以及对艺术的需求，这也成为各类艺术类高等院校"基础"课程教学过程中普遍存在的问题。

（2）艺术类高等院校对"基础"课程实施混合式教学重要性认识不足。高等艺术院校对"基础"课程实施混合式教学重要性认识不足，没有形成适合艺术院校混合式教学创新与发展的制度体系，就"基础"课程的教学效果与质量方面来讲，大多数艺术类高校连最基本的制度与思想保障都还不具备[5]。

（3）艺术类高等院校"基础"课程混合式教学理论与实践融合欠缺。高等艺术院校在日常"基础"课程混合式教学中更注重理论知识的传播，忽略专业能力特别是实践能力的培养。"基础"课程的混合式教学应当是知、情、意、行相统一的过程。但是，受高等艺术院校授课教师、校园育人环境、信息化技术水平等多种因素的制约,"基础"课程混合式教学中的实践教学总是流于形式,理论和实践脱节情况较为严重。

三、艺术类高校"基础"课程混合式教学模式建构路径

"基础"课程混合式教学模式建构旨在完善当前艺术类高校"基础"课程混合式教学模式中的种种不足,满足时代发展对于艺术类高校"基础"课程教学模式变革的要求,通过对"互联网+"背景、混合式教学模式的深层探究,创新传统的"基础"课程混合式教学模式,从而产生1+1>2的教学效果,提升艺术类人才培养质量。

1. 建构多元联动互补的"基础"课程混合式教学模式

我国已有一批大学建立了慕课平台,随着信息技术和移动通信越来越发达,线上教学也越来越普及,在"互联网+"的大背景下,拓展慕课在"基础"课程教学领域的应用是时代所需、大势所趋[6]。以北京服装学院为例,"基础"课在日常教学特别是2020年的疫情特殊时期,在积极利用现代化的信息科技手段、改变传统的教学模式、培养学生自主创新学习的能力的基础上,致力于混合式(主导为教师,主体为学生)教学模式的构建,再将此作为契机,依托线上("在线慕课"+"中成手机智慧课堂")线下("课堂教学"+"翻转课堂师生互动")联动互补的混合式教学,形成了"交互式+开放式"联动互补的混合式思政课教学模式。在教师授课过程中实施课堂内的网络移动互联"混合式"教学模式,让智能手机成为课堂教学的工具而非"麻烦制造者"。教师通过手机实施智能考勤、弹幕互动、随堂测验、时间时答等,同时将带有MOOC视频、习题、语音的课前预习课件推送到学生手机端,并实时记录学生自主学习情况,极大地改善了课堂状况,致力于教师实施精准课堂管理,通过混合式教学课堂氛围的营造,以及学生与学生、学生与老师之间的良好互动,来了解学生关于课堂教学的喜欢和理解情况,并形成了与学校专业特色相结合的"基础"课程的《特色教案》及《特色教学案例资源库》,使教学关系悄然发生了变化,"智能+教学"模式成了北京服装学院"基础"课程新的授课形态。

2. 搭建联盟平台,打造特色课程

面对新时代的要求,"基础"课程混合式教学模式的建构要结合艺术类高校学生的特点,秉承协同合作、互利共赢的理念,挣脱艺术高校之间的围墙,以学校地域、学校类型等为分类单位,进行校际"基础"课程教学联盟的创建,并在联盟平台上共享精品专业课,使学生免于奔波之苦便可以享用本校及校外的优质学习资源,缩小艺术类高校之间教育资源的差距,提升混合式教学模式育人效果[7]。如,北京服装学院同中国戏曲学院、中国音乐学院、中央美术学院、北京舞蹈学院等艺术类高校联合开发的"名家领读经典——艺术院校市级思政课",推动艺术高校思政课选修课学分互认。近年来,先后邀请濮存昕、冯远征、孙毓敏等近50位艺术名家走上讲台,通过讲座形式为艺术类院校学生讲思政课。教学内容尽量凸显艺术院校特色,将戏曲、音乐、美术、舞蹈、服装设计等艺术创作同艺术家的人生道路与精神追求等密切结合,融理论、文化、艺术于一体,如春风化雨般将晦涩的理论诠释得鲜活、生动,让艺术院校大学生跨院校享受优

质"基础"课程教育资源，极大地满足了学生的需求和期待，让"文艺之风"吹动"基础"课程教学，构建起了全员育人、全过程育人和全方位育人"三位一体"的贴近社会需求的特色艺术专业人才培养体系。

3. 建立课程与专业融合的"思政+艺术"教学实践活动

关于思政课教育，《高校思想政治工作质量提升工程实施纲要》提出要建立"实践育人质量提升体系"，也就是说要结合教育理论和实践，通过各种类型实践资源的整合，使老师与学生的实践能力能够切实得到提升，并使他们的家国情怀得到增强。随着社会的发展，艺术类院校的学生更追求个性化，对社会时政不太敏感，导致创作的一些艺术作品脱离了时代性，脱离了人民的需要。通过"互联网+"背景下在艺术类高校"基础"课程中建构"混合式"教学模式，进行"思政+艺术"教学实践模式创新，能够让艺术类大学生充分理解个人发展和国家发展的密切关系，从而使艺术类大学生坚持以人民为中心的创作导向，创作出更多符合主旋律题材的艺术作品[8]。以北京服装学院为例，在"基础"课程教学过程中，教师立足发挥首都地域优势，指导学生参观博物馆、纪念馆、名人故居等，学生通过创作绘画、摄影、雕塑等多种方式的艺术作品来表达或探讨不同时代、不同民族的哲学思维对艺术的影响、对社会主义核心价值观的理解、对传统文化的思悟和对社会生活的观察和思考等，将"基础"课程相关理论知识融入日常生活当中。通过"润物细无声"的方式，潜移默化地提升"基础"课程对艺术类大学生的吸引力，让学生在参与美的过程中体会美、感受美、进而追求美、获得美，同时推动"基础"课程教学效果全面扩展和提升。

4. "基础"课程混合式教学模式创新与发展

在"基础"课程混合式教学模式中，坚持内容为王，在教学模式的整体性、专题式、研究型上下功夫。以北京服装学院为例，在确保课程完整性不受影响的情况下，初步完成了"基础"课程教材体系向教学体系的转变。同时，"基础"课程以教学特色与目标为参照，进一步细分了教学模块，以专题式的方式开展教学。如在"基础"课程授课过程中，重点围绕"人生观"，即什么是人生观、人生与人生观的关系，进而与学生探讨如何树立正确的人生观并批判错误的人生观，围绕引导学生创造有意义的人生来进行教学专题设计，完成由思政课教材体系向思政课教学体系的转化。在进一步细化教案的过程中，增加"基础"课程的科研含量和理论深度，开展研究型教学，使每个教案能够成为单独的教研论文，从而达到"教学–专题–科研"统一共促的"基础"课程混合式教学模式的创新与发展。

总之，在"互联网+"的大背景下，高等艺术院校的"基础"课程混合式教学模式要以多样的教学方法和现代化的教学手段不断丰富和拓展教学内容和形式，不仅需要与艺术类大学生的兴趣相适应，同时也要满足不同艺术类高校的实际情况，在实践的过程中充分考虑到"基础"课程教学与学校实际的贴合性。只有突出新时代思想政治理论课教学改革引领，理论联系艺术类高校实际，充分利用信息化技术，创新发展"基础"课程混合式教学模式，才能真正切实提高艺术院校思想政治理论课的整体教学效果，因材施教，培养出担当新时代使命的政治过硬、素养良好、专业超群的艺术人才。

参考文献

[1] 中华人民共和国教育部．国家中长期教育改革和发展规划纲要（2010—2020年）[EB]．http：//www.moe.gov.cn/jyb_xwfb/s6052/moe_838/201008/t20100802_93704.html，2010-7-29.

[2] 高建华，朱健．基于MOOC平台的思政课混合式教学模式研究[J]．现代教育科学，2015（1）：24.

[3] 李华，龚艺，纪娟，等．面向MOOC的学习管理系统框架设计[J]．现代远程教育研究，2018（4）：51-52.

[4] 汪发元，刘在洲．后大众化时期我国高等教育多样化的原则及措施[J]．现代教育管理，2018（3）：102-106.

[5] 中国艺术类高校"慕课"上线，传统教育模式遭受挑战[J]．科学中国人，2017（10）：58.

[6] 李梁．"慕课"视域下深化思想政治理论课教学改革的若干思考[J]．思想理论教育导刊，2014（12）：68-71.

[7] 王桃珍，高国希．思想政治理论课慕课建设实践与思考：基于复旦大学"思想道德修养与法律基础"课慕课的探究[J]．思想教育研究，2017（6）：61-65.

[8] 中共教育部党组．高校思想政治工作质量提升工程实施纲要[Z]．2017-12-4.

浅析当代中国政治理论对创新能力培养的意义

——以艺术类大学生为视角的分析

寻梁[1] 王敬礼

摘 要 "创新是文艺的生命""文艺的一切创新，归根到底都直接或间接来源于人民"，艺术类大学生是人民群众中最年轻、最富有活力的群体，如何培养和提升艺术类大学生的创新能力，对于实现社会主义艺术的现代化，实现中华民族的伟大复兴具有重要的历史意义和现实意义。艺术类大学生与非艺术类大学生相比，在普通文化课、专业课等课程设置方面具有很多特殊的要求，如课程内容多、创新性要求高、形象思维训练多、理性思维训练少等，如何培养和提升以抽象思维为关键的创新能力存在着结构性的困难。当代中国政治理论及其他思想政治教育的内容和形式往往不太受艺术类大学生重视，但它们却恰恰是既有能力又有条件有效克服这一困难的关键点和突破口。引导艺术类大学生深入学习领会当代中国政治理论的内容和价值，可以让他们认识到政治理论以及与之相关的其他学科领域知识的基础性影响，更重要的是可以引导他们"系好人生的第一粒扣子"，对于他们创新能力培养具有坚定立场、把稳方向、打好基础、增强动力、改善方法、提升效率的重要意义。

关键词 当代中国政治理论；艺术类大学生；创新能力培养；意义

中国特色社会主义进入新时代，新时代需要新作为。对于艺术行业来说，就是要创作出更多能够满足人民美好生活需要的文艺精品。对于什么是好的、有生命力的文艺精品，习近平总书记说：精品之所以"精"，就在于其思想精深、艺术精湛、制作精良。这样的文艺精品创作，当然既要有传承，更要有创新。无论传承或创新，都必须要有优秀的文艺人才。对于优秀文艺人才的标准，习近平总书记特别强调文艺工作者的德行要好，要追求德艺双馨，他认为艺术家自身的思想水平、道德水平、业务水平是根本，除了要有好的专业素养之外，还要有高尚的人格修为[1]。艺术类大学生作为未来中国文艺工作者的生力军，面对校园学习生活的诸多困惑，面对新时代文艺传承创新的有力召唤，必须深入学习领会当代中国政治理论的内容和价值，才能真正找到培养和提升创新能力最好、最关键的突破口。

---

[1] 作者简介：寻梁，北京服装学院思想政治理论课教学部，讲师。

一、厘清概念

1. 当代中国政治理论

政治的实质是利益的分配，即在国家治理和国际关系处理中如何分配所有物质、精神财富和获取这些财富的机会。政治理论从内涵上说是关于政治（国家治理与国际关系处理）的思想、观点或学说体系，外延上即指导国家治理和国际关系处理的系统化思想体系，如马克思主义、新自由主义。当代中国政治理论是指导现代中国进行国家治理和国际关系处理的理论，包括马列主义和马克思主义中国化的所有理论成果——毛泽东思想、邓小平理论、"三个代表"重要思想、科学发展观、习近平新时代中国特色社会主义思想。

2. 艺术类大学生

艺术类大学生跟非艺术类大学生相比，其特殊性有显性和隐性两个方面：显性方面在于艺术类大学生学习的主要是绘画、音乐、舞蹈、编导、设计等艺术类专业；隐性的方面是他们有作为一个群体的共同内在规定性：包括但不限于更热衷于创意创新、思维更活跃、价值观更多元、追求更前沿时尚的生活、文化课基础相对薄弱、家庭经济条件整体不错等，跟理工科大学生或普通文史类大学生的一般特点有较为明显的不同。

二、艺术类大学生培养与提升创新能力面临的困惑

1. 困惑实例举要

与非艺术类大学生不同，艺术专业的成长规律与艺术大类学生的选拔条件要求艺术类大学生的求学目标确立得相对较早。很多艺术类大学生是经过长期的艺术训练才获取就读艺术类专业机会的。在这个过程中，他们目标非常明确、环境条件相对单一，因而也培养了他们单纯、朴实的思维习惯。当他们满怀憧憬地走进大学校园后，由于所处的环境、所面对的事物、所接触的人群发生了很大的变化，他们的困惑也显现了出来。

首先，关于如何看待上大学的目的和任务。对于艺术类的大学生而言，上大学是为了在顺利取得毕业证后找个工作，进而过上稳定幸福的生活，还是要为繁荣和发展社会主义先进文化贡献自己的力量，在实现自身的社会价值中实现自我价值。其次，关于学习方法和学习的态度。由于大学的学习方式和学习要求与上大学前相比有了很大的变化，如大学学习更自主了、学习内容相对灵活、老师不再对个人学习做强制性管理等，这种变化带来的后果是学生的学习动力不足了、学习的毅力减退了、对成绩的追求强度下降了，最终导致学生不知道学习到底有多大的意义。再次，就是对于思想政治理论课以及学校、学院领导和辅导员、班主任、其他任课老师的所有思想政治教育的价值没有形成科学的认识。特别是面对价值观、眼界见识、能力素养、生活习性、家庭背景、经济条件迥异的同学，不知道该如何处理与他们之间的相互关系，无法判断在大学期间如何处理学习、生活、实践、就业等各种各样的关系。

2. 困惑根源分析

大学生这些困惑其实总结起来就是如何将大学生活过得充实而又愉快？因为追求生

命的安全感、存在感——其中存在感又包括价值感和成就感，这是人的心理本能，是任何个体人生的必然性使然。人生的整个过程都不会超脱于这种内在的心理追求之外。正是这种内在需求，催生了大学生成长的烦恼。这也符合马斯洛的需求层次理论——当然不同层次的需求并不是随着年龄和阅历依次线性地实现的，至少在当代大学生群体里，很多需求是同时存在或者紧邻着出现的。当代大学生这些基本的、普遍的、总体的困惑，其实质是他们面对全新的学习环境，包括初步进入独立社会生活的状态，不知道如何有效地开阔眼界、增加知识、提升能力，以应对内在的安全感、存在感需求。

对于艺术类大学生来说，由于上大学之前普遍长时间地将主要精力用于接受艺术类技能的训练，同时一部分人对文化课学习兴趣也有限，这使得他们面对大学生活困惑时更为被动。因为那样会有三个影响：其一是他们对于创新思维和创造能力较其他专业大学生看得更重；其二是文化课基础普遍不太理想，并且难以觉察文化知识素养支撑不足对于自身创新能力提升的制约；其三是他们对于思想政治教育类课程和各种政治教育不太认同，记忆和理解都不太到位，有时候甚至误以为这些反而会对自身创新能力的培养形成一定的禁锢和阻碍。这三个方面的影响实际上给我们展现了艺术类大学生的文化素养基础与其创新能力提升之间的结构性矛盾——因为有效创新的达成要以创新思维和创意能力为基础，活跃的创新思维和卓越的创意能力最需要远大的人生格局、深厚的文化底蕴、广阔的思路眼界，而做大人生格局、涵养文化底蕴和开阔思路眼界最需要深入学习、思考那些看起来"枯燥无味"和"庞大务虚"的东西——哲学、经济、政治、历史、法律、伦理、宗教等——所有那些直接涉及宇宙时空、自然规律、人类命运、国家治理、社会运转的知识。

3. 困惑的破解之道

我国唐代著名的文学家、政治家韩愈，在其《师说》中说过，"师者，所以传道授业解惑也。"解决艺术类大学生的困惑不仅是教师的本职工作，更是完成立德树人根本任务的重要环节。创新能力作为一个更为高级的人才培养目标，客观上要求首先解决艺术类大学生所面对种种困惑，帮助他们将大学生活过得充实而又愉快，进而使他们在创新能力提升上所面临的这个基本的结构性矛盾得以解决。

破解困惑产生的根源应当着力于理性分析能力的提升，以理性能力提升克服鱼龙混杂的社会现象所带来的各种负面影响，以及由此而产生的困惑。作为具有较强理性思维培养训练功能的政治学理论应当充分发挥其应有的作用和价值。通过政治学理论，特别是当代中国政治学理论强化艺术类大学生的理性思维，可以增强他们辨别是非的能力，增强他们坚定社会主义先进文化发展方向的能力，并进一步激发他们深入学习那些"高、大、上"的知识，特别新时代中国特色社会主义思想的积极性和主动性。着力于引导他们认真学习，深入领会当代中国政治理论价值非凡，当艺术类大学生真的领悟到了或者说想清楚了当代中国政治理论有什么用，就抓住了将大学生活过得充实而又愉快的根本，就拿到了开启丰富而有意义的大学生活的钥匙，就为创新能力的培养奠定了坚实的基础、明确了努力的方向。

三、深入学习当代中国政治理论，提升艺术类大学生创新能力

教育的根本任务是立德树人，高校在人才培养中要求大学生德才兼备、以德为先，做到德智体美劳全面发展。这里的德，就是日常所说的品格。品格包括格局和品质。其中格局包括政治立场、价值观两个方面——本质上是价值观一个方面，因为狭义的政治立场本身是价值观的一部分，并且如若世界观、人生观、价值观摆正了，政治立场一般就不会错。品质方面基本的要求是善良、诚信和勇敢，或者说"爱国、敬业、诚信、友善"。格局会塑造品质，品质也会制约格局，两者互相影响，甚至也可以说是互为表里——品质更容易通过言行而外化、显露，格局则深藏在人的内心，是对人生起着决定性作用的中枢。

对于艺术类大学生来说，我们不仅能够看到其品格的锤炼具有相当的迫切性，还应该看到这具有现实的可能性——他们知识和能力的一些短板造成了内在的实际需求，高校不过是需要想办法引导他们去发现这个需求，进而形成学习的自觉。当前高校已经有了从上到下的、非常系统的、十分有力度的力量支撑教师去实施这种引导。当然，教师也需要意识到让艺术类大学生真正认识到他们不太"感冒"的当代中国政治理论，其实正是实现这种引导的突破口。

1. 以深入学习领会当代中国政治理论的内容、影响和价值为突破口，让艺术类大学生切实认识到政治理论以及与之相关的其他学科领域知识对于创新能力培养的重要性

当代中国政治理论的内容和影响决定了它可以成为这个突破口。政治理论的内容是国家的政权如何组织和完善才能实现人民的幸福、社会的安定、国家的富强和国际的和谐。它首要的作用是指导和规范国家治理。任何个人和组织都在国家治理所形成的环境条件中活动，因此必定受这种环境条件的支持和制约。在国家和社会的基本性质已经确立的前提下，相应的政治理论指导规范之下形成的国家政治制度和社会运行规则，对于生存发展于这个国家和社会的任何个人和组织，所有专业、行业和产业，都有重要的影响和广泛的制约——方向的把握、价值观的塑造、技术的选择、标准的制定、资源的支持、发展的动力、创意的来源。换句话说，不能真正感受并深入理解、自觉运用政治理论及其影响的力量，任何一个专业学习研究、行业自律发展、产业兴旺发达，都将迷失前进方向、失去足够资源保障，变得运行混乱无序，最终难以开展有效创新。

艺术创作是一定时期一定社会的艺术家把自己对社会生活的观察与体会，结合自己的主体经验，利用一定的媒介与艺术方式表现出来。艺术创作是社会运转（包括个人、家庭和各类社会组织的活动安排）的一部分，这是一个完全符合理论逻辑、历史逻辑和实践逻辑的基本事实。当前整个中国的政治运作和社会运转，都是在当代中国政治理论规范和指导下完成的。实际上在任何一个社会，要搞好艺术创作，必须先学好政治理论，否则人们的艺术创作就会内容空洞、逻辑混乱、匮乏方法、迷失方向，并且使艺术创作者找不到自身存在的价值。在进行当代中国政治理论学习思考的过程中，艺术类大学生慢慢就会体会到，政治和哲学、经济、历史、法律、伦理、宗教等学科知识联系是如此紧密，如果不能经由政治理论学习的需求更进一步开阔其他这些领域的知识视

野,也不能更好地理解政治理论和政治运作,不能真正体会到当代中国政治是如何更加公平合理、更好统筹兼顾地分配了好了物质、精神财富及其获取机会。他们对于其他重要的文化知识的兴趣会逐渐在这种学习思考中萌生。

引导艺术类大学生直面困惑、觉察短板,通过政治理论学习主动了解和深刻理解自己所处的时代和环境,他们会逐渐意识到不仅要好好学习专业知识和技能,更要努力学习各学科文化知识——多看书,多交流,多思考,多实践,真正把文化底蕴搞上去,使古今中外的经验教训、前人的所有伟大成果都成为自己知识的海洋和能力的源泉。

2. 当代中国政治理论的深入学习,可以帮助艺术类大学生系好人生的第一粒扣子后进行高效的文艺创新

艺术类大学生已经系统学习了超过10年的思想政治理论,但不少人依然认为政治和政治理论离自己的专业创作和实际生活很遥远,这是一种认识偏差,是对于政治理论在整个国家政治运作、社会运转的决定性意义和影响认识还不够。辩证唯物主义、历史唯物主义的世界观,实事求是、与时俱进的思想路线,团结在党的周围、以人民为中心的立场,社会主义核心价值体系和核心价值观(集体主义是其最基本的内核)[2],四项基本原则和改革开放的基本国策,中国所有的根本制度和基本制度,人类命运共同体的理念等,这些当代中国政治理论中最核心的原则、最基本的内容,对于个人的健康成长、艺术传承的正确性、艺术创新的有效性都起着决定性的作用。从个人成长的角度来说,创新是人们最难得也最有意义的一种能力,对于个人品格的要求非常高。一个人如果没有人生大格局,没有很好的品质,没有坚定的人民大众立场,他进行的所谓创新,有可能是蓄意可怕的为祸人间,也可能是自以为是的胡编乱造,还有可能是毫无意义的孤芳自赏,当然更大的可能是面对需要解决的工作难题一筹莫展,面对自己人生中不同阶段的挑战屡战屡败,根本就没有创新能力,失去任何创新的可能。

改革开放以来,个人主义、自由主义、功利主义、历史虚无主义、消费主义、享乐主义等社会思潮涌进中国[3]。尽管很多大学生几乎没有认真研读甚至没有听说过这些专门的政治术语和思想流派,但却在市场经济的大潮中实实在在经受着这些资产阶级立场理念的负面影响,有的甚至被误导到这样一种状态——认为当代中国政治理论所倡导的价值理念反而成了制约自己发展的桎梏,认为自己的个性追求和创新能力受到了不应该有的政治压抑。艺术类大学生因为本身文化知识基础不够扎实,更容易掉进这样尴尬的陷阱。如果艺术类大学生采纳这样的人生取向和价值选择,就如同在成长为创作文艺精品的优秀文艺工作者的追求之路上南辕北辙了。只有听从党的号召,以人民为中心,以科学的世界观、人生观、价值观校正人生航向,站在真理和道义的制高点上,才能支撑起有效的文艺创新。

新中国的缔造者毛泽东同志,在1942年的延安文艺座谈会上就明确指出[4]:在现在世界上,一切文化或文学艺术都是属于一定的阶级,属于一定的政治路线的。为艺术的艺术,超阶级的艺术,和政治并行或互相独立的艺术,实际上是不存在的;为什么人的问题,是一个根本的问题,原则的问题。邓小平同志曾说:我们的文艺属于人民,人民是文艺工作者的母亲。江泽民同志要求广大文艺工作者"在人民的历史创造中进行艺

143

术的创造，在人民的进步中造就艺术的进步"。胡锦涛同志强调：只有把人民放在心中最高位置，永远同人民在一起，坚持以人民为中心的创作导向，艺术之树才能常青。习近平总书记2014年在《在文艺工作座谈会上的讲话》进一步指出：社会主义文艺，从本质上讲，就是人民的文艺。

  "得其大者可以兼其小"，这是北宋大文学家欧阳修阐述《易经》学习思路的感悟。孟子亦有言云："先立乎其大者，则其小者弗能夺也。"各个时期党和国家主要领导人关于政治、政治理论和文艺创作之间关系的论述，正是孟子所说的心（脑）中要先确立的人生格局、价值取向、思想境界。这些"大者"，就包含在当代中国政治理论及其蕴含的治国理政思想和在其指导下形成的中国政治哲学、政治制度、政治实践当中。艺术类大学生只有首先深入学习掌握这一类"大"的东西，并在专业学习和全面成长中自觉运用，才能真正找到自己努力的根本方向和基本方法。

  有了正确的方向和方法，才能谈得上有效的创新，成为创作文艺精品的优秀文艺工作者。习近平总书记特别注重创新，他指出：创新是文艺的生命，文艺创作中出现的一些问题，同创新能力不足很有关系。现今众多艺术院校特别注重学生创造性思维能力的训练与培养，要意识到当代中国政治理论的灵魂、原则和基本内容是提高学生思维的综合性、深刻性、批判性、活跃性、目的性的首要支撑，在培养学生形成正确的基本立场、严谨的思维习惯、开阔的视野、灵活的思路方面具有自身独特而明显的优势。

  艺术类大学生只有通过深入学习当代中国政治理论，充分了解个人所处的环境和时代，懂得了自然、国家、社会、行业的基本运行规律，自觉响应党的号召站在真理和道义的制高点上，做大了人生的格局，不断锤炼个人的品质，才能逐步打开专业知识和创新能力精进的局面，才有成长为未来文艺精品创作者的潜力和可能。通过深入学习掌握当代中国政治理论，艺术类大学生将学会时刻自觉地站在人民乃至人类的立场上思考问题，找到人生的意义，校正人生的航向，成为真正有思想有追求的全面发展的优秀人才，使自己能够迅速将日常学习、生活、实践中的问题和矛盾看得通透，使自己的创新思维培养和创新能力提升从此拥有广阔的天地。

四、结语

  文艺传承创新及文艺人才成长都有特定的规律，这个规律的首要内容，就是习近平总书记《在文艺工作座谈会上的讲话》所强调的：文艺创作热衷于"去思想化""去价值化""去历史化""去中国化""去主流化"那一套，绝对是没有前途的！当代中国政治理论的内容决定了它能够指导个人锤炼品格、提升格局，而其作用则直接影响着艺术类大学生专业学习的初衷、方向、内容、条件，艺术类大学生本身素养基础与理想追求的结构性矛盾提供了内在需求和可能的动力，当前国家对于意识形态工作和大学生思想政治教育的高度重视和大力支持提供了现实的有力支撑，因此，当代中国政治理论的深入学习成为解除艺术类大学生学习生活困惑进而提升其创新能力的突破口或者说金钥匙，可谓恰逢其时，也是势在必行，更有可能水到渠成。

参考文献

[1] 习近平. 在文艺座谈会上的讲话[N]. 人民日报，2015-10-15.
[2] 邵士庆. 改革开放40年来集体主义研究的成就、特点与问题[J]. 社会主义核心价值观研究，2018（6）：5-15.
[3] 王静. 当代西方社会思潮对大学生价值观的影响及对策研究[D]. 石家庄：河北师范大学，2014.
[4] 毛泽东. 毛泽东选集第三卷：在延安文艺座谈会上的讲话[M]. 北京：人民出版社，1942.

"马克思主义基本原理概论"课程线上教学的实践与思考

吴玉凤[1]

摘 要 线上教学同实体课堂教学存在诸多不同,无论是学生的学习心理、学习行为,还是教学内容与交互方式都会发生变化与调整,教师不能把线上课堂视为实体课堂的网络版。本文通过"马克思主义基本原理概论"(以下简称"原理")线上教学的实践,深刻认识到要确保线上教学的高质量,应做好线上教学再设计,进一步优化教学内容,调整交互方式,增强教学的现实性和趣味性。线上教学有其优势,但也存在一些问题。

关键词 线上教学;优化内容;交互方式;现实性;趣味性

2020年的春天,新冠肺炎疫情突袭华夏大地,疫情是一场大考,也是对中国教育的一次挑战。因疫情防控需要,教育部做出了"停课不停教,停课不停学"的部署,高等教育从而掀起了在线教学的教育革命。如何确保线上教学质量是教师必须思考和解决的问题。相对于实体课堂,线上教学需要投入更多的时间和精力,教学内容、教学方式和教学环节等方面均需要经过一番整合与再造,而不能将线上教学简单视为网络版的实体课堂。

一、线上教学不同于实体课堂教学

线上教学在很多方面不同于实体课堂教学,主要表现在:

1. 学习场域发生变化

实体课堂教学中,学生身在教室,周围有同学的陪伴与影响,讲台上有教师的监督与鼓励,学习氛围浓厚;线上教学,学习场所由教室转为卧室,少了仪式感和庄严感。对于自律性欠缺的同学来说,外界的丝毫动静都可能分散其注意力,影响学习效果。

2. 学生心理懈怠

实体课堂上,老师和学生面对面,学生的所有举动尽在教师的掌控之中,教师可以针对具体情况灵活安排教学环节,随时将心思出游的学生拉回到课堂,因此教师的真实存在会对学生构成一种有形的监督;同学之间空间距离近,同伴的在场也会对身边的人

---

[1] 作者简介:吴玉凤,北京服装学院思想政治理论课教学部,讲师。

产生辐射效应；教室的监控装备也会对学生的课堂行为有一定的约束和规范作用，这些因素在线上教学都是缺失的。线上教学过程中，网络顺畅与否也会影响学生的听课心理和行为，也许会成为学生逃课的借口，这些因素的叠加都会使学生产生懈怠侥幸的心理。

3. 交互方式发生变化

实体课堂上，教师与学生的交流是面对面的，即时的；线上教学模式下，师生交互的即时性、针对性弱化，通常情况下只能通过较高频率地发布练习题目来了解学生的听课效果及学习状态。网络状态也为交互带来不确定影响，教师需要灵活运用多种交互方式。

4. 教学内容需要调整

一方面，基于线上教学的特点，线上课堂时长要短于实体课堂，否则学生会感到疲倦，听课效果会大打折扣；另一方面，线上教学师生交互频率增加。这两个方面的因素要求教学内容进行相应的整合，最重要的就是教师要处理好线上教学内容的碎片化与教学体系化之间的矛盾。另外，防疫背景下的思政课线上教学必然要求教师要挖掘这场人民抗疫中与教学内容相关的契合点，凸显思政课教学的时代性与现实性，做到既要讲天边的事儿，更要讲身边的事儿。

二、线上教学再设计

基于线上教学特点，要实现高质量的线上教学，切实提高学生获得感，教师需要就教学内容和模式、互动方式进行再设计。具体主要包括：

1. 优化教学内容，选择多种授课模式

"原理"课教学内容较多，要在线上有限的时间内完整清晰地讲授基本原理，需要教师对教学内容进行整合优化，进一步明确重点和难点，并辅之以不同的授课模式。"原理"课教学实践中，主要采取了两种教学模式：相对简单的、侧重知识性的内容，教师提前录制视频并发送给学生，要求学生课前学习；充分利用校内慕课资源，要求学生课堂上前30分钟自学，课上教师对慕课内容进行梳理，并对重点难点问题有针对性的讲解。需要强调的是，线上教学尽管教师的讲授时间缩短，但不能影响教学的逻辑性和内容的相对完整性，所以教师在整合优化教学内容时，既要做到完整全面而又重点突出，详略得当。

"原理"课最重要的教学目标就是帮助学生形成科学的世界观，并将世界观内化为自身的思维方式，提高分析问题和解决问题的能力，实现由知识到能力的转化。因此在"原理"课线上教学中，要弱化概念介绍，强化方法指引。比如物质、运动、发展、联系等，这些都属于哲学基本概念，必须向学生讲清楚，讲透彻，这是形成科学世界观的基础；但教师要花力气突出强调其方法论意义。比如在阐述"运动"这个概念时，通过案例讲清楚运动就是变化，是物质的根本属性，要从哲学的视角把握运动的概念，突破同学们对运动的狭隘理解；在此基础上重点强调运动是绝对的，无论自然界还是人类社会，乃至人的思维，运动都是绝对的，这就要求人们在实践中用运动的观点看问题，摒弃思维僵化，反对成见和偏见，遇到问题灵活处理，不钻牛角尖，更不要在遭遇挫折时一蹶不振走极端；在讲联系时，强调要树立开放的观念，既要看到树木，还要看到森林，形成基本观点来自基本事实的理念。通过方法的强化，让学生切实理解马克思主义哲学是一种智慧之学，是认识世界和改造世界的强大的思想武器。

课堂教学内容要保持相对完整与独立。实体课堂中，教师可以灵活掌握教学进度，上节课没有讲完的知识点可以留到下节课再讲，通过教学设计教师可以将两节课有机串联在一起；但在线上教学模式下，知识点本已删繁就简，讲授时间又有压缩，教师不能花费太多的时间进行知识点的回顾与串联，因此要保证学生的学习效果和教学过程的流畅，教师应该科学安排每节课的教学内容，并合理分配教学时间，做到每节课的教学任务都能在规定的时间内完成，保障教学内容的相对独立性和完整性。

2. 调整交互方式，提高交互频率

之所以要在教学内容上进一步优化，是因为线上教学要取得较好的效果，必须大大增加师生交互的频率。"原理"课线上教学实践中，交互方式主要有以下几种：

结合教学内容设置练习题目。针对每节课的教学内容，教师都设计了4~5个题目，通过中成课堂发布给学生，要求学生在规定的时间内完成。之后教师通过分享屏幕的方式展示答题情况，对错误率高的问题再进一步讲解。

课下布置相对开放的题目，要求学生结合自身的思考回答。教师在备课过程中认真查看每位同学的答案，并选出几条精彩回答，在课上实名展示，凡是被选为精彩回答的同学均有加分。这种举措可以激发学生的积极性，让学生不再怠慢这个环节，因为每一位同学的学习态度和知识掌握程度都在教师的关注之中；同时也可以让学生感受到教师的责任心，并以此能够激励学生提高自身的责任意识和能力。这种交互方式，既是师生之间的互动，也是生生之间的交流，朋辈之间的交流在一定程度上更能影响学生，激发学生的看齐意识。

利用腾讯课堂的讨论区即时和学生交流。直播教学时，允许学生在讨论区针对教学及相关内容提出自己的疑问、困惑或见解，教师时时关注并给予及时的反馈。学生可以向教师发问，也可以针对同学的问题发表自己的看法；这里的交流，既有教学内容上的指点迷津，也有同学之间的网络技术指导，又不乏充满感情的温馨问候。讨论区的交流是即时的，轻松的，也是活跃的，但却也是井然有序的。总的来看，师生之间尽管只能在云端交流，但线上教学的互动频率却远远高于实体课堂，参与互动的人数也大大增加，同学们的获得感也有很大程度的提升。

3. 增强线上教学的现实性和趣味性

孤独的学习场域、众多的线上课程，可能会令学生感到枯燥烦闷，要保证线上教学的实效性，教师更需要增强教学的现实性和趣味性。"原理"课线上教学主要从以下方面进行探索：

将疫情防控融入教学中，凸显教学的现实性。马克思主义唯物史观的一个重要内容就是人民群众是历史的创造者，因此结合疫情防控，线上教学中重点突出人民群众是抗击疫情的主体力量，每个人都可以为打赢这场疫情防控的人民战争做出自己的贡献；在讲矛盾问题时，向学生讲清楚在疫情面前人民群众的生命安全和身体健康是最主要的，启发学生要正确地分析社会问题，增强对国家抗疫政策的认同；在讲联系时，强调我们在建设现代化过程中要正确处理人和自然的关系，无论科技如何发达，人都要敬畏自然，尊重自然，从而加强对学生的社会主义生态文明观的教育。

增强线上教学的趣味性。课前十分钟，教师准时上线，播放精选视频等待同学们陆续进入课堂。开学初几周，全国疫情形势严峻，很多影响较广的抗疫歌曲就成了首选，在动听的音乐中，师生一起感悟中国精神，增强家国情怀；课件制作上，更加重视设计，努力提高艺术性和欣赏性。每节课的课件都有其特色，不同的设计模板，不同的切换方式，不同的动画效果，这些设计因素会在一定程度上调动学生的积极性，消除学生的视觉疲劳。课件首页插入动听的上课铃声，增强仪式感和庄严感，尽力模拟实体课堂的上课情景；在课件最末页还会精选与本节课教学内容相关的名言警句作为课堂教学的尾声，既是对课程内容的画龙点睛，在一定意义上也可以增加学生的课堂期待。

三、线上教学优势及存在难点

线上教学在很多方面具有实体课堂不可比拟的优势：突破时空限制，便捷获取知识；随时观看课程回放，提高学习针对性；共享优质教学资源等。但要实现高质量的线上教学，其难度是不容置疑的。

课堂缺乏约束力。线上教学，师生隔空喊话，教师不能有效地了解学生真实的学习状态，对于部分在线不在场的同学缺乏约束力，不能有效地管控课堂；互动深度不够。线上教学由于课堂时长相对缩短，教师发起的互动更多的是针对知识点的复习与考核，互动的广度虽然增加，但缺乏深度交流，不能有效实现课程的育人目标。要真正克服线上教学的难点，最关键的是教师要调动学生的积极性，激发其主动学习的意识和能力。这就需要教师转变自身的角色定位：线上教学，教师不仅仅是"主播"，还要变身为网络"导播"，切实发挥教学中的主导作用。教师如何成为合格的"导播"？这就需要教师重视并做好深层次的系列教学设计工作。

新工科背景下"线性代数"
教学设计与改革研究与实践

王成伟[1]

摘 要 基于新工科建设背景下"线性代数"课程体系重构与教学内容改革的研究与实践,在新工科建设行动新形势下如何更好地满足课堂教学的要求,本文着重阐述了新工科背景下研究背景,课程设计原则,如何对"线性代数"进行教学设计与改革,以及总结。能够激发学生的学习兴趣,通过线性代数学习,学生分析解决实际问题的能力会有所加强,"线性代数"的教学效果能够更好地提高。

关键词 新工科;雨课堂;混合教学

一、研究背景

自从《关于开展新工科研究与实践的通知》(教育部高司函〔2017〕6号)的文件下达以后,"新工科"探索与研究工作正式被启动了。从"复旦共识"(2017年2月18日)[1],到"天大行动"(2017年4月8日)[2],再到"北京指南"(2017年6月9日)[3],新工科的理念越来越清晰,目标越来越明确。教育部高教司领导强调了新工科在高等工程教育中的重要地位,提出要建设工程强国的新目标,新工科建设成为当前高等院校人才培养的新任务,培养领引未来且满足市场需求的新型复合人才。

在"新工科"中新,是相对传统工科而言的,它有三层含义:第一层含义是新型工科,改造更新原来的工科专业,以适应市场时代的发展。比如改造传统的能源行业变成新能源行业,这就需要开展新的教学研究,进行市场调查。第二层含义新兴工科,指的是科技的发展,兴起的一系列工科门类,比如互联网相关产业属于这一类。第三层含义是新生工科,指的是由不同的学科交叉,融合而形成的一系列新的工科产业,能引领未来的发展方向。比如制造业和人工智能交叉融合,形成了智能制造行业。教育部公布的新工科专业共涵盖19个大类,上百个专业,新工科专业就是教育部为了适应新工科产业的发展,扶持与改良的一系列新型专业,以满足市场时代的要求[4]。

---

[1] 作者简介:王成伟,北京服装学院基础教学部,教授。
资助项目:北京服装学院2019年教育教学改革立项项目"新工科背景下线性代数课程设计与教学内容改革的研究与实践"(项目编号:JG-1924)。

自从新工科被教育部提出以来，国内好多学者对新工科的理论和实践方面进行了一系列的研究与探索，取得了可喜的成果。线性代数是工科学生必须学习的基础课，对于线性代数学习的好坏，学生后期要学的专业课会受到很大的影响，线性代数是专业课的基础课程，会影响工科人才培养的水平。随着新工科建设的推进，线性代数教学中存在的问题正在显现，主要课程的体系、培养模式、教学理念过于传统经典，缺乏改革理念。传统的线性代数教学体系、教学内容、培养模式和教学理念已不能满足新工科背景下课程建设的要求，所以"线性代数"教学设计与改革是非常迫切且意义重大。

二、设计原则

根据"新工科"建设的要求，将传统的以教师为中心的教学模式向以学生为中心又能发挥教师主导作用的教学模式转化。因此，在线性代数课程设计和改革中，必须坚持以下原则：一是通过课程设计，能有效地调动学生的思维，提高学生的创新能力。在新工科理念的引领下，坚持以学生为中心，教学课堂要开放化，教学设计要立体化，教学评价要多元化，真正做到教、学、做融为一体。任课教师在教学过程中应预留一些探索性问题，让学生充分思考，发挥实践创新的空间，提高学生解决实际问题的能力。二是充分利用信息技术，利用慕课、微课、学习通、雨课堂等教学平台，打造"线性代数"线上线下混合式教学新模式。利用教学平台，可以提前发布慕课或微课预习视频，定期地进行预习测试，是教师能够更好地了解学生的学习情况，有的放矢地组织课堂教学。三是建立全方位、多层次、多元化课堂评价机制。学生的课程总评成绩由平时成绩和期末考试成绩构成，平成成绩主要包括课前预习、出勤情况、回答问题的正确率、课堂讨论的活跃程度，预习小测试，小课题、小论文等。期末成绩主要是期末考试成绩。

三、课程教学设计与改革

1. 融合"线性代数"和专业基本知识的教学模式

"线性代数"作为工科院校必须开设的基础课程，它的授课方式不应该只采用传统经典的灌输式的教学模式，教师要根据不同专业自身的特点，通过案例，循循善诱，进行研究探索性的教学，这能够大大地提高教学效率。学将复杂的数学理论贯穿于工程和生活问题中，学生能够更好地应用所学知识解决专业问题，也能够更好推动学生形成研究性思维。

根据学生不同专业，授课教师的"线性代数"教学设计也应该有所不同，在引导学生怎么用线性代数的知识解决与专业相关问题的过程中，建立起自己的"线性代数"教学体系，学生对线性代数内容的理解得到了加深。对于给专业差别比较大的学生授课，教学设计的案例也应该不同。比如对于电子类专业的课程案例设计，根据每一个章节来设计出相对应的教学内容。例如矩阵的运算是通过图像变换设计出来的，向量组的线性组合以及矩阵的特征值是通过人脸识别这个经典案例来引出来的，二次型、正定矩阵是通过机器的学习问题设计出来的，等等。

设计案例1：向量组的线性组合教学设计。

根据电子类专业与数学联系比较紧密的特点，清楚地介绍应用背景，自然引入每一个知识点。

（1）自然地引入问题。先播放《碟中碟Ⅳ》部分视频，视频里有特供利用人脸识别眼镜来抓罪犯的情节，于是，就提出问题：这个情节怎么用所学的线性代数知识来加以解释？

（2）新知识的探究。先简单介绍一下怎么处理图像的基本知识，引导学生图片怎么用矩阵来表示，为了存储于计算延伸为图片怎么用向量来表达？最后加以总结，人脸识别模型的实质就是一个向量怎么用一个向量组来线性表示的问题。于是向量的线性表示本节的新内容就很自然地给出定义，根据向量由向量组线性表示进一步解释人脸识别模型。

（3）问题的进一步挖掘。由于主观和客观因素，每次拍摄的照片不一定一样，利用人脸识别模型，就自然会考虑向量方程组接的问题。

（4）概括总结与问题的拓展。通过分析人脸识别模型，把本节课学习的新内容进行概括性总结，进一步拓展人脸识别模型，就引申出下一节的教学内容：向量组之间的相互表示。

2. 融合"线性代数"教学与现代信息技术的教学模式

随着现代信息技术的突飞猛进地发展，出现了如慕课、微课等，以及雨课堂、学习通、优学院等先进的课堂辅助教学工具。事实证明，若教学中融入动画、声音、影视、图像等，学生的感官得到刺激，学生学习的兴趣容易调动起来，课堂效率得到提升，学生创造性思维得到激发[5-6]。

（1）充分地利用多媒体教学资源。行列式、矩阵、向量组的线性相关型、线性方程组、矩阵的特征值与特征向量、二次型等是线性代数的主要内容[7]。教师充分地利用多媒体教学来设计教学，能够大大提高教学效率。计算高阶行列式，矩阵的初等变换，解大型方程组时来利用多媒体，能够减少运算量，达到事半功倍的效果。

（2）利用雨课堂、学习通、优学院教学平台来进行辅助教学。在教学中使用雨课堂、学习通、优学院等教学平台，能够进行课前预习、课堂互动、随堂测验、成绩分析、学生听课情况追踪，教学内容能够及时改变以满足大多数学生的要求。由于雨课堂、优学院等都有回放功能，学生可以随时观看回放，来解决课上没有解决的问题。

（3）利用慕课、微课等，开展线上、线下混合式教学。随着互联网的快速发展，微课、慕课的出现，教师可用的教育资源相当丰富。在线性代数教学设计中，利用雨课堂等教学平台，选择比较好的微课、慕课来进行课前预习；也可以选择适当的章节，引导学生线上学习微课、慕课，完成课后检测，教师可以线下着重来讲解重点和难点，对所学的内容适当地延伸，这样大大提高了学习效率，弥补了线性代数学时少的不足。

由于微课、慕课的兴起，传统的教学模式正在改变，充分利用线上线下混合式教学模式，能够取得较好的教学效果，线性代数的教学水平和效果能够得到很好的提升。

3. "线性代数"教学与数学软件紧密融合的教学设计

随着计算机的发展，信息化时代的到来，市场上出现不少数学软件，比如 Mathematica、Matlab、Maple 等。这些数学软件既有计算功能，也有绘图功能。在线性代数教学中介绍一个数学软件，简单地讲解它的用法，学生利用一个数学软件，在计算高阶行列式、高阶矩阵的运算、矩阵的求逆、求解大型的方程组、求矩阵的特征值与特征向量中非常方便且计算速度快。特别是在探究一些实际问题时，经常会遇到得用线性代数知识来解决实际问题，在建立数学模型后，利用数学软件能够很快求解，使问题能够很快地得到解决。

设计案例 2：求方阵得逆矩阵。

（1）求三阶方阵的逆矩阵，先让学生利用笔算，可以通过伴随矩阵法来求逆矩阵，也可以利用初等矩阵行变换的方法来求逆逆矩阵。

（2）再计算一个五阶方阵的逆矩阵。这时候，如果然学生利用笔算，特别是利用伴随矩阵法求逆矩阵，是非常烦琐，且容易出现计算的情形。若用数学软件比如 Matlab 来求逆矩阵是非常简单的，计算速度快，不易出现计算错误。

设计案例 3：线性方程组求解。

（1）三元线性方程组求解，让学生笔算，可以利用高斯消元法，也可以利用初等行变换法[7]。

（2）十元线性方程组求解。学生利用笔算很烦琐且计算量大。若用一个数学软件来求解十元线性方程组时很容易的事。

四、总结

由于新工科建设的开展，线性代数迎来了发展机遇与挑战，它为其他学科的发展奠定了基础。在线性代数教学中应将最优的学习资源提供给学生，"形成以学生为中心的教育模式"[8]。在新工科的背景下，线性代数教学设计与改革初步进行了尝试与探索，需要解决的问题还很多，受到学校硬件设施，教师和学生掌握信息技术的能力，教师的教学水平，学生的能力、接收的水平等许多因素的制约。在新工科的背景下，线性代数教学设计与改革还需要继续推进，不断地完善，更好地服务于社会。

参考文献

[1] 教育部. "新工科"建设复旦共识[J]. 高等工程教育研究，2017（1）：10-11.

[2] 教育部. "新工科"建设行动路线（"天大行动"）[J]. 高等工程教育研究，2017（2）：24-25.

[3] 教育部. 教育部高等教育司关于开展新工科研究与实践的通知[Z]. 教高司函［2017］6号.

[4] 钟登华. 新工科建设的内涵与行动[J]. 高等工程教育研究，2017（3）：1-6.

[5] 吴华，魏佳. 信息技术与大学数学课程整合的方式与理论探讨[J]. 大学数学，2008

(3)：28-32.
[6] 王强，方文波，张俊杰，等．教育信息化背景下高校线性代数课程教学内容创新的探索与实践[J]．大学数学，2012（5）：4-7.
[7] 同济大学数学系．工程数学·线性代数[M]．6版．北京：高等教育出版社，2014.
[8] 周开发，曾玉珍．新工科的核心能力与教学模式探索[J]．重庆高教研究，2017（3）：22-35.

高校公共基础课教师发展的瓶颈及实践探索

王素艳[1]

摘　要　公共基础课教师队伍的发展质量高低是影响高校人才培养目标实现和质量提升的关键要素之一。本文从高校公共基础课教师发展的瓶颈入手，结合作者多年来实践的成果，提出适合公共基础课程教师健康发展的成功途径。

关键词　公共基础课程；教师发展；实践探索

本科教育是高等教育的主体和基础，公共基础课作为人才培养方案的重要组成部分，其比重一般占到了整个人才培养方案的35%~40%甚至更高，由此，作为公共基础课教学的实施者，公共基础课教师队伍的质量水平高低则是影响学校人才培养目标实现和质量提升的关键要素。

"所谓大学者，非谓有大楼之谓也，有大师之谓也。"这是清华大学永远的校长梅贻琦先生的至理名言。可以说，高水平的大学不仅仅决定于物质条件，更重要的是要有一支高素质的师资队伍。而高校公共基础课教师不仅担负着为学生后续专业基础课和专业课学习打下坚实基础知识的使命，而且在培养人全面和谐发展和可持续发展方面有着不可或缺的重要作用，这就决定了促进高校公共基础课教师的良性发展成为高校发展的重要课题。本文从高校公共基础课教师发展的瓶颈入手，结合作者多年来实践的成果，提出适合公共基础课程教师健康发展的成功途径。

一、高校公共基础课教师发展面临的瓶颈

公共基础课教师的发展受到多种因素的制约。主要包括内部因素和外部因素。内部因素主要指教师个人发展引起的促进教师个人成长，提高与专业工作相关的知识、技能和意识等内容的发展过程。外部因素主要是指国家及学校发展的政策、规章制度及领导风格等。

1. 内部因素

（1）公共基础课教师自身发展的活力不足。公共基础课在人才培养中居于基础性和支撑性地位，且其价值在短期内难以显现，有长期的滞后性。恰在考评时，教师的教学

---

[1] 作者简介：王素艳，北京服装学院基础教学部，副研究员。
资助项目：2018年度北京服装学院教育教学改革重点项目"以本为本的以激励加大本科教学投入为导向的教师评价体系的构建与实践"（项目编号：ZDJG-1812）。

效果也不能及时呈现。另外，传统的公共基础课程如高等数学、大学物理等其教学内容、课程体系堪称经典，难以超越。这些也必然制约了公共基础课教师改革创新的积极性和主动性，无形中制约着教师主动理性改革发展的活力。

（2）公共基础课教师自身发展的动力不足。随着高等教育的快速发展，造成高校师生比过高，大部分公共基础课教师是教学型的，承担了较重的教学任务，然而学校对教师的考核评价与职称评聘并没有对专业课教师和公共基础课教师有所区别。工作量过重，科研生态环境不充分，要想取得科研业绩十分困难，没有科研业绩的积累又导致申请项目的困难，形成恶性循环，结果必然对公共基础课教师的长期专业发展不利，造成教师专业发展动力不足。

（3）公共基础课教师自身发展的成就感不足。所有的教育者对公共基础课的价值及重要性都予以肯定，但在实际操作上则是课时一再缩减，被边缘化的倾向凸显。另外，学生普遍对公共基础课尤其是数学、物理有畏难情绪，上课应付，作业抄袭，不及格率居高不下，严重影响教师的情绪。更为严重的后果，则是影响到学生的毕业，进而影响到学校的就业率及社会声誉，对学校下一步的招生产生不好的影响。公共基础课教师面对此种尴尬状况深感没有职业成就感。

2. 外部因素

（1）学校对公共基础课程教师整体职业生涯发展的关注度不够。首先，学校对于公共基础课教师职业生涯发展的关注度不够，缺乏高度系统的科学性思考，由此导致了对公共基础课教师的培养缺乏总体规划；其次，不少学校对于公共基础课教师的培养，缺乏行之有效的具体措施，培养的方式较为单一且多以低层次的，传统的灌输式说教为主，而且很多时候没有落实。加上公共基础课是大班教学，教师很难有时间去系统性地培训和学习，使得公共基础课教师的培养和引进流于形式，而且没有形成持续性的长效机制；最后，公共基础课教师长期处于缺编状态，引进难度大，有的教研室十年都没有青年教师补充，梯队建设名存实亡，严重影响了教学质量的提升。

（2）学校在制度层面上对公共基础课教师倾斜度不够。目前，高校在职称评定、项目奖励、业绩考核、工资待遇等方面都与科研挂钩，而对科研方面处于一定劣势的公共基础课教师而言，职称评聘难，项目申请难，业绩考核上不去，工资待遇低，而真正反映其教学水平的教学效果又难以量化。学校在这些政策的制订上没有考虑公共基础课部门和专业院系的差异，往往采取统一的评判机制，造成公共基础课教师产生巨大的工作和心理压力，严重地挫伤了公共基础课教学的积极性。

（3）高等教育的纵深发展对公共基础课教师的挑战度加大。高等教育的纵深发展不仅要求专业课具备精深的专业学科知识，而且要有广泛的跨学科知识背景。对公共基础课教师也提出了新的挑战，以前单一学科知识背景已经不能适应当前的教学工作，只有具备广泛知识背景的教师才能胜任培养具有跨学科知识结构的学生，给学生提供充分的学科知识支持。作为行业类院校，公共基础课教师还要走向企业向学科背景加行业实践相结合的复合型模式转变。

二、高校公共基础课教师发展的实践探索

1. 科学思考和设计，建立一套高效率的公共基础课教师发展性评价机制

大学的教学是一个复杂系统，不同的学科、不同的专业、不同的课程差别很大，如果不分专业课和公共基础课，而对所有教师在教学和科研上做统一要求是不合理的也是不可能的。针对目前教师的各类考核、聘用、奖惩基本都是以量化的科研学术产量作为基本的评价标准的状况，探索建立一套合理、高效、分层次、分类别的公共基础课教师考核评价机制，这种机制将在一定程度上弱化教师重科研、轻教学，重数量、轻质量等问题的发生，使公共基础课教师将精力投入教学、教学研究和教改工作中，不断增强公共基础课教师的职业信心和潜能，使每个公共基础课教师能够人尽其才，积极促成公共基础教师发展的良性循环。

2. 精心培养和引进，建设一支高水平的公共基础课师资队伍

针对我校公共基础课教师队伍发展的薄弱环节，希望学校在制订未来发展规划时，能够高度重视公共基础课教师队伍建设。从学校人才培养的高度，重视公共基础课教师职业生涯发展，通过系统理性的科学思考，制订适应公共基础课教师长效发展的培养机制并落到实处。对某些学科缺乏学术带头人的现象，在人才引进给予一定倾斜，尽快改善基础课的师资结构，使公共基础课教师的总体水平能够适应学校的快速发展要求。

3. 积极引导和策划，形成一支"多学科+行业"相结合的复合型公共基础课教师队伍

现代大学注重学生跨学科知识结构深度与广度的培养。目前我国高校公共基础课教师的知识结构绝大多数比较狭窄而且单一，在教学中不能突破学科间的壁垒，难以适应知识时代要求学科知识相互渗透的要求。因此，鼓励教师到国内外高校科研院所访学是高校教师教师不断完善自身知识结构，系统学习学科体系的有效措施。另外，鼓励公共基础课教师走向企业，走入生产一线，熟悉生产技能，不断更新基础课教学内容，拓展公共选修课方向，增强基础课内容的前沿性、针对性及应用性，助推公共基础课的教学质量提升。

三、结语

高校公共基础课教师的发展事关高等院校教师队伍的建设，事关高等院校的高质量的健康发展，是高校人才培养质量的大事，需要引起学校和教师个人的高度重视，且为公共基础课教师营造一个有利于个人发展的良性生态机制。

参考文献

[1] 李雪松. 新时代高校教师发展路径的理论探索[J]. 黑龙江教师发展学院学报. 2020, 39 (7): 20-22.

[2] 叶玲娟, 邱容机, 等. 高校教师立体模式构建之职业发展路径探索[J]. 集美大学学报（教育科学版）. 2016, 17 (3): 14-18.

[3] 王森. 美国高校教师发展工作历程、特点及启示[J]. 教育理论与实践. 2020, 40 (18): 44-46.

[4] 邱容机. 加强公共基础课教师培养, 提高农科院校教学质量[J]. 福建农林大学学报（哲学社会科学版）, 2002, 5 (3): 74-76.

[5] 李清玉, 段志刚, 等. 林业高校公共基础课教师教学能力发展调查研究: 以西南林业大学为例[J]. 林业科学, 2015, 35 (15): 65.

[6] 于剑, 韩雁, 等. 高校教师发展性评价机制研究[J]. 高教发展与评估. 2020, 36 (2): 59-68, 112-113.

疫情期间我校体育网络教学实践调查研究

孙安娜[1]

摘　要　由于新冠肺炎疫情导致学校停课，积极响应国家"停课不停学"的号召，利用信息技术和互联网技术，使得我们的体育课程得以顺利开展。本文通过对网络教学的基本概念的理解，借鉴课程的整合理念、认知构建主义理念、自主探究学习法，针对大学体育课程的特点，将网络引入体育课程中，突破了传统的教学模式，促进了学生的自主学习习惯，通过疫情期学生网络体育课程的开展进行调查研究，找出网络教学在体育教学中的特点和优势，为今后更好地利用网络教学资源开展有利于我们学校特点的网络体育课程打下基础。

关键词　网络教学；大学体育；终身体育

2020年初，由于新冠肺炎疫情蔓延导致的学校停课已波及全球87.9%的学生，在这一特殊时刻，联合国教科文组织发起成立了全球教育联盟，以支持各国推广应用最佳远程学习方案。联合国教科文组织（UNESCO）总干事奥德蕾·阿祖莱说："我们从未见过教育面临如此大规模的中断。"疫情阻隔了物理流动，但教育不能中断，这成为世界的共识。借助于互联网的发展，在线教育成为当下的重要教育方式。数据显示，全国在线开学的普通高校共计1454所，95万余名教师开设94.2万门、713.3万门次在线课程，参加在线课程学习的学生达11.8亿人次。因此，作为高校教师的我们积极响应国家号召"停学不停课"，体育运动更不能延期，我们的体育课程也如期进行。高校体育教学承担培养大学生体育技能和终身体育能力培养的重任。"发展体育运动，增强人民体质"无论在哪个时代，体育不只在竞技场内，而是需要渗透到国人的心里，在这样一个需要身、心健康的时期，体育课显得尤为重要了。如何选择好授课内容、上课形式、上课效果等等内容摆在我们面前。在短时期内，我们要把在课堂上做的所有事情都放到网络课堂上。根据学校的教学安排，大家出谋划策、制订方案、制作课件，利用课堂派、微信、微视频等方式进行了本科生体育2和体育4的教学工作。本文对疫情期学生体育网络教学情况进行调研、总结，通过实践找出网络体育教学的优点与缺点，为后疫情时期网络教学寻找更有效的途径和不断提升的空间。

---

[1] 作者简介：孙安娜，北京服装学院基础教学部，讲师。

一、研究对象与研究方法

本文以疫情期间体育网络授课班级学生为研究对象,采用文献法、问卷调查法、分析法等研究方法,阅读有关网络课程、网络教育、远程教育、体育网络课程等相关文献,并进行分类、归纳、总结,为本论文研究提供了理论基础。根据论文研究的目的和内容,设计和制订了网络课程调查问卷,并在网上完成了问卷的发放和回收统计的工作。发放问卷 100 份,有效问卷 93 份。采用归纳总结,进行分析研究,对应相关内容找出对策,为未来的网络辅助教学提供有力的帮助。

二、研究结果与分析

1. 相关概念的界定与理解

(1) 网络教学的概念及特点。网络教学就是学校利用计算机网络为主要手段教学,是远程教学的一种重要形式,是利用计算机设备和互联网技术对学生实行信息化教育的教学模式。网络教学相比传统教学模式,更能培养学生信息获取、加工、分析、创新、利用、交流、的能力。网络教学能够培养学生良好的信息素养,把信息技术作为支持终身学习和合作学习的手段,为适应信息社会的学习、工作和生活打下必要的基础。网络教学主要实现手段有:视频广播、WEB 教材、视频会议、多媒体课件、BBS 论坛、聊天室、E-mail 等。网络教学打破了传统的时空限制,随着教育信息化进程的推进以及网络教学技术的不断发展,网络教学满足教学的需要而将成为 21 世纪主流的教学方式。其特点是:校园数字化、教材科学化、学生主体化、形式多元化、素质合理化、学校开放化[1]。

(2) 大学体育课程的概念及特点。大学体育课程是学生以身体练习为主要手段,通过合理的体育教育和科学的体育锻炼过程,达到增强体质、增进健康和提高体育素养为主要目标的公共必修课程;是学校课程体系的重要组成部分;是学校体育工作的中心环节。是我国实现素质教育和促进学生适应社会、培养学生完整个性的有效途径。其特点是:增进身体健康、提高心理健康水平、增强社会适应能力、获得体育与健康知识和技能[2]。

(3) 体育网络课程概念及特点。体育网络课程是通过网络表现体育学科的教学内容及实施的教学活动的总和,它包括两部分,即按一定的体育教学目标、教学策略组织起来的体育教学内容和体育网络教育支撑环境。从静态来看,网络课程提供了网络学习的内容,从动态来看,网络课程还包括传递这些内容的实施过程与互动活动[3]。体育网络课程不仅要在体现网络课程所具有的共性的特征之外,还需要突出体育运动的特点,即通过体育网络课程,使学生在学习体育理论知识的同时,还能够利用信息技术来制作完成多媒体课件,正确地演示出体育动作的过程,从而加深学生对运动技术的深刻理解并提高学生的运动实践能力,提高体育网络教学效率。其特点是:突破时空限制、开放式教学、自主学习、资源整合。

2. 疫情期体育网络课程的调查分析

持续不退的新冠肺炎疫情，让我们这些已经习惯了面对面的传统课堂教学形式的教师们措手不及，虽然在平常的教学中，我们也在进行翻转课堂、平台资源、电子慕课、微课的录制与运用，但那仅仅是辅助和补充，还从未全程脱离开"课堂"这一载体，于是面对面授课的操场变成了网络虚拟空间，无论是学生还是老师在情绪调动、情感变化以及互动交流都受到了很深的影响。作为体育老师也不得不走上荧幕当起了"主播"，以微信群和 QQ 群为课堂组织形式，运用网络课程资源、网络平台进行线上教学来加以应对。但是这并不是被动的举措，而是面对突变的战时思维迎合，利用以前较为成熟的网络课程资源，包括信息技术、平台设备，力求把压力转为动力、让难点成了亮点。

（1）网络体育教学对师生心理的考验。通过网络体育教学的实际运用，我们首要面对的学生是否认可就显得非常重要了，通过图 1，我们可以看出 23.66%的学生非常愿意，37.63%的学生愿意进行网络体育课程的学习。那么也就说明大多数学生是愿意接受网络体育课程的，从心理层面看，新时期的学生更容易接受新的教学模式，但是还需要进行更多的体育实践课程，才能够让学生适应、认可、坚持。

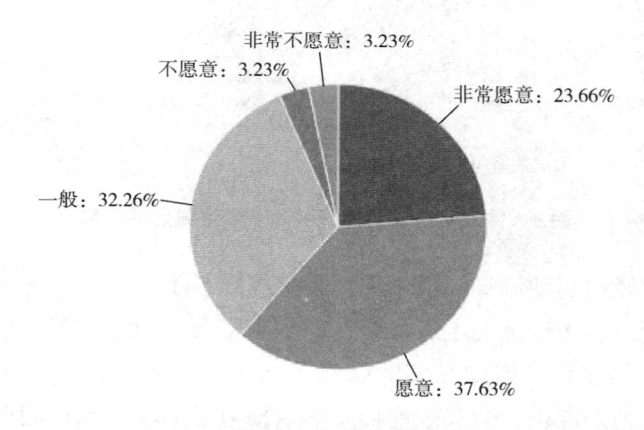

图 1　是否接受体育网络教学形式

（2）网络体育教学对学生自主学习的考验。通过图 2 和图 3 我们可以看出，传统课程引导下，学生每周锻炼一至两次的比例最高，达 48.39%；在疫情期间网络辅助教学引导下学生每周坚持锻炼三至四次的比例最高，达 43.01%从图中还可以看出，每天坚持锻炼的比例也有增加，由原来的 7.53%增加到 13.98%，因此可以看出网络辅助教学对于学生终身体育的培养有一定的优势。传统的面对面的体育课堂教学有现场指导和沟通交流的优势，但从某种程度来看，它也制约了学生的自主学习的能力，线上教学的虚拟环境和远程指导反而催生并唤醒了大学生的从被动到主动的学习，逼出了大学生的自主学习潜力。

（3）网络体育教学对学生自律品德的考验。图 4 和图 5 进行比较，可以看出，体育网络辅助课程后，更多的学生会有计划地进行锻炼身体，不想参加运动的人数有所减少。从总的数据来看，因为有老师通过网络进行辅助教学，更多的学生愿意去进行健身

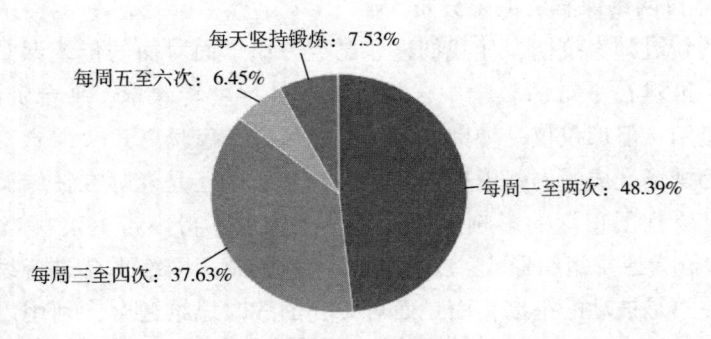

图 2 传统课程引导下学生周锻炼次数

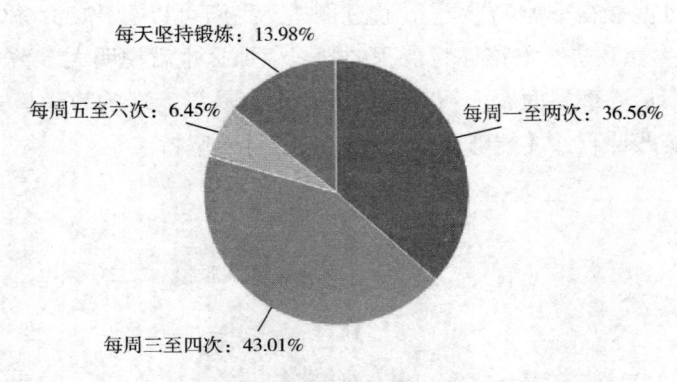

- 每天坚持锻炼：7.53%
- 每周五至六次：6.45%
- 每周三至四次：37.63%
- 每周一至两次：48.39%

图 3 体育网络辅助课程引导下学生周锻炼次数

- 每天坚持锻炼：13.98%
- 每周五至六次：6.45%
- 每周三至四次：43.01%
- 每周一至两次：36.56%

运动，这里主要的倾向运动健身的因素有：无羞涩感、不怕做错、无旁观者。可以说在大一、大二的年龄段，无论是女生还是男生大多注意个人形象，更不愿意在人多的课堂上进行自己不熟练的动作，因此在实际课堂上，大多学生会畏首畏尾，不愿意去做动作，有了体育网络辅助课程，会有效地帮助学生预习运动项目动作内容，有了一定的熟练程度，便于更好地掌握技能达到强身健体的目的。体育网络教学更是在没有老师面对面授课监督的外在因素上，对于学生的自律、品德、身体自我管理起到积极地引导作用。

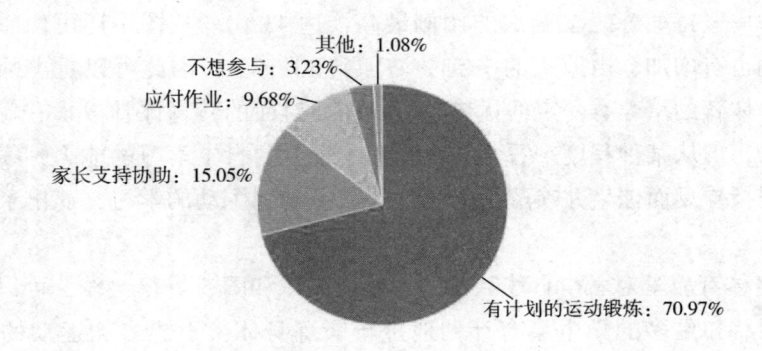

图 4 疫情期体育网络辅助课程如何进行运动锻炼

- 其他：1.08%
- 不想参与：3.23%
- 应付作业：9.68%
- 家长支持协助：15.05%
- 有计划的运动锻炼：70.97%

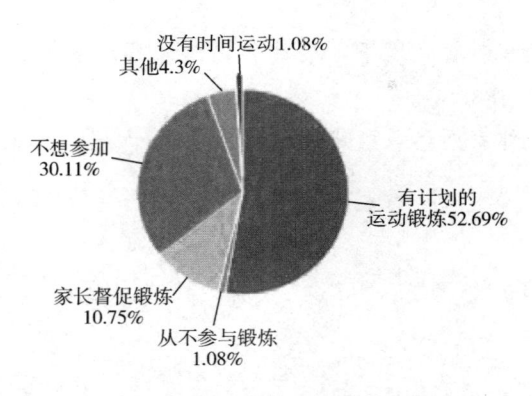

图 5 疫情前如何进行运动锻炼

三、结论与建议

1. 结论

现代社会在不断进步，学生的需求方式也在不断地更新，新时期的课程改革为大学体育课程建立了健康第一和终身体育的理念，能有效促进大学生的身体素质和心理健康的发展。大学体育课程也是大学生的必修课程。对于体育课而言，必须实行理论与实践相结合的教学方式，因教学过程中会受到天气、场地、器材等的影响，所以很多体育课程内容无法顺利开展。而网络教学恰恰能够使体育教学的实践限制和空间限制得到有效的解决，满足了师生在教学过程中的互动要求，促进了体育教学的发展。因此，有效地利用多媒体及网络教学模式开展大学体育教学，有积极的促进作用。但是，由于体育教学的实践性，并不能完全脱离传统的教学模式。因此，网络体育教学可以作为传统体育教学模式的补充，来完善体育教学的内容，达到健康第一、终身体育的目的。

2. 建议

首先，网络体育教学作为体育教学的补充，不能完全脱离传统教学。体育教学应该主动借鉴其他相关学科利用网络技术教学的成功经验，根据体育课程的特点，扬长避短，建立有效的网络体育教学辅助体系。从而推动学生的自主学习、探究学习的机制，增强自我约束、坚韧不拔的体育精神，促进学生的身心健康发展。

其次，把网络教学与体育教学工作的关系梳理清楚，运用网络教学辅助传统体育课堂的教学互动，突出学生学习的主体地位，坚持以人为本，充分调动学生学习积极性和主动参与性，发挥教学效果。利用现代化的科学理念使二者相互补充，为体育教育工作的发展做出更大地贡献。

参考文献

[1] https：//baike.so.com/doc/5709773-5922494.html.
[2] https：//baike.so.com/doc/6819297-7036350.html.
[3] 蒋家傅. 网络课程的特性、构建原则及其构建模式探讨[J]. 电化教育研究，2004

（3）：45.

[4] 龚正伟，徐宇. 远程教育环境下学校体育网络课程开发模式研究[J]. 首都体育学院学报. 2008（2）：88.

[5] 陈稷轩. 普通高校体育网络课程建设的研究[D]. 大庆：东北石油大学. 2017.

普通高校特色体育文化的构建与研究

徐立国[1]

摘 要 普通高校的体育文化是校园文化重要组成部分，在培养学生体育意识能力、提高体育文化素养、增进身心健康方面具有重要的、不可替代的作用。传统的体育训练教学方式已经不能满足培养大学生终身体育观和社会一体化合格人才的目标。通过分析普通高校传统体育和现代体育的文化价值，及其在高校实施的必要性和策略，在对普通高校体育现状深入分析的基础上，找出影响普通高校特色体育发展的主要因素，提出创建普通高校特色体育项目的发展思路。旨在建议通过特色体育运动项目的持续开展，达到促进体育教学改革之目的。逐步形成高校体育文化特色，活跃校园文化气氛；增强校园体育文化活力；最终发挥体育文化在育人、益人方面的功效，从而为普通高校体育快速发展提供参考依据。

关键词 普通高校；特色体育；研究

一、普通高校体育文化建设存在的问题

1. 体育文化建设思想与观念陈旧

普通高校体育文化建设中体育教学起到至关重要的作用。体育教学受传统体育教育思想的影响，强调教育的统一性，忽视了学生个体的差异性；强调教师的主体性，忽视了学生的主动性。导致教学效果不明显，学生被动参与体育运动，进而不喜欢体育运动。

现阶段的体育教学中，实践课占据了大多数课时，理论课安排得很少。调查显示，在普通高校体育教学课时安排中，理论课只占据整个体育教学10%左右的学时，有的高校的体育课程教学设计中甚至都没有安排理论课。如此教学，学生只能学到简单的体育技能和技术，虽然一定程度上能够增强学生的体质，但因缺乏理论指导，大多数学生往往只在课堂上进行体育运动，而没有树立起终身锻炼的体育意识，很难养成健康运动的好习惯，更谈不上能够自己制订运动计划以增强身体机能中的薄弱部分。

2. 体育文化建设模式简单

校园体育文化建设不能局限于体育教学和课余体育锻炼、运动代表、学校田径运动

---

[1] 作者简介：徐立国，北京服装学院基础教育部，讲师。

会等竞技项目。普通高校的教学内容与模式的匮乏也导致体育文化建设模式单一，体育教学多采用"传习式"教学模式，教学形式为"示范-讲解-练习"，在以实现"以学生为本""健康第一"的理念方面体现不足。教学内容难度系数高、体验枯燥乏味、提不起兴趣，更谈不上主动探索和创新，甚至有的学生因为畏难情绪，产生抵触情绪。课余体育锻炼多以三大球、跑步、羽毛球等传统项目为主，少有涉及时尚新兴的如现代舞蹈、拓展训练、轮滑、滑板、小轮车、街舞、赛车、探险等项目。长此以往，学生没有在体育课堂上培养出喜欢的运动项目，步入社会之后更难养成终身运动的能力和习惯。

3. 体育文化建设重视不够，缺少体育运动氛围

普通高校教育重点全放在专业学科建设和学生技能培训上，对于最基本的体育文化传播和体育精神的培养少之又少。普通高校学生锻炼身体的愿望很低，每周一次的体育课达不到锻炼效果，学校规定的课外活动也是被动参与，少数学生几乎不参加体育锻炼。缺乏自觉锻炼行为的主要原因是：第一，个体差异，每个学生的教育背景不一样，生理心理和身体素质不尽相同，学习基础也参差不齐，从而缺乏参与的积极性。第二，普通高校校园体育文化氛围不浓，社团活动少，组织形式单调，缺少吸引力。第三，学生对体育锻炼的重要作用认识不足，畏难，怕苦怕累，缺乏吃苦耐劳的体育精神。

4. 师资力量薄弱，场地配套设施不足

高校体育教师是体育文化传播的主要力量，体育师资力量薄弱是普通高校普遍存在的现状。随着高校办学规模的扩大，招生人数不断增加，体育教学师资就更加显得捉襟见肘，且结构不尽合理，高职称、高学历教师比例较低，青年教师偏多，教学科研能力整体不强。教师工作量处于超负荷状态。文献资料显示：普通高校体育教师周教学时数平均为16.3学时，承载学生教学、训练竞赛、群体工作等生师比为过高过大。本土教师无法完成巨大的体育教学工作任务，需要外聘教师来弥补师资力量的空缺。场地设施不足也是普通高校普遍存在的现状，多数院校的体育设施陈旧且数量不足，特别是室内场馆设施匮乏，导致体育选项课开设项目普遍较少，且多为田径、三大球等传统的体育项目，时尚及流行的特色体育项目难以进入普通高校体育教学课堂。

二、普通高校构建特色体育项目的意义

1. 民族传统特色体育的文化价值

中华民族历史文化历经数千年发展，不同时代形成了不同的体育文化。统计资料显示，我国流传下来的汉族传统体育301项，少数民族传统体育项目有676项。诸如太极拳、少林拳、南拳、咏春拳等武术类；投舞龙、舞狮、踩高跷、赛龙舟、风筝、赛马、摔跤、登高、键球等特色民族活动。民族传统的体育项目的表现方式和文化价值具有特殊性，但在我国多民族文化共生的环境下民族传统体育文化具有时代特色。例如，武术类的刚柔并济、阴阳八卦、五行合一体现了中华民族博大精深的哲学思想；赛龙舟、蒙古的赛马、摔跤等不仅是一种竞技的体现，也是由此形成的集市贸易、手工艺品交易的一种经济文化价值体现。民族传统特色体育是以"仁"为核心融入宗教、医学、艺术等

文化内容。在强身健体的基础上培养人格修为、价值观念，体现了我国民族仁、义、礼、智、信的传统文化思想。

2. 新兴特色体育的文化价值

西方体育在传统体育的基础上大力发展现代新兴特色体育。传统体育如足球、篮球、排球、田径、游泳等世界体育运动大项在我国已具有广泛的群众基础，并取得不错的成绩。尤其是2000年申办奥运会成功后，社会上、校园内出现了大量体育运动参与者。2008年奥运会的成功召开和即将召开的2022年冬奥会把现代体育运动带入了新的阶段。体现了更高、更快、更强的奥林匹克精神及其重要的文化价值。但是，随着近年来一些新兴体育项目的出现，更加丰富了现代体育的内容，例如新兴的拓展训练、轮滑、滑板、小轮车、街舞、现代舞、赛车、探险等等对竞技奥林匹克精神起到巨大的冲击。

3. 普通高校实施特色体育多元化教育的必要性

我国社会经济的迅速发展，人们已经越来越关注健康的生活方式，越来越重视大众体育的发展，社会体育在大街小巷、各个社区正蓬勃的地开展。可是纵观我国学校体育由于受应试教育的影响，正不协调地走向低谷。高校体育由于没有应试教育的压力，发展较为平衡，但受传统体育教育的影响还存在很多问题。

（1）发扬传统特色体育文化。高校作为文化交流的重要载体，具有学生地域的广泛性，可以带来不同的民族特色文化，也可以带走当地的特色文化。在大学中有效地推广当地特色体育文化，不仅可以丰富大学体育文化内容，还可以将不同的民族文化带到不同地域，实现民族文化的传承和交流。因此高校特色体育教育文化价值的拓展具有广泛性和实用性。

（2）积极开展新兴特色体育项目。积极开展新兴体育项目可以使得大学体育教育多样化、弹性化，是大学生自身学习的需要，可以有效地挖掘大学生的潜能并培养他们的创新精神，增进大学生的国际视野。如拓展训练、轮滑、小轮车、攀岩、定向运动、街舞、现代舞、电子竞技等，正被年轻人广泛的关注、学习。要改变普通高校体育课堂的现状就要不断吸取先进的新兴体育文化。在立足普通高校实际情况的基础上，坚持立德树人，及时改革和创新校园体育文化，重塑体育教学、体育竞赛、课外锻炼等学校自身的特色体育文化，最大化发挥校园体育文化的育人功效。构建良性校园体育文化氛围，并形成自己的特色，能取得较好效果。

三、普通高校构建特色体育项目的思路

1. 强化意识加大特色体育项目建设力度

高校领导要充分认识特色体育教育文化价值的拓展，对优秀民族传统体育文化和新兴体育文化的传承、发扬、推广、汲取的重要性。普通高校可以根据本校体育文化发展的实际情况，建设和发扬有本校特色的体育文化，加强宣传、营造良好的群众基础。同时加大经费投入以及硬件设施建设，转变观念培养学生终身体育观。

2. 加大特色体育项目融入建设

体育教学中应将特色体育项目建设与体育教学、课余活动、运动训练相结合，配备专职体育教师。结合体育特色项目大胆改革体育教学内容，做到教学项目内容完整、深入、专一，改变以往教学内容过多以及简单、重复内容等问题。因地制宜融入特色体育项目，教会学生锻炼方法，体育技能，大力开展校园特色体育活动。成立学校特色运动项目代表队，进行科学化、系统化管理，在不断提高自身竞技水平的同时扩大特色体育运动的广度与深度，把增进健康和培养终身体育做到实处。

3. 发挥体育社团在学校特色体育文化建设中的动力作用

校园特色体育文化是现代文化中最活跃，最普遍、最具有吸引力和感召力的文化类型。大学期间体育社团是发展体育兴趣，培养体育能力的重要的平台。在进一步丰富学生体育知识，提高身体素质和运动技能水平的同时，也推动了校园全民健身运动的发展。普通高校体育社团活动存在缺少计划，随意性较大等问题，制约了学校特色体育竞赛活动的发展。加强校内体育部门与学生体育社团有计划地组织参加各类特色体育比赛，形成校内体育活动随处可见"天天有训练、月月有比赛"的良好校园体育文化氛围。丰富学生的课余体育文化生活，激发学生的青春活力。引导学生自主进行体育锻炼，丰富校园特色体育文化的内涵，促进校园特色体育文化的建设。

4. 构建强大的师资队伍

普通高校特色体育文化价值拓展的主要障碍是传统体育和新兴体育文化的差异。普通高校体育教师作为体育文化传播的主要力量，如何来处理这一差异。首先是普通高校体育教师队伍要转变思想观念，拓宽学习交流渠道，把握特色体育文化的发展方向和训练手段，积累专业素养接受和学习特色体育文化；大力引进和培训特色体育专业人才来解决普通高校师资力量薄弱、人才匮乏，加快师资队伍建设步伐；转变思想和观念；发展的角度认识特色体育文化的功能和价值，来达到传播和推广的重要路径，改善传统竞技体育文化和特色体育文化在高校发展的不平衡。

四、结语

当今世界经济飞速发展，普通高校的体育教育事业也需要跟上时代步伐，发扬优秀的传统体育思想汲取现代特色体育文化资源，落实教育改革思想与方法。全面推进普通高校体育教学改革，有利于普通高校体育教育体系的建立。校园特色体育文化的构建为普通高校多元化教育目标的实现提供了有效途径。为大学生走向社会提供保障，为建设和谐社会提供重要的人才资源。

参考文献

[1] 邢明明. 安徽省普通高校民族传统体育可持续发展研究[D]. 芜湖：安徽工程大学，2013.

[2] 周新梁. 当前高校体育教学改革的现状与对策研究[J]. 体育世界（学术版），

2014（4）：105-106.

[3] 郭荣.西南林业大学学生体育社团现状思考[J].西南林学院学报，2010，30（S）：73-76.

[4] 王志明.拓展高校体育文化建设新途径[J].广州体育学院学报，2014，34（4）：110-113.

基于 STEAM 的跨学科移植教学模式设计与实践研究

王颖[1]

摘 要 STEAM 教育融合艺术、科学、工程、数学和技术多个学科领域，将各个学科知识融会贯通，强调学习实践过程，借助现代化的信息技术手段来增强学生的创新意识，这与跨学科教育相吻合。本文提出了基于 STEAM 的教学模式设计，以数学为载体，将数学图形、公式等进行移植，以计算机视觉为工具，在 2019 年大学生创新创业训练计划项目"基于深度学习的纺织品图案智能辅助设计"教学中进行实践。

关键词 STEAM 教育；跨学科移植教学法；图形创意设计

对于如何在高校开展跨学科教育众说纷纭。观点一，跨学科是两个或多个学科的交叉和融合，可以有效地解决单个学科无法解决的问题。跨学科教育很容易形成各种知识的交叉与碰撞，更具创新性和教育性[1]。观点二，跨学科是一门新兴学科，是各学科相互渗透、融合的产物，是培养综合型创新人才的利器。其培养的创新人才，不仅需要具有跨学科知识背景，合理的知识和能力结构；还同时有扎实的基础和过硬的综合素质，特别是适应能力要超强。在我国高校，STEAM 正在处于探索和尝试的初期阶段，我国《教育信息化十年发展规划（2011—2020 年）》中指出[2]，"教育信息化的发展要以教育理念创新为先导，以优质教育资源和信息化学习环境建设为基础，以学习方式和教育模式创新为核心。"我校的办学特色就是"艺工融合"，而基于 STEAM 教学理念的跨学科教育恰恰为具有"艺工融合"特色人才的培养提供了重要保障。

一、基于 STEAM 的教学模式设计

通过对 STEAM 教育典型案例的分析，借鉴斯坦福大学设计学院的教学方法，梳理出多种教学模式交叉整合的、混合式的教学模式的共同要素，包括真实情境，关键问题，方案设计、实施、改进以及形成最终产品后的交流展示[3]。基于 STEAM 的跨学科教学模式下教师角色由知识的传递者转换为学习的引导者，学生由被动接受知识转换为运用学习技术主动探求式学习，理论与实践相结合，从根本上调动了学生的学习积极性，激发学生探索学习的热情。借助 STEAM 教育理念和多年的实际教学经验，本文总结出如图 1 所示的课堂教学模式。在这个模型中，分别从教师和学生角度明确其各自在

---

[1] 作者简介：王颖，北京服装学院基础教学部，讲师。

教学活动中的状态。一方面，教师通过创建情境来为学生创造一个良好的学习环境，例如，设计制作微课和MOOC等数字教学资源。在课堂教学过程中，教师采用跨学科移植教学法组织课堂，然后对学生进行同步指导和答疑，根据教学反馈，对新的教学方案进行修改和优化。另一方面，学生通过新的数字课程资源完成课前准备，在课堂上，学生通过自主探索发现问题，思考问题，然后通过小组合作解决问题，全程都可以得到教师的指导和帮助。在课程结束时，我们将分享作品，相互交流经验和体会，总结不足之处，完成对课程的评价和反馈。通过这样的交互式教学模式，学生与老师之间、学生彼此之间都可以及时沟通交流，教师也可以全面提升教学设计、信息化教学技能。在这种教学环境中，学生的探究和实践能力，思考和解决问题的能力，沟通和协作能力以及创新和创造力将得到极大提高。

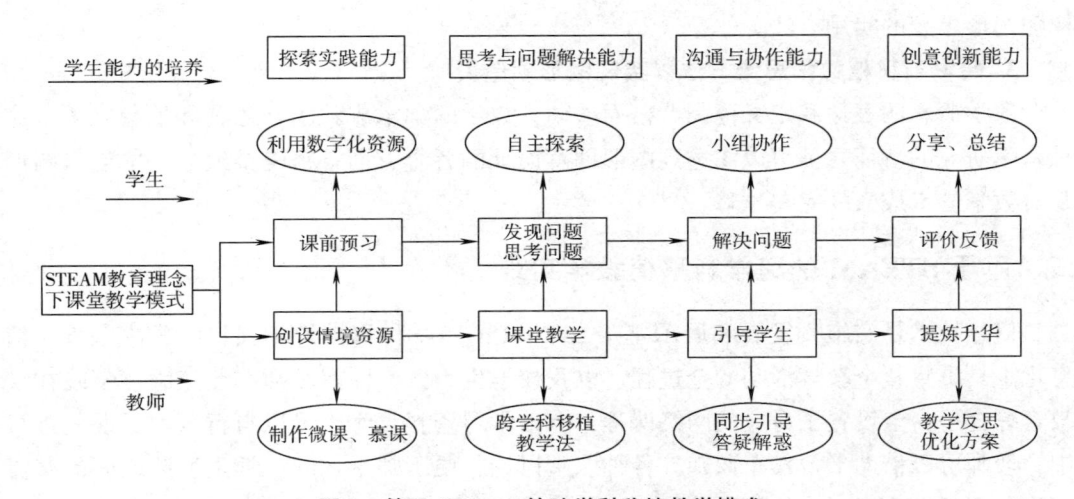

图1 基于STEAM的跨学科移植教学模式

二、跨学科移植教学法

本文以STEAM跨学科教学模型为基础，以数学为载体，将数学图形、公式等进行移植，以计算机视觉为工具，在2019年大学生创新创业训练计划项目"基于深度学习的纺织品图案智能辅助设计"教学中进行基于STEAM的跨学科移植教学模式的研究与实践。提出三个递进层次跨学科移植教学法：数形结合方法、数学结构构建方法和数学思维方法。其中数形结合是指将数学符号和图形移植到图形创意设计中；数理结构构建是指用于图形创意设计的数学公式和数学逻辑结构的移植；数学思维是指将数学学科的思维精髓用于图形创意设计的移植。使用跨学科的移植方法，充分发挥数学和计算机课程的价值，将其作为艺术设计课程中的思维和分析工具，不仅有利于培养学生图形创意设计创新思维能力，还可以提高教学效率，改进教学质量。

数学是人类对事物的抽象结构与模式进行严格描述的一种通用手段，可以应用于解决现实世界的实际问题。数学本身将理性思维与想象相结合，把内容与形式相结合，它与美学密切相关。因此，我们可以将数学作为载体，将数学美与图形设计相结合，数学的学术图形可以作为创意图形设计的形态学元素跨学科移植，数学公式可以作为创意图形设计的构型规则移植，数学的思维方法也可以作为内在含义移植到图形创意设计中[4]。

1. 跨学科移植数学形式以实现图形创造力

数学符号、图形具有合理且平衡的美学效果，它们作为视觉图形创意设计的材料具有独特的优势。使用某些设计技能和表达技巧来修改数学图形的外部形式并将其用于创意图形设计，可以创建流线型的俊美外观，具有丰富而深刻内涵的作品。

2. 跨学科移植数学结构以实现图形创造力

爱因斯坦使用数学公式来表达自然界的能量守恒定律。数学逻辑结构、公式简洁优美，但始终可以从容应对，概括变化万千的客观世界，这是一种提取和借用数学思想来构建图形思想的实用方法。

3. 跨学科移植数学思维方法以实现图形创造力

数学概念的表达和定义范围严格而透彻，数学的学术成就包含逻辑和抽象之美，这种科学研究的特征之美可以渗透到图形创意设计的各个方面，精美雅致的艺术创作图形是对数学学术成就的完美诠释。

三、基于 STEAM 的跨学科移植教学实践

信息技术是实施、发展和展示基于 STEAM 的跨学科移植教学项目的先决条件。信息化工具贯穿整个教学活动的全过程。以我校学生为例，课前教师在北京服装学院在线教育综合平台上设置了对应的网络课程，上传学习资料，学生可以自行预习；课程进行中，教师可以借助平台发布通知，各种课堂讨论，便于师生之间、学生彼此之间的交流协作；课后学生可以上传作业，填写问卷，完成整个课程的评价。同时，为了更好地创设情境，教师会充分利用各种信息技术手段，丰富教学内容。课件制作过程中，为了增加教材内容的动态性、故事性和互动性，在传统的 PPT 课件基础上，还会穿插二维动画 Flash 软件、三维 3DMAX 软件制作的动画、视频等。因此，为了更好地进行基于 STEAM 的跨学科移植教学实践，我们充分利用现有信息化平台和工具，设计开发了一系列配合教学活动的微课，以便学生自主预习和复习。

为探索基于 STEAM 教育的跨学科移植教学方式，我们设计了分形图形与深度学习风格迁移算法相结合的跨学科移植教学方法，应用于图形创意设计，并在 2019 年大学生创新创业训练计划项目中进行了教学实践。着重培养学生的图形设计创新思维能力，结合分形图形的移植和深度学习风格迁移算法技术，通过探索"分形图形"数学公式的科学原理和艺术生成，初步实现了艺术、数学、科学多学科的融合，为培养大学生跨学科实践创新能力提供了行之有效的探索途径。

本次教学实践活动应用于 2019 年大学生创新创业训练计划项目"基于深度学习的纺织品图案智能辅助设计"，根据基于 STEAM 的跨学科移植教学模式，整个教学活动按四个阶段进行，如表 1 所示。

表 1　基于 STEAM 的跨学科移植教学流程

学习阶段	教师	学生
第一阶段	教师制作分形图形艺术基本理论的微课，解答学生问题	观看微课预习，学习记录并提出问题
第二阶段	给出分形图形公式，讲解深度学习风格迁移算法	自主学习，想象并尝试绘制分形图形，风格迁移图形
第三阶段	引导学生将分形图形与深度学习风格迁移算法相结合，答疑	小组协作完成分形图案实时风格化
第四阶段	指导学生优化分形图形	总结并撰写论文

在教学过程中我们采用了数学结构构建方法，跨学科移植数学公式以实现图形创造力。主要利用 Tensorflow 计算复平面上分形图，通过改变迭代函数形式和参数而生成变化分形图，并将其保存为图片格式，方便后期进行纺织品图案的风格化设计[5]。最后将分形图片进行深度学习实时风格化处理，生成的创意图形如表 2 所示。

表 2　创意图形风格化对比

分形图形	风格图片	创意图形

四、总结

本研究尝试将信息技术与学科教学跨学科融合，探索基于 STEAM 教育的跨学科移植教学方式。我们设计了分形图形与深度学习风格迁移算法相结合应用于图形创意设计，应用于 2019 年大学生创新创业训练计划项目"基于深度学习的纺织品图案智能辅助设计"。实践表明，该教学模式有效提升了大学生跨学科实践创新能力，项目组学生发表了《基于深度学习的纺织品图案智能辅助设计》的科研论文。这些成果初步表明，运用基于 STEAM 跨学科移植教学法，可以实现艺术教育与工程教育的有效融合，充分发挥数学与计算机课程在艺术设计课程中作为思维方式与分析工具的价值。

参考文献

[1] 孙卫华，郭伟. 河北省教育技术学专业跨学科人才培养策略[J]. 河北大学学报：哲学社会科学版，2014（1）：28-31.

[2] 王晶，宫凌勇. 基于 STEAM 教育理念高校课堂教学模式改革新探[J]. 软件导刊（教育技术），2017，16（9）：21-25.

[3] 郑葳. 中国 STEAM 教育发展报告[M]. 北京：科学出版社，2017.

[4] 杨翼. 跨学科移植数学元素进行图形创意设计的教学研究实践[J]. 艺术科技，2014（5）：44-44.

[5] 王晓龙，王颖. 基于深度学习的纺织品图案智能辅助设计[J]. 现代信息科技，2020（2）：131-133.

基于"雨课堂"线上教学的研究与探讨

陈辉[1]

摘 要 "雨课堂"为线上教学提供了新的平台,在教学环节中具有强大的交互功能。本文重点探讨了"雨课堂"对于线上教学中能够实现课前—课中—课后师生的有效互动,实践表明,雨课堂能够提高线上教学质量。

关键词 雨课堂;线上教学;交互功能

一、引言

与传统的课堂教学相比,线上教学存在一些不足,但也具有其独特的优势。不足之处在于:缺乏教室的现场感,集中开课高会带来教学平台的巨大拥堵,部分用户网络信号差、流量不够等。线上教学的优势是学生可以随时随地学习,而不用考虑场地限制;同时,教师可以利用线上教学反馈获取课程和学生的数据,易于进行课程迭代和个性化指导。但是线上教学在互动交流方面不如线下教学方便,以致教师对学生学习行为的约束减弱。"雨课堂"却能打破教学空间和时间的限制,具有丰富的师生交互功能,能够弥补线上教学的不足。"雨课堂"不仅能实现课前预习、课堂互动、课后作业、小组讨论、线上考试等教学环节,更重要的是所有的教学数据都能留存在服务器端,教师能对这些数据进行可视化分析,导出数据后能对其进行进一步的处理,学生也能得到及时的学习反馈[1]。雨课堂在线上教学环节中起着重要的作用,以下将主要探讨雨课堂在教学环节中所具有的强大的交互功能。

二、雨课堂在线上教学环节的交互功能

1. 课前可以发送预习课件

课前教师可制作预习课件,辅以语音对预习课件加以简单说明,插入相关慕课视频,并提出启发性问题,让学生课前思考,便于课堂上适度翻转。同时也可以插入小测试,检测学生的预习情况,然后将预习课件在计算机端上传后向全班发布,学生在手机端收到预习课件后按要求完成预习,并可以在讨论区提问或相互解答。教师通过后台查看学生的回答情况,可以获取学生已有的认知情况,并回答学生的问题,也可以在线上

---

[1] 作者简介:陈辉,北京服装学院基础教学部,讲师。

直播教学中进行有针对性的教学设计。通过预习课件，教师在分析学生学习特征和教学内容的基础上，依据教学大纲和课程，制作好教学PPT或者教学微视频，通过案例来对学生学习内容中的重点、难点和疑点部分进行教学，以促进学生对相关知识点的理解和学习[2]。课前自主学习对于线上教学非常重要，自主学习效果的好坏决定课堂答疑和讨论环节能否有效开展。学生认真学习雨课堂推送的预习课件及学习资料，并对学习过程中遇到的难点和疑点做好记录，以便在课堂答疑和讨论环节有针对性地解决。

2. 课中能够进行有效互动

课中可通过雨课堂进行视频直播，结合预习课件中的做题情况和学生课堂上的检测情况，了解学生对知识的掌握情况，在课前设计好交互问题。课堂上利用适当的时间穿插选择题或者讨论题通过雨课堂发布，学生通过手机点击选择或发送弹幕回答，能够很好地解决线上教学中师生实时互动的问题。同时教师也因此在课堂上就能及时获得反馈数据，这样可检测出学生以前学过的内容和刚讲的内容是否已掌握，也可检测出课前线上观看的知识点视频的学习效果。

课中教师随时调整上课节奏，课堂上学生有疑问随时以弹幕的形式提问，老师随时答疑，不把问题留到课下，以学生能够掌握知识为目标，做到有效教学。弹幕则方便教师了解全班同学对某个问题的认识，不同于选择题仅给出选择项，学生通过弹幕给出文字的回答能反映其思维的全貌，通过"词云"功能还可以看出学生回答的分布。学生遇到不懂的问题也可发送弹幕，教师就可以马上回答[3]。线下课堂中，师生的目光交流，便能实现问题抛出与解答的信息反馈。线上直播课堂中，全程开放的弹幕能达到与线下课堂信息反馈异曲同工之处。

在线课堂依托雨课堂，以弹幕、投稿等方式与学生互动，结合随机点名和课堂红包等形式增强学生的课堂参与意识，不仅师生间交流互动好，而且还能够引导学生思考，促进学生的参与度，检验学生的学习效果。当课件中播放动画时，可切换至桌面录屏模式，以便学生观看，借此提升教学效果。为了保证线上教学的顺畅，可以同时开启"雨课堂"桌面录屏与"腾讯会议"屏幕共享的双直播模式，前者直播PPT讲授教学内容，需播放课程视频案例时则切换至后者，师生语音互动讨论，重现课堂教学状态。另外，针对课件中涉及的重点公式也可采用板书的方式进行讲解，课堂上边讲边写，真实地还原了实体课堂的板书效果，课后还能完整回放书写过程，以便学生加深对重要知识点的印象，切实提升知识应用水平。课后老师查看学生"投稿"内容和教学PPT中的"不懂"，可以通过微信对课程内容有疑问的学生进行有针对性的答疑和个别辅导。

3. 课后能够巩固学习

课后教师可以通过雨课堂发布作业，每道作业题以主观题的形式呈现，学生在作业本上完成后拍照上传。学生可以通过回看课堂教学过程完成课后作业。教师就可在计算机或手机上进行批注和批改，大大提高了作业批改的效率和反馈的速度。课后布置作业，使学生进一步掌握和巩固新知识，并预习下节课内容，形成完整的学习闭环。教师还可以通过雨课堂"试卷发布"功能发布练习题，开展测评及时掌握学生学习进度；另外可通过雨课堂平台将重点内容制作成试卷，在线发送给学生，来检验学生学习效果。

4. 雨课堂能够实现课堂管理功能

教师进入雨课堂可以看到学生签到信息、课堂参与情况，如课前学生浏览预习课件的人数、课中学生的签到时间、到课学生的实际人数、弹幕与投稿的人次、课后学生的作业与练习的完成情况等，学生整个学习过程都有数据支持，促使学生"真学"；对于教师而言，利用雨课堂课前推送预习课件，课中直播录屏，课后通过作业或测验检测，检测数据可在学生提交作答信息后反馈给教师，从而引导教师调整教学内容，促使教师"真教"。课中学生通过弹幕、投稿等方式发送问题，教师课中可对弹幕作即时的回复，而投稿的问题则可在课下浏览了解，对某个学生进行有针对性的辅导与答疑。这两个功能的信息反馈，都可以生成"词云"，从而实现知识众筹。因此，它在管理学生班级、跟踪学生学习情况、反馈学生学习效果等方面起着重要的作用[4]。

另外，每次课后雨课堂自动生成本次课的教学数据，所有课堂数据均可导出，能让老师能全面了解学生的学习状态。同时与也可以向学生发送个人的统计结果，便于教学的及时反馈和实现过程化的考核。

三、结束语

总之，雨课堂能满足一线教师线上教学的诸多需求，利用雨课堂线上教学能够实现上课提醒、学习任务发布、直播授课、课中利用弹幕和投稿进行师生互动、课后布置作业、判作业、定时定量的测验和讨论答疑。雨课堂的"圈画批注"功能和PPT的"画笔"功能也是很有用的工具，不仅可以向同学们展示习题的解答过程、作业的批改过程，还可以辅助教师加强对疑难点的讨论分析，充分吸引同学们的注意力。同时雨课堂能提供后台学生学习情况的动态数据，能够提供诊断教学效果的教学大数据，能实现对学生的学习行为、学习习惯和学习态度的深度分析，从而使因材施教具有可操作性。

线上教学和线下教学是两个完全不同的教学体系，线下教学在师生交流互动方面具有一定的优势。如何发挥线上教学的优势，化被动为主动，这是教师应主要思考的问题。除了借助雨课堂所具有的强大的交互功能外，教师对教学内容和教学方法应该要进行有效的设计，这是对教师教学能力的考验。教师一定要明确"以学为中心"的教学理念，线上教学的课件要充分考虑适应碎片化学习的特征、宁短勿长、宁精勿滥。实践证明，如果教师能够对教学内容和教学方法进行精心设计，同时利用雨课堂的强大的交互功能，便能做到线上教学与线下教学质量"实质等效"，能够提高线上教学质量。

参考文献

[1] 王帅国. 雨课堂：移动互联网与大数据背景下的智慧教学工具[J]. 现代教育技术，2017，27（5）：26-32.

[2] 鲁永进，黄秀娟. "智慧课堂"对传统课堂教学模式的变革[J]. 江苏教育，2017，28：29-31.

[3] 李芬田,董迎红."雨课堂"支持下的混合式教学模式研究与实践[J].信息与计算机:理论版,2019(10):237-239.

[4] 刘邦奇."互联网+"时代智慧课堂教学设计与实施策略研究[J].中国电化教育,2016(10):51-56,73.

高校线上教学的实践及思考

洪颖[1]

摘　要　全球新冠肺炎疫情突发，高校首次全面转为线上教学，这也促进了线上教学的实施和发展，本文梳理了线上教学的整个过程，阐述了线上教学各个环节的实施情况，分析了学生对于线上教学的反馈结果，并对线上教学进行了反思，提出了线上线下混合式教学的开展方式及其优势。

关键词　线上教学；直播教学；混合式教学

一、引言

2019年底，全球突发新冠肺炎疫情，病毒来势汹汹，传播性很强。面对突如其来的疫情，党中央强调始终把人民群众生命安全和身体健康放在第一位，积极部署，整体统筹，制订周密方案，并组织多方力量开展防控，遏制病毒，保障人民生命健康。作为人员较密集的活动场所，为了安全起见，教育部要求各高校在疫情防控期间采用线上教学，实现"停课不停教、停课不停学"[1]，在全面防控疫情的情况下继续学习。这样反过来促进了线上教学的实施，也倒逼了在线教学平台的发展，出现了很多直播平台百花齐放的局面。

二、线上教学实践

线上教学要通过专用软件建立交互式教学情景，进一步促进学生课堂互动，让学生拥有更高的学习积极性，更加有利于教师开展各种创新性教学活动[2]。线上教学活动过程主要由教学准备、教学活动开展、课后辅导等几个部分组成，各部分要精心设计才能获得较好的教学效果。

1. 课前准备

线上教学不同于线下教学，因为线上教学可能出现不可预见的问题的情况较多，为确保教学活动的顺利开展，教师在课前需要做很多准备，不仅有教学内容方面的，还包括教学设备和技术方面的准备。

首先，要确保直播教学的网络稳定性。线上教学一般应采用有线联网，这样能保证

---

[1] 作者简介：洪颖，北京服装学院基础教学部，副教授。

必要的网络带宽，防止因网速太慢导致的卡顿等情况，如果直播不流畅则会严重挫伤学生的学习积极性，让学生失去耐心，从而影响教学效果。其次，要选择优秀的直播平台或软件。目前具有直播功能的软件很多，各有优势，但或多或少都存在一些问题，有的负载有限，不能承载很多人同时在线，稳定性差，有的功能单一，不支持手写或白板功能，有的互动手段少等。我们课程采用的是"优学院"平台，包含学习平台的功能和直播功能，有计算机和手机两种版本，比较稳定，支持签到、互动问答、实时问卷、直播数据分析和回放等。最后，要提前准备好上课资料。教师要提前在教学平台上创建班级并让学生加入，然后上传课程资料以便后期教学的开展。教师还需要在开课前建立课程交流群，将线上教学涉及的软件安装及使用、设备准备等要求提前告知学生，提醒学生安装相应的软件，还需要统计学生的网络环境、计算机和手机的拥有情况等，提前为网络信号较差地区的学生和没有计算机的学生做好课程预案。

2. 教学过程

线上教学依托网络技术，具有很多线下教学没有的优势，比如打破了时空限制、能随时回放观看等，但也有其局限性。

首先，线上教学师生互动减少。线上教学过程中教师一般不能面对每一位学生，无法像线下上课时那样能从学生的眼神、肢体动作、表情等方面捕捉相关信息，以此判断学生对所讲内容的掌握情况，以便调整教学策略。线上教学时可以采用别的方式弥补，比如讲完一个部分后留点时间让学生反馈，或通过直播软件给学生发送一点习题，实时解答，或老师提问让学生通过语音回答。从实践来看，学生主动反馈或回答问题的积极性不高，教师可以增加点激励机制，比如回答一次问题算一点平时成绩。其次，线上教学对学生的监督管理弱化。线上教学时学生一般是在家学习，这对学生的自控力和自觉性提出了挑战，教师也不能实时监督学生，虽然很多直播软件都具备签到功能，但不排除学生签完到后不参与听课的情况，很多直播软件也都有后台数据统计分析功能，但也不能解决学生登录了却并没有认真听课的问题。最后，线上教学过程受网络或直播平台故障的影响较大。线上教学是建立在网络技术基础上的，一旦网络发生故障或直播平台出问题，就会导致教学瘫痪，无法开展，所以线上教学必须要有预案，比如"录播"和"直播"相结合，事先录制好相应的内容并上传到网络，如果发生故障，马上转入录播学习。

3. 课后辅导

线上教学的课后辅导是必不可少的环节。微信群是一种较好的互动答疑手段，师生可以通过它进行文字、语音、图像、视频等交流。这种方法的优势是不受时空限制，教师能及时响应，但也有很多弊端。

其一，学生的计算机软硬件配置不同加大课后辅导的难度。计算机课程的操作实践需要特定的软硬件环境，相比机房里的计算机统一配置，学生个人的计算机的硬件配置或软件版本和设置都可能不同，操作时出现的问题也会有差别，教师只能通过一些远程工具进行诊断和排除错误，这无疑加大了辅导难度，但这也成了不断发现和解决问题的一个过程，对课程还是有帮助的。其二，课程交流群的公开性反而会降低学生提问的热情。课程交流群是公开的，学生的每次发言都能被其他同学看见，有时候这会抑制部分学生的提问积极性，当然，解决的方法是可以单独和教师进行交流。

4. 考核评价

线上考试最大的问题是监督弱化，所以适宜采用开卷考试，且考试环节所占比例不应太高，线上教学比线下教学要更注重考查学生的平时学习状况，比如，课程最终考核可以由平时表现、平时作业、课程大作业和期末考试等部分组成。平时表现的评判主要由参与线上教学情况、课上互动情况等来衡量，这些一般都有后台数据分析，这部分可在期末考核中占比20%；平时作业主要由学生提交作业的质量进行衡量，这部分在期末考核中可占比20%；课程大作业综合性较强，主要考查学生对于整个课程知识的灵活应用能力，建议在期末考核中占比20%；期末考试一般可采用限时开卷方式进行，由于监督弱化，可适当加大题量，当然视情况也可以配合一些软件借助手机摄像头或计算机屏幕切换提醒等功能进行监考，这部分成绩建议在期末考核中占比40%。

三、线上教学反馈及思考

教学反馈是提升教学质量的一个重要手段，不仅有助于了解学生对于整个教学过程的想法，也能让教师不断调整教学方式从而提高教学效率。经过了一个学期的"web设计与编程"课程线上教学实践后，我们通过在线调查问卷的方式对这门课程进行了教学反馈，这门课主要面向艺术类专业学生开设，本次参与调查的学生共167人，收回有效问卷167份，具体调查结果如图1所示。

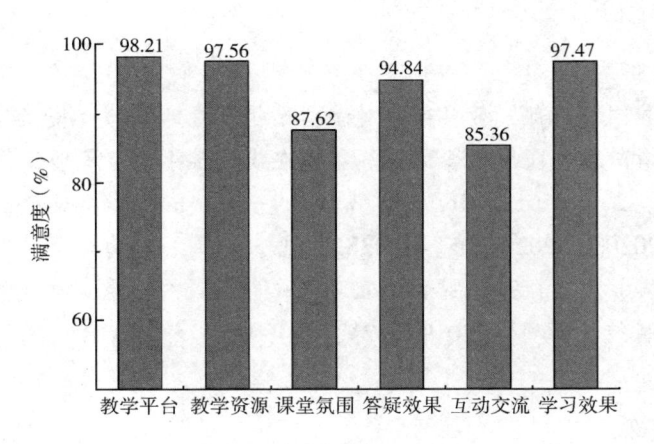

图1 线上教学满意度调查

从调查结果可以看出，学生对于教学平台和直播效果满意度较高，达98.21%。这学期的"web设计与编程"课程采用"优学院"平台开展教学，平台功能很多，包括上传资源、提交作业、教学视频、直播等，直播教学也很稳定，能后台统计学生学习数据，平台有计算机端网站和手机APP，比较方便学生学习。学生对于上传到教学平台上的教学资源也较满意，满意度为97.56%，但课堂氛围满意度为87.62%，原因是线上学习是独自在家进行，对于营造课堂氛围方面还是较弱。满意度较低的还有互动交流这一项，学生认为线上教学互动不如线下教学效果好，这是因为线上教学条件所限，师生不能面对面，互动手段较少。学生对于答疑效果的满意度为94.84%，这学期主要采用班级微信群的方式进行答疑，在群里学生可以通过文字、图片、语音和视频等方式提出问题，教师随时解答，方便快捷，做到"有疑快答，有疑必答"。对于部分学生由于自身计算机配置原因导致的问题也采用远程控制进行解答，基本都能解决学生的问题。本学期线上教学总体的学习效果满意度为97.47%，学生基本都达到了预期的学习目标。

线上教学有利于培养学生的自主学习能力，也不受空间和时间限制，学习者只需要一台计算机或一部手机就可以在家学习，遇到不懂的内容还可以无限回放观看，直到弄懂为止。但是线上教学的互动性和实践性不如线下教学，对学生的监督也不够。

线上线下混合教学有利于综合两种教学方式的优势，达到提升教学效果的目的。线上线下互为补充，教师可以提前准备一些课程资源让学生在线上学习，然后在线下进行讨论。也可以把理论性强的知识放在线上，学生可以重复观看，发挥出线上教学可重现的优势，把实践性强的内容放在线下，发挥线下教学互动性强的优势。

四、结束语

本学期由于疫情的原因，线上教学获得了全面实施的机会，体现出了相当的优势，也有助于培养学生自主学习和自我管理的能力。但相比线下教学，线上教学还是有一些缺陷，也不可能完全取代线下教学，但是可以成为线下教学的有力补充，进而打造线上线下混合式教学模式，进一步提高教学质量，取得好的教学效果。

参考文献

[1] 中华人民共和国教育部. 教育部应对新型冠状病毒感染肺炎疫情工作领导小组办公室关于在疫情防控期间做好普通高等学校在线教学组织与管理工作的指导意见（教高厅〔2020〕2号）［EB/OL］.［2020-09-16］. http：//www.moe.gov.cn/srcsite/A08/s7056/202002/t20200205_418138.html.

[2] 陈今朝，梁姗，戴玄，等. 基于"互联网+"背景的微生物学教学改革与实践[J]. 科学咨询（科技·管理）. 2019（12）：134-135.

"高等数学"课程思政的理论思考与实践

章江华[1]

摘 要 为了探索"高等数学"课程思政的有效途径，通过反思"高等数学"课程及其教与学的过程，获得了两方面的认识：（1）课程思政是完善"高等数学"课程"立德树人"的有效方法；（2）高等数学教学的价值塑造一方面是用"数"表达与分析"无穷变化"的科学取向，另一方面是意识形态的社会主义核心价值观取向，前者影响学生对数学价值的认识，后者关系到学生的意识形态的培养。最后指出"高等数学"课程思政可以从"课程论"、哲学价值、历史文化、学的过程和教的过程去建设与实践。

关键词 课程思政；价值塑造；高等数学

为实现中华民族伟大复兴，2018年习近平总书记在教师座谈会上提出"培养什么人""怎样培养人""为谁培养人"这一根本问题，中共中央、国务院、教育部要求高校"全员育人、全程育人、全方位育人"，推进党的理论创新成果进教材、进课堂、进头脑。因此，以社会主义核心价值观引领学生成长是所有课程的教学首要目标。

"高等数学"是一门工科各专业通识类公共基础必修课，旨在帮助学生科学地认识"无穷"与"变化"，旨在帮助学生学习数学家对"无穷"精确表达的知识与方法，学习数学家对"变化"的分析知识与方法，为后续课程的学习奠定必要的数学基础，培养从变化率与累积求和的角度分析与解决问题的能力。人们在创造高等数学知识的历史过程留下了丰富的文化，深刻的唯物辩证哲学思想，结合社会主义建设挖掘它们的育人价值，既有利于实现课程的价值引领目标，又有利于达成课程的能力培养和知识传承的目标。

为了做好"高等数学"的课程思政工作，教师首先需要从课程理论上理清楚，然后才能理论指导实践，做好课程思政建设，在"高等数学"课程教学过程中有机地融入思政元素，自然地将学生的学习和国家建设相融合，实现社会主义核心价值观的引领目标。

---

[1] 作者简介：章江华，北京服装学院基础教学部，副教授。
资助项目：2016年北京服装学院教改课题"'以学生为本'理念下高校公共基础课教学改革的整体设计与规范化研究"（ZDJG-1610）。

一、从"课程论"的角度看"高等数学"课程思政

教育是一种有目的、有计划、有组织地培养人的活动。在全日制学历教育中，课程是教育活动开展的基础，其本意是"课业及其进程的安排"。课程的理论研究围绕"教什么、学什么、为什么这样教"这一本源问题而展开，包括课程设计、课程目标、课程内容、课程组织、课程实施、课程管理、课程开发与课程评价等方面[1]。

1. 站在社会主义核心价值观立场回答"高等数学"课程本源问题

某门课程的本源问题的回答和上述各方面的抉择，无疑反映了一定的意识形态。作为教师，有责任保证所授课程的意识形态具有正统化和再生产的功能，与社会的价值观念保持一致。"高等数学"教的是对"无穷变化"的认识，学的是数学家对"无穷变化"精确表达的知识与方法，为学生进一步学习现代科学技术奠定基础，为学生未来建设国家准备知识与能力。

2. 从"立德树人"的角度抉择"高等数学"课程内容

相对于其他课程来说，"高等数学"课时虽然比较多，但仍然无法涵盖本学科专业的所有知识。在课程内容的抉择上，一般遵循系统性和简约性原则。即以学科知识的内在逻辑或学生学习成长逻辑来组织；根据学生的学习阶段和学习能力，对学科知识进行概括、精炼和简化。组织和简化课程内容，教师往往是从一定的立场来进行的，且大多数是隐形的。这就要求教师从"立德树人"的角度反思[2]：①哪些知识是"最有价值的"？②哪些知识是现有的思想政治理论课无法涵盖的？③思政课无法涵盖的知识，能否由高等数学课程有机融合而得以实现？这些问题的反思，具有前瞻性，有利于课程体系的整体规划，有利于在"知识传承"中实现"价值塑造"和"能力培养"。

二、从哲学价值看"高等数学"课程思政

高等数学知识是伴随着近代工业革命而产生的，它是现代科学技术的基础。中国特色社会主义伟大事业兴旺发达，要求后继有人，传承好知识是教师的基本职责。

除了直接的技术价值以外，高等数学知识体系和逻辑体系还融有大量历史唯物主义哲学原理和自然辩证法观点。恩格斯指出，"数学中的转折点是笛卡尔的变数。有了变数，运动进入了数学，有了变数，辩证法进入了数学，有了变数，微分和积分也就立刻成为必要的了。"微分和积分作为高等数学的核心概念，它们的建立，无论从自身还是从二者关系上看都是对哲学基本原理和辩证法最好的诠释。微分与积分从局部与整体、近似与精确等不同视角研究事物变化的性质，通过极限思想将二者对立地统一起来，为我们提供了认识和改造世界的科学方法论。微分和积分的有机统一就是微元法，这正是解决复杂非线性问题的基本方法。

三、从历史文化看"高等数学"课程思政

微积分发展历史是人类探索自然和社会的文明史，重温微积分的发展历史，正确认识和理解微积分理论蕴含的哲学内涵[3]，对高等数学课程思政建设有很大的裨益。通过

案例和讲故事，重述牛顿、莱布尼茨等发明微积分的原创路径，指出其精要所在，让学生体会到原创的滋味，进而培养学生创新能力。

历史上，马克思将数学运用于经济学研究，通过数学方法找出普遍适用的经济学规律，并对自己的系列经济学概念，包括价值、剩余价值、利润和平均利润等等进行逻辑推导。他的核心观点通过数学加以表述。为什么要在经济学中应用数学？在精确公式的辅助下，找出经济领域中的具有规律性的关系。这样，有了公式的极大助益，人们就能在最小的空间上审视和讨论这个领域。不是把此前以文字加以表述的经济关系转换为公式，这是同义反复，多此一举。"代数计算"一旦应用于研究对象，便能够发现普遍的规律。马克思跟物理学家牛顿一样，谈论的是使事物可以相互比较的本质上的同一，关注的是事实和人们处理这些事实的方式。马克思认为，一种科学只有在成功地运用数学时，才算达到了真正完善的地步。马克思和恩格斯为人类留下了宝贵的精神财富，能成为贯彻"课程思政"教学非常好的切入点。

教师在教学过程中也可以适时切入数学史、数学家和数学故事，引入中国文化元素。这样，既传播了数学知识，又欣赏了数学文化，在潜移默化中培养学生的人文思想和人文精神，铸就优秀的道德品质，塑造正确的价值观和人身观，做到"随风潜入夜，润物细无声"，引领学生逐步走上探索和发现真理之路。

四、从学的过程看"高等数学"课程思政

我们知道，数学课程学起来并不轻松，它的学习过程往往伴随着对人脑的训练、对人精神的锻炼等。这些育人的功能，对树立和培育社会主义核心价值观，无疑有益的。

高等数学的学习要求学生勤奋，肯下得苦功夫，求得真学问。"非学无以广才，非志无以成学"，为学之要贵在勤奋、贵在钻研、贵在有恒。学好高等数学得有老师指点，有同学切磋，有浩瀚的书籍引路，心无旁骛求知问学。注重把所学知识内化于心，形成自己的见解、方法与技术。

例如，高等数学中"极限"的概念，直观上容易理解，但要精确地表述出来却需深入地学习并用心去思考维尔斯特拉斯的 ε-δ 语言。该语言虽然拗口，但只有这样才能把它所有的性质体现出来。延伸到生活，比如你和别人争论，里面涉及抽象概念，在争论之前就要对这些概念进行极其细致的描述和框定，即使是些许的差别也会导致结论的不同。这正是维特根斯坦说的"人类的矛盾都来自自然语言的不规范"。因此，数学语言的艰辛学习，必将导致一个人的思维品质的提升。

五、从教的过程看"高等数学"课程思政

教师是开展课程思政的直接主体，通常强调挖掘课程所蕴含的思政元素，将其有机融入课堂教学。教师挖掘课程所蕴含的思想政治教育元素的广度和深度以及把所挖掘的思想政治教育元素全面有机融入课堂教学的精度和效度，都与教师自身的思想水平、业务能力等素质密切相关。教师不断地自我学习，提升自身思政素质，才能在高等数学教学过程中做好课程思政。

教师应该认识到课程思政是方法不是"加法"[4]。教学过程中不是去安排与学科内容无关的活动，而是在教学过程中落实"立德树人"根本任务时要体现马克思主义指导地位、践行社会主义核心价值观的方法，是坚持用习近平新时代中国特色社会主义思想铸魂育人，实现习近平新时代中国特色社会主义思想进教材、进课堂、进头脑的方法。

例如，在"函数极限"的教学过程中，可充分利用辩证法来认识函数的趋势性规律；在阐述课程中各种"存在性"时，可引导学生确立唯物主义观念。对于具体的知识点，可适时切入数学史、数学家和数学故事，引入中国文化元素，既传播数学知识，又欣赏数学文化，在潜移默化中培养学生的人文思想和人文精神，铸就优秀的道德品质，塑造正确的价值观和人身观，做到"随风潜入夜，润物细无声"，引领学生逐步走上探索和发现真理之路。用马克思将数学运用于经济学研究的事例来弘扬其数学精神，既可激励学生学习数学的热情，又可使学生感受到马克思主义信仰的科学性。"高等数学"课程有一定的难度，当学生学习遇到困难时，教师可利用身边的榜样（比如抗疫的科学家、医生、护士和社区工作人员等）来树立战胜困难的自信。

六、结语

高等数学的价值塑造一方面是用"数"表达与分析"无穷变化"的科学取向，另一方面就是意识形态的社会主义核心价值观取向。前者将影响学生对数学价值的认识，后者关系到学生的意识形态价值取向的培养。价值塑造过程是一个较长时间的、缓慢的、润物细无声的过程，需要教师即做好课程的顶层设计又注重细节处理和以身示范。如果教师做个"立德树人"的有心人，课程教学过程中思想政治教育便能随实展开。

参考文献

[1] 钟启泉. 课程论[M]. 北京：教育科学出版社，2007.

[2] 高宁，张梦. 对"课程思政"建设若干理论问题的"课程论"分析[J]. 中国大学教学，2018（10）：59-63.

[3] 韩华，王卫华. 大学数学教学中融入数学文化的探讨[J]. 中国大学教学，2007（12）：21-23.

[4] 杨祥，王强，高健. 课程思政是方法不是"加法"：金课、一流课程及课程教材的认识与实践[J]. 中国高等教育，2020（8）：4-5.

"数据库管理系统"课程线上教学模式探讨

陈春丽[1]

摘 要 受新冠疫情影响，教育部要求各高校根据自身情况开展线上教学活动。实现"停课不停学"的教学目标。在此大环境之下，本文以我校数据库管理系统课程为例，对线上教学模式进行探索。将课程任务分解、课程内容重组、教学互动设计进行新的尝试，使学生更加明确学习目标，激发学生的自主学习热情，提高教学效果。

关键词 数据库；线上教学；教学模式

2020年初始，我国面临着新冠肺炎疫情带来的严峻挑战，为有效抵抗疫情，教育部决定春季学期延期开学，并于2月25日印发《关于疫情防控期间做好普通高等学校在线教学组织与管理工作的指导意见》。意见指出：各高校应积极开展线上授课和线上学习等在线教学活动，保证线上线下教学质量实质等效。

在疫情之下，作为一名普通的高校教师，停课不停学就是我最大的责任。为做好本学期的教学工作，接到线上教学的通知，即可为线上课程做准备工作。经过一个学期的教学实践，以"数据库管理系统"课程为例，探讨线上课的教学模式。本文将对"数据库管理系统"课程进行线上教学模式设计，包括课程目标、课程内容、互动环节、学习效果反馈机制四个方面探讨"数据库管理系统"课程线上教学模式，提升学生的学习积极性，培养学生学术研究能力。

一、教学现状与问题分析

"数据库管理系统"目前是针对我校非计算机类学生的一门必修课。目前，线下教学方式主要是，采取教师运用多媒体讲解数据库理论，再通过SQL Server数据库软件创建一个完整的案例过程，学生进行模仿创建数据库的过程来掌握数据库的基本理论和创建方法。由于学生都有一定的计算机相关知识，学习能力也比较强，在模仿程序编写的过程中，虽然会出现这样那样的问题，但也都能跟上教师的节奏。由于时间和空间的限制，教师与学生的互动时间较少。在最终的考试过程中，面对实际问题，分析并抽取数据库创建的有用信息、创建数据库表结构和对数据进行操作的过程，答题的结果并不理想。出现这种情况的主要原因可能是，在上课过程中，学生主动思考并举一反三的能力

---

[1] 作者简介：陈春丽，北京服装学院基础教学部，讲师。

不强，只是被动地模仿教师或者课本上的案例进行操作，如何把学到的知识运用到实际的案例中，这样的问题思考得较少，因此学生看似学会知识点，但并没有真正增强对实际问题的分析能力。

二、线上教学模式

在疫情的整个大背景下，各高校都在很短的时间内结合自身特色，统筹安排教学，完成线上教学的工作任务，我校也积极展开线上教学。"数据库管理系统"是一门理论和实践并重的课程，要进行线上教学并保质保量地完成教学任务。首先，教学内容调整，适合线上教学；其次，选择合适的教学直播平台；再次，选择资源共享与交流平台；最后，教学效果的反馈。依次展开说明以上四个部分。

1. 教学内容调整

"数据库管理系统"课程的教学目标是，提高非计算机专业本科生对数据库管理系统的认知水平和应用技能，提高学生在信息时代驾驭信息的能力。理解数据库系统的基本理论、数据库系统设计的基本方法、关系数据库标准语言、SQL Server 中创建和管理数据的具体操作等。同时，通过对数据库前端开发工具 Visual Basic 的学习，掌握顺序、选择、循环三种基本程序控制结构，并能使用该工具开发较为简单的数据库管理系统。将教学目标进行细化、模块化，给学生明确的目标。让学生明确每一步需做的工作，提学习效果，培养思维能力。要求学生在掌握数据库基本理论及编程软件的基础上，能开发小型的数据库应用系统，培养学生的分析实际问题及解决问题的能力。

在线课程，教师和学生的空间隔离开来，少了面对面的交流和思想碰撞。为了达到本课程的学习目标，围绕课程知识抽离、重构以适应新的教学模式，提高线上教学质量。我们对课程内容进行多方面的调整，①提取章节关键词，提纲挈领讲解课程重点，确保教学过程逻辑清晰。②增加授课中的互动问题，确保线上讲授过程中学生能紧跟教师的教学思路。通过对知识点的梳理和整合，让学生更好地理解所学知识，激发学习兴趣，加深对所学知识的理解。③录制微视频，把知识点拆分成一个个的小知识点，适于网络传播，也方便学生学习。如图1~图4所示。

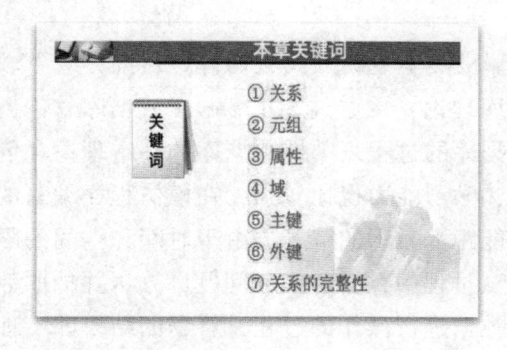

图 1　提取关键字 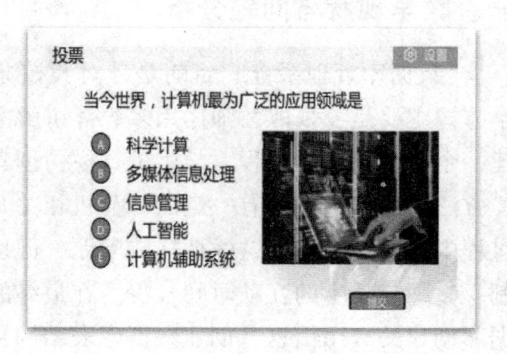　　　　　　　　　　图 2　互动

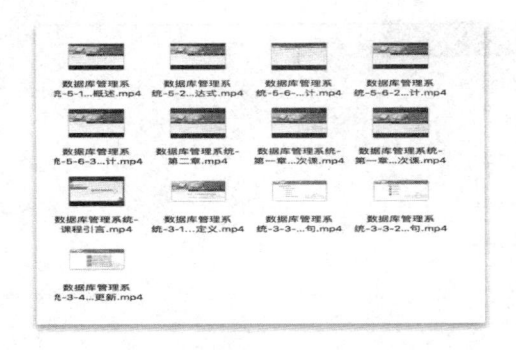

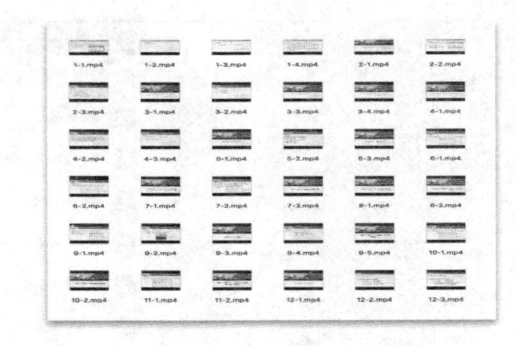

图 3　知识点微视频　　　　　　　图 4　实验微视频

根据线上教学的特点，准备好相应的教学内容，是保证学生学习效果的先决条件。一个好的教学内容设计才能引起学生的学习兴趣和参与度，提升教学质量，提高学生的创新能力。

2. 直播与资源共享平台

线上课程，直播的效果直接影响课堂活动安排和学生学习的效果。首先，直播平台运行要稳定，确保上课时，同学们都能顺利地进入直播间。其次，界面友好，操作简单，并能进行良好的互动。最后，要具有回放功能。基于这样的考虑，经过多次测试，本课程选用腾讯QQ课堂进行课程的直播。腾讯课堂是依托腾讯视频直播能力，实现老师线上教学，学生可以即时互动的学习课堂。经过测试，在上课高峰期，直播依然流畅，不卡顿。经过调查和征询学生的意见，腾讯课堂的直播效果也是满足了学习的需求。并且腾讯QQ课堂能够让师生进行实时交互，让教师和学生的交流更灵活、更及时。在课上尽可能多与学生互动，通过问答的方式，发言区发言参与课程讨论，充分激发学生参与课堂的热情。图 5 是上课时，学生进行热烈的讨论。

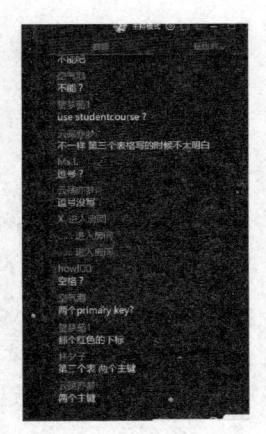

图 5　腾讯课堂讨论

线下学习采用北京服装学院在线教育综合平台（http://eol.bift.edu.cn），实现教学资源共享，此平台是我校自主搭建的线上学习平台，学生对此平台非常熟悉，不需重新适应。而且，教师能够添加、修改，上传教学大纲，教学计划，教学课件，教学视频等内容。根据线上课程的需要，我们把课程的知识点与课堂作业、测试分别做出详细的说明，方便学生进行学习。图 6 是第一周的学习安排。

另外，平台可以进行问卷调查、课程作业的布置和测试。并且记录每一位同学的学习情况。图 7 是学生登陆此学习平台进行学习的各种数据，供教师参考。

3. 师生交互

学生除了可以获得老师单向发布的课程资料和信息，也可以通过课程作业、BBS 论坛、教学邮箱等形式进行师生双向的互动，让老师对学生的学习情况有更立体、更宏观

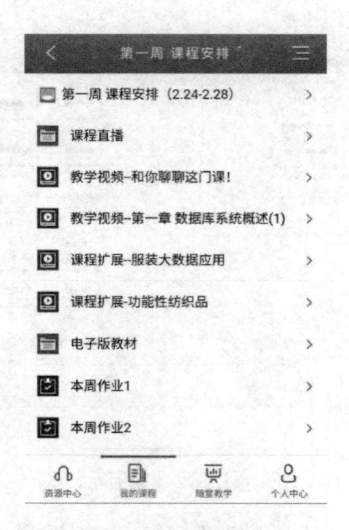

图 6 第一周学习安排

学生姓名	学生用户名	学号	班级	分组	进入课程次数	上交课程作业次数	在线时长(分钟)	进入播课次数	进入播课个数	学习播课视频时长（分钟）	提交在线测试数量
黄伟晴	201913010513	201913010513	服设1917	117和118	48	5	5749	156	52	449	17

图 7 在线教育综合平台记录学生的学习记录

的把握，帮助老师调整教学计划、进度等。

另外，为了让学生随时随地能找到老师，课程建立了微信群和 QQ 群，从而促进学生主动学习模式的良性循环。通过这次防疫情况下的线上教学实践，再一次认识到"互联网+教学"的重要意义，它打破"传统的教学环境下，师生互动局限于有限的课堂授课、答疑时间"的这种时空的限制导致师生沟通频率、深度不够，学生学习主动性不强等一系列问题。

三、效果反馈

线上课程结束之后，让学生对课程满意度进行反馈，在直播课时，让学生发言就线上课程的各个方面提出意见和建议，学生反馈效果良好，后在微信群进行课程问卷。经统计共 124 名同学参与满意度调查，课程获得 97.69 总评分。

线上课程还存在一定的缺点。由于师生不在同一空间，个别学生容易被互联网上各种信息吸引注意力，还有同学没有校园的环境，在舒适的家庭环境下，容易精神懈怠，忘记上课时间。因此，线上课程有其优势，也不可避免地有其不利条件。最终，通过情景模拟、实际操作等方式提升了学生的技能和素质，让学生在知识转化、感知知识方面有所提升。

四、小结

"数据库管理系统"是一门应用性很强的课程，通过线上教学实践，更能提升学生的学习主动性。本文从教学目标、教学内容和互动三个方面对课程教学重新设计，对线下课程中存在的问题进行改进，结合线上教学的优势，不断改进教学内容和方式。将学生引入主动学习状态，通过课堂实现"自主学习、师生互动、展示成果、维持激情"。互联网教学平台可以突破时空的限制，为师生提供内容丰富、形式多样、及时、灵活的交互，从而促进主动学习模式的良性循环。

参考文献

[1] 王志军, 陈丽, 陈敏, 等. 远程学习中学习资源的交互性分析[J]. 中国远程教育, 2017（2）.

[2] 王杨, 朱少晖, 顾准. 基于雨课堂的项目课程混合式教学模式的构建[J]. 生命的化学, 2017（6）: 1086-1090.

[3] 李艳红, 徐敏. "移动学习+智慧教室"生态学习空间的增强交互理念和设计：以《文学批评》课程为例[J]. 中国电化教育, 2018（10）: 62-70.

实践教学

服装专业本科的专业实习实效性评价初探

李菁菁[1]

摘　要　服装专业本科的专业实习作为教学环节的重要组成部分，在实施过程中存在一些不足。本文在分析专业实习课程开展情况后，结合教学大纲，简要论述了建立服装专业本科的专业实习实效性评价体系的意义，并提出了实效性评价的初步框架。

关键词　专业实习；服装专业；实效性评价

服装高等教育以面向纺织服装行业培养应用型专业人才为目标，实践教学环节在服装专业人才培养过程中具有重要意义。在北京服装学院的服装专业本科人才培养方案中，设置了多门独立的实践教学必修课程，其中的专业实习环节于第6学期（大三下学期）校内课程结束后进行。在实习过程中，学生将学习到的专业知识和技能第一次综合应用于行业实践中，这对于学生各方面能力的培养具有承上启下的重要作用。因而，对学生专业实习的实际效果开展评价工作，可以为今后实践教学活动的设计和实施提出改进方向。

一、专业实习课程的基本开展情况

在北京服装学院2019级的本科专业人才培养方案中，服装设计与工程专业（以下简称"服装工程专业"）的实践教学环节总学分为55分，占毕业所需总学分的36.2%。其中，"专业实习"课程学分为5学分，约占实践教学环节的9.1%，该课程要求学生在企业中与专业相关的岗位全职工作至少5周。

服装与服饰设计专业（以下简称"服装设计专业"）有6个不同的专业方向，实践教学环节总学分为59分到62.5分不等，约占毕业所需总学分的40%左右。其中，"专业设计实习"课程学分为6学分，约占实践教学环节的10%，该课程要求学生在企业中与专业相关的岗位全职工作至少6周。

通过上述专业实习课程，希望学生获得第一手资料与实际工作体验，进而对服装及相关企业的实际运营形成较为深入的认知，培养学生解决实际工作问题的能力。

具体实施方面，学院每年按期召开实习动员会，向学生说明实习的安排及要求，并指定指导教师。同时，向企业征集实习岗位需求并对学生发布，学生与企业进行双向选

---

[1] 作者简介：李菁菁，北京服装学院服装艺术与工程学院，讲师。

择确定实习岗位。确定岗位后，学生在企业内部按照要求完成相应的工作内容。如学院提供的实习岗位无法满足学生的需要，学生也可以自行寻找实习岗位。学生在实习过程中每周需记录工作内容与完成情况，获得企业评语，实习完成后还要撰写实习报告。指导教师则根据学生实习表现、实习周记完成情况、企业评语及实习报告等几方面对学生进行考核，给出专业实习课程分数。

为了保证专业实习课程的质量，学院近年来着力推动"双元制"的项目实习模式，即学校和企业双方合作，以独立项目的形式共同制订学生实习的任务和要求，实习任务完成后校企双方共同对学生进行考核。

二、目前专业实习课程实施过程中存在的问题

目前专业实习课程实施过程中存在一些问题，试总结如下。

（1）从课程大纲的描述上看，专业实习的教学内容与目标主要集中在对专业技能的培养上，很少提及对于职业素养的培养。

（2）从大纲规定的考核方法和成绩评定方式上看，实习成绩是基于企业评语和学生报告完成质量给出的。在实际情况中，大部分企业给出的评语较为简单，并不能完全反映出学生实习表现的实际情况，更无法体现出学生能力的培养情况。而对学生的实习报告进行打分则是以结果为导向的一种评价方法，无法对学生的实习过程进行评价。另外，学生的实习报告撰写以及教师的评分都缺乏明确、统一的标准和要求作为指导。

（3）从实习课程的组织上看，不同企业和岗位能够提供的实习内容不尽相同，无法完全对标课程大纲的要求。相对来讲，项目实习的模式更接近大纲的要求，也更便于指导教师观察和指导学生实习，而学生自谋岗位的实习则较难进行过程质量把控。另外，学生完成实习后，除指导教师进行成绩评定以外，缺少其他的师生总结和交流环节。

三、建立专业实习实效性评价体系的意义

上述问题表明，对于专业实习课程是否能够达到预期的结果，目前缺乏准确的分析和评估，从内容设计到开展实习再到效果评价没有形成完整的闭环，因此，如何改进和优化这门实践课程也就缺乏依据。

建立实效性评价体系并据此开展评价工作，有利于观测学生在开展专业实习以后专业技能以及综合能力的发展变化，帮助学生发现问题并厘清问题产生的原因，进而优化实习内容的设计，使教师的指导更加有的放矢。

另外，2020年突发的新冠疫情，使线上实习的模式大范围展开。建立实效性评价体系，也利于对新的实习模式进行评估和总结。

四、构建专业实习实效性评价体系

1. 建立专业实习实效性评价框架

专业实习实效性评价主要是对教学活动的实施能否达到设计的目标进行衡量。因此，在建立实效性评价框架之前，首先应当明确专业实习的教学目标。

（1）专业实习教学大纲对于教学目标的描述。"专业实习"课程的教学大纲在课程简介中提到："通过实习，学生可以对服装从策划到设计、生产、检验、销售各环节有较深入的认识与了解，获得直接的实践知识和工作经验，以及服装企业运作、市场与营销等多方面的第一手资料。学生能够更好地理论联系实际，提高分析问题、解决问题的能力。"

"专业设计实习"课程的教学大纲在课程简介中提到："帮助学生了解服装产品设计研发全部流程、工业化批量生产的流程和特点以及相关理论知识，同时通过在专业岗位参与具体产品设计研发工作，实现学生相关能力培养：商品企划、材料选择、设计提案、图稿设计与评审、工艺编写、样衣实现与评价以及商品陈列的能力，并通过团队合作，培养学生领导以及参与设计研发工作，锻炼学生沟通与表达能力，最终具备解决复杂设计问题的能力。"

（2）人才培养方案对于专业培养目标的描述。2019级的本科专业人才培养方案，将服装专业的学生培养目标和毕业要求重点归纳为知识掌握、能力培养及素质发展等几个方面。其中，知识掌握主要指服装工程或服装设计专业相关的学科基础知识、理论及专业技能。能力培养主要包括专业知识技能的应用能力、问题研究与分析能力、使用现代工具的能力、沟通能力、团队协作能力、项目管理能力、终身学习能力、创新能力。素质发展主要包括职业素养与规范、人文素养、科学素养、社会责任感等。

通过以上梳理可以发现，从教学目标来看，专业实习环节对于毕业要求的支撑主要集中于知识掌握和专业知识技能的应用能力方面，并对问题研究与分析能力、沟通及团队协作能力的培养提供了支撑，但没有对素质发展和能力培养的其他方面提供支撑。实践教学是实现人才培养目标的重要手段，而专业实习是实践教学中的重要环节，对学生综合能力的发展有明显的积极作用，特别是对学生职业能力和社会适应性的提高有很大帮助。因此，仅对目前教学大纲中提及的内容进行实效性评价还不够全面。

（3）实践教学目标的相关研究。在中国知网上以"实践教学目标"为关键词进行检索，可以看到近年来国内对于实践教学的研究很多，研究内容涉及实践教学体系构建、教学模式改革、教学评价等多个方面。这些文章大部分为定性研究，较多的是提出方向性结论，专门针对专业实习目标进行探讨的文章较少。一些文章从教学实效性评价的角度进行了研究，为构建专业实习实效性评价体系的方法提供了参考。另外，很多文章对学生职业能力的评价进行了研究，但针对服装专业开展的讨论较少。

刘静对"双元混合制"模式的实践教学体系进行论述，提出实践教学目标应包括专业感知和认知、专业技能、综合应用能力、创新能力、创业能力、素养和职业六个参数[1]。

胡伏湘等基于大数据对学生职业能力评价指标体系进行了研究，提出学生职业能力评价应包含基础素质、专业水平、方法运用、社会交往、可持续发展五个领域层指标，各指标又包含若干下级指标[2]。

张丽华等基于层次分析法对高校学生职业能力评价体系进行了研究，建立了知识评价、能力评价和素养评价相结合的职业能力评价体系。其中，知识评价层面包含专业知识、英语水平、计算机水平三个指标。能力评价层面包含实践应用能力、团队合作能力、创新能力、表达能力四个指标。素养评价层面包含思想品德、心理素质、责任感三个指标[3]。

（4）服装专业实习的实效性评价体系框架。综合以上分析，结合学生实习实际情况及企业反馈，初步提出包含知识、能力、素养等三类指标的二级评价框架，具体见表1。

表1　服装专业本科的专业实习实效性评价体系框架

目标类型	评价指标
知识掌握	服装专业基础知识和理论的发展情况
	对服装专业和职业方向认知的发展情况
	计算机等工具应用水平的发展情况
能力培养	实践应用能力的发展情况
	问题分析与解决能力的发展情况
	创新能力的发展情况
	团队协作能力的发展情况
	表达及沟通能力的发展情况
	职业环境适应能力的发展情况
	自我学习提升能力的发展情况
素养发展	身心素质的发展情况
	责任感的发展情况
	职业道德水平的发展情况

2. 专业实习实效性评价的组织实施

参与专业实习工作的主体并非学生一方，学生、企业、指导教师三方均为主体，因此，该三方都应该参与到实效性评价工作中。在开展实习之前，指导教师应该帮助学生明确专业实习的目的和意义，使学生能够带着目标投入工作中，而不是盲目地应付完成任务。同时，依据评价体系，教师组织学生进行能力自评。实习完成后，企业方调整评价方式，依据评价体系对学生综合表现进行评分。学生再次进行能力自评，对两次自评、企业评分与自评间的差异进行分析，并据此撰写实习报告。在此基础上，教师对学生实习进行综合打分，并与学生展开交流和总结，帮助学生明确个人发展方向，分析实习工作改进方向。

五、研究展望

以上专业实习实效性评价体系框架的提出，主要依据文献研究和开展实习工作的经验，是专业实习课程实效性评价的初步探讨。后续应该进一步开展实证研究，针对服装专业所需具备的职业能力评价内容开展调研，对标培养方案，构建科学的评价体系，并开发评价量表。

参考文献

[1] 刘静."双元混合制"模式下的实践教学体系构建：以地方本科高校为例[J].嘉兴学院学报,2018,30(5):1-7.

[2] 胡伏湘,陈超群.基于大数据的学生职业能力评价指标体系研究[J].软件工程,2020,23(6):55-59.

[3] 张丽华,李雅娟,王一然.高校学生职业能力评价体系研究[J].教育理论与实践,2019,39(24):12-14.

[4] 席剑辉,蒋丽英,朱琳琳.工程教育专业认证背景下的实践教学模式探讨与改革[J].中国现代教育装备,2020(9):39-41.

[5] 丁玉山.北京市高中体育课堂教学实效性评价量表的开发研究[J].体育教学,2014(5):73-75.

智慧教学环境促进产品设计教学效果研究

刘勇❶ 张弘

摘 要 本文从智慧教学技术入手，将教学环境、教学交互技术和教学模式三方面进行整合分析，探讨智慧教学环境如何影响产品设计专业教学效果。本文基于智慧教学环境实际案例，针对产品设计专业需求定制建设方案，着重分析了智慧教学环境是如何支撑新型教学模式并对教学效果产生积极影响的，以期为更好地建设和使用智慧教学环境提供参考。

关键词 智慧教学环境；教学模式；产品设计

一、引言

随着信息通信技术的蓬勃发展，教育技术的发展受到了深刻的影响。教育技术逐渐从教学工具和手段层面向教学模式层面融合。在提升智能化教学环境的同时，也整合形成了多样化的教学活动模式，极大地影响了教育教学理念的发展。

本文基于产品设计专业教学背景的智慧教学环境项目，为探讨先进教育技术对产品设计专业教学的影响提供了一个很好的研究平台。本文重点探讨教育技术如何支持新教学模式的应用，促进深度互动教学，进而对教学效果产生积极影响，促进学生的深度学习。

二、智慧教学环境特征和功能框架

智慧教室是目前最为典型的智慧教学环境类型，是高校信息化工作满足内在教学需求的自然产物，同时也是符合智慧学习时代潮流的产物。

1. 智慧教室基本特征及功能框架

智慧教室并不是以接入网络并使用更高级的计算机和投影等教学硬件为特征，而是集人员考勤、教学设备管理、环境智慧调节、教学资源云存储、视频监控及远程控制于一体。智慧教学系统具有便捷性、开放性、交互性三个基本特点[1]：

（1）便捷性。教室配备移动和通信设备，内置各种信息接口，师生课前无须做任何准备；

---

❶ 作者简介：刘勇，北京服装学院服饰艺术与工程学院，讲师。

(2) 开放性。教室提供开放式内外资源通道服务；

(3) 交互性。允许在多个智慧教室之间建立连通和交流。

结合心理学中刺激来源分析，进一步可将智慧教学系统分为人造客观对象——学习空间（如物理环境、座位布局）、自然客观对象——信息技术（如资源获取、内容呈现等）和主观对象——教学法（如人—人交互、人机交互、教学活动等）三个功能维度[2]。此系统功能的关系如图1所示。

2. 智慧教室应用方案

在分析智能教学系统的特点和功能框架的基础上，结合产品设计教学的具体需求，如不同的课程内容、教学目标等：

（1）教学内容。产品设计发展日新月异，这就要求对学科的前沿动态、新技术、新项目随时跟踪和学习，需要良好的网络信息条件。

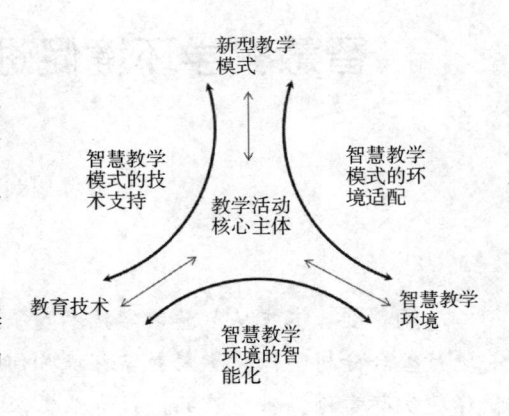

图1 智慧教室环境功能维度逻辑

（2）教学目标。明确教学目标，通过视频多媒体、网络在线课程等多渠道学习资料，创造问题场景，提出基于学习目标的典型问题，引导学习者自我探索和学习，使学习更有目的性和针对性。

通过对产品设计教学的需求分析，从而对学习环境和教学功能提出了具体的要求，以北京服装学院服饰艺术与工程学院智慧工艺室建设方案为例，如表1所示。

表1 北京服装学院服饰艺术与工程学院智慧工艺室方案

一级项目	二级项目	组成内容	功能特点
学习空间	设备物理环境	智能门禁	刷卡/刷脸打卡功能
		电子班牌	教室使用状态信息
		发言/扩声设备	音频拾取和放大
		高拍摄像机	实时传输局部特写镜头
		空调/新风设备	净化室内空气
	空间职能布局	理论教学区	靠近讲台便于师生交流
		工艺实践区	配工作台用于手工实践
		设备操作区	配置专业设备
		作业展览区	展示优秀作品
信息技术平台	资源获取	高速网络和云平台	便于师生资源融合互动
	多屏互动显示	多屏互动智能电视	便于学生观看教学过程
	视频录播系统	智能跟踪摄像系统	传输并记录课堂实时状态
	物联管控系统	教学设备物联网	一键控制整体教室设备

智慧教学平台可包括学习空间维度以及信息技术平台两个客观维度。其中，学习空

间维度可细分为设备物理环境、空间职能布局两个子项；信息技术平台分为资源获取、多屏互动显示、视频录播系统、物联管控系统等子项。总体看智慧教学平台具有如下功能特点：

（1）强大的软硬件教学资源管理服务能力和可扩展性。通过云平台整合多数据源数字教学资源，支持不同类型的多终端接入和服务，能够实现本地和远程对教学空间的管理控制。

（2）完整的教学流程记录和管理功能。通过对接教务教学管理系统，完成对师生教学活动的静态数据及时搜集，以及课堂实时进程的影音记录功能，极大方便了教学检查和督导环节。

（3）先进的影像技术集成极大地突破了空间和时间的约束，可以令学生在教室的不同位置/远程，实时/非实时的参与学习过程。

（4）在功能丰富，扩展性良好的智慧教学环境支持下，以往师生单一链式交互模式，向网络型多学习源头，师—生、生—生间学习互动的立体网格化交互模式转变。

根据对北京服装学院智慧教学环境的特征和功能分析可见，先进教育技术对整个教学环境和教学方式有巨大提升。这种提升不只是在物质技术层面为提升教学体验、提高教育生产力夯实基础，更为应用这种技术优势来支持教学模式的革新和跃迁，即从传统的教师主导讲解学生被动接受学习的模式，向以学生为主体，自主、探究、合作为特征的新型教学模式转变，并提供了多种教学可能性支持。接下来需要结合专业特点和学生的特征对我院产品设计专业的教学模式做进一步深入探讨。

三、教学模式研究

美国《国家教育技术计划（NETP）2016》中提出，在技术的支持下，教师可以与他人、数据、内容、资源、专门知识和学习体验联结起来，以调动和激发他们为所有学习者提供更加有效的教学，重构教学双方的角色定位和教学流程模式[3]。由此可见，在新型教学模式的全流程阶段，现代教育技术的支持是基础性全方位的。

目前作为受教育者的学生特征发生了很大的变化，作为千禧一代，典型的特点是思维活跃、兴趣广泛且学习积极性容易受课堂氛围的影响。而传统的教学模式，即通过课堂灌输介绍知识和工具，讲解课程内容并演示基础操作，最后进行答疑并布置作业的方式，已经不能满足吸引新一代受教育者的需求。产品设计专业传统的教学有如下特点：

（1）课程中所用设备和工具种类多，对动手能力要求高，传统的讲解演示形式学生参与度及效果不佳。

（2）教学涉及内容多，工艺复杂。为了完成教学任务，教师只能介绍基本的实践操作，学生只能简单重复。

（3）课程中包含很多综合设计性、探究性课题。传统的现场演示教学模式无法满足这类教学的需求。

在智慧教室的支撑下，教师有了更多的技术手段来实现新型教学模式。根据之前智慧教室的功能分析可见，目前智慧教室能够支持的教学模式分析如表2所示[4-8]。

表2 智慧环境支持教学模式对比分析

教学模式	参与者	课前	课中	课后
传统教学	教师	布置内容范围和要求	讲解、示范、针对授课内容答疑	评定提交作品和报告
	学生	预习图文资料	教师讲解后动手实操，遇问题提问	制作作品和撰写报告
翻转课堂	教师	向学生布置详细任务单；在线答疑	根据预习情况调整讲解内容和深度；设计并组织课堂讨论，观察学生问题，必要时给予回应；反馈及记录学生表现	在线答疑；多层次评价
	学生	根据任务单完成预习；在线交流	在教师组织下进行讨论总结；动手实践并与同学和老师沟通	在线答疑；完成作品和撰写报告
PBL教学法/CBL教学法	教师	向学生提供自学资料和问题，鼓励学生主动搜集资料	主持讨论，引导讨论围绕问题或案例进行，适时给予启发反思和理论总结	多层次评价
	学生	根据案例资料自学，围绕问题广泛搜集资料	从教师介绍的案例或提出的问题出发，积极运用理论方法和设备工具来解决问题	制作作品/撰写报告
同伴教学法	教师	根据教学目的制订分组要求	布置设计主题和设计要求，适时引导深入讨论和总结	测试和评价
	学生	根据分组要求完成分组	在教师的督导下进行组内讨论，合理分工互助学习共同完成学习任务	总结汇报
微格教学法	教师	准备实践操作视频范例并分发学生自学	讨论释疑并强调实践操作要点	工艺应用答疑，多层次评价
	学生	根据任务单并结合视频自学，鼓励广泛搜集相关资料	在教师的督导下完成规定实践操作流程	观摩学习视频练习提升并完成设计作品

这些新型的教学模式中支持构建的教学关系是平等互动的学习共同体。教师在学习过程中角色是引领者，通过智慧教学平台整合的资源和教学工具，令知识的呈现、传递、交流、分享、评价等方式都发生变化；学生则可以通过各种移动终端接入教学云平台，支持丰富类型的学习体验，通过便捷的分享和交流达到协作学习和设计共创的教学目的。

四、智慧教学环境对教学效果改善

智慧教学环境下所应用的很多新型教学模式都是基于建构主义理论。建构主义学习理论的基本观点认为教学应以学习者为中心开展，教师在学习活动中指导并推动学习者完成对知识意义的建构，而不是生硬的宣讲和灌输知识；应鼓励学习者主动地完成信息的加工、意义的构建并理解内化知识，而不是被动接受知识/技能[9]。在教学过程中，我们需要提供多类型环境、多工具、多源信息的支持，还需要能够轻松构建灵活高效的组织沟通模式。以北京服装学院使用的智慧教室平台为例，在传播学习内容、创造学习环境、支持协作学习、对话与交流方面，学习条件得到了极大改善。

围绕产品设计教学活动这个核心，教师团队对产品设计教学活动需求的多个维度进行了深入的探究：如教师如何合理的设定教学目标，并选择恰当的教学手段来讲解教学内容；如何提高学生学习的兴趣，增强他们学习的动力；如何提高教学活动中高效良性互动，如何更高效地完成使信息数据的采集及共享等。综合师资、设备、教学技术支持等各种资源，在前期有计划培训新型教学模式方法的基础上，重新规划和组织教学活动。通过半年的教学，采用新型教学模式对教学效果的提升主要表现在如下方面：

（1）通过布置任务单和学习资料，引导学生主动学习。这一措施令学生在课前预习阶段就完成对学习目标、主要内容、工具使用、操作流程以及注意事项等基础知识点的认知。

（2）指导教师的教学流程更加流畅，学生也具备拓展提高的素质基础。教师可以更多地采用启发式教学法，引导学生自我推演建立问题/现象—原因—对策方法—实践操作完整逻辑流程；通过教师的示范引导以及对问题的拓展等内容，激励学生自我提升学习效果，夯实知识/技能基础。

（3）课堂气氛比较活跃。如PBL教学法、同伴教学法等会重视学生间/师生间互动探讨问题环节，不但锻炼和增强学生交流能力和团队协作能力，还增加了彼此信任和默契。

（4）学生的各项能力和综合素质得到较大的提高。这与智慧教学环境下各种新型教学模式的推广应用有密切的关系：如PBL教学法/CBL教学法等能够直接训练学生针对问题/案例进行逻辑分析并提出解决对策的能力，同伴教学法或者团队教学法对增强了师生、生生互动，训练学生语言表达能力、促进学生个人和集体思考、甚至激发创新思维形成等方面有明显效果。

总体看，智慧教学环境支持下的新型教学模式能够弥补传统教学模式的不足：如翻转课堂可以有效调动学生的能动性，主动寻求解决问题的方法；团队教学法可以促进学生进行小组合作，在协作过程中探讨交流加深知识学习效果等。这些都是传统教学模式所不具备的特点。然而新型教学模式仍然有其不足之处：如不能给予学生完整系统的知识学习；方法的应用对学生和老师的素质要求更高，需要学生具备积极地学习态度，师生间更默契的学习共识等。在这些方面反而是传统教学模式表现得更为出色，因此，即使有智慧型教学环境的教学"加持"，也不意味着能够让新型教学模式完全替代传统教学模式，综合使用一切合理的教学方式应该是正确的教学理念。

五、结论

采用物联网、智慧网络平台、智能影像跟踪等多种先进技术的智慧教学环境为产品设计专业提升教学提供了坚实的物质支持。智慧教学环境作为一种新型的教育形式和教学平台，为教育行业发展带来了新的发展机遇。帮助教师从繁重的知识和技能重复性传授工作中解放出来，将更多的时间和精力花在富有创造性的工作上。

参考文献

[1] 鄢晓，邬大光．论教育技术发展牵引的教学改革[J]．中国高教研究，2016（10）：47-51．

[2] 胡永斌，黄荣怀．智慧学习环境的学习体验：定义、要素与量表开发[J]．电化教育研究，2016（12）：67-73．

[3] 赵建华，蒋银健，姚鹏阁，等．为未来做准备的学习：重塑技术在教育中的角色：美国国家教育技术规划（NETP2016）解读[J]．现代远程教育研究，2016（2）：3-17．

[4] 池金谷，李青，卢飒．翻转课堂在高校实验教学中的应用[J]．中国成人教育，2019（6）：61-64．

[5] 刘艳，江冰，朱昌平，等．本科实验课程翻转课堂教学设计与实践[J]．实验室研究与探索，2016，35（4）：201-204．

[6] 张小凡，周伟丽．PBL教学模式的实践与效果研究[J]．教育教学论坛，2018（2）：174-176．

[7] 董晓宇．BOPPPS模型框架下同伴互助教学法（PAL）的课程设计与评价[J]．中国继续医学教育，2017（12）：20-21．

[8] 战青，郭晶．同伴互助式微格教学法在临床护理实践教学中的应用分析[J]．中国卫生产业，2019，16（10）：136-138，141．

[9] 高文，徐斌艳，吴刚．建构主义教育研究[M]．北京：教育科学出版社，2008．

设计性实验"苯乙烯乳液聚合"教学模式的探索与研究

马涛❶ 何璞祯 朱志国 张秀芹 杨中开 张文娟 董振峰 汪滨

摘 要 为了突出实践教学的地位,更加注重培养学生的创新能力和综合实践能力。本教学团队就教学实验"聚苯乙烯乳液聚合"的教学模式进行了改革探索与研究。对传统模式进行改革,增加"设计性实验"等因素,使学生获得更好的实践锻炼。本文阐述了我们教学改革的建设和实施内容,以及在教学过程中的收获和体会。

关键词 设计性实验;实践教学;综合实践能力

一、前言

高分子材料已成为现代社会生活中不可或缺的材料,在包括高精尖、国防、工业等国民经济各个领域得到了广泛的应用。高分子化学是高分子材料与工程专业的必修基础课程,与其他化学课程一样,也是一门实用性和实践性很强的课程。既需要学生掌握高分子化学的理论知识,也需要通过高分子化学实验掌握扎实的实践知识和熟练的实验技能。因此,高分子化学实验需要与高分子化学配套实施且同样重要[1-3]。

实验课具有课堂讲授所不具备的优势,更加具有直观性、参与性和良好的操作性。学生在实验课中体现出的主动性、探索性和创造性是实验教学的主要特点。多数验证性实验教学是指导教师基于提前印制的实验讲义(或教材)对实验原理、实验步骤、实验装置和注意事项逐一讲解,然后是学生"照方抓药"。不可否认的是,这种实验教学方法对于低年级本科生是可行的,而且对于培养学生的实验规范十分必要。但是,对于大学高年级的本科生而言,可以用一种更加高级的方式,推动学生对所做实验的思考和全局把握能力,同时,通过合适的实验设计,也可以大大增强学生的实验沟通与团队分析的能力。高分子化学实验是在大三开设的一门课,学生已经掌握了基本的实验技能,有了较高的自学能力,完全可以通过已学的相关理论知识更加主动地设计和参与实验。因此,本实验的教学改革目的是切实提高学生的主动性、探索性和创造性,培养学生的创新意识和综合实践(实验)能力。

---

❶ 作者简介:马涛,北京服装学院材料设计与工程学院,讲师。
资助项目:北京服装学院教育教学改革项目"设计性实验'苯乙烯乳液聚合'探索式教学模式研究"(项目编号:JG-1808)。

二、实践教学改革的指导思想

2017年以来，专业的培养计划做了较大修订，突出了实践教学的地位，更加注重培养学生的创新能力，并在实施过程中逐年完善。本教学团队经过广泛的调研，深入的思考和讨论，对实验教学体系进行改革。结合高分子学科的特色，新的体系更加注重实验内容的更新与整合，改革实验教学方法，完善实践教学考核方式等。着重培养学生科学实验的基本素质，形成独立思考和独立操作的习惯，掌握并综合运用所学理论知识的能力。以苯乙烯乳液聚合实验课为切入点对高分子化学实验课进行教学改革，突出学生在实验教学中"主角"的位置，调动学生的主观能动性，由简单的验证性操作变成设计性实验。同时有助于学生理解理论课讲述的知识点，培养初步的科研精神和实践创新能力[4-5]，形成了"基本技能实验+综合性实验+设计性实验"三个层次的实验教学体系，建立了"开放式"教学模式。

三、教学改革的具体措施

1. 实验硬件的升级

实验课的核心是加强学生的参与性，创造人人动手、独立实验的机会至关重要。教研室加强投入，更新、添置实验仪器和设备，保证单人操作实验，更加符合高分子化学实验课的要求，对学生的主观能动性锻炼价值增强。增加了两台高速离心机用于最后产品的分离，增加了产品分离的途径，在提高实验效率的同时，也使学生掌握更多的产品分离和纯化手段，尤其是在遇到与实验预设结果不一致的情况，能够综合运用多种实验的处理方式，将课堂讲授的知识点与实验更好地结合，加深了学生对乳液聚合的认识，增强对合成类实验的后处理能力。

2. 实验教材的变化

为了配合实验课的教学改革，教学团队对实验教材也进行了修订。实验教材是学生了解实验内容、实验目的、实验原理、实验装置和操作、实验步骤等的主要学习资料。依据专业实验室的实际情况，编写符合学生使用的实验课程教材。该教材配合教学体系建设，包括基础性、综合性、设计性实验，为课程的顺利开设提供了依据。在"聚苯乙烯乳液聚合"实验课的部分除了传统的实验目的、实验原理和实验仪器的内容以外，对实验操作部分进行了大的变动，将过去详细的实验步骤、实验方案、实验后处理方法等全部简化，变为启发性的描述和提示，放宽学生在实验中的主动权，由学生自主思考完成实验。尤其是在指导教师大量预实验的基础上，将实验配方中的用料量、实验条件变为可操作的范围，由学生自主设定，或者教师根据条件因素的可比性，安排不同学生完成不同条件的实验，便于对实验变量进行因素分析，既保证了学生的单人操作，又增加对影响实验结果因素的分析、对比与总结。

3. 实践教学改革的实施

（1）实验预习。实验的预习过程对于锻炼学生对实验的全局把握能力非常重要。在很多实验教学中，大多数学生的实验预习报告是全部抄写或较为随意地"摘抄"自实验讲义，绝大多数是上为了满足指导教师的预习要求，获得实验的预习成绩。在预习过程中，缺少自己的实验语言和思路，实验预习的效果收效甚微，导致大多数学生进行实验操作时，一刻也脱离不开实验讲义，根本不看自己的实验预习报告。本实验改变了这种模式，不再要求简单的抄袭实验教材完成预习报告，而是要对实验讲义进行简化改编，形成能够指导学生自行实验的实验指导书，且实验过程中不允许再参考实验讲义，增强实验预习的有效性和针对性，尤其是比较充分的实验预习大大避免了很多实验的盲目性和机械性，为提高课程的培养效果提供支撑。同时，在保证实验安全的基础上，学生的自学意识、自主实验能力、实验现象的观察和总结能力得到锻炼和提高。

（2）实验配方的设计与选择。在教学准备工作中，本教学团队的老师们还就"设计实验"的内容进行了研讨，也就是如何突出实验的"设计性"，如何保证设计性实验对学生实践能力的提升。

乳液聚合的核心技术是聚合配方的设计。配方里的单体、引发剂、溶剂、乳化剂各有分工，缺一不可，其用量、比例、加入顺序、体系温度的控制甚至称量的准确性等都是实验成败的关键因素。这些因素是学生理解乳液聚合机理的"钥匙"，也是学生必须掌握的知识点。为了突出本实验的设计性，在指导教师的大量预实验基础上，给出了各个因素的上下限，在实际实验时，供学生自主选择或者自由组合，形成变量分析小组，实现单人独立操作的团队实验，培养学生形成实验过程和结果影响因素的分析能力。

在实验过程中充分调动学生的主观能动性，要求学生在限定时间内，依据前期实验的所学技能，独立搭建本实验所需要的仪器装置。然后根据个人的预习报告进行操作。在实验分析报告中，细致掌握不同配方、不同阶段的反应特点。在教学过程中注重提升学生的自学能力、独立操作和思考能力。同时通过本实验让学生初步掌握科学严谨进行实验的方法，逐渐做到合成实验时粗中有细和收放自如。

（3）教学实验"成败"认识引导。教学实验的目的绝不是仅为了获得与讲义相一致的结果，即学生眼中的"实验成功"。实践教学是学习的过程，从所谓的失败中积极评价分析，进而经过重复实验，获得成功的过程比一次性"成功"更加有价值。因乳液聚合涉及因素较多，学生操作技能不是很熟练，甚至同样的实验配方，不同的同学进行操作，也会获得不一样的实验结果，甚至出现体系不聚合的情况，这些都是非常正常的现象。出现所谓的"实验失败"的情况时，指导教师需要和学生一起分析原因，研究其实验记录，引导学生回想、复述实验操作过程，大多数情况下都能发现原因。在分析过程中，学生的收获更大，并且多数学生希望再次进行实验，指导教师均给予安排，从而大大增强教学效果。借此，引导学生积极看待和评价实验的成与败，得与失。因为化学学科的实验具有其独特性和某些不可控性，在创新型和探索性科学研究中，实验失败是家常便饭，但也正是一次次的失败，才成就了科学研究的成功。因此，在本设计性实验中，通过积极的态度和客观科学的引导，使学生正确认识教学实验的成与败，对学生未来的成长大有裨益。

（4）全面的实验考核。采取多环节灵活综合考核的方式，评价学生的实验成绩。实验成绩分布在学生的实验预习、实验基本功、操作熟练程度和规范性、实验态度和实验安全、专业的实验语言表达、与指导教师的沟通问答、实验后的仪器与实验台的整理、实验报告的质量、原因分析与体会等方面，以便更科学和客观地评价教与学的效果。

四、改革的收获与体会

教学改革取得了显著的成效。首先，学生提高了对实验教学的兴趣，不再是以往走过场的态度。特别是对于小部分实验失败的同学，过去只是将产品作为废弃物丢弃。现在通过高速离心机的提取和教师的讲解，使得学生清楚了失败原因，产生了重新做实验的渴求。其次，实验成功率超过80%，较之前取得提高。最后，通过一系列的改革，实验产品的优良率超过了60%，最终所得产品的粒径、颜色和产率等指标均超过以前的实验。

苯乙烯的乳液聚合的设计性实验开设时间不长，但是在短短的时间内取得了比较明显的效果。首先，实验的成功率大幅度提高，实验产品的质量也比过去要好，避免了很多同学对实验结果的"遗憾"，并且能够给学生更多的实验补做机会，进一步弥补"遗憾"。新的教学模式对同学们提出了更高的要求，也激发了同学们的主观能动性和对高分子化学的兴趣，使学生的自学意识和能力得到锻炼和提高。其次，学生对聚合的理论知识掌握情况比原来要好，设计性实验能够更好地理解课堂上讲授的知识点。最后，学生的独立动手操作能力进一步加强，初步养成了动脑思考的习惯，也懂得了分析问题的方法和重要性。同时，教学团队成员在教学改革的过程中学到了很多，更好地服务于实践教学，并类推到其他实践课程中，促进了专业的实践教学质量提升。

高分子教研室根据现有条件，精心准备教学内容，增加苯乙烯乳液聚合"设计性"实践教学环节的创新形式，学生好评度较高，取得了初步的改革效果。在突出实验教学的重要地位的基础上，本教学团队将进一步对高分子化学实验进行改革，形成"基本技能实验+综合性实验+设计性实验"三个层次实验教学体系，发挥实践教学的重大作用，并进行经验推广与交流，加强本专业实践教学课程的教学效果，增强学生的实践创新能力。

参考文献

[1] 潘祖仁. 高分子化学[M]. 5版. 北京：化学工业出版社，2012.

[2] 唐黎明，度新林. 高分子化学[M]. 2版. 北京：清华大学出版社，2016.

[3] 殷勤俭，周歌，何波兵，等. 高分子科学实验教学改革初探[J]. 高分子通报，2007（7）：65-68.

[4] 梁晖，卢江. 高分子化学实验[M]. 北京：化学工业出版社，2014.

[5] 曹同玉，刘庆普，胡金生. 聚合物乳液合成原理、性能及应用[M]. 北京：化学工业出版社，1997.

非遗文化传承课程对大学生创业能力的培养

——以传统手工印染为例

关芳兰[1]

摘 要 在纺织印染业机器工业高度发达的今天，扎染、蜡染、手绘等手工印染技术效果的偶然性、随机性、神秘性是古老的手工印染艺术能够延续所不可或缺的因素。传统手工印染制品不能完全复制，可根据消费者进行个性化设计，创造独一无二的手工"孤品"，极符合现代人崇尚自我、张扬个性的需求。但是，传统手工纺织品缺乏现代设计理念和技术工艺，产品成本持续走高，效率低下，质量难以保证，因此传统手工印染技术已经难觅踪影，只有在极偏远的地方才能有一席生存之地。本文通过分析目前机器大工业时代下手工印染技术及非遗传承人的现状，提出在高校轻化工程专业学生中进行非遗文化传承课程的学习，不仅是对非遗文化传承的有效保护，而且有利于激发学生的创业热情，鼓励大学生积极创业，使手工印染产品作为机器大工业生产的必要补充，重新在时尚纺织品消费市场焕发生机，在后疫情时代缓解当代大学生的就业压力。

关键词 扎染；蜡染；非遗传承；大学生创业

手工印染技术已经有近两千年历史[1]，包含型染[2]、夹染、画绩、凸版捺印[3]、蜡染、扎染等技艺与纹样。在日本平安时代，手工印染技术流传到了日本，并且不断发展创新，达到了发展的巅峰，创造了日本和服等著名的传统手工印染作品[4]。扎染[5]、蜡染[6]、手绘[7] 等手工技艺，在染色时染料受到阻碍，不均匀渗透，往往可以得到意想不到的抽象美的图案和色彩，形成的作品有一定的神秘感，就像人们所喜欢的"盲盒"一般，因此，成为大家都喜欢的雅俗共赏的染撷艺术。但是，我国的手工印染纺织品发展比较落后，原因主要在于缺乏技术革新、成本高、效率低、产品质量不稳定。人们一直在寻找对传统手工艺技术的革新与保护[8]。国务院在 2005 年《关于加强我国非物质文化遗产保护工作的意见》中提出，在高校中开展非遗课程的教学，通过高等教育，使我国的非物质文化遗产能够长长久久地传承下去[9]。手工印染技艺如扎染、蜡染等纹样设计过程简单，染色过程不需要专业的大机器设备，可操作强，适合于大学生开展创业

---

[1] 作者简介：关芳兰，北京服装学院材料设计与工程学院，副教授。
资助项目：北京服装学院校内教改项目"纤维与时尚设计专业纺织品染整工艺实验课程的研究"（JG-1806）；北京市教委面上项目（KM201810012005）。

活动，缓解大学生的就业问题。

一、手工印染技术及非遗传承人现状

手工印染纺织品时尚性的缺乏与陈旧的工艺技术成为手工印染纺织品发展的桎梏。而作为非遗传承人的手工艺人专业知识的欠缺也成为制约手工印染纺织品发展的重要因素[10]。

传统手工印染发展至今，其工艺与现代印染技术相比，技术远远落后，产品的各项牢度及质量都难以保证。传统手工印染中，扎染、蜡染仍然沿用传统的工艺进行染色，效率低，牢度差，而且传统工艺所用的野生植物越来越少，也限制了扎染、蜡染的发展。非遗传承人不了解所使用植物染料的性能及提取条件，仍然认为采用最原始的方法即是最天然的。而实际上，目前天然染料的提取工艺已经非常成熟，完全可以替代各种植物或动物来进行染色，用量少，工艺可控，染色产品品质高。手绘用的染料、糊料及助剂也随着印染工业的发展日新月异。非遗传承人由于自身没有接受过纺织印染专业的训练，因此手工印染工艺过程仍然是传统的、比较粗糙的，因此手工印染制品品质一直得不到较好的提高。

另外，传统手工印染的设计也缺乏创新设计理念，难以融入时尚领域，非遗传承人也在积极地寻找突破的方法。但是他们对当前先进的纺织品生产技术与设计能力都相对较低。而纺织品设计所涉及的因素多且复杂，不只包括纹样图案和色彩的设计，而且包括纺织品组织结构、纤维成分、后整理的搭配与组合。因此，在对传统手工印染制品进行创新型设计时应首先更新设计观念，将先进的印染工艺技术、理论与传统手工印染技艺相结合，进行多学科融合的整体设计。将艺术设计与先进的工艺融合，"技术设计"与"艺术设计"的有机结合才能设计出新颖独特、符合时代特色的手工印染纺织品。

二、"技术设计"与"艺术设计"互相融合的手工印染纺织品设计与开发

鉴于目前手工印染制品的状况，扎染、蜡染、型染、手绘等手工印染制品应融合"技术设计"和"艺术设计"进行产品的开发。研究制订手工印染适合的工艺技术，将传统手工印染的纹样、色彩融合时尚设计，创造符合时代潮流的手工印染制品。

扎染工艺的精神在于自然过渡的"晕染"，最擅表达几何纹样的抽象图形。因此扎染的难点在于染色工艺的控制和染料的选择。染料的特性不同，最终呈现出的扎染的效果就不同。不管使用天然染料还是合成染料，都应尽量选择低温染色，使用分子结构大、亲和力较高的染料，这样染料的"晕染"特征才能较好地显示出来。染色的时候也应控制好染色的温度和时间，减少渗透剂的使用。而丝绸、羊毛织物与棉的物理性能又不同，染色工艺都在高温下进行，因此，染料的选择更加重要。染料分子量较大，对纤维亲和力较高的植物染料或合成染料，染料染色中移染性差，容易出现"晕染"特征。因此，应在充分了解掌握染料、助剂、染色工艺基础上进行手工印染制品的染色才能获得品质较高手工印染制品。轻化工程专业的学生，在学习了"染料化学""纤维化学与物理""染整工艺原理"等课程后，对织物物理化学性质精通，对染色用的天然和合成

化学品了解，对扎染工艺过程可以进行精准的控制，获得品质优良的扎染艺术作品。

蜡染工艺首先在织物上进行画蜡，蜡作为一种防染剂。传统手工印染使用兰草作染料，生物发酵和碱石灰还原溶解，由于靛蓝染料本身的特点，染料亲和力低，所以往往需要染7~8次才能达到一定的深度，色牢度也差，想获得多套色的蜡染制品有一定难度，需要对靛蓝染料染色工艺有丰富的经验积累和知识储备才能获得良好的蜡染制品。其实，靛蓝染料目前主要用于牛仔面料的生产，牛仔面料经久不衰，一直深受人们的喜爱。手工印染蜡染也可以借鉴牛仔面料的生产，将水洗过程引入蜡染制品的生产过程，创造出蓝白相间的蜡染图案，在传统的蜡染图案上增加牛仔布水洗的效果，不仅能提高蜡染制品的色牢度，而且能创造出新的蜡染制品的风格。在设计上，将蜡染传统技艺与现代图形与色彩结合制作的新蜡染图案有很强的现代感，运用精细的蜡染手法表现现代感的几何与非具象图形，再配合时尚的色调，可以创造出新型的蜡染纹样运用于服装和家纺制品的设计中，蜡染图案与文化才能长久地传承下去并发扬光大。

而手绘工艺在时尚纺织品领域的复兴需要时尚印花图案色彩的结合。手绘手工印染的优点是在织物上绘画，个性感十足，配合极致的画功，可以方便地控制图案和色彩，对于渐变色、云纹、山水画等有极强的表现力，配合高档染料和优化工艺，可以获得高档纺织品。马王堆汉墓就有出土手绘印染的服装，表明了手绘在战国时期就已经出现，而且专门用于贵族服饰上的纹样装饰。但是，手绘工艺对染化料有较高的要求，不同的面料使用的染料不同，而且晕染效果也取决于染料的性能，因此需要手绘工艺大师熟悉所用染料的性能和染色工艺，同时，作者的绘画水平也应达到一定的境界，才能达到满意的境界。对于高级纺织品，手绘应当有发挥特长的位置。

我校艺术设计专业的学生毕业后，从事内衣设计的开发，在淘宝上创业，开创了自己的内衣品牌，在设计内衣附件的花型时用到热转移印花，但是热转移印花达不到所需的颜色，该学生体会到，必须掌握一定的印花技术以及相关的工科知识，否则无法选择印花面料以及最优化的印花工艺从而节约印花的成本。我校服装设计专业学生在做淘宝品牌中也体会到，服装面料在服装设计中起到至关重要的作用。了解面料的制作工艺与流程有利于创业者与生产厂商和客户的沟通交流与成本控制。因此，服装纺织产品的创业者应掌握服装面料的制作流程等相关的工科知识。

三、创新设计理念对传统手工印染技术的革新

传统手工印染纺织品是个性化制作，成本远远高于机器大工业，与时尚纺织品应具有很好的匹配度，但是，传统手工印染纺织品却难以进入时尚纺织品领域，与传统手工印染纺织品的创新设计理念缺乏大有关系。生产企业都在探寻突破口，例如，有的企业提出了艺术染整的思路，欲将"传统扎染"和"工业印染"技术整合起来寻求手工印染纺织品的出路[11]。非遗传承人南通蓝印花布艺术馆吴元新先生，创新性地把现代题材应用到蓝印花布装饰壁挂的创作中，也取得了不错的效果[12]。手工印染行业缺乏受过专业染织设计训练的设计师，大部分设计师仅仅是图案设计师，对纺织品加工的各个环节了解甚少，更不可能对手工印染纺织品进行印、染、织、绣等综合的系统设计。因此，手

工印染要想发扬光大，在时尚纺织品领域占据一定地位，培养掌握现代纺织印染技术以及有一定设计能力的非遗传承人是非常重要的因素。而我校的艺工结合培养的学生不仅学习了纺织品加工的各个工艺流程，熟悉纺、织、染、印、整各个环节，而且掌握了纺织品艺术设计。在手工印染纺织品的创新性设计中必然能发挥自己的作用，而个性化的设计制作符合时代发展的潮流，也有利于大学生创业活动的开展。

四、大学生创业非遗培训教学内容的传承与创新

传统扎染、蜡染、手绘的图案元素和植物染色技艺，不管是任何时代，对我们都是不可多得的宝贵的文化遗产，我们要能够对传统手工印染技术的演进过程进行完整的记录，又要不断地创新来满足我们的审美和社会的发展，保证手工印染技术的生命力，才能更好地将传统手工技艺发展下去。因此，对学生的传统手工印染技术的传承培养学习分为两个部分，一部分是对传统手工印染技术文化的保护和传承，完整地学习和记录手工印染技艺的演绎过程。另一部分则是创新性学习，对手工印染产品进行时代性的设计与创新，为人们提供个性的、时尚的手工印染作品。将传统和创新相辅相成进行学习，达到相互促进的目的。力争使手工印染技术在新时期能够保持一定的地位。对传统印染手工艺技术的坚守与记录主要是花纹图样，可以为纺织服装的设计提供更多技术和参考纹样。发挥传统手工印染技艺的作用。而在手工印染产品中引入新材料、新技术，反过来对传统手工印染制品的品质有巨大的提升作用，例如，丝绸手绘采用新型的环保型弱酸性酸性染料，通过仔细筛选染料，精确地控制染色工艺，能获得色牢度和颜色鲜艳度优异的手工手绘丝绸面料，大大提升手绘面料的品质。因此，新材料和新技术的使用对手工印染纺织品具有良好的促进作用。按照非遗传承的理念，传统手工技艺传承的教学内容主要以核心的图案纹样的制作为主，同时要了解纹样背后所蕴含的历史文化，深入学习，做到厚积薄发。我国的传统手工印染纹样的花纹图案都与人们生活息息相关，随着时代的发展，逐步形成了独立于自然或生活形态之外的一种美的形式。这种以生活为内容的审美是具有民族特色的传统美学观，它随着时代的变化而发展，积淀成为富有民族特色的固定模式。总之，充分利用高等院校资源优势，联合校内和校外（非遗传承人）的师资力量，开设非遗保护课程，能够吸引大学生加入传承人队伍中，提高传承水平，从而促进非遗事业的可持续发展，使中华优秀传统文化得以传承，振兴传统工艺。

五、结论

精美手工印染纺织品具有充分的个性化，当与时尚碰撞结合后，能产生高贵与时尚完美相结合的纺织品，不同于机器化大工业生产的产品有预见性，手工印染技艺与纺织品流行时尚的完美结合，往往给人惊喜，是社会发展到一定程度后，人们所期待的高档纺织品。"技术"与"艺术"相结合课程培养了轻化工程专业学生对手工印染非遗传承课程的掌握。通过工厂实践、文创设计比赛等活动，参与教师科研项目等活动，促进学生对手工印染非遗传承的创新创业活动，增强学生的创业能力，提高大学生创业就业热情，真正地把我国的手工印染非遗传承下去，焕发出新的生命力。

参考文献

[1] 鲍小龙,刘月蕊.中国民间传统手工印染的传承与发展[J].丝绸,2007(10):50-52.

[2] 龚建培.传统手工艺在现代的蜕变与再生:兼论传统手工印染现状与发展的几个问题[J].南京艺术学院学报,2006(4):127-130.

[3] 张庆.民间传统手工印染纹样造型研究[J].艺海,2010(11):115-116.

[4] 王文丽.蜡染及扎染手工印染技术在服装设计中的应用研究[J].染整技术,2017,39(1),40-41.

[5] 叶慧.服装设计领域中蜡染及扎染手工印染技术的创新运用[J].艺术科技,2017,30(7):146-146.

[6] 鲍小龙,刘月蕊.手工印染:蜡染与扎染的艺术[M].东华大学出版社,2006.

[7] 颜惠玲.当代南通扎染技艺的发展历程及其保护研究[D].南京:南京信息工程大学,2016.

[8] 李荣启.对非遗传承人保护及传承机制建设的思考[J].中国文化研究,2016(2):20-27.

[9] 张帆.基于非物质文化遗产进校园背景下印染技艺的教育创新及对策研究[J].林区教学,2019(4):112-114.

[10] 佚名.传承非遗技艺重塑工匠精神[J].中国职业技术教育,2017(2):9.

[11] 黎丹.浅析中国传统手工印染的传承与创新[J].艺术科技,2017,30(5):135-135.

[12] 吴元新.江海之滨,终朝采蓝:南通蓝印花布工艺的传承与创新[J].南通航运职业技术学院学报,2009(2):10-13.

"新媒体广告实践"课程教学改革的实践与创新

张琛[1]

摘 要 教学质量的提升和创新是全球高校面临的重要问题,本文通过对北京服装学院"新媒体广告实践"课程的深入分析,在高等教育改革目标和新媒体环境变化中,考察美国帕森斯设计学院、中央圣马丁艺术与设计学院、英国皇家艺术学院这三所高校的跨学科教育特色。围绕"新媒体广告如何让理论联系实践""如何发挥专业特色和学生能动性"这两大问题,深入分析了新媒体广告实践课程的体系构建,从教学资源、教学团队、教学模块、学生主体这四个方面回答了理论和实践如何科学有效地贯穿于整个环节。最后,文章还从工作坊授课模式和以赛促学两个视角来探讨"时尚+"理念在未来教学中的创新。

关键词 新媒体;跨学科教育;课程模块;工作坊模式;以赛促学

随着高校教育深化改革的深入,多元的学科结构、多样的授课方式正在日益影响着新闻传播类课程。作为新闻传播学科体系下的广告学专业,正在以其特色的学科优势,在学界和业界发挥着前所未有的影响力。北京服装学院的"新媒体广告实践"课程作为广告学课程设计中的重要一环,在新移动媒体的传播环境中,正在适时调整着教育、教学的方向,以改革和创新拥抱变化,形成自己独特的专业课程优势。

一、新媒体广告实践课程的发展背景

1. 高等教育的改革与目标

十八届三中全会和十九大以来,完善和发展中国特色社会主义制度的工作一直在稳步推进中,而其中高等教育改革的总目标是形成中国特色社会主义高等教育制度。高等教育制度需要构建社会、高校、人才之间的良性合作关系,由此实现高等教育现代化。从现实层面看,高等教育改革的核心解决好如何治理问题。而高等教育改革中治理现代化既代表为全球同质化,又因传统的差异而表现出多样性[1]。这种多样性的解决还存在不少困难,但最重要的是包容、科学且具有活力的大学体制、机制的创新,如果在大的文化、组织环境中缺失了"大学"这一概念,要创办一所大学就会举步维艰;大环境一旦存在建构'大学'的蓝图或者模式,大学的整个创建过程就会轻而易举[2]。

---

[1] 作者简介:张琛,北京服装学院时尚传播学院,讲师。

新媒体广告实践课程属于整个新闻传播学教育体系，既要符合新闻传播学科中对于通识教育和理论知识普及的需要，同时还要有广告学科自身实践性强这一特色。在已有研究中发现，在整个高等教育改革创新的背景下，课程内容和培养方案的设计一定要符合整个高等教育改革的背景，这体现出一种学科发展的适应性，也是新媒体广告实践课程参与到高等教育改革的要义所在。

2. 新媒体环境的变化与影响

现代科技高速发展，新的媒体环境直接作用到高校教学的实践中。北京服装学院的新媒体广告实践课程在传统媒体与新媒体交替的背景下，从时尚传播学科结构的高度去审视这门专业课程，发现外部的移动媒体环境已经影响到专业学习和课程实践。从整个创意产业的源头来看，新媒体环境在5G通信技术、互联网等媒介技术影响下，实现图片、文字、视频等内容的短时间内迅速传输，也实现了信息的交互，这对于未进入社会的大学生来说，互联网兴起初期进行的课程设计已经远远不能满足当下学生的需要，新媒体思维如何作用于广告作品的呈现，让他们不再是知识的被动接收者而成为课程的主动参与者，也促使了教学改革的实现。如相对于传统的集体授课制，一对多、一对众的知识传授方法，新媒体技术是每个人的私人教师[3]。线上课程资源的提供，每个人都对课程安排掌握的前所未有的主动权，也是知识积累的把控者。

3. 跨学科交叉在全球的专业实践

跨学科交叉融合是科研和教学的一个重要趋势。该词语最早出现于1926年由美国哥伦比亚大学教授伍德沃斯（R. S. Woodworth）提出[4]。进入21世纪，多学科之间的融合既创造了新的学科方向，同时又为学科自身发展提供了原动力。在世界上知名大学机构中，无一例外将跨学科或多学科作为主流学科进行研究。美国的帕森斯设计学院通过"设计和技术"专业，综合计算机技术、艺术和设计相结合，来实现研究、实验、设计、原型制作等。另外在帕森斯设计学院还有"数据可视化专业"，培养学生将视觉设计、计算机科学、统计分析以及数据分析与展示的综合既能；在中央圣马丁艺术与设计学院将科技感、跨学科融入艺术和设计的课程中，教导学生通过不同的跨学科实践来更好完成设计作品。学生通过将艺术与科技相结合的学习，做好当代、历史中与艺术和科技相融合的研究项目。MA Art and Science 和 MA Fine Art、MA Contemporary Photography 三门专业学科共同组成了中央圣马丁艺术与设计学院一个重要的艺术课程体系：实践与哲学。充分体现了中央圣马丁艺术与设计学院汲取多种学科的专业特色。同样，英国皇家艺术学院也在"跨学科"领域有独特的开拓。属于传播学院的数字方向（digital direction）、信息体验设计（information experience design, IED）将通信计算机知识学习与创意设计和生产相结合，实现数字化和设计体验的双重目标，看似是冷门的专业已经受到越来越多学生的青睐。这三所学校的跨学科经验可以看出，跨学科教学是指以一个学科为中心，在这个学科中选择一个中心题目，围绕这个中心题目，运用不同学科的知识，展开对所指向的共同题目进行加工和设计教学[5]。相比于传统的艺术专业，计算机学科、传播学科、心理学科等专业的融入，在不断适应着社会发展的环境，引导学生在表达自我时，可以形成更宽泛的学科知识基础，在日常生活和文化传达中发掘出更多有价值的设计作品。

二、新媒体广告实践的课程设计体系

1. 教学资源的改革

关于教学资源概念，传统认知里主要指的教材、课程讲义这些，但实际上音像制品、教学工具、参考资料以及现在流行的MOOC（在线学习平台）都被认为是教学资源。新媒体广告实践课立足于时尚院校的学科优势，不断调整着教学资源的内涵和外延，这对于课程的改革有着重要促进作用。

从现有的教材选择来看。更多是选用清华大学、中国人民大学的知名学者所编写教材，如在2020~2021年第一学期，选用的是中国人民大学出版社出版的《新媒体广告》一书作为教材，该书由中国人民大学新闻学院的黄河教授著，包含详尽的新媒体广告理论和案例，在实际应用中也获得良好的效果，帮助学生构建出对于新媒体广告的基础知识框架。

当然，对于北京服装学院所开设的课程来说，该教材在使用中也暴露出一些不足。如，没有更具体时尚与新媒体融合的案例介绍，对于未来"时尚+技术""时尚+新媒体"等关键主题也未有涉及，这对该门课的授课团队提出了严峻挑战，接下来可以考虑有针对性的组织研究团队撰写有时尚类院校特色的新媒体广告实践教材。

从课程专题内容安排上看出。在新媒体广告实践课程中，既要提供扎实的理论学习，同时还要突出实践特色。因此，分为理论专题和实践专题两大类，在理论专题中包括新媒体与新营销、新媒体广告演进、新媒体广告形态、广告创意与文案等；在实践专题部分，根据新媒体广告就业市场的特色，开设品牌网站信息搜索与视觉设计、微博/微信广告实践与视觉设计分析、短视频广告创意等（表1）。

表1 "新媒体广告实践"课程专题内容安排

理论专题	新媒体与新营销；新媒体广告的演进；新媒体广告的伦理与法规；新媒体广告的形态；新媒体广告的创意与文案写作；新媒体广告的接收与效果
实践专题	品牌网站信息搜索与视觉设计；微博/微信广告实践与视觉设计分析；移动APP广告实践与视觉分析；短视频广告实践与视觉分析

从专题案例库的资源看。目前还没有新媒体广告实践的专题案例库，尤其是数据库资源。在实际教学中发现，作为实践性很强的一门课程，理论知识无法让学生建立起对该课程的直观感受，需要安排大量的新媒体广告案例，以此来分析业内的工作流程和后续问题。从课程前期准备来看，每一位授课教师利用网络资源和自身经验进行大量案例搜集工作，积累了丰富的新媒体广告专题案例量。随着教学内容的更新，很多案例只能存在于课程讲义当中，无疑造成了巨大的浪费。未来新媒体广告实践课程的教研团队将尝试编撰新媒体广告专题案例库，这个案例库可以结集成册并出版，但考虑到出版周期和后续更新，也可能尝试用数据库的形式的线上资源的形式。

2. 教学团队的协作

新媒体广告实践课程涉及美学、艺术学、传播学、市场营销学等多个学科的专业课程，因此在教学团队的设计上，既要拥有多学科背景的专业任课教师，同时还需要让学生以团队的形式参与到教学改革中来。可以积极引导学生、激发学生，将专业广告实际涉及的创意问题和知识点纳入课堂教学[6]。实际上随着广告学专业培养方案的优化升级，新媒体广告实践课程已经在教学团队配备上日趋合理，既有新闻传播学、传媒产业研究背景的教师，也有艺术设计专业的资深教授，共同组成的整个团队协作的教学模式，在授课过程中让不同的教师发挥专业所长，结合新媒体广告行业特征在教学环节确立真实的广告主题供学生选择，然后分别进行团队指导，并且摸底广告公司运营机制，进行创意提案、市场调研、产品分析、文案写作、媒介渠道组合等，每个环节都有专业教师参与指导，由此保障课程作业的顺利完成。

在2020~2021年秋季学期授课中，该课程采用的是两名教师的授课方式，一位是新闻传播学专业，一位是视觉传达专业的专任教师。两位教师协作一位负责理论和课程讲授，一位负责专业实践。将两个班同学分成17小组进行有针对性的指导，围绕"公益类主题"有针对性指导学生以不同视听效果来完成实践作业。经过最终统计发现，与往年清一色海报作业不同，在2020~2021秋季学期作业中，除了59%的海报还有占35%的短视频作业以及6%的动画作业（图1）。丰富了作品形式，真正实现教学相长。

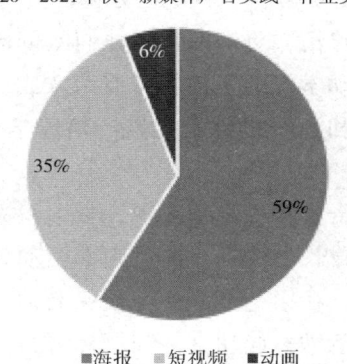

2020—2021年秋"新媒体广告实践"作业类型

图1 2020~2021年秋2018级广告学专业"新媒体广告实践"课程作业类型

3. 教学模块的创新

在教学模块设计上，北京服装学院的新媒体广告实践课程在下阶段将实现四个部分教学模块的安排（表2），分别是随堂上机模块、作业设计模块、广告调研模块以及评价展示模块，这样便能突出每个模块的主要内容和特色，也就更有针对性的从结构上调整该课程的整体安排。比如在随堂上机模块，侧重于利用学校机房来完成技术平台的体验实验，并实现随堂的协作编辑、在线视频讲授以及SNS社交互动、视频弹幕等功能。在这四个模块中创新性地把评价展示模块独立出来，以体现出其重要性。在过去的课程安排中也有随堂展示环节，但该模块的设计主要是为了凸显一种新型的课程评价机制，教师团队和学生团队综合打分，来获得该课程新媒体广告作品最终得分。

表 2 "新媒体广告实践"课程教学模块安排

模块	课程教学模块安排
随堂上机模块	设计新媒体研究范畴中技术平台体验实验：协作编辑、在线视频讲授、SNS 社交互动、视频弹幕等
作业设计模块	根据课程主题进行分组并确定课程作业方向。组织同学提交新媒体文案，并用秀米等软件生成微信内容。并对相关内容进行细致改编。在新媒体广告作品主题策划中，要求同学们根据媒体传播特征，进行不同广告文案设计
广告调研模块	根据新媒体广告实践主题，撰写一篇科学、规范的调研报告。其主要内容包括：该主题的市场现状、产品特征、精品分析、现有广告策略、整体文化解析、主要趋势等
评价展示模块	在新媒体广告作品完成以后，进行小组展示。主要说明作品主题、设计元素、制作过程、媒介组合的选择。根据小组表现进行教研团队综合评分、学生打分相结合的综合考察评价方式

4. 学生能动性的调动

关于学生知识的获得，传统教学实践中强调的是教师的教，即全面而有体系的输出知识。如赫尔巴特便是主张教师的"教"，片面强调教学过程中的教师的权威。认为"学生对教师必须保持一种被动状态"。事实证明这种填鸭式的教育方法只是生硬的灌输，无法让学生在学习中找到热情，更别说提高他们的创造能力。新媒体广告实践课程从设立之初便强调由灌输到主动学习的一种新型授课方式，从教师主导转变为学生参与教学过程中。50%的理论讲授和50%的课程实践，培养学生自主设计选题、组织策划、解决问题并最终完成一份作业的全过程。

在多年授课中，新媒体广告实践的老师发现，学生积极性的参与来自对于自身角色的清晰判断。这也是他们自我成长的过程，通过内部驱动和外部环境的共同作用，学生掌握着这门课程学习的主动性，在第一节课便与授课老师一起设定教学目标，参与整个知识点的设置，与其他同学及老师一起朝着共同目标努力。这是教学改革中最核心的要义，让学生认识到权力和责任，并明确这是一种"为自己学习"的过程，积极参与学习活动。

从新媒体广告的理论学习到新媒体广告主题的确定，从广告文案策划和调研到运用不同的呈现形式来完成一个作品。学生的探索精神和内在学习动力被激发，不仅顺利实现了一门课程的学习，同时又增加了一份认同感。在教学研究中进一步发现，这种认同感其实分成两个方面，一个是群体的认同感（group-identification），对学校北京服装学院的认同感和对所处的时尚传播学院的认同感，他们在获得满足新媒体广告作品同时，会把自身的进步部分归因于所处团体的影响；另一个是自我认同感（self-identification）这是对自我有用或有价值的一个评估，在教学总结时也常用"自我认可"一词。正是在新媒体广告实践课程中所形成的自我认同感，将帮助他们更好规划学习生活，更懂得自尊、自爱也更有责任感。

三、新媒体广告实践课程的创新策略

1. 课程工作坊的教学方式

工作坊模式的存在由来已久。早在 20 世纪 60 年代，建筑设计师劳伦斯·哈普林在城市建设规划中首先应用了此概念，而当时的"工作坊"主要指不同族群、不同政治立场的人进入到其创意工作坊中，在每个工作坊既能呈现自然动态同时还有都市体验，将参观者化身为主动参与者。在高等学校教育的研究中所使用的工作坊模式，主要表现为将学生分成若干个小组，充分调动他们自主学习能力，然后教师在每个小组中只是承担指导者的角色。总体上来说，这种工作坊模式是以团体动力学为理论依据，更注重发挥学生的主动性、参与性，可以更有效地实现提高学生综合素质的教学目标[7]。

对于新媒体广告实践课程来说，未来将以工作坊的模式来组织理论学习和课程实践，将两个班的同学合并成一个大集体，然后再按照 6~8 个人分组，从课程学习之初，就按照每个小组的形式分布就座，方便随时进行分组讨论和完成随堂作业。随着新媒体广告作业主题的确定，允许小组成员调整来实现资源互补。这种工作坊模式也方便引入时尚传播学院的部分客座教授承担导师工作，进一步激发学生参与的热情。在工作坊实施的进程中引导学生充分的创意讨论和科学文案的设计，防止急于求成，而无法保质、保量。这种工作坊模式最重要的就是最后的模拟演示环节，这为各团队之间增加了交流的契机。

2. 面向高水平大赛的"以赛促学"

新媒体广告实践课程的设计在未来将通过高水平大赛的参与直接反向作用于课堂教学。广告学专业的同学可以参加的竞赛很多，最知名的且参与最广泛的三大赛事主要指：全国大学生广告艺术大赛（简称"大广赛"）、学院奖和金犊奖。这三大奖项的含金量都很高，各个高校的广告学专业都会组织专门团队来参赛。这些奖项既是学生锻炼的竞技场，也是课堂教学很好的外因驱动力。

具体到新媒体广告实践课程来说，为了激发学生的学习热情，也方便对作业提出更高要求，新媒体广告作业都将指向每一个重要的赛事，这些高水平大赛的高要求将会为学生树立高标准，而赛事的参与也能让每份作业发挥更大的价值。同时，利用这些平台，更好与其他高校展开交流与合作，引导同学们传播正能量，体现年轻一代的社会担当。例如，新媒体广告实践课程的教研团队积极组织参与北京国际公益广告大赛的创意征集活动，最终该课程作业 2018 级陈蕾的《关注 Body Shame（身体羞耻）》（图 2）和 2018 级鄂旭睿的《垃圾回收的艺术》（图 3）在 2051 件作品中脱颖而出，成为 106 件获奖作品之一。

以公益广告为主题进行新媒体广告的设计，真正实现"以赛促学"，在潜移默化中引导学生形成正确的价值观，这样专业竞赛的方式有助于广告学知识体系的构建，也有助于高校教师更好把握广告行业趋势，积累更多的实战经验，形成一个个鲜活案例应用到以后教学中。

图 2　陈蕾《拒绝 Body Shame》　　　　　图 3　鄂旭睿《垃圾回收艺术》

全球时尚教育领先者的北京服装学院，其开设的新媒体广告实践课程既要具有鲜明人才培养模式，又要充分体现行业特色。通过教学资源、教学团队、教学模块和学生主体这四个方面努力引入"时尚+科技""时尚+文化""时尚+新媒体"等"时尚+"的理念，帮助教研团队和学生团队在创新的工作坊模式中，以赛促学，让多学科知识、多元文化氛围充分融入未来教学改革实践中。

参考文献

[1] 周光礼，马海泉. 科教融合与大学现代化：西方大学科研体制化的同质性与差异性[J]. 中国高教研究，2013（1）：12-21.

[2] 冈伯特，著. 高等教育社会学[M]. 朱志勇，范晓慧，译. 北京：北京大学出版社，2013.

[3] 孙靖瑜，新媒体及新媒体技术对教育的影响[J]. 教育研究，2018（3）：78-79.

[4] 陈涛. 跨学课教育：一场静悄悄的大学变革[J]. 教育研究，2013（4）：63-66.

[5] 杜惠洁，舒尔茨. 德国跨学科教学理念与教学设计分析[J]. 全球教育展望，2005（8）：28-32.

[6] 刘微，刘声远. 以团队协作为本的广告设计实践教学[J]. 教育与职业，2014（35）：173-174.

[7] 王雪华. 工作坊模式在高校教学中的应用[J]. 当代教育论坛（管理版），2011（8）：29-30.

"艺文融合"背景下时尚传播专业毕业设计发展分析

董妍[1]

摘 要 在发展新文科教育背景下，跨学科、交叉学科相融合的教育越来越普遍。北京服装学院的传播学（时尚传播方向）是全国唯一一所要求学生通过毕业设计获得学位的传播学专业。在多年形成的艺术与人文科学交叉培养的课程教育体系中，学生具有了文科逻辑思维表达能力及艺术的设计执行能力。本文对学院成立三年来执行的三次毕业设计进行内容分析，从学生毕设的内容到形式上进行数据统计，从而预测专业的发展方向，对于时尚传播专业的毕业设计进行思路和流程上的梳理和规范。

关键词 艺文融合；时尚传播；毕业设计

2020年5月，清华大学停止招收新闻传播专业本科生；2020年高考，各省和全国语文试题中均出现与传播学原理相关的内容。种种事实表明，新闻传播学作为一门人文社会学科，已经越来越广泛地应用到社会大众的日常生活中，其普遍性和应用性正在不断提升。对于内容的理解能力和表达能力，不仅是新闻记者或者媒体从业人员应当掌握的技能，也应当是生活在媒介讯息时代的每个人都需要掌握的技能。截至2020年，全国有721所大学开设新闻与传播本科专业（985、211大学中55.9%开设此专业），其中传播学专业80个。面对国内高校在新闻传播专业领域中越来越激烈的竞争和行业的不断细分，作为培养高等教育人才的专业，仅从传统的新闻传播学角度出发越来越难以满足未来的市场和行业需求，各高校结合学校的办学理念和定位开展了具有差异化的传播学专业建设。

在此激烈的竞争体系中，北京服装学院时尚传播学院传播学专业，以时尚传播为主要方向，聚焦时尚产业，关注整个时尚产业的上下游，根据自身独特竞争优势，依托于学校整体时尚产业链布局、艺工融合的发展目标，在艺术类高校的定位下进行特色化办学，进行艺术与文科相融合的教育，才能够在各类新闻传播类专业建设中脱颖而出。与传统新闻传播学专业相比，北京服装学院时尚传播专业在毕业环节设置的毕业设计，也对学生的创意设计能力提出了更高要求，在毕业生综合能力和专业特色上形成了差异化的竞争优势。

---

[1] 作者简介：董妍，北京服装学院时尚传播学院，助理教授。

一、艺文融合背景下的本科教育

学科交叉已经成为当代科学发展的时代特征。学科间相互渗透和交叉、碰撞所产生的火花是科学发展的驱动力之一，也是许多创新性学科论点与方法产生的源泉[1]。重视不同思维交流，鼓励跨越思维交叉，已经成为大学生面对新形势下就业环境中必备的能力。传统的文科教育重知识的传授，轻创新能力和实践能力的培养。文科研究生在思维培养过程中主要是以科学思维为主，艺术研究生主要是以艺术思维为主。艺术生在形象思维、批判性思维、逆向思维、发散思维、联想思维等方面有优势，文科生具有较强的逻辑思维能力，这恰恰是艺术生所缺乏的。在当前的教育背景下，跨学科交叉培养科学思维和艺术思维已成为趋势[2]。

目前，时尚传播专业从属于新闻传播学科体系，然而，在研究体系上，属于文化传播的一个分支，时尚传播的传播规律与模式与传统的新闻传播具有极大的差异。时尚传播的起点是审美，最终目的是形成消费[3]。时尚风潮初起阶段几乎无一例外地都具有"唯物"的特点，例如明确地指向服饰、建筑、音乐、生活方式等，有着强烈的审美价值。时尚传播正是在个体与群体的对立统一中发展成波及广泛的、群众性审美活动。正因为与生活方式中的设计与审美有极高的关联性，因此艺术素养和审美能力的培养对于时尚传播专业的学生事关重要。

时尚传播学科在学研方法上，突破传统新闻传播定量和定性的研究方法，而是以文化研究方法为主；传播的渠道上，不仅通过媒体进行传播，还有来自包括影视、舞台艺术、音乐、绘画、展览、秀场等在内的各种传播渠道所进行的内容传播，内容复杂多样，并且具有跨媒体属性；在传播内容上，不仅是新闻和即时性信息，而且包括文字、图片、动态视频和多媒体形式共同参与的各类叙事内容。研究方法、传播内容、传播渠道、传播效果的不同，让学生受到的训练与培养的能力也截然不同，毕业设计得以全面考验学生的综合性内容生产与创作能力。

北京服装学院时尚传播学院传播学专业是国内唯一一所要求学生在毕业论文之外，还需要提交毕业设计的专业，这是由两方面因素决定的。

第一，专业的建设历史。2004年建设艺术设计学（服装）专业（时尚传媒设计方向），服装艺术设计专业学生中对于服装文化和时尚流行传播有兴趣和特长的学生，可以在大学二年级之后选择时尚传媒设计方向学习，毕业生主要面向时尚媒体或电视台、门户网站等的时尚频道。由于学生生源来自艺术类招生，学生具有包括绘画设计能力在内的艺术特长，多数学生具有良好的服装设计专业基础，他们的毕业考核标准必然包含毕业设计，早期一般是模拟杂志社创刊形态，以小组形式完成一本创刊号杂志的系列设计与宣发。2012年教育部颁布新版本科专业目录，学校将该专业方向规划调整为传播学专业（时尚传播方向），并于2013年开始独立招生，招生生源为文科生。虽然在专业规划和课程体系上做了全新的调整，但新专业在课程设置依然延续了很多艺术类课程，毕业环节也需要完成毕业设计，形成艺文融合的交叉学科特色，这也与同步发展的国际时尚院校时尚传播学科的教育形态一致。从此时开始，传播学（时尚传播方向）专业学生就面对了艺术性质的毕业设计和文科水准的毕业论文的双重考核标准，也因此使得本专业进入了一个"新文科"特色的跨学科教育的全新发展时期。图1所示为北京服装学院传播学专业（时尚传播方向）办学历史。

图1 传播学专业（时尚传播方向）办学历史

第二，与学校的发展理念相一致。时尚传播是围绕时尚产业进行的时尚、文化与艺术的内容意义的赋予者和传播者。作为时尚行业的价值引领者，时尚传播者应当具有更高的审美素养和一定的设计鉴赏与传播能力。因此在专业的课程设置上，依然配备学校的艺术背景教师开设的课程，包括素描、色彩、结构等基础课程以及时尚插画、版式设计、摄影、时尚摄影和影视制作等时尚设计专业课程。给文科生以艺术和人文素养的双重教育，让时尚传播专业发展至今完成了十余次次毕业设计。

专业的跨学科交叉融合的教育模式，实际上是在艺术类发展背景、学校定位和专业负责人的主动建构、主动创新中诞生出来的。

二、时尚传播专业毕业设计情况统计分析

从2017年时尚传播学院成立到2020年，已经完成三次毕业设计展。与服装设计等专业不同，时尚传播专业的毕业设计在选题上不对学生做硬性规定，在围绕时尚这个大领域的范围内，每年制订大的全院毕业设计主题。2018届毕业设计主题为"比想象的更大"，是新学院成立以来完全开放的命题；2019届毕业设计主题"时尚是什么"，让学生就时尚这个宏观而抽象的概念展开思考，不设边界；2020届毕业设计主题"中国的时尚是什么"，顺应中国传统文化的复兴热潮，将选题进行第一次聚焦，阐释中国时尚文化的力量。关于学生的具体选题内容，只要与时尚相关即可进行相关创作。在输出形式上，不限于一种传播形式，因此，无论是图文报告、摄影作品、实物装置还是影视作品，都没有固定的要求，以激励学生尝试使用各种新型的媒介形式。以下就三年来毕业设计展的主题和表现形式进行统计（具体的毕业设计情况见附录）。

1. 关于毕业设计的选题——时尚传播的来源

图2所示为2018~2020届毕业设计主题分析。通过对三年来毕业设计选题的观察与统计，有以下发现：

第一，学生关注的主题逐渐专业化，向时尚文化、时尚消费、时尚生活方式等相关主题集中，说明时尚传播的专业性逐渐得到认可，专业领域内容在本专业学生群体中的认同感加强。

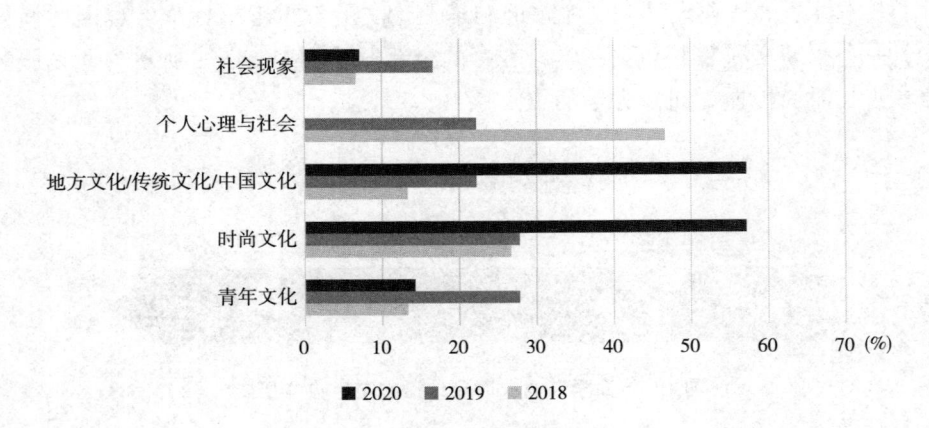

图 2 2018~2020 届毕业设计主题分析

第二，2018~2020届学生三年的毕业设计中，关于中国文化、传统文化的选题增加。作为时尚传播的一种传播来源，中国文化在世界上的影响力不断提升，有越来越多的学生关注到中国文化，也有更多学生愿意主动去宣传和传播中国文化。这一方面是因为2020的毕业设计主题所致，另一方面也因为"95后""00后"的大学生确实成长于中国传统文化不断觉醒和复兴的时期，有更多的机会和渠道去接触中国文化，对于自己的文化有足够的兴趣和认同感。

第三，对于过于自我、个人化的、自我内心世界探索和心理状态的关注比例减少。曾经的关于年轻人身份认同、尴尬、暗恋、偷窥等主题减少。说明学生的关注点从向内转向向外，也从"艺术家"的关注视角更加开放到商业和营销传播领域。

第四，青年亚文化一直是学生关注较多的选题，然而这类选题在2020届显著减少。青年亚文化是时尚传播的主要源头之一，应当有更多关注。

综上所述，对于学生毕业设计选题的引导方面，对于时尚文化和中国文化的引导较为有效，未来可引导学生更多关注来自一些小群体的亚文化和更有趣的选题，需要提升他们对于世界各地新鲜事物的认知，并转化为时尚传播的传播源头。

2. 关于毕业设计的输出形式

作为人文科学与艺术、时尚文化与传播、新媒体技术与营销传播多个领域的跨专业学科，时尚传播专业聚焦的是更好地阐释与传播时尚的观念。由于媒介技术的发展，内容的传播介质越来越多样化，从传统媒体时代的报纸杂志、广播电视到今天的互联网多媒体技术、短视频、音乐、虚拟仿真技术等，传播介质的多样化让时尚的阐释渠道也是多样化的。

因此，在毕业设计的展示和输出形式上，不会限制于文字、图片、动态影像和实物等一种传播介质。2018~2020届学生的毕业设计中，能够看到策划案、漫画、涂鸦、绘画作品、Mook杂志、舞台剧、实物作品、视频、静态摄影作品、图文报告等多种艺术形式，2020年还有学生进行产品的3D建模创作。可见，输出形式的多元化成为时尚传播毕业设计的特征之一。图3所示为2018~2020届毕业设计输出形式分析。

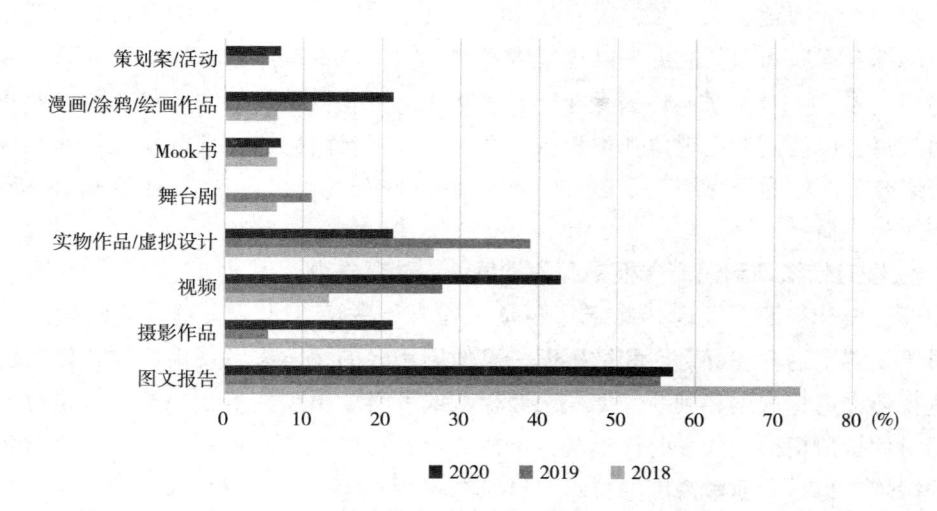

图3 2018~2020届毕业设计输出形式分析

从上述统计中，仍然可以看出几个时尚传播专业毕业设计的显著特色：

第一，图文报告是最重要的毕业设计输出形式。由于时尚传播专业脱胎于时尚行业杂志采编体制，文字和图片依然是最为传统且有效的内容传播方式。因此大部分学生选择在毕设展时以图文报告作为毕业设计的底板，在此基础上以其他形式进行创作。

第二，视频形式逐年增多。短视频在当今时代已经是年轻人接触信息的主要方式之一，尤其随着5G技术的应用，短视频正在取代图文形式成为年轻人愿意选择的主要表达方式。近两年随着抖音、快手等短视频平台的发展，让视频的制作方法更简单，传播内容更加大众化，短视频的制作和传播得到了祛魅，有越来越多的学生选择这种内容输出方式。

第三，新的毕设形式不断出现。2019届毕业展开始，有学生将广告创意策划思路带入毕业设计，在毕设展现场策划相关活动。此外，漫画、涂鸦等形式成为活化毕业设计表现的更好方式。2020届毕业设计，更有学生进行了毕业设计的3D设计，和对原创故事进行较为完整的IP内容创作，从故事脚本到人物形象，从音乐到漫画，进行了较为全面的创作来传播中国文化精神。

综上所述，对于时尚传播专业的作品输出形式，应当尊重传播的基本原理，文字与图片依然是最原始也是最容易上手和有效的传播介质，在图文报告基础上进行多种输出形式的创作。

三、艺文融合下的毕业设计指导与发展

毕业设计是大学教学实施计划中的最后一门课程，具有任何课程都无法替代的综合性任务。学生通过毕业设计环节的训练可以将大学四年所学的所有知识进行梳理、整合及应用，既可以提高学生对专业知识的理解力和研究技能，还可以引导学生通过毕业设计制订项目研究目标、研究计划、预期结果、项目调研、项目执行以及创意表现和传播

等，培养学生的问题意识以及解决问题和传播成果的能力，是一种综合能力的考量，提高学生的综合素质和创新能力，以达到培养对未知领域具有探索精神的创新型、复合型和应用型人才[4]。对于时尚传播专业毕业生来说，毕业设计是他们通过四年专业培养后的全面考察，以他们专业视角观察和认知世界，发现时尚传播的来源作为选题，以科学的调查研究方法作为研究路径，形成以图文为基础的调研报告，并在此基础上进行时尚化的创作与传播。

1. 注重时代精神和时尚传播来源的发掘——确认选题

在毕业设计初期，发现并确定选题是工作开始的第一步。大学生是时代前沿的人群，对于新鲜事物存在好奇心和敏感度。以他们年轻的视角去发现新事物，以时尚传播的专业视角去进行观察和判断，那些已经存在或者将要出现的事物中，哪些是可以承载当下的时代价值精神，代表时代审美，传播特定的价值观念的选题。这是对于学生问题意识的锻炼，也是专业敏锐度的检验。指导老师指导学生从专业角度明确选题，清晰地阐释提出的问题和研究的主要对象，判断选题的价值，时尚传播领域中的选题应当具有审美意义、历史意义和社会普遍性，最好具有发展性和实践性。

选题确定后的调研工作是对于学生学习方法、学习思路和逻辑性的检验。问题提出到解决路径的规划，是本科教育四年来融合于课程中的方法和思维训练的体现。对于时尚问题的调研工作，从纵向来看包括问题的来源、发展历史、梳理脉络、未来趋势；从横向上来看，可以调研相关内容，对于同类问题的代表性价值以及延伸内容。具体的研究方法除了已有图文、视频资料的调研和提取，还包括一些人物访谈、问卷调查等一手资料的获取方式。

2. 注重以文字图片为基础的完整表达——形成调研报告

主题明确的调研工作完成之后，应当形成相关内容的调研报告。调研报告整体应当对选题的概念、定义、来源和历史有详细的阐述，并且厘清关注的问题之间的关联和逻辑关系。整个问题的调研和解决过程可以形成任务流程图或者思维导图等，以此来形成整体的逻辑和系统性。

在对目标选题进行调研，对基础的设计元素、图形和相关素材进行抽取与重新组合，相关文字内容以毕业设计主题的逻辑进行梳理，以图片（草图、剪贴画）、文字、调查数据、图表等形式共同展现调研结果，从而形成一篇完整的调研报告。

调查阶段完成后，指导老师可以根据选题价值和难易程度进行判断，对不同选题形成不同的评价标准。选题价值强的内容需要进一步挖掘其代表性和相关性，寻找相似性较强的现象进行更为拓展性的分析；选题新颖的可以进一步挖掘深度，在细分领域中更加精深，最后完成大众化的呈现。

图文报告作为毕业设计展的一部分，主要体现学生的逻辑能力、文字能力和策划能力，最终将调研的成果引向个人的设计部分。

3. 注重价值观念的多元化表达——创作与传播

在选题确定、调研充分的基础上，才可以允许学生进行毕业设计的创作。创作部分可以以不同的艺术手法进行创意思考，例如，以拼接、挪用、拟态、复制等方式对调研中抽取的元素进行再创作,或者将时代元素进行新的组合等。这个过程的重要性在于如何将学生个人的想法与现实情况相结合,将创意运用到日常生活以及时尚产业中等。

毕业设计的创作形式不限制,鼓励进行新技术手段的尝试与运用,调查数据可视化、虚拟设计、3D 设计、摄影作品、视频作品、实物作品、漫画等形式均得到鼓励。这部分主要考查学生的动手能力,包括平面拍摄、摄影摄像、视频制作剪辑、板式设计、绘画等。毕业设计最终呈现之后,设计展的布展和传播也属于毕业设计的一部分。利用自媒体平台等各种传播方式去推广自己的设计作品,甚至产生一定的应用价值。

与艺术专业的学生毕业设计相比,时尚传播毕业生在艺术创作的执行方面可能略有欠缺,设计的完成度和整体性不成熟,更像是实验性作品。然而整个毕业设计的价值重在对于时尚观念的挖掘和时代精神的表达,重在调研过程与价值传播。毕业设计完成之后,如何布展,布展后期的媒体公关传播,报道采编与推送也都由学生亲自参与完成。让每位学生的毕业设计观念与形式得到价值最大化的传播,也是其毕业设计的重要衡量标准。

三年来,时尚传播专业学生的毕业设计主题具有很强的时代价值,能够体现出中国大学生及年轻群体关注的话题及热点,代表了中国青年群体的时尚观念以及流行趋势,因此引起了业界的广泛关注及媒体的报道。图 4 所示为《大学生》杂志 2019 年第 8 期对北京服装学院时尚传播专业毕业设计进行的专题报道。

图 4 《大学生》杂志 2019 年第 8 期对时尚传播专业毕业设计进行了专题报道

经过多年的"艺文融合"背景的培养,时尚传播专业毕业生通过毕业设计训练,不仅提升了从策划到设计执行的综合能力,更找到了自己未来的学业及职业发展方向——有学生从毕业设计中生发相关主题创作,从而完成留学的作品集,获得海外留学深造的机会；有学生延续毕业设计的内容进行创新创业，发展创意设计的第三产业；有学生将优秀的毕业设计作品作为就业的"敲门砖"，获得了很好的职业发展平台。不断规范化的毕业设计流程和较为宽松自由的创作主题，新形式的创作载体和完善的传播推广工作，帮助时尚传播毕业设计工作不断进步和完善。

参考文献

[1] 胡小平，赵妍. 文科研究生创新能力的培养：以艺术思维方法培养文科研究生创新能力[J]. 华南理工大学学报（社会科学版），2016，18（2）：98-103.

[2] 周涛，陈娟. 研究生思维训练实践研究[J]. 当代教育论坛，2011（5）：91-93.

[3] 赵春华，时尚传播[M]. 中国纺织出版社，2014.

[4] 冯晓丽. 中美高校毕业设计比较及启示[J]. 佳木斯大学社会科学学报，2020，38（3）：171-173.

附录

附表1 传播学专业（时尚传播方向）2018届毕业设计情况统计

毕业设计名称	表现形式	涉及主题
敢爱敢发生	图文报告、摄影作品	个人心理与社会
化妆（Make Up）媒介	图文报告、摄影作品	美妆、时尚文化
20世纪50年代时尚文化	图文报告、实物作品	时尚文化
十字路口（青年心理迷思）	Mook杂志	个人心理与社会
身体服装身份（社会身份）	图文报告	个人心理、时尚文化
劳动最时尚（劳动服装观察）	摄影作品	时尚文化
我的机器时代（技术人文反思）	实物作品、视频	个人心理与社会
独立设计师档案（调研）	图文报告	时尚文化
尴尬癌患者（个人心理）	图文报告、视频	个人心理与社会
暗恋的颜色（个人心理）	图文报告	个人心理与社会
北京（地方文化）	摄影作品	地方文化
社交网络印象管理	图文报告，漫画作品	社交时代、社会现象
红楼梦的青年亚文化	图文报告、舞台剧、装置	青年文化、传统文化
颅内高潮（社会现象）	图文报告，实物装置	青年文化
彩色声音甜的（通感研究）	图文报告，实物装置	个人心理与社会

附表2　传播学专业（时尚传播方向）2019届毕业设计情况统计

毕业设计名称	表现形式	涉及主题
中国严肃文化名人网红化实验	实物装置、歌曲创作	传统文化
丑陋的时尚——身体的探索	实物装置、舞台剧创作	个人心理、身体
织造中的时尚王国	图文报告、视频	传统文化
摇滚可食（摇滚涂鸦文化）	涂鸦作品	青年亚文化
人类的本质是复读机（模因）	绘画作品、图文报告	时尚文化、社会现象
广告人的臆想世界	视频短剧、图文报告	个人心理、社会现象
Vlog * 时尚	Vlog视频	时尚媒介、社会化传播
大红门变迁	图文报告、纪录片视频	时尚文化
我 * 偶像（粉丝经济）	图文报告、实物展示	青年文化
科技让生活更时尚	实物展示	时尚文化
偷窥行动（社会心理）	摄影作品、互动装置	个人心理、青年文化
陶瓷作为时尚传播媒介	实物作品、图文报告	传统文化
脏辫文化	实物作品、图文报告	青年文化
揉捏出的时尚	实物作品	青年文化
丧文化与时尚	实物作品	个人心理、青年文化
中国时尚40年	图文报告	地方文化
时尚可持续	图文报告、快闪活动、视频	时尚文化
橱窗中的世界	橱窗陈列、图文报告	时尚文化、时尚媒介

附表3　传播学专业（时尚传播方向）2020届毕业设计情况统计

毕业设计名称	表现形式	涉及主题
天香异梦：国风科幻IP	漫画作品、IP创作、视频	中国文化
无龄人生	图文报告、视频	时尚文化
国货美妆·时代印记	图文报告	时尚文化、美妆
土味视频，中国的波普艺术	视频、海报	时尚文化、社会现象
"避风"与"比心"——京剧手势的符号化	视频、摄影作品	中国文化
"不知羞耻"——中国女性羞耻观	视频、摄影作品	时尚文化、青年文化

续表

毕业设计名称	表现形式	涉及主题
美颜文化在中国	摄影作品	时尚文化、美妆
十二生肖学功夫	漫画作品、图文报告	中国文化
中华特色美食全球传播新径 PLAY THE FOOD	Mook书、视频	中国文化
快来！这儿一缺三！走向世界的中国麻将	图文报告、策划案	中国文化
"95后"精致猪猪男孩的校园时尚	图文报告、漫画作品	时尚文化、青年文化
新奢侈风潮已来，你准备好了吗？	图文报告	时尚文化
寸锦寸金2020——欢迎来到虚拟时装的世界	图文报告，虚拟设计	时尚文化
万物剪刻	剪纸作品	中国文化
绞缬时光	图文报告，实物作品	中国文化

"传感器与检测技术"实验课教学改革实践

王永忠[1] 韩润萍

摘 要 本文介绍了传感器与检测技术实验课的教学改革历程,说明了实验设备必须改造的原因,介绍了实验设备改造的设计思路、新增实验模块以及实现的过程,本次实验课教学改革实践的特点是自主创新、自主设计、校企结合;同时也介绍了实验课教学内容和模式的改革,为高校实验教学的改革与发展提供一条新思路。

关键词 实验设备;传感器与检测技术;模块;改革

在现代信息技术的发展过程中,作为信息获取渠道的传感器与检测技术在其中发挥了重要作用,并且随着物联网、人工智能技术的突飞猛进,传感器与检测技术的应用将更加广泛。传感器与检测技术是自动控制技术和信息技术的重要基础,是许多科学技术领域信息获取的重要手段。因此,"传感器与检测技术"作为自动化专业的一门重要的专业课,其地位和意义是毋庸置疑的。为了顺应时代潮流和社会需求,我们对北京服装学院自动化专业传感器与检测技术课做出了重要改革和调整。传感器与检测技术课教学改革实践从以下三个方面进行:实验设备的改造;实验课内容和模式的改革;实验教学改革的新思路。

一、传感器与检测技术实验设备的改造

根据调研的情况,市场上现有的传感器与检测技术实验设备普遍存在功能少,实验设备结构单一,整体性强,不便于再开发和扩展情况;而且设备上的实验线路隐蔽在操作板下,导致实验原理不直观,没有测试点,元器件更换不易,故障检测不易的问题,同时设备上的检测信号没有标度变换,只能输出电压值,致使实验效果不直观;而且实验只是验证型的,过于简单,实验意义不大。我院的传感器与检测技术实验设备,情况也是如此(旧实验设备见图1),市场上没有更好的设备可以替换。因此,要想改变现有传感器与检测技术实验简单验证型的状况,提高实验的综合设计水平,增加新的更多的参数检测功能,改革实验内容和模式,就必须对已有实验设备进行全新设计与改造。

"传感器与检测技术"课程的一线老师根据多年的教学经验,提出了传感器与检测技术实验系统的改造方案,重新设计了实验系统,对现有传感器与检测技术实验系统进

---

[1] 作者简介:王永忠,北京服装学院信息工程学院,副教授。

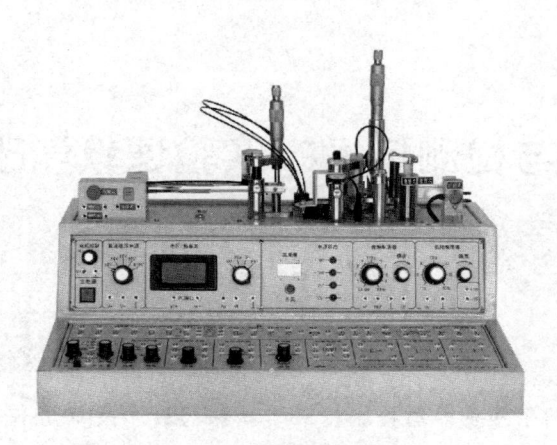

图 1　旧的传感器与检测技术实验设备图

行模块化智能化改造，增强实验系统的综合设计能力和多种工业参数的检测能力，从而提高整个实验系统的智能化、网络化水平和多功能性，为实现实验内容和模式的改革奠定了基础，同时也为教师科研、本科生毕业设计、研究生做课题以及其他相关研究等提供一个良好的平台，具体改造如下：

1. 整体设计

设想把所有传感器布局于前端高出部分的顶面，所有传感器输出端布局于前端高出部分的立面，机箱后端底面的传感器信号处理电路部分全部做了模块化处理（机箱结构示意图见图2），每一个模块有一个独立外壳便于拔插更换每一个模块上的元器件全部外露，便于观察实验电路和原理，便于元器件更换，同时也便于零点和量程的调整；每个模块的电路板上设有一个到多个检测点，便于故障查询和实验现象观察，同一模块的电路可随时完善和研制新的处理电路，很容易对旧的电路模块进行更换，便于设备的扩展和再开发。根据实验需要，不同实验内容也很容易更换不同处理模块，后端底面上可同时插接6个传感器处理模块，没有位置区别（新实验设备见图3），目前已经开发出来的传感器模块共13块，可完成20项包括温度、湿度、光强、位移、压力、转速等各类参数的检测控制实验（13个传感器模块具体见图4~图16）。

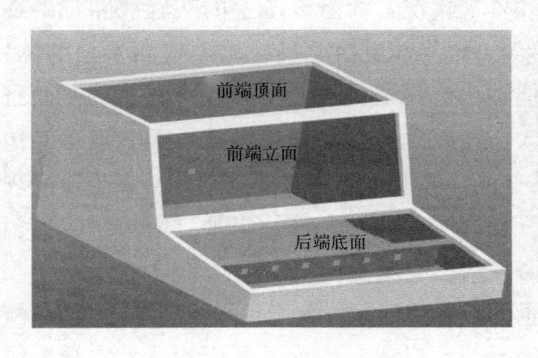

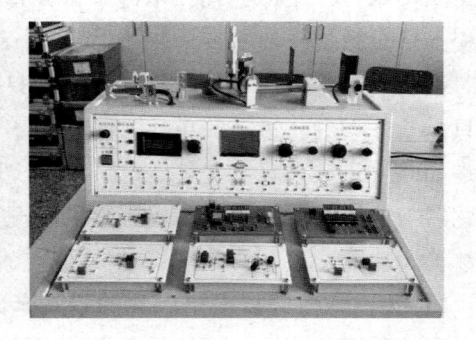

图 2　新设备机箱结构示意图　　　　图 3　新的传感器与检测技术实验设备

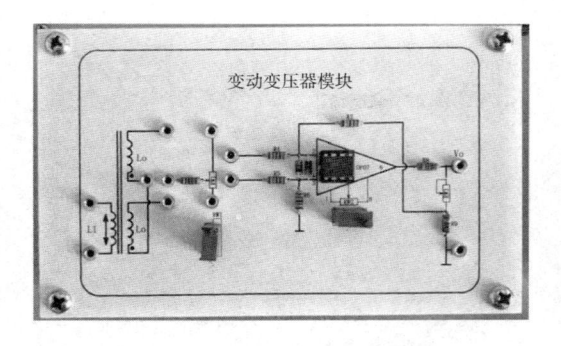

图 4　差动变压器传感器模块

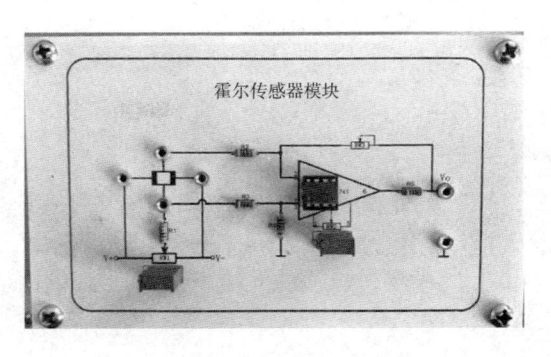

图 5　霍尔传感器模块

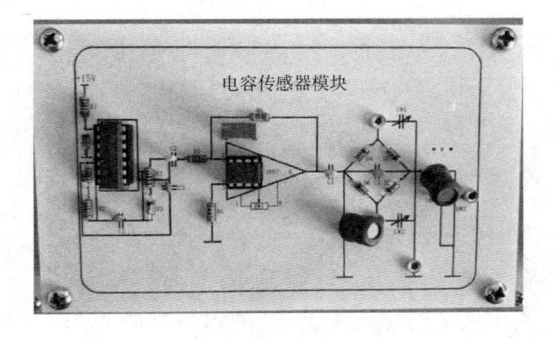

图 6　电容传感器模块

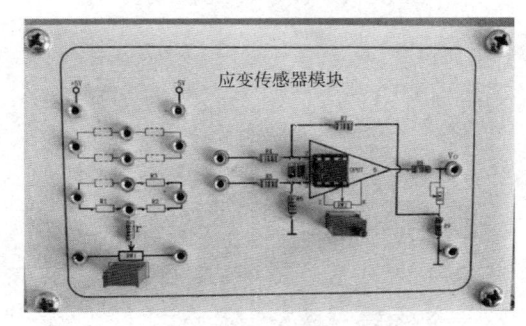

图 7　应变传感器模块

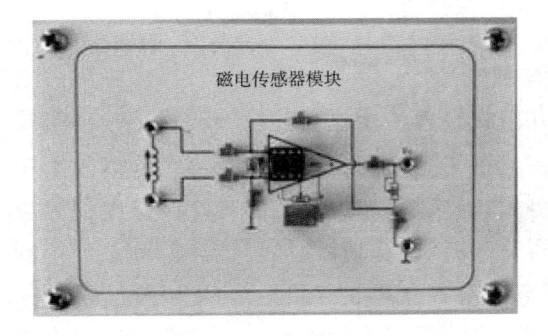

图 8　磁电传感器模块

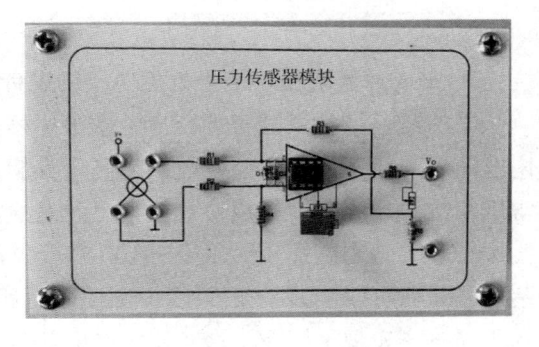

图 9　压力传感器模块

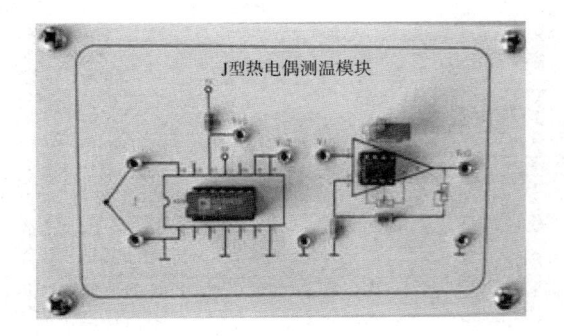

图 10　J 型热电偶测温模块

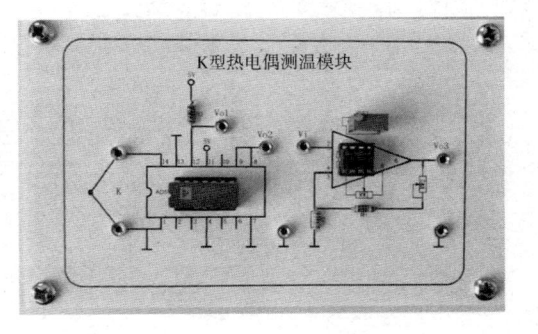

图 11　K 型热电偶测温模块

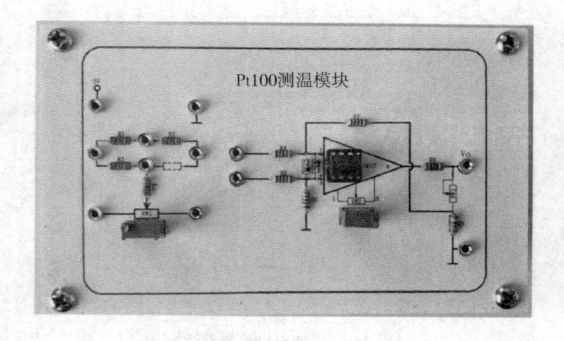

图 12　Pt100 热电阻测温模块 　　　　　　　图 13　Pt100 测温仪模块

图 14　光强检测模块 　　　　　　　　　　　图 15　超声波测距模块

2. 完成对新增模块信号处理电路的设计与制作

旧的试验设备只能实现压力、微小位移和电机转速检测，功能少，结构单一，实验内容简单，为了实现更多参数的检测，我们在原有实验基础之上增加了当今检测技术中常用的数字光照度检测模块、数字温湿度检测模块、数字超声波测距模块，热电偶测温模块和热电阻测温模块，以及 Pt100 测温仪的设计模块，同时增加了加热源和温度控制装置，从而可以实现对光照度、温湿度、距离等参数的实时测量，以及相关信号的处理；同时还实现了工业上最常用的热电偶和热电阻测温技术的训练。用户还可以根据需求随时开发新的传感器模块。这样可以培养学生信号处理技术和电路设计的能力。

图 16　温湿度测量模块 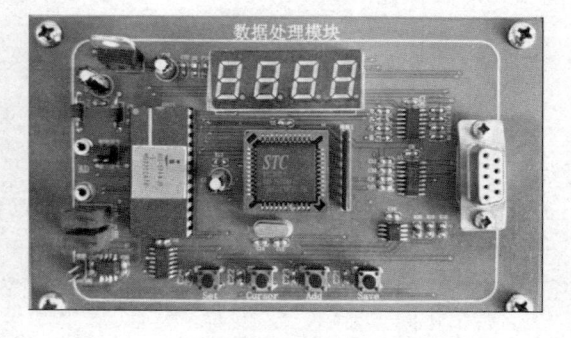　　　　　　　　　　图 17　数据处理模块

3. 完成单片机数据处理模块硬件电路的设计与制作

传统的传感器与检测技术实验系统只是把被测信号转换为电压信号输出，并不能直接反映出被测量的真实情况，新设备通过单片机数据处理模块（图17），和前端立面的液晶显示器的控制器通过 RS232 接口连接，把被测量经过标度变换直接显示被测量的物理单位数值，比如温度（℃）、湿度（%RH）、位移距离（cm）光照度（lux）等，这样既训练了信号处理技术，又可以直观看到检测效果。同时还训练了学生的综合设计能力和编程能力。

4. 完成数据处理的软件编程工作

数据处理技术和标度变换主要通过软件编程来实现，这样可以增加实验难度，使实验变成综合设计型，同时还可以训练和强化学生的编程能力。以下是数据处理部分的主程序框图（图18）。

二、实验课内容和模式的改革

由于实验设备的更新，可以为实验教学提供更多的实验内容和教学模式。首先，从实验内容上来看，由于设备的更新改进，为我们提供了更多的实验选项，使我们在旧实验设备上不能完成的实验内容，在新设备上可以轻松完成，比如旧的实验设备上只能做测量压力的实验（如应变传感器、差动变压器式压力传感器、霍尔式压力传感器、压阻式压力传感器、压电式压力传感器等实验）、电涡流传感器的位移测量实验和

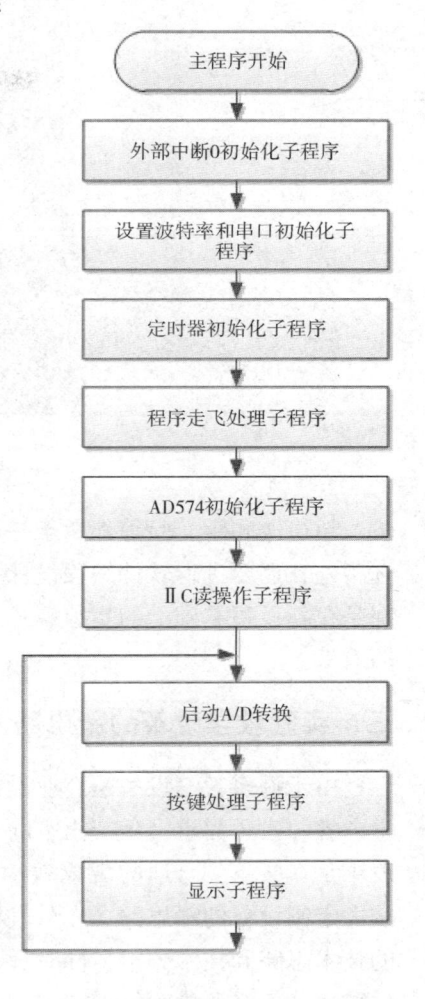

图18 数据处理部分的主程序框图

用于测转速的光电转速传感器实验等。旧设备实验内容偏窄，而新设备增加了工业上用于测温的热电阻传感器实验和热电偶测温实验，同时还新增光强检测和处理实验、数字温湿度测量与处理实验、超声波测距实验等，使我们的实验内容得到了拓宽，这些内容用在了后续的实验教学和毕设环节中，取得了良好的实验效果。比如2017届毕业生袁梦晨做的毕设课题"环境参数监测系统的设计与实现"，就是在新设备的基础上开发出的一款用于温度、湿度、光照强度检测的实验模块（图19）。

该毕设论文也被评为当年的优秀论文。从实验模式上看，旧实验设备上的所有实验全部都是简单验证型实验，而新设备增加了综合设计型实验，比如，Pt100测温仪的实验，就是设计型实验，学生需要先经过理论计算得出相应的参数，然后根据计算的参数选相应阻值的电阻和电位器，再自己插接在正确的位置上。由于每组同学的预设值不同，所以选的电阻和电位器的值也不同，实验效果也不同，从而很好地锻炼了学生的思考能力和动手能力。当然新设备上还有光强检测和处理实验、数字温湿度测量与处理实

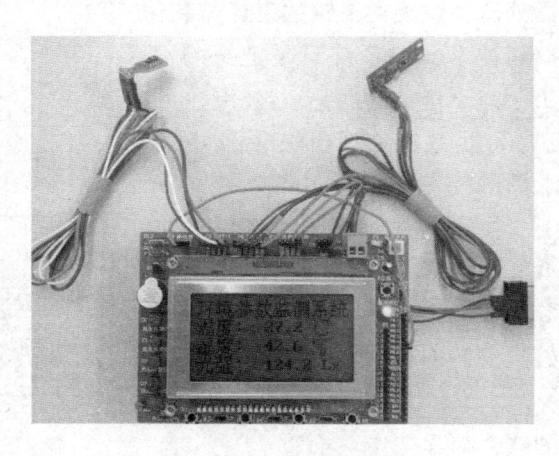

图 19　环境监测系统实物图

验、超声波测距实验等都属于综合设计型实验，这些实验除了需要进行一定硬件设计和选型外，还要进行软件编程设计，大大提高了综合设计型实验的难度和可设计性，这些都是在新设备基础上的实验模式的改革。在后续的实验教学和毕设环节中都去的了良好的效果。

三、实验教学改革的新思路

由于许多教学设备是企业设计生产的，企业的技术人员并不一定完全了解高校的教学内容、教学需求，生产出来的教学设备不能全部符合和满足教学需要，本次教学实践改革是在买不到合适的现成教学设备的情况下，我们走出了一条自主创新、校企合作、按需定制设备的新思路。充分发挥高校的技术优势，由学校老师提供符合自己学校需求的技术思路和技术方案，同时我们与杭州英联科技有限公司合作，充分发挥企业生产制作能力，由企业为我们加工定制设备。这种运作模式效率高，见效快，设备的可用性和可维护性好，实验的模块化操作，安全性高，针对性强。

四、结束语

总之，通过实验设备的技术改造和更新，大大增加了实验课的灵活性、可设计性和综合性和实验设备的可扩展性，丰富了实验教学内容，适合于传感器与检测技术课的实验教学，同时为学生的课程设计和毕业设计提供了良好的教学平台，为学生综合训练、科研探索提供了良好条件。

管理研究

新冠肺炎疫情防控常态化形势下
高校班主任工作的思考

韩燕[1]

摘 要 高校的各项防疫管理工作是保障校园生活平稳有序的基础和关键，这也给高校班主任增加了新的工作内容和挑战。新冠肺炎疫情防控常态化形势下大学生可能出现的心理问题主要有对疫情过度关注引发的焦虑问题、居家隔离期间自我放纵引发的成瘾问题、对疫情防控常态化的倦怠和忽视、校园相对封闭期间的心理问题等。班主任需要在熟悉学生个性、理解学生心理的前提下，灵活运用各种适合自己班级的方法，做好学生情绪状态管理、班级心理氛围管理、班级日常防疫管理等工作。

关键词 新冠肺炎；防疫常态化；高校；班主任

2020 年新冠肺炎疫情的爆发不仅打乱了民众的工作和生活节奏，也对高校的教学与管理产生了重大影响。上半年高校师生只能通过网络方式完成日常教学、毕业论文指导、毕业答辩等任务。在党中央和国家的领导下，人民群众上下齐心，基本实现了对疫情的完全控制。2020 年 9 月国内高校实现了如期正常开学，高校校园在封闭了 9 个月之后也重新迎来了生机与活力。

纵观国际上不容乐观的疫情防控现状，中国已经成为唯一的一块绿洲。尽管国内控制得当，但境外输入病例一直在少量持续增加，国内也曾出现过大连、北京、青岛、新疆等局部零散病例。这些都提醒我们要对疫情防控常态化建立正确的认识。

高校是人群相对聚集的场所，在疫情防控方面承担着巨大的责任，而疫情下的学生管理问题也成为高校班主任工作新的重点。

一、新冠肺炎疫情防控常态化形势下大学生可能出现的心理问题

1. 对疫情过度关注引发的焦虑问题

新冠肺炎疫情防控期间，特别是 2020 年春季武汉疫情期间，大众媒体和自媒体每天轮番轰炸，其中既有正能量的客观报道，也有感情用事或不负责任的夸大其词。面对过载的疫情信息，有些大学生可能会由于过度关注疫情信息、轻信疫情谣言等而引发担忧、紧张、焦虑、恐慌等负面情绪。如果这些负面情绪未能得到疏导和缓解，长期积累

---

[1] 作者简介：韩燕，北京服装学院商学院，副教授。

下去，有可能发展成焦虑症、强迫症等，并引发一系列不恰当行为。另外，由于大学生们之间的沟通联系较为密切，回校后还共同生活在校园内，个别同学的心理焦虑也可能会带给身边同学负能量，甚至对整个班级的积极氛围产生负面影响。

2. 居家隔离期间自我放纵引发的成瘾问题

新冠肺炎疫情防控期间，大学生长期居家隔离，只能通过网络形式参与学习，且学习过程难以实现课堂教学的现场管理。部分自觉性、自律性欠缺的大学生难以做好时间管理，往往会把大量时间浪费在游戏和网络上面，出现游戏成瘾、手机成瘾等现象。即使重返校园之后，部分同学也难以从自我放纵的状态中摆脱出来，仍然沉浸在虚拟的世界里不能自拔。

3. 对疫情防控常态化的倦怠和忽视

一方面，长时间的疫情防控举措容易让身处其中的人们形成倦怠，特别是对于充满活力、喜欢社交和娱乐的大学生，更容易产生厌烦情绪；另一方面，由于我国在疫情防控方面的出色表现，国内的学习、工作、生活环境已经基本恢复正常，这容易让人形成一种错觉：新冠肺炎已经远离我们、各项防控措施已是多此一举。无论哪种态度，对于疫情的常态化防控都是非常不利的。

4. 校园相对封闭期间的心理问题

在 9 月开学之后，高校校园普遍采取了相对封闭的管理，对学生进出校进行一定程度的限制。虽然有正当理由的情况下，学生可以非常方便地在手机端预约申请出校，但与以往相比毕竟增加了一道手续。这引起了部分学生的不理解甚至反感。尤其是在 2020 年国庆假期期间，绝大部分高校出于适当限制学生跨省旅行的考虑，将国庆假期拆分开而没有连续放假 8 天，这也进一步加剧了学生的反感情绪。

二、新冠肺炎疫情防控常态化形势下高校班主任工作的思考

高校班主任工作本身就具有很多特性，这是由高校定位、学生特点等众多因素决定的。在新冠肺炎疫情防控常态化形势下，高校班主任工作与以往相比又显现了一些复杂特点，也对班主任提出了更多层面的更高要求。

前文分析了疫情防控常态化形势下大学生可能出现的若干心理问题。而高校班主任在该形势下新增加的工作重点，也相应转变为在针对学生心理问题的基础上做好各项学生管理工作，包括学生情绪状态管理、班级心理氛围管理、班级日常防疫管理等内容。

1. 学生情绪状态管理

高校班主任通常面对大约 30 名个性相异的大学生，管理难度本身就很大。在疫情防控常态化形势下，学生的心理和行为在自身个性差异的基础上又叠加了很多外界环境的影响，班主任的学生管理工作难度也进一步提升。以下几点做法或许可以在一定程度上增加学生情绪状态管理的有效性。

（1）在班级微信群及校园内增加与同学们的互动。班级微信群是班主任与同学们互动最为便捷和即时的途径，所以要充分利用这一资源，了解同学们的想法、需求、问题，也及时地予以响应。对于班主任能够帮忙解答或解决的疑问或问题，应当不含糊、

不推脱；对于自己经验或职责范围外的事情，也要尽量给同学们指出应向何部门、何人寻求帮助。在日常也应多关心同学们的生活细节，这些贴心的举动更容易拉近师生之间的心理距离。

在高校相对封闭管理期间，班主任也要适当增加一些与同学们在校园内的真实互动，比如班会、走访宿舍、小范围座谈，甚至是随时的办公室答疑，这些都是了解同学们情绪状态和心理动向的直接途径。

（2）在共情的基础上对同学们晓之以理。首先有同理心，站在同学们的角度去理解他们的想法，让同学们真切地感受到自己的情绪被接纳、自己的烦恼被理解，这样学生相对不易产生反感情绪，也更容易心平气和地倾听老师的分析和建议。在此基础上，班主任可以结合自己的人生感悟、生活阅历等对同学们晓之以理，帮助同学们理解疫情防控常态化的现实、高校疫情防控的重要性、个人与集体之间的关系等，进而树立起新冠肺炎疫情防控常态化形势下每个人都应自觉遵守的责任感。

（3）重点关注和关心个别同学。在对班级同学有了较多了解之后，结合从班干部那里获得的信息，班主任或许会发现班级中个别需要加以重点关注的同学，之后就需要从各方面对这样的同学给予更多的关心，如学习、生活、情绪波动等方面。一旦这样的同学心理上出现较大波动，在尽量做好安抚劝解的同时，也要第一时间将情况报告给负责学生工作的专职老师，借助他们的专业经验共同做好学生的安抚和管理。

2. 班级心理氛围管理

相信高校教师应该都能体会到良好的班级心理氛围对于学生成长与进步的良好推动作用。这种影响虽然隐性，其作用却是直接而深远的。在疫情防控常态化形势下，高校班主任更应当重视良好班级心理氛围的引导和营造，使之有助于同学们缓解心理压力、树立正确观念、实现更好成长。

（1）鼓励同学们尽早制订自己的人生规划。那些沉迷于网络和游戏的同学，往往是由于对未来的人生缺少规划，不知道当下需要付出何种努力去帮助自己实现人生目标，因此才会无所事事、虚度光阴。此时单纯的说教意义不大，不妨借助大学生群体喜欢的某些充满正能量的名人经历（比如易烊千玺持之以恒的努力换来今日的成功），激励同学们早日制订自己的职业目标甚至人生规划，充分利用在校园期间的宝贵时间。

（2）将健全人格的培养作为班级心理氛围营造的目标。不同学生的智商和学习成绩存在个体差异是正常现象。班主任应当理解，相较于学习成绩而言，健全人格的培养才是班级心理氛围营造的核心和目标。因此在日常的班级联络和管理工作中，要多与同学们就相关问题展开交流，一是了解当代大学生的心理特征；二是寻找与同学们更好的共鸣点；三是将自己的人生感悟以适当形式分享给同学们。

3. 班级日常防疫管理

在疫情防控常态化形势下，确保学校要求的各项日常防疫管理在班级中落实到位，也是当下高校班主任工作的一部分。总的来说，就是要引导同学们正确认识防疫管理中或重复、或琐碎的各项工作，促进责任意识和规则意识的培养，进而形成"防疫管理，我有担当"的内在驱动力。

（1）发挥学生集体智慧，召开防疫主题班会。同样是思想教育，如果由班主任进行说教式的宣讲，其效果远不如让同学们参与其中的主题式讨论。可以借鉴案例分析的形式，由同学们自己收集整理素材，在班会上分享一些国内抗疫过程中涌现的感人事迹以及不同企业勇于承担社会责任的典型案例，让同学们在这些事迹中感受到责任与担当，体会到个人、集体、国家之间的关系，进而明确自己应有的态度与行为。

（2）制订班级防疫公约，让每个同学都参与到防疫管理中。首先，要引导同学们正确认识自律和自由之间的关系，明白自律是为了实现更好的自由；其次，可以建立班级防疫公约，并实现防疫工作责任的定期轮换，让每个同学都参与到班级日常防疫工作中，就不会产生"防疫管理是班干部的事"这种错误认识。一旦自己承担过部分防疫管理工作，就会对这份工作有更好的理解和认同，而在自己作为被管理对象的时候也会更加积极主动地配合。

三、小结

大学全面复课，校园重获生机。高校的各项防疫管理工作是保障校园生活平稳有序的基础和关键，这也给高校班主任增加了新的工作内容和挑战。班主任需要在熟悉学生个性、理解学生心理的前提下，灵活运用各种适合自己班级的方法，在爱护学生成长、引导学生发展、保障校园安全方面承担起班主任的责任，在疫情防控常态化形势下完成特殊的使命。

电子数据存证技术在版权保护中的应用研究

王敬礼[1]

摘　要　在全面依法治国的新时代，依法进行版权保护是其应有之意。版权保护的程度深刻地影响着信息时代的经济和社会生活的各个领域，如何通过有效的版权保护措施实现对文化产业进而对整个经济发展的推动作用已经成为具有突出现实意义的重要问题。我国《著作权法》自2001年修订以来，版权保护工作有了很大进步。随着人们版权意识的提升，为了更加便捷、廉价、安全地实现版权保护，已经开始探索通过利用新的技术成果提升版权保护水平。电子数据存证技术，能够克服版权保护传统方式的不足，而且具有便捷、廉价、安全等优势，为自身在版权保护领域的应用开辟了广阔的应用前景。

关键词　版权保护；传统方式；电子数据存证技术

在文化大发展大繁荣的时代背景下，如何加强文化产品的版权保护、规制文化产业的竞争方式、创造和谐有序的竞争秩序，是我国文化产业持续健康发展的重要推动力量与积极保障因素[1]。近年来，我国版权保护事业在党中央的正确领导下、国务院的高度重视下以及司法机构的密切配合下取得长足的进步和跨越式的发展。在这一过程中，通过不断探索积累了很多的有益经验并从中获得了新的重要启发。版权保护工作是一项系统性工作，涉及宏观和微观两个层次很多方面的具体问题。例如宏观层面的版权保护工作体系、版权保护工作机制、版权保护制度建设等；微观层面的版权保护的权利主体、版权保护的程序、版权侵权的法律责任、利用科学技术提升版权保护的效率等。其中，给予人们启发最大的是充分利用好现代科学技术可以提升版权保护的水平和效率。特别是那些可以用于记录作品创作过程、固定作品内容、自动抓取侵权行为线索、自动完成作品与被控侵权作品比对等的科学技术措施，这些技术的运用对于保护权利人、净化版权市场、提升版权执法司法效率起到了极其明显的效果体现了极大的价值。这一启示告诉我们正确认识并及时开发和利用好先进的版权保护技术，将成为版权保护工作的重要课题。因此，本文立足于新技术提升版权保护水平的调研结果，细致归纳了版权传统保护的特点，详细调研了利用新技术对版权的保护与版权传统保护方式之间的优劣，初步论证新技术在版权保护工作中的发展前景。

---

[1]　作者简介：王敬礼，北京服装学院思想政治理论课教学部，讲师。

一、版权保护的目的与传统方式

现代意义上的版权保护始于英国。1709 年，英国议会通过了以保护作者利益为核心的《安妮法》，这标志着现代版权制度的诞生。《安妮法》以作者为中心，规定了作者对于自己创作出的书籍或著作享有决定印刷、重印或者是否许可他人印刷、重印的权利。这被认为是最初的现代版权保护制度。随着版权保护制度的发展，版权保护制度体系越来越完善，当代的版权保护已经涵盖了明确的版权保护客体、确认版权权利人、版权侵权行为、版权侵权责任、版权管理机制等内容的制度体系。可以说版权制度的发展史正是版权保护的发展史，基于对版权保护的不断探索与完善，推动了版权制度的发展与进步。版权保护对于人类社会进步发展具有重要意义，通过对版权的保护最终实现推动人类文明进步的目的，版权保护的重要意义是人们对版权保护方式进行不断探索和完善的重要动力。

1. 版权保护的目的

版权制度从诞生之日起就承载着明确的使命，这种使命决定着版权保护的目的。版权保护的目的可以分为两个层次，即直接目的和根本目的和。《著作权法》第一条阐明，著作权法是为了保护文学、艺术和科学作品作者的著作权，以及与著作权有关的权益，鼓励有益于社会主义精神文明、物质文明建设的作品的创作和传播，促进社会主义文化和科学事业的发展与繁荣。这一条是对著作权根本目的和直接目的最权威和全面的表述。版权保护的直接目的在于保障版权人对作品的控制权，通过保障版权人对作品的控制进而实现对版权人人身和财产权益的有效控制。版权保护的根本目的在于通过许可创作作品的垄断性使用而实现鼓励创作进而推动人类社会的科学、文学和艺术的创作与传播的目的，实现推动社会主义先进文化的繁荣与发展，繁荣发展社会主义先进文化是我国版权法最根本的目的和动力。因此，有学者总结，著作权制度本质上是以保护作品独占权换取更多的接触和利用作品的机会[2]。版权保护不仅关系个人人身财产利益，同时还深刻地影响着新时代中国特色社会主义文化事业发展。

2. 版权传统保护的特点

版权保护的传统路径受制于科学技术的发展水平，明显地体现出了版权保护技术措施与版权保护制度不协调的局面。新的科学技术引入版权保护工作之前，版权保护主要集中在版权实体法律制度和程序法律制度的建设完善领域。版权实体法以法定的方式规定了作品的范围、版权的限制、版权的管理机构、版权人的范围、版权的归属、版权保护期限、版权的合理使用、版权的许可使用和转让、版权邻接权、版权法律责任和执法措施等。版权程序法规定了版权救济的具体方式如行政处罚的程序、行政诉讼的程序、民事诉讼的程序、民事仲裁的程序等。上述规定的具体内容，为版权人获取权利、有效控制作品、有效制裁侵权人、顺利实现权利流转提供了法律依据。但是，充分地发挥法律规范的效力需要按照法律适用的逻辑来进行，在法律适用的逻辑中，事实的证明与认定是最为重要的环节，也可以说是前提，只有相关事实得到证明，才能启动适用于事实的法律适用，例如版权人获取版权需要证明作品是由其独立创作完成的事实，版权人主张第三人实施了侵权行为需要证明侵权人实施了相关行为的事实等。在新的科学技术引入版权保护之前，版权人取得法律保护的重大障碍之一往往不是缺乏法律依据，而是对相关事实的证明，一旦对特定事实无法按照法律规定要求的程度予以证明，版权人的权利便无法实现有效的保护。通过观察相关版权争议内容，如版权人诉讼主体资格是否适格、侵权行为是否存在，侵权赔偿额度的计算依据等，我们可以发现当事人对特定事实的证明能力将决定着当事人权利实现的程度。

二、版权传统保护方式存在的缺陷

对于版权而言，侵权很容易而发现和阻止侵权很难[2]，为了保护自己的权利版权人摸索了一些比较有效的方法。版权的传统保护方式在实践中主要有以下几种：自行保留创作原始资料、版权管理部门登记、使用中国邮局的邮政戳的方法等。上述方式对于确认版权权利归属、证明版权侵权行为起到了很强的保护作用，但是随着技术的不断进步和发展特别是网络技术的普及与数字媒体广泛应用，传统版权保护方法难以适应网络数字时代的快速变化。快速增长的数字出版物、海量的视频、文章、图片都需要有效的数字版权保护措施[3]。传统保护方式的不足已经显现出来，这些不足将削弱版权保护的力度和版权保护的整体效果。

1. 保护程序烦琐

通过传统方式进行版权保护往往需要借助国家机关的力量，如请求版权管理机构采取调查处罚措施，请求司法机关给予权利救济等，国家机关通过公权力的行使来保护权利人的私权利不受侵害或者将受侵害的情形恢复到被侵害前的状态。公权力的启动和运行要遵守法定程序，将版权保护纳入公权力的运行程序中将会延长版权保护的实现过程。在这个过程中，版权人需要按照法定程序和执法或司法机关的要求参与进来，这在客观上导致一个后果是版权人实现权利的程序变得复杂。

2. 专业性强

版权等知识产权的保护与其他民事权利的保护相比，其最突出的特点是专业性强。版权保护的专业性体现在如下几个方面，即版权客体确认规则具有较强的专业性、确认版权归属主体具有较强的专业性、判断版权侵权行为具有较强的专业性、因版权侵权所遭受损失的判断具有较强的专业性。较强的专业性虽然有利于提升版权保护的科学水平，但是对于缺乏版权专业知识的非法律人士来说就增加了其维权的难度，进而会削弱其版权保护的积极性和效果。

3. 成本较高

版权保护程序烦琐和较强的专业性决定了版权传统保护方式的成本会相对较高，既包括时间成本即较长的受理期限、烦琐的准备材料，还包括按件收费的较高登记费用[4]。由于版权登记具有认定作品归属的权威效力，所以在版权传统保护中成为人们的首选。根据现行规定，版权登记由政府版权登记管理机构按照每件作品1200元的标准进行收费登记。很多作品的精神价值转化为物质价值是需要等待时间和机会的，因此现行的版权登记保护对于版权人而言费用成本是高昂的。除版权登记外，在版权司法保护中也存在时间成本过高的问题。对于一个法律关系简单且法律事实清楚的版权诉讼而言，所需时间至少为从法院正式立案之日起六个月，如果在此基础上还要付出更多的时间成本，无疑是雪上加霜，变本加厉。

三、新型版权保护技术的探索与创新

互联网技术的快速发展与革新，为作品的创作、发表、传播提供了更多的技术选择，但是也为权利的保护提出了新的挑战。在利用新技术进行作品创作的同时，怎样利用和利用怎样的技术对著作权进行有效保护，是更为重要的和迫切需要解决的问题。如果对作品无法实现有效保护，著作权人的利益就很难实现，势必会影响到作者创作积极性。围绕如何有效保护著作权产生了很多新的技术措施和技术方案，这些技术措施和技术方案有的是用于固定作品本身，有的是用于再现作品的创作过程，还有的是用于判断不同作品之间是否相同等。每一种技术措施和技术方案对于提升著作权的保护水平和保护效果都起到了一定的积极作用，在推动著作权保护工作方面具有独特的技术价值。

1. 新型版权保护技术概述

新型版权保护技术是相对于传统版权保护技术而言的。传统的版权保护，无论是自力救济、行政救济还是司法救济，最为基础的是著作权归属的确认和侵权作品的固定，在此基础上进一步对侵权作品与作品进行比对。如果作品构成相同和相似，且没有法定的免除责任的理由，那么侵权行为人将承担侵犯著作权的法律责任。在著作权传统保护技术时代，著作权权利归属的确认有两种方式，一种是作者通过证明创作过程、提供创作底稿来证明真正的权利人，另一种方式是通过法定登记机构的登记确权来证明权利人的身份。第一种方式对于作者而言效率较低，第二种方式对于作者而言程序复杂、费用较高，虽然能够起到对著作权人进行保护的效果，但是在互联网时代其局限性已经显露出来。互联网带给整个社会的冲击已经不可阻挡，因应互联网技术带来的社会变革，司法系统率先做出了变革，随着北京网络法院和广州网络法院的挂牌，标志着在司法领域开始广泛应用新的技术开展司法活动。在传统登记技术的基础上，研究者提出了通过引入加密方法自动保护的新技术，如图形水印技术、可信时间戳技术以及电子数据存证技术等，这些技术在发挥著作权保护功能上都起到了很好的效果，但是电子数据存证技术相对于其他技术具有更为明显的优势。

2. 电子数据存证技术

信息化与数字化技术的发展与日益成熟，使信息与数字技术与人们的生活日益密切并实现了深度融合。特别是在全面建设法治国家的新的历史背景下，如何利用科学技术的最新发展成果实现司法正义并有效保障全社会的公平正义已经成为司法改革的重点。最高人民法院院长在2019年的十三届全国代表大会第二次会议第三次全体会议上明确表示，要推进司法改革与现代科技深度融合，依托科学技术的有力支持，实现司法保护的水平。[5] 电子数据存证技术就是在这样的背景成为法律关注的重点和努力的方向。

电子数据存证技术，简而言之就是把源证据加密保护，储存到一个安全可靠的数据库中，待需要时调取出来以证明在一个具体的时间该数据出现并存在，包括对该数据的录入、存储、识别、认证等一系列验证程序或诉讼过程中可能发生的过程[6]。电子数据存证技术是利用数字加密技术对证据进行保护的技术。实践中主要有两种典型的数字加密技术，一种是中心化模式，一种是去中心化的模式。无论是哪一种，最终都是在确保技术客观、中立的前提下才成为具有法律公信力的技术保护措施。由于电子数据存证是一种便于浏览、便于举证、便于鉴定、便于保存的系统结构[7]，实践中大家都在积极探索有效的技术措施和方式搭建最具公信力的电子数据存证系统。目前利用区块链技术的电子数据存证系统是相对更受欢迎却具有一定挑战性的选择。

3. 电子数据存证的合法性标准

电子数据存证技术的法律依据即基于电子数据存证技术获取的证据合法性的法律依据问题。只有利用电子数据存证技术获取的证据能够得到法律的认可、具有法律效力，电子数据存证技术才有发展的空间。《最高人民法院关于互联网法院审理案件若干问题的规定》第十一条规定：当事人提交的电子数据，通过电子签名、可信时间戳、哈希值校验、区块链等证据收集、固定和防篡改的技术手段或者通过电子取证存证平台认证，能够证明其真实性的，互联网法院应当确认。上述规定有条件地肯定了电子数据存证的法律地位，即如果通过电子数据存证技术获取或保存的证据能够具有法律效力或者具有法律上的证明力，必须满足获取证据的技术是单纯的证据收集、固定技术，而且该种技术是防篡改的技术。

4. 电子数据存证技术的优势

电子数据存证技术与传统版权保护技术相比其优越性非常明显，也可以说电子数据存证技术的优势就是传统技术缺陷的解决方案。电子数据存证技术的优势主要表现在以下两个方面：第一，证据形成的自动化。在电子数据存证技术之前，证据的获取主要依靠人为操作。以版权登记证书为例，版权人完成创作需要按照登记机关要求准备相关材料，然后按照法定程序获得登记证书，手续烦琐、复杂。利用电子数据存证技术，只需要将相关作品提交系统即足不出户地可完成证据的固定工作，简便性是不言而喻的。第二，成本低廉。利用电子数据存证技术，只需要按照系统要求注册账号，然后利用自有账号登录系统后进行操作即可，证据的固定、保存安全且没有额外费用。

四、电子数据存证技术的应用现状与发展前景

1. 电子数据存证技术应用现状

随着电子存证技术的成熟，相关法律法规对电子存证技术法律地位的态度也逐渐明确，技术自身的进步和外部环境的改善促进了电子数据存证技术以及相关技术的广泛应用。根据文献检索以及走访调查，电子数据存证技术的应用现状具有以下几个方面的特点。

（1）运用的具体领域广泛。新技术的应用推广需要一个渐进的过程，这个过程的快慢从根本上是由技术本身是否成熟决定的。当技术成熟以后，自然会得到人们的信赖进而得到人们主动选择适用。这个道理对于电子数据存证技术而言依然适用。电子数据存证技术的成熟从根本上树立了人们应用该技术的决心。经过走访调研，电子数据存证技

术在版权服务市场、版权行政执法机构、版权司法机构以及网络司法机构已经开始应用。以司法机关为例，构建了电子证据平台的司法机构有吉林省高级人民法院、山东省高级人民法院、北京互联网"天平链"电子证据平台、杭州互联网法院"司法区块链"、广州互联网法院"网通法链"、郑州市中级人民法院电子证据平台、成都市邯都区人民法院电子证据平台等。司法机构是社会正义的最后守护者，对新生事物的高度谨慎态度奠定了其权威性。在司法机关的带动下，电子数据存证技术的应用必定会更加普及。

（2）司法裁判依赖程度较高。电子数据存证技术应用的另一个特点是司法机构进行裁判时对其依赖性越来越高。根据《2018年中国电子证据应用白皮书》的公开数据，电子证据被认定为法律事实的案件越来越多，涉案保全金额年增长达15%。全国民事案件超73%涉及电子证据[5]。司法实践中，准确认定事实是实现公正司法的关键环节，很多案件裁判结果的差异往往是由于事实认定的不同所导致的，而事实认定的根据是证据。由于电子数据存证技术本身及其运行环境的安全、不易篡改、便捷、客观等性质容易被司法机关信赖和采纳。

2. 电子数据存证技术的应用前景

电子数据存证技术在版权保护中的应用前景既依赖于版权产业发展的外部环境，同时也取决于其自身所具有的独特技术优势。首先，版权产业已经成为推动经济发展的重要力量，根据中国新闻出版研究院在2019中国网络版权保护与发展大会上发布的"2017年中国版权产业的经济贡献调研成果"披露的数据显示，2013~2017年的五年间，版权产业行业增加值逐年增长，到2017年已突破6万亿元，在国民经济中的比重持续提升，已占我国整个GDP的7.35%[8]。版权产业是文化产业的核心组成部分，而版权又是版权产业的基础，没有版权就没有版权产业，文化产业也会迷失方向。因此，在发展已成为全球最核心的共识的当下，版权保护的需求也会持续旺盛。其次，如何充分利用新技术在世界变革中取得并保持自主创新的优势，已经成为党和国家高度重视的战略问题。近年来，中国政府积极扶持区块链技术的发展及其向文化产业的渗透。中央网信办、文化部等文化产业相关职能部门也公开倡导区块链版权的应用，认为区块链在知识产权保护领域会有很广的应用前景[9]。总之，无论是版权文化市场的持续繁荣、版权保护的强烈需求所形成的客观环境，还是以电子数据存证技术为代表的新的版权保护技术所带来的巨大优势，以及政府的大力推广和社会的高度认可，都告诉我们以电子数据存证技术为代表的新的版权保护技术正迎来了难得的发展机遇和广阔的应用前景，我们一定要把握住、应用上、发挥好。

五、结论

电子数据存证技术不仅符合互联网快速发展和普遍应用的时代趋势，而且具有较为明显的技术优势。特别是在著作权保护的场景下，保护作品内容安全、作品保护程序便捷、作品保护成本低廉等优势可以满足著作权人对权利进行有效的保护的需求。对于以培养人文社科和艺术类人才为主的高校，在培养出众多合格人才的同时会同步产生出很多新的创作成果，应该加强培养学生知识产权保护意识和引进电子数据存证等版权保护技术工作。通过版权保护技术服务，为师生将自己的作品通过电子数据存证技术保护起来创造条件。

参考文献

[1] 卢海君. 版权客体论[M]. 2版. 北京：知识产权出版社，2014.

[2] 崔国斌. 著作权法原理与案例[M]. 北京：北京大学出版社，2014.

[3] 陈宇翔，等. 基于区块链的版权保护方法研究[J]. 电子应用技术，2019（10）：25.

[4] 赵丰，周围. 基于区块链技术保护数字版权问题探析[J]. 科技与法律，2017（1）：63.

[5] 最高人民法院信息中心. 区块链司法存证应用白皮书[R]. 可信区块链推进计划，2019（6）：1.

[6] 郭铠源. 法律视角下基于区块链技术的电子存证探究[J]. 法制博览. 2019（9上）：61.

[7] 孙国梓，冒小乐，陈鼎洁，等. 基于区块链技术的电子数据存证系统[J]. 西安邮电大学学报，2018（7）：78.

[8] http://www.ncac.gov.cn/chinacopyright/contents/11357/399414.html. 2019-11-24.

[9] 龚雪. 区块链数字版权保护技术应用前景分析[J]. 传播与版权，2018（7）：184.

基于学校特色的高教研究发展策略探析

——北京服装学院高教研究实践体会

贾云萍[1]

摘 要 高等教育的普及化、网络化、国际化和内涵式发展，使得高等教育研究逐渐走向多元化，各高校的高教研究机构也面临严峻的挑战。本文通过对北京服装学院近十年来高教研究工作的总结与分析，结合学校办学定位和办学特色，探索契合学校改革发展新形式的高教研究发展策略，以更好地助力学校的教育教学、管理研究和改革发展。

关键词 高教研究；发展策略；办学特色

随着时代的进步和信息技术的飞速发展，高等教育也在不断向内涵式发展，在办学思想、办学理念和办学模式上都有重大的变革，也因此对高校的高教研究工作提出了新的挑战。迫切需要高教研究机构转变观念，紧跟当前国内外高等教育发展形势，顺应学校办学定位、办学目标的新变化，审时度势地思考高教研究机构在学校的职能定位、作用以及发挥职能作用的新方式，探索具有本校特色的高教研究发展模式，更好地为学校的教育教学、管理研究和改革发展提供策略依据与参考。

一、高校高教研究机构的定位、作用及运行模式

我国高等教育研究开始于20世纪70年代。1978年5月，国内第一个专门研究高等教育的机构——厦门大学高等教育科学研究室成立，这是高教研究在中国成为一个专门研究领域的重要标志[1]。之后几年，随着高等教育改革的不断推进，全国很多高校都相继成立了高教研究机构，并先后创办了高等教育刊物。1983年，中国高等教育学会正式成立，使我国的高教研究开始向有组织的方向发展。

40多年来，高教研究机构经历了从广泛设立、繁荣发展、逐渐消沉和多元化发展几个阶段。目前全国各高校的高教研究机构或是独立存在，或是隶属于教务处等相关职能部门，根据学校的办学类型和办学层次不同，也都有着不同的发展模式：一类是以高等

---

[1] 作者简介：贾云萍，北京服装学院教务处，讲师。
资助项目：北京服装学院教育教学改革立项项目"基于我校办学定位与目标的高教研究发展策略研究"（项目编号：JG1-1828）。

教育学科建设为重点的理论研究型。这样的机构大都有着雄厚的学科基础，有博士和硕士学位点，基本上是走在学科建设和教育理论研究的前沿；另一类是以对中国高等教育改革与发展实际问题研究为重点的应用研究型[2]。主要是进行高等教育理论的应用研究，结合学校实际开展一些有助于学校教育教学等中心工作的活动和研究，助力学校的改革发展。2000年后，很多应用研究型的高教研究机构都在向院校研究发展，院校研究是将现代管理科学和高等教育科学的研究成果应用于高校管理，旨在提高高校管理水平的一个实践领域[3]。其更注重对高校实践问题的研究，是对学校教学及管理工作进行更加系统和科学化地深入探究。实践证明，院校研究为解决我国高教研究领域理论与实践脱节、高教研究机构生存困难等问题提供了契机，并且重新定位了高教研究机构在高校的作用，即为高校的智囊机构，发挥决策咨询等功能。

随着高等教育普及化、网络化、国际化及内涵式的发展，高等教育研究逐渐走向多元化，高教研究机构也面临着新的挑战。面对新形势，各高校的高教研究机构也纷纷转变思路，根据各自高校的特点，通过研究范式、研究制度和发展道路的变革与选择，探寻新的发展模式。

二、北京服装学院高教研究发展现状分析

1. 依托《高教研究》等出版载体组织开展教学理论和实践研究

北京服装学院校高教研究室成立于1986年，致力于高等教育改革与发展实际问题的应用研究。目前承办《高教研究》《国内外高等教育动态参考》（以下简称《动态参考》）和《北京服装学院教研论文报告会论文汇编》（以下简称《论文汇编》）等内部资料性出版物。多年来，北服高教研究室始终立足于学校办学定位和办学特色，紧密配合学校的改革发展，以上述出版物为载体，积极开展教学理论与实践问题的应用研究，为学校的教育教学、管理研究和改革发展提供策略依据与参考。

《高教研究》是北京市新闻出版局批准的内部资料性出版物，1986年开始创办至今已有34年。目前，年校内外发行量近2000册，与全国近300所高校和科研院所进行交流，为学校教师教学改革与研究搭建了经验交流与借鉴的平台，同时也是我校对外宣传和推广的窗口。

为密切跟踪国内外高等教育发展动态，给学校领导和教师提供最新的教育信息参考，高教研究室于2008年开始创办《国内外高等教育动态参考》。并于2019年与原有的《教学简报》合并，加入本校的新闻动态，涵盖更多的内容供读者参考，使所提供的高等教育动态信息服务做到"三个面向"，即面向学校领导、面向机关职能部门、面向教学单位，为学校各级领导的教学相关决策提供信息依据与参考，为教师的教研教改提供信息服务。

高教研究室每年都定期组织全校的教研论文报告会，围绕"课程建设年""学科建设年""基层组织建设年"等学校当年中心工作广泛开展研讨，并编辑出版论文报告会《论文汇编》。

2. 注重信息化建设，实现高教研究管理工作的规范化和网络化

2011年高教研究室联合学校信息中心老师一起研制开发了"《高教研究》网上投稿系统"，2013年正式启用，改变了以往传统的投稿方式，实现了在线投稿。在此基础上，2014年开始又继续研发"《高教研究》稿件管理系统"，该系统可以支持跨平台的用户访问，无论是在Windows、Mac OS以及移动端的ios或者Android操作系统，都能得到较好的体验（图1、图2）。此系统于2016年全面上线，实现了稿件的在线管理，以及作者和编辑部之间的动态交互反馈。

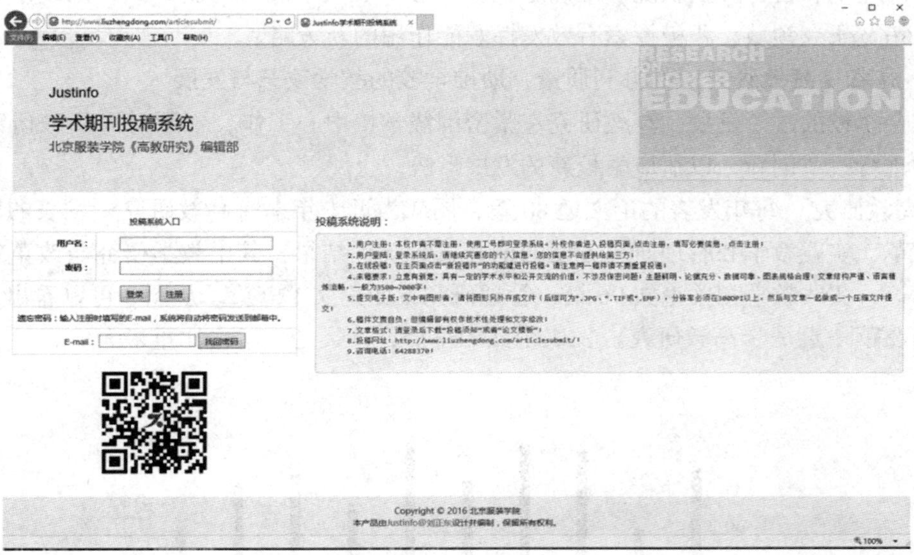

图1 "《高教研究》稿件管理系统"在Windows计算机上的登录界面

图2 "《高教研究》稿件管理系统"在Android手机上的登录界面

251

高教研究室还配合教务处建设了教研管理系统,每年定期进行数据更新和信息填报,为广大教师职称申报、聘任等提供查询功能和服务。

三、结合学校特色,创新高教研究发展策略

北京服装学院是一所"以艺为主,艺工融合"的具有鲜明办学特色的时尚类高校。2019年9月,学校获教育部批准将办学类型由"理工类"变更为"艺术类",这也开启了学校发展的新征程。面对整个教育形式的变化,北服高教研究室不断更新观念,重新审视外部环境和自身发展状况,准确定位,契合学校改革发展的新形式,围绕学校中心工作,拓宽研究领域,积极探索有效发挥职能作用的新策略。

1. 提高《高教研究》的办刊质量,助推学校的教学改革与发展

契合学校的改革发展,高教研究室紧密围绕学校中心工作,不断对《高教研究》等出版物进行改革创新,以适应学校新的发展形势。

《高教研究》每年发表的论文近80篇,图3为近十年来《高教研究》发表的教学研究与改革、实践教学和管理研究方面的论文数量统计结果,其中教学研究与改革有关论文363篇,实践教学相关论文96篇,管理研究方面论文120篇。从图3可以看出,教学研究与改革一直是《高教研究》发表论文的重点,该类论文所占比重最大。

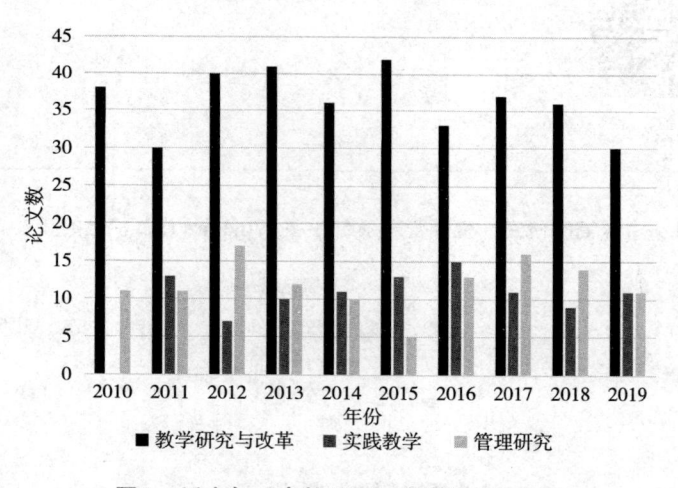

图3 近十年《高教研究》发表论文统计表

紧跟学校的发展,《高教研究》适时增设相应的专栏(表1)。不同时期的论文数量和栏目变化,也在一定程度上反映出学校不同时期的教学工作重点。2013年前后,学校的实践教学工作蓬勃发展,取得了丰硕的成果,先后获国家级实验教学示范中心、"全国深化创新创业教育改革示范高校""教育部创新创业工作典型经验高校""全国高校实践育人创新创业基地"等国家级荣誉称号。由图3可以看出,2011年以后,《高教研究》发表的实践教学相关论文明显增多,尤其是2013年增设了"国家级实验教学示范中心建设"专栏(表1)。2015年起学校定制了"超星尔雅"和"创业云平台"创新创业类在线课程,2016年学校依托学科优势和优质创业教育资源,正式成立创新创业学

院。这期间,《高教研究》上发表了多篇关于创新创业类的论文(表 2)。2020 年因新冠疫情影响,上半年学校改为线上教学,这是教学模式的巨大变革,云端授课,不仅是一种崭新的教学方式,也是对传统教学的重大挑战。为了更好地促进教学经验交流、有效助力在线教学工作,2020 年上半年特别推出了一期《高教研究》在线教学专辑,收录了全校 10 个教学部门和 3 个管理部门有关在线教学的论文 14 篇(包括在线教学优秀案例),总结了在线教学过程中好的经验、存在的问题以及解决策略,为一线教师的教学工作提供了很好的借鉴和参考;2019 年,配合学校教育思想大讨论活动,增加了"高层传音"和"经验借鉴"专栏,通过引入一些领导讲话和全国教育大会精神,促进学校"一流专业"和"金课"建设;2015 年和 2018 年,分别增设了"党建思政"和"思政教育专题",积极融入学校的思政课质量提升工程,助力教师从课堂教学到实践教学全面探索"艺工融合"院校特色思政教学体系。

表 1　近十年《高教研究》围绕学校教学中心工作适时增设的专栏

年份	2020	2019	2018	2015	2014	2013	2012
增设的专栏	在线教学	高层传音经验借鉴	党建思政	思政教育专题	国际商务专业学位教育	国家级实验教学示范中心建设	学科专业建设

表 2　《高教研究》2010~2019 年发表创新创业类论文统计表

年份	2019	2018	2017	2016	2015	2014	2013	2012	2011	2010
论文数量/篇	5	5	8	5	6	3	6	1	4	4

从图 4 中可以看出,2013 年以后《高教研究》中艺术类论文占比越来越大,这也是我校由"理工类"院校向"艺术类"院校转型过程中,与"以艺为主,服装引领,艺工融合"的发展理念相适应所致。

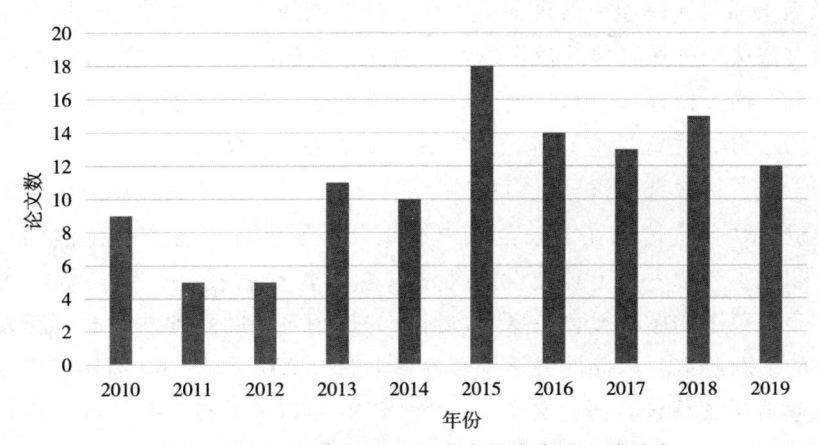

图 4　近十年《高教研究》发表艺术类论文统计表

2014年开始在《高教研究》中增设中缝彩页，用以宣传"北服时装周""毕业生作品展"和"科学艺术时尚节"等具有北服特色的活动。

2020年对《论文汇编》进行改革，与中国纺织出版社联合公开出版优秀教研论文集，借此更好地激励教师参与学校教育教学研究与改革。

2. 适应学校发展和办学特色，积极拓展研究领域

近些年，北服高教研究室还积极拓展发展渠道，与学校各部门进行多方合作，积极参与学校教育教学和发展建设工作，努力拓展研究领域。

（1）探索院校研究，发挥高教研究室的"智库"作用。近些年，高教研究室积极参与学校的专业建设"十四·五"规划和学分制改革等工作，深入研究专业发展目标、专业布局和一流专业建设，分析专业发展思路和具体措施。探索建立学分制管理制度和多种形式学习成果认定机制，畅通不同类型学历教育、校内教育与校外教育之间的转换通道，促进优质教育资源开放共享，发展具有北服特色的学习成果认定和转换体系。通过创新性的发展充分发挥高教研究室在教育改革与发展实际问题研究上的优势，发挥高教研究室的"智库"作用。

（2）开展语言文字规范化建设，传承和宣传中华优秀文化。2020年高教研究室承接了学校语言文字建设工作。根据2019年11月，市教委、市语委专家组对我校语言文字规范化达标建设工作实地检查后提出的反馈意见，高教研究室负责起草了学校的语言文字整改方案，进一步推进了我校语言文字规范化建设工作。同时结合学校实际和语言文字规范化达标建设工作整改方案，联合宣传部、校团委一起组织了2020年国家语委、北京市语委发起的"第23届全国推广普通话"宣传周活动，围绕宣传主题组织开展了一系列丰富多彩的推普活动，对学校师生规范使用国家通用语言文字进行了宣传教育和引导，形成全方位立体宣传格局，营造推广普通话的浓厚氛围和规范使用语言文字的良好环境，提高了全校师生自觉学习、使用普通话的意识；此外，积极组织我校学生参加教育部、国家语委组织的第二届中华经典诵写讲大赛，通过竞赛使学生亲近中华经典，提升语言文字应用能力，增强爱国主义教育，并以此助推学校的课程思政建设。

（3）以重大事件为契机，开展研究工作。疫情期间有效利用综合性资源平台，通过学校官微为大家选取推送其他高校在线教学的优秀案例，为我校一线教师的在线教学提供借鉴和参考。通过创办《高教研究》在线教学专题，组织全校各部门进行在线教学的专项研究；2019年，主动适应高等教育发展的新形势、新要求，响应学校深入贯彻落实新时代高等学校本科教育工作会议精神的号召，以"双一流建设"和学校的审核评估整改工作为契机，联合宣传部在全校范围内组织开展了教育思想大讨论活动，收集、整理、编辑、印发了《以一流专业建设为统领 以本为本 全面提高教育质量》的大讨论学习资料，在全校范围内掀起教育思想学习讨论的热潮，帮助教师熟悉教育新政新规，了解教育发展的最新趋势，以此促进学校教育教学的改革和发展；60周年校庆期间，参与出版了《教学成果集萃暨教研论文集》，对建校60年以来的教育教学成果进行了系统的梳理和深入的总结，为后续的教育教学改革和发展提供借鉴。

四、结语

近些年,北京服装学院加快高水平特色大学建设,适时调整办学定位,形成了"以艺为主,服装引领,艺工融合"的办学特色。围绕学校新的定位和特色,参考其他高校高教研究机构的成功经验,北服高教研究室不断在实践中探索适合我校发展的更深层次的应用研究之路,助推北服教育教学改革和发展。

高教研究机构如何在不断变化的教育形势下更好发挥应有的职能和作用,是一个值得长期深入探索的问题。因此,高教研究机构一定要审时度势,结合本校实际和教育发展新形式,不断更新观念,创新发展,探寻具有本校特色的发展策略。

参考文献

[1] 李均.中国高等教育科学研究三十年:历程、经验与瞻望[J].中国高教研究.2008(5):5.

[2] 鲍健强.论高教研究所在高校改革和发展中的地位与作用:浙江工业大学高教研究所的研究实践体会[J].高教与经济.2002(1):11.

[3] 刘献君,刘怡,余东升,等.在机构转型中深化院校研究:基于对我国本科院校高教研究机构的调查[J].高等教育研究.2015,36(11):42-49.

教学改革效果对教师教学职业生涯的促进作用探析

田红艳[1] 白雯静

摘 要 本文分析了教师教学改革投入和教学研究水平提升对于教师教学职业生涯发展的重要意义，指出了当前教师在教学改革认知和实践中存在的一些问题与不足，明晰了教师通过教学研究与改革促进教学水平提升，通过凝练教学成果助力教师教学职业生涯进阶的有效路径，为教师教学职业生涯发展指明了着力点和努力的方向。

关键词 教学改革；教学成果；教学职业生涯；促进

各行各业的知识都在不断地迭代更新，作为教师这个职业，这个问题带来的挑战尤为巨大。教师致力于传道授业解惑，为未来社会发展培养优秀的具有可持续发展能力的人才。这就要求教师始终永立潮头，站在学科和行业发展的最前沿上，只有这样才有可能为国家和社会培养出能够面向未来的人才。那么教师如何才能做到这样呢？高水平的教研教改以及永续不断地教学投入无疑是最为直接有效的路径。

一、教学改革投入和教学研究水平提升促进教师教学职业生涯发展

随着社会的不断进步，高等教育在社会发展中的作用越来越受到重视。这无疑对担负教书育人使命的高校教师提出了更高的要求。教学不是一潭死水，一个教案讲十年的教师终将被教师这个职业所淘汰。教师要站稳讲台，要在教学水平上获得提升就必须不断汲取新鲜的养分，深耕于自己的学科专业，不断学习新的知识，扩充自己的知识架构，同时要学习新的教育理论，新的教学方法与手段，不断锐意改革、重构自我，以使教学永葆青春活力。

当下，学生的学情在变化，学科专业在不断向前发展，在日常教学实践中也会出现这样或那样的问题，都对教师的教学不断提出新的要求与挑战。教学研究与改革就是通过不断发现教学中的新情况、新问题、新矛盾，依托教育理论和研究方法手段去解决教育实践中出现的问题，并对积累的实践经验进行新的理论概括，为教师的教学生命提供持续动能。在解决问题的过程中，教师不断反思，不断提升教学研究与改革的水平和教学实践的水平，总结和固化教学成果，再运用到教学实践中去，形成持续螺旋式上升的

---

[1] 作者简介：田红艳，北京服装学院教务处，副研究员。
资助项目：2018年度北京服装学院教育教学改革重点项目."以人为本的以激励加大本科教学投入为导向的教师评价体系的构建与实践"（项目编号：ZDJG-1812）

闭环，教师教学效果与水平得到不断提升。与此同时，实现了教师自身的成长与飞跃，助力教师一次次完成对教学职业生涯发展瓶颈的突破，获得职业成就，增强教师职业幸福体验，从而使自己的教学职业生涯不断走向新的境界。

二、教师在教学改革认知和实践中存在的问题与不足

在多年的教学管理以及教学研究与改革项目管理工作实践中，接触了大量教师的教学研究与改革项目，纵观整个项目申报、结题验收和执行过程，发现一些存在的问题与不足，尚需进一步完善提升。

1. 认识不到位

对教学研究与改革工作对教师教学职业生涯发展的促进作用认识不足，缺乏全局和整体意识。例如个别教师缺乏教改的整体规划和前置设计，只局限于自己讲授的课程，并未将自己的课程置于整个人才培养方案中的定位以及对人才培养目标的达成度和贡献度去思考课程该如何讲授，该如何开展课程设计，如何与其他课程进行前承后继，并且据此开展课程建设等。教学研究与改革是个复杂的系统工程，和一个教师教学发展密切相关的有专业建设、课程建设、团队建设、教材建设等，而这些又是一个有机统一的整体，服务于人才培养的方方面面，不能人为地去割裂开来，只局限于其中的某一个点。并且教学研究与改革的成果最终一定要落地在人才培养上，这样的改革才是真正有意义的。

2. 知识结构存在欠缺

教师职业有其特殊性，要成为一名好老师，就不能仅仅是一个专业人士，还要立志成为教育家。一些年轻人专业成绩优良，拥有丰富的专业知识和深厚的学术素养，但是教育背景相对不足。课堂不仅仅是一个把知识宣布出来的地方，要让学生获得知识，同时转变成自己的东西、获得能力，这就需要借助教育学的理论和工具来协助完成这一过程。教师可以通过各种集中培训和自学来解决这一现实问题，同时也要充分意识到这个学习过程是伴随终身的，教师一定要不断强化这个意识，并自觉践行，才能够助力教师在自身的教学职业生涯中不断完成发展瓶颈的快速突破。

3. 比较调研分析不足

个别教师的教改视野相对较窄，缺乏有一定覆盖面的比较调研分析。即使对于不同层级的教改项目，必要的比较调研分析都是十分必要的。在教改项目的日常教学管理实践中，发现个别教师的教改研究的前期分析仅局限于自己所在学校，甚至仅局限于自己所在的教学院系、教研室，局限于自己的一门课程，这样的视野很难取得优异的教改实践成果。这就要求教师要充分注重同行之间的交流与学习，博采众长、兼容并蓄，在此基础上再去从事进一步深层次的教学研究与探索。

4. 教改项目实施能力和综合水平有待提升

在教改项目管理实践中，个别教师在申请教改项目和教改项目实施过程中，都会有这样或那样的不尽如人意的地方，没有最大限度发挥出教改研究和实践工作对人才培养质量的提升和促进作用，教师教学水平提升也相对受限。出现这种问题的原因有的在项

目申报的时候就已经有所显现了。首先就是选题问题，选题其实是最核心的问题，是成功的第一步。选题也就是要研究的主要核心内容，这从根本上决定了教改的意义所在。教改项目选题的来源一般是在日常教学实践中遇到的教学上的突出问题，而教改用于解决这些问题，通过问题解决的过程伴生出了丰富多样的教学成果。教改项目的负责人还需要有管理团队，充分发挥团队每一个成员优势，控制好项目进程，实现预期研究目标的综合能力。此外还要求项目负责人及其团队成员有较强的文字表达能力以及清晰的思路和逻辑，项目申报书、结题材料的组织撰写以及教学成果的凝练都需要有较高的文字水平。综上所述，这些都对教改项目团队的实施能力和综合水平提出了较高的要求。

5. 教改项目研究成果检验和应用推广不足

在日常教学管理实践中，还发现个别教师在完成教改项目以后，取得的成果应用不足，甚至有的教师把这些成果束之高阁，不在教学实践中去充分运用，也没有充分作用于人才培养，对教改项目的成果转化问题重视不足，没有达成教学研究与改革实践的初衷。

上述这些在教学改革认知和实践中存在的具有一定共性的问题与不足影响和制约了一部分教师教学水平和教学效果的有效提升，也在一定程度上制约了这些教师教学职业生涯发展的进程。

三、促进内生动力和强化外在驱动是促进教师教学职业生涯发展的有效路径

鉴于教学研究与改革对于教师教学职业生涯发展的重要意义，需要不断促进教师内生动力和强化外在驱动来为教师成长铺平道路。

1. 持续促进内生动力

一位专注教学的教师会不断地主动学习、思考和反思从而获得成长，而每一步成长反过来又会促进教师源源不断的产生内生动力，去更多地主动获取新的知识，提升教学能力，不断完善自己教师职业生涯的知识架构，形成其职业生涯发展的良性循环。

（1）加强自身学习，不断拓宽学术和研究视野。学习的路径和方法很多，向他人学，向自己学。教师可以通过有针对性地阅读学习国内外教育教学研究领域和所在行业的核心期刊来学习。在时间和精力有限的情况下，一定要选择专业领域和高等教育领域最专业最核心的杂志来阅读学习，提高学习的针对性和有效性。教育部、北京市教委以及行业的一些官网的公开的教学文件资料也都是很好的学习内容，很大程度上代表了当下高等教育领域的研究趋势和改革方向。重新做学生，听名师授课。教学规律是相通的，可以专注本学科课程，也可以跨学科听课，博采众长，认真研究其他教师的有益经验。历年的教学成果汇编、教学成果公示和宣传网站上的资料都代表了一定范围的高等教育研究领域的标志性成果，站在巨人的肩膀上才可以看得更远。多参加一些国际的、院校间的、学校的、教研室的教学研讨会等，加强调研交流学习。借助学校提供的各种培训机制和教育教学培训平台，针对自身的知识短板开展系统的自学。在课堂上检验已有理论，并给予创新，形成适合自身条件和学生学情、学科特色的教学模式与方法。教师应将自己的教学职业生涯置于国家和社会发展的大环境中，保持较高的占位，才能实

现自己职业发展和自身成就的质的飞跃。

（2）形成集群效应，积极参加团队建设。高绩效的教学团队，对于教师的教学职业生涯发展以及人才培养质量的提升具有十分重要的促进作用。独木不成林，靠一个人摸着石头过河是不现实的，一个人的力量终究渺小和有限。教师要实现教学职业生涯的快速发展和成长必须要借助于团队的力量，分工合作。现代教学的飞速发展，要求教师要及时更新自己的教育理念，树立专业发展的思想，积极探索新的教育方法，使用先进的教育手段，促使自己在专业知识、专业技能、教育理念、教育模式、教学方法与手段等方面也要不断发展。这些仅凭教师个人的学习和探索是远远不够的，它需要通过团队学习，通过知识的交流和共享来实现教师的共同成长。一方面，青年教师的成长，需要有经验的老教师"传、帮、带"；另一方面，老教师也需要在与青年教师的交流中不断更新观念和认知。教师要主动参加团队建设，通过团队成员共同工作，互相学习，互相启发、互相补充和激励，实现共同进步，从而实现更高的个人效能。毋庸置疑在教师职业生涯的发展中团队建设势在必行，而且在团队成员的构成以及团队建设的路径上要根据团队建设目标进行系统规划，以保证团队每一个成员获得充分成长，并且相互影响，形成叠加效应。

（3）注重积累，完成蓄势突破。在教学上的长期投入不会白费，终将在某一个时点完成教师教学职业生涯的重要突破。沿着正确的路径有规划有设计的教师职业生涯规划会帮助教师完成对自身教学职业生涯瓶颈期的突破，个别教师甚至会完成快速突破，如青年名师。高水平的教研教改助力教师不断向自身的职业瓶颈发起冲击，也持续不断的完成一次次的自我突破。一位专注教学的教师，一定是教改积极活跃的，发展速度和潜力也会比较快也比较大。教师应尊重前人成果，打好扎实的基础，同时做好批判和继承，有时候教学上的重大成绩的取得是几代人为之努力付出的结果。

2. 强化外在驱动

一个教师的进步和名师之路的成就是内生动力和外因促进的双重结果，既有教师的自我意识的深度觉醒；也需要外在激励机制的持续跟进，可以更快速有效地提升教师教学职业生涯发展的进阶之路。

教师在不断完成自身努力和突破的同时，教学管理、人事以及相关职能部门应当建立与之相适应的教师教学评价制度、考核制度、职称评聘制度等以及一系列的支持政策、激励措施和活动设置，通过强化外在驱动促进教师源源不断地产生内生动力。例如教师教学评价制度要从根本上思考教师的教学职业和专业成长与发展，释放教师内在的潜能、需求和动力，提升其自主发展能力。同时加强师德建设，不断激发教师本科教学的归位意识。完善新入职教师培训，关注中青年教师的系统化培养，在博士学位提升、青年骨干教师培养、国际访学研修、在职博士后研修等方面给予政策性的资助，培训引导教师不断提高自身教学职业规划能力、提高教学能力、提升科研能力、提升综合素质、保护身心健康，秉承以本科教育为本、以人才培养为本、以教师和学生为本的总体思路，树立优秀教师典型，用政策和制度完成对教师成长和发展的每一个关键节点的持续激励，逐步形成全员、全程、全方位教师培养模式，聚焦建设一流教师队伍目标，着力探索具有北服特色的可推广可持续的教学名师职业生涯发展路径标准。

教师的教学职业发展水平关乎中国教育的未来和人才培养的质量,教研教改的水平在教师教学职业生涯的发展上起到了举足轻重的作用。因此,始终保持专业领先优势,同时重视教学研究与改革,保持终身学习,吸收先进的教育教学理念,找到科学的方法路径,勤于思考,勇于实践,肯投入,必然会在教学职业生涯发展上取得瞩目成就,成为一名合格的高等教育教学工作者。

论文格式检测系统在实践中的应用初探

——以北京服装学院为例

张迎迎[1] 章美薇 崔胜丹

摘 要 本文通过探讨论文格式检测系统的引入背景,阐述了艺术类高校本科毕业设计(论文)格式特点,介绍了论文格式检测系统的原理与功能,结合北京服装学院本科毕业设计(论文)的应用情况,较深入分析了论文格式检测系统在北京服装学院的应用数据,并对具体使用中存在的问题进一步剖析,给出解决方案和具体结论。并阐述了论文格式检测系统的使用意义和使用前景。

关键词 本科毕业设计(论文);格式检测系统;原理与功能;应用实践

随着计算机应用的普及、网络技术的高速发展,利用信息化教学手段对毕业设计(论文)进行管理势在必行。为进一步规范本科毕业设计(论文)格式,提高本科生论文质量,解决人工校对论文格式难题,实现并完善论文格式智能检测系统是非常具有实用价值和使用价值的。北京服装学院在 2020 年春季学期试运行"本科生毕业设计(论文)格式检测系统",对本科毕业设计(论文)格式进行线上检测,生成格式检测报告,引导学生采用规范、正确的书写习惯,便于指导老师和管理人员对论文进行指导与监控。

一、引入论文格式检测系统的背景

1. 本科毕业设计(论文)质量之需

教研厅 2019 年 1 号文件《教育部办公厅关于进一步规范和加强研究生管理的通知》,其中强调切实落实质量保证主体责任,突出"立德树人"根本任务和要求,严格执行培养制度,狠抓学位论文和学位授予管理,切实加强导师队伍建设,健全预防和处置学术不端的机制,切实增强教育行政部门督导监管责任,强化学位论文抽检结果使用,加大评估和问题单位惩戒力度。2019 年直属高校咨询会暨高教年度工作会上孙春兰副总理强调:让学生忙起来,让教学活起来,让管理严起来,让毕业难起来,让质量提起来!各高校根据教育部部署对本科教育质量严抓,落实到本科教育方方面面。其中,

---

[1] 作者简介:张迎迎,北京服装学院教务处,助理研究员。

毕业论文是本科教学的重要环节，毕业论文格式规范是论文质量的一项重要指标，规范论文格式要求，强调论文格式重要性，确保毕业设计论文质量。

2. 本科毕业设计（论文）格式撰写现状

现如今，本科生撰写论文时往往不熟悉学校论文撰写规范、相关国家标准，致使论文书写格式不规范，直接影响本科学位论文质量。导致这方面的原因主要有如下几点：高校内较少开设论文书写规范相关课程，无法引起指导教师和学生的重视；指导老师对论文格式不够重视，指导教师在指导学生完成毕业设计（论文）时，往往一位老师面对3~8位学生，甚至更多，每位学生的论文篇幅较长，教师在指导学生时不仅要把握学生论文的质量还需要检测烦琐的格式问题，且很多格式问题仅凭人工审阅难以识别，校对起来工作量庞大、繁复；学生在面对毕业答辩和就业等方面压力下，对撰写论文格式态度不认真，认为格式问题不重要；格式交对还存在错误沟通成本高、反复修改效率低下等问题。就管理人员而言，则需面临数百篇甚至数千篇的论文，且不能逐一预览审核，如不能快速地获取论文数据，保证论文规范性，就会直接导致整体论文规范性降低。

3. 艺术类高校本科毕业设计（论文）格式特点

在艺术类高校或艺术类专业，学生既要完成论文撰写同时还需要完成毕业设计创作，在双重压力下如何能高效的将一篇论文按照规范要求完成，成为学生和指导教师面临的共同难题。艺术类高校的学生更加善于运用创造性思维，发散性思维分析、解决问题，指导教师引导学生用开放的，自由的态度对待毕业创作，这也从侧面导致学生面对毕业设计（论文）存在自由散漫的写作态度，论文格式的随意性普遍存在。

二、论文格式检测系统原理与功能

1. 本科毕业设计（论文）格式检测原理

论文格式检测系统基于 GB/T 7713.1—2016《学位论文编写规则》、GB/T 7714—2015《信息与文献　参考文献著录规则》《2020年北京服装学院本科毕业设计（论文）规范要求》等文件要求进行论文矫正，将上传的论文分解成封面、摘要、目录、正文、参考文献、附录后，依据检测项判断文本、图表、公式、标点符号是否符合学校规范和相关国家标准，生成检测报告（图1）。信息化教学手段的建立，严格保障了论文格式规范的严谨性。

2. 本科毕业设计（论文）格式检测步骤与功能

以学生自主操作，指导教师、管理员监督管控的形式进行。学生本地上传个人毕业设计（论文），选择相应的检测模板并提交（图2），平均每篇论文检测用时1分钟（均为机器人检测），检测结果以简明、详细、带有批注的检测报告形式实时反馈给学生（图3~图5）。其中能检测出包括段落格式的错误（精确到页码和段落），文章总页数、字数、错误数、差错率，并给予检测结果（合格或不合格），供学生下载，客服实时在线答疑（图6）。不符合格式要求的错别字、段落格式、规范字体等，学生可结合批注修改完善，指导教师可在线进行指导，减少人工校对格式工作量，更便于管理人员统筹把握（图7）。

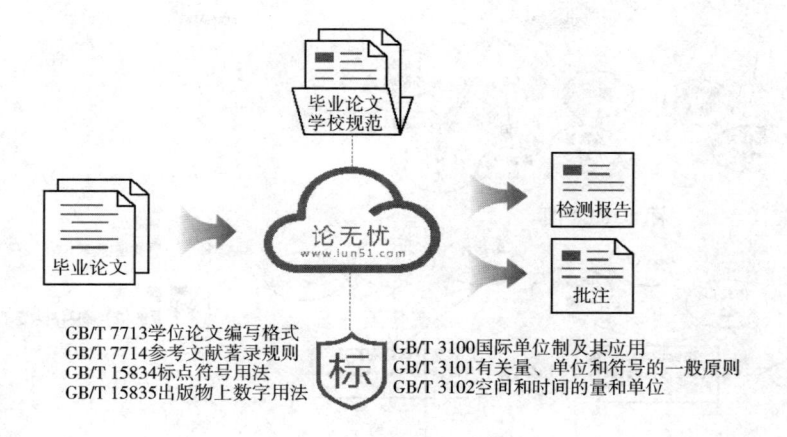

图 1 本科毕业设计（论文）格式检测原理

图 2 学生上传界面（两个模版）

图 3 检测界面

263

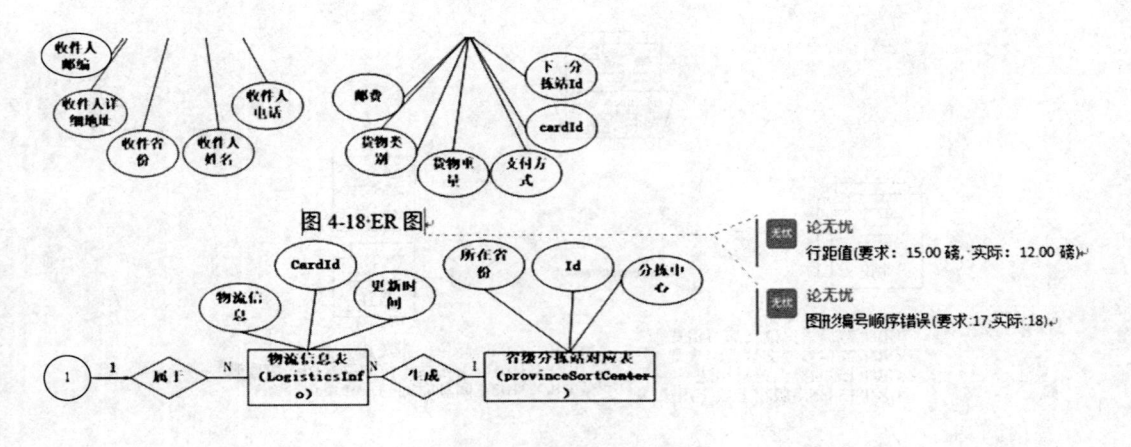

图4 检测报告示例（论文批注）

毕业论文检测报告　　　　　　　　　　　　　　　　　　　　　No.136901

论文信息

论文题目：CORBA中对象事务服务的研究与实现　　作者：杨涛　　指导教师：刘锦德
全文页数：47页　　字数统计：34127　　中文字符：22812　　英文字符：1791

报告阅读说明

1. 检测依据：《毕业论文撰写规范》，《GB7713学位论文编写格式》，《GB7714参考文献著录规则》，《GB15834标点符号用法》，《GB15835出版物上数字用法》，《GB3100国际单位制及其应用》，《GB3101有关量单位符号的一般原则》，《GB3102空间和时间的量和单位》。
2. 差错率计算方法：错误数*1000/总字数（每千字差错率），参考《图书质量管理规定》。
3. 判断依据：差错率超过3.0不合格
4. 如果您发现检测出现误报，请联系技术支持QQ：815-120-061或热线电话4000-523-350，系统会奖励积分或检测次数。

检测结果

问题总数：109　　差错率：3.2/1000　　结论：不合格

摘要

序号	类型	位置	问题描述
1	段落格式	第3页第2段	缩进（要求：首行缩进2.00个字符，实际：首行缩进1.00字符）段前（要求：0.00磅，实际：21.00磅）行距值（要求：20.00磅，实际：18.00磅）
2	字体	第3页第4段1句	英文字体错误（要求：Times New Roman，实际：宋体）
3	段落格式	第3页第7段(关键词：对象…；略见一般；)	缩进（要求：首行缩进0.00个字符，实际：首行缩进2.00个字符）段前空行数（要求：1，实际：0）规范不允许本段末尾包含各标点
4	关键词	关键词	关键词{对象}分隔符{；}不符合规范要求{，}

图5 检测报告示例（详细版）

三、论文格式检测系统在北京服装学院的应用实践

1. 北京服装学院本科毕业设计（论文）开发实现分组检测

北京服装学院2020届本科毕业生多个学院、专业包含毕业创作部分，毕业创作部分多为图文结合，且格式规范要求与毕业论文略有不同。论文检测系统特开设"毕业创

图 6　客服咨询界面

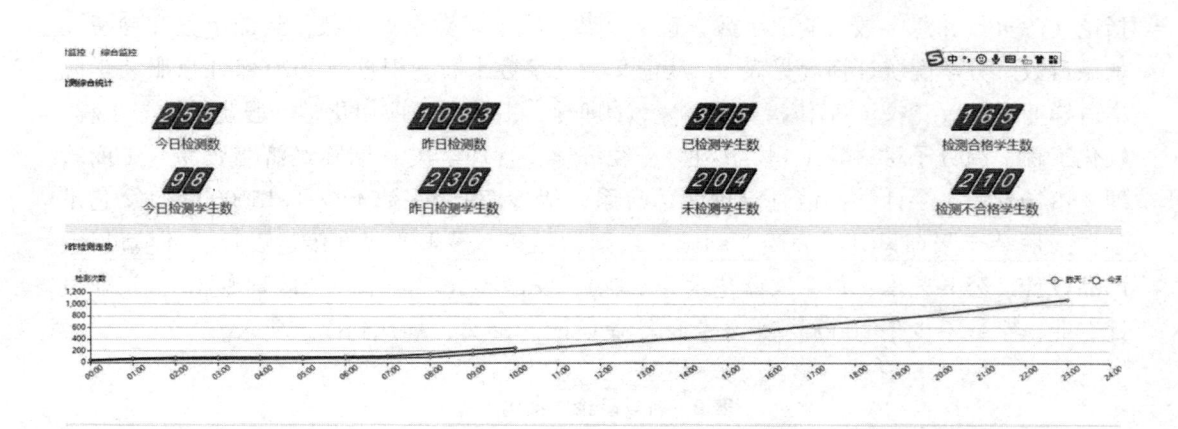

图 7　指导老师和管理员实时监控

作"和"毕业论文"两个模板，学生在检测的过程中将毕业论文和毕业创作部分分开检测，系统对论文和创作生成两套报告，可以更准确的矫正学生写作情况，更可以精准的反馈学生论文相关数据。

2. 2020 届北京服装学院本科毕业设计（论文）格式检测统计

本科毕业设计（论文）检测系统未强制要求学生使用，仅作为信息化辅助教学，且未强制规定学生达到合格或优秀，北京服装学院 2020 届本科毕业生共 1540 人，其中

397人没有错误，占25.8%，合格人数1163人，合格率75.5%。按学院统计，各学院论文规范性统计见表1。

表1 各学院论文规范性统计

排名	学院	总人数	优秀	优秀率	合格	合格率↓	不合格	不合格率	未检测	未检测率
1	语言文化学院	55	18	32.7%	52	94.5%	2	3.63%	1	0.18%
2	时尚传播学院	145	40	27.5%	137	94.4%	3	2.06%	5	3.45%
3	艺术设计学院	164	48	29.2	149	90.8%	9	5.49%	6	3.66%
4	服装艺术与工程学院	340	124	36.5%	296	87.1%	22	6.4%	22	6.4%
5	服饰艺术与工程学院	154	28	18.2%	124	80.5%	18	40.9%	12	41.6%
6	国际班	38	5	13.2%	27	71.1%	6	15.8%	5	13.6%
7	商学院	283	87	30.74%	183	64.7%	67	23.7%	33	11.7%
8	信息工程学院	90	12	13.3%	52	57.8%	32	35.6%	6	6.7%
9	材料设计与工程学院	201	31	15.4%	109	54.2%	64	31.8%	28	13.9%
10	美术学院	70	4	5.71%	34	48.6%	29	41.4%	7	10%

论文格式检测系统可自动识别提取论文结构数据进行统计分析，目前统计的指标包括论文总页数和总字数，摘要字数，正文字数，首章字数末章字数，致谢字数和参考文献条目数。分学院统计情况见表2，从论文平均字数来看，根据《2020年北京服装学院本科毕业设计（论文）工作指导手册》，①理学、工学类（应用化学、服装设计与工程、轻化工程、高分子材料与工程等专业），经济学、管理学类（国际经济与贸易、工商管理、市场营销、会计学、信息管理与信息系统等专业），字数不少于15000字。②艺术学类（服装与服饰设计、表演、动画、绘画、雕塑、摄影、视觉传达设计、环境设计、产品设计、公共艺术、数字媒体艺术等专业），文学类（广告学、传播学专业），工业设计专业，字数不少于10000字。学生的毕业设计（论文）均达到以上要求。

表2 各学院论文结构统计

排名	学院	论文平均页数	论文平均字数	摘要平均字数	正文平均字数	首章平均字数	末章平均字数	致谢平均字数	文献条目数
1	语言文化学院	45.9	67104	424	59130	6452	5149	13	2.8
2	材料设计与工程学院	44.4	29964	319	12932	2940	2790	4107	25.0
3	商学院	38.2	23934	440	17374	1897	1709	526	16.2
4	信息工程学院	46.6	22697	347	14899	1529	1197	388	15.0
5	服装艺术与工程学院	45.6	22231	608	13866	1689	1083	427	11.9

续表

排名	学院	论文平均页数	论文平均字数	摘要平均字数	正文平均字数	首章平均字数	末章平均字数	致谢平均字数	文献条目数
6	国际班	43.3	19392	389	8886	617	876	353	7.3
7	服饰艺术与工程学院	42.6	18843	305	11276	1577	727	389	10.9
8	时尚传播学院	38.3	18562	557	10868	1235	803	379	9.1
9	美术学院	36.5	17661	224	8841	477	552	314	5.4
10	艺术设计学院	35.4	16038	369	8650	1238	743	283	8.1

关键词热度反映了毕业论文研究方向和领域，对理解学生论文内容也有比较大的帮助。关键词云图中，字号越大出现频率越高。论文格式检测系统可检测出全校关键词云图和分学院关键词云图，通过全校关键词云图（图8）和出现频率最高的20个关键词（表3）可以看出，"服装设计""创新""营销策略""设计"等关键词出现频率较高，这也和学院学科设置相吻合。

图8 全校关键词云图

表3 出现频率最高的20个关键词

关键词	排名	出现频率
服装设计	1	45
创新	2	15
首饰设计	3	12
营销策略	4	12
服装表演	5	10
新媒体	6	9
设计	7	9

续表

关键词	排名	出现频率
应用	8	8
JSP	9	7
传统文化	10	7
MYSQL	11	7
服装	12	6
创新设计	13	6
品牌	14	6
新零售	15	6
产品设计	16	6
影响因素	17	6
女装设计	18	6
插画	19	6
可持续发展	20	6

2020届北京服装学院本科毕业生累计检测论文规范5963次，单人平均检测次数55次，单人最多76次（图9）。检测次数反映了学生对论文格式的重视程度，其中时尚传播学院人均检测次数最高，平均达到每人10.5次。随着论文格式系统的不断完善，学生使用论文检测系统完成论文格式矫正通过率（合格）会逐步提高。各学院人均检测次数与合格率对比查看，可分析出如人均检测次数越低，合格率越高，说明系统运行顺畅，学生格式检测通过率越高。如人均检测次数越高，合格率越低，说明系统有待优化，学生检测效率有待提高。

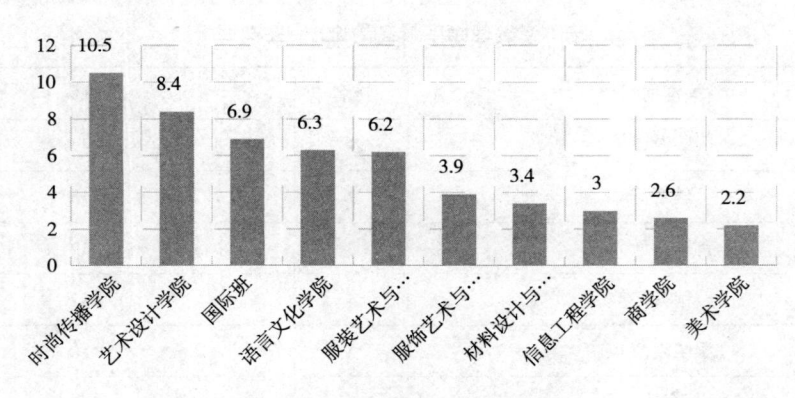

图9 各学院人均检测次数统计

四、总结

1. 论文格式检测系统的使用意义

信息化教学手段的普及，推动了论文格式检测系统的应用。针对论文格式的整理与校对工作，论文格式检测系统起着积极的作用。不仅可以节约大量的人力工作，还可以使教师、学生更准确的了解格式规范，提高了本科毕业设计（论文）的整体质量。

2. 使用论文格式检测系统出现的问题及分析

2020年，北京服装学院本科毕业设计（论文）工作环节初次引用论文格式检测系统，在使用过程中存在较多需要被优化的问题。第一，学校论文格式规范制度有待完善。通过对国家格式规范制度的深入解读，针对北京服装学院本科毕业设计（论文）规范要求做了细节的修订。第二，格式规范和系统匹配度有待加强。经过一年的运行使用，2021年，论文格式检测系统需要进一步优化，与学校要求的格式规范更加吻合，提高学生检测效率。第三，需开通指导教师账号，指导教师即可通过系统对学生进行全局把控，同时可以查看相关动态数据，以便实时关注学生检测情况。第四，指导教师和学院对论文格式重视度有待提高。指导教师和学生针对论文格式环节未能引起足够的重视，认为把好毕业设计（论文）内容关即可，且格式检测人工校对工作量庞大，难度较高，导致学生对论文格式检测环节参与度不高，论文格式散乱，直接影响毕业设计（论文）整体质量。

2021年，将制订更为完善的本科毕业设计（论文）格式指导意见，优化论文格式检测系统，增强指导教师、学生对论文格式检测的重视度，解决以上问题。

3. 论文格式检测系统的使用前景

通过一年时间的实践应用，分析前文数据可得知，论文格式检测系统较好地辅助了北京服装学院本科毕业生完成毕业设计（论文）的格式矫正工作，提高了学生论文格式修改效率，通过使用论文格式检测系统，为学生节约了大量时间，可以将重点放在对毕业设计（论文）、毕业创作的内容修改上；更为教师提供了便利，减轻了指导教师人工校对压力，指导老师可通过数据查看学生论文格式检测情况，并依据系统报表，合理管理指导学生。随着现代化教学手段的推进，信息化教学逐年深化，采用线上论文格式检测系统辅助本科毕业设计（论文）工作环节势在必行，也将持续推广到研究生教学中，为毕业设计（论文）质量保驾护航。

新时代背景下教材建设的路径与实践

——以北京服装学院教材建设工作为例

白雯静[1]　田红艳　尉坚锋

摘　要　教育部2019年下发《关于印发普通高校教材管理办法的通知》,对高校教材管理工作做了重要指示,内容涵盖更为全面,涉及教材管理各个环节,尤其对高校教材建设工作影响深远。在全国一流专业建设、一流课程建设的背景下,本文通过分析北京服装学院教材建设历史沿革、现状、存在的问题,指出教材建设对专业建设、课程建设的重要支撑作用,探讨了未来教材建设发展方向及模式,以一流专业建设为依托,在课程建设的过程中,重视教材建设工作,使二者有机结合,相辅相成,锤炼精品教材,贯彻课程思政,助力人才培养,使得专业、课程、教材三者在建设过程中发挥最大的协同效应。

关键词　教材建设；课程建设；课程思政

教材建设是事关未来的战略工程、基础工程,教材体现了国家意志。党的十九大以来,为提升我国高等教育综合实力和国际竞争力,实现中华民族的伟大复兴,全国各高校积极开展"一流大学、一流学科"(双一流)建设。课程建设是学科建设的基础,教材作为课程建设的重要一环,对培养人才具有重要意义,为课程建设提供扎实的支撑。在教育部《关于高等学校加快"双一流"建设的指导意见》中,关于高水平人才培养体系的论述中明确指出建设科学性和时代性相统一的教材体系,加快建设教材建设研究基地,把教材建设作为学科建设的重要内容和考核指标,完善教材编写审查、遴选使用、质量监控和评价机制,建立优秀教材编写激励保障机制,努力编写出版具有世界影响的一流教材。

从体现国家意志到高校进行的"一流大学、一流学科"的双一流建设,教材建设的重要性日益凸显,在做好教材规划、编好特色精品教材、选用优质教材等各方面亟待加强和完善。

---

[1] 作者简介：白雯静,北京服装学院教务处,助理研究员。
资助项目：2019年度北京服装学院教育教学改革重点项目"以本为本,全面提升本科教育质量背景下,我校本科专业人才培养的研究与实践"(项目编号：ZDJG-1911)。

一、教材建设回顾与进展

教材是教师讲授和大学生学习的必备材料，是贯彻教学大纲的物质基础，它直接影响到人才培养的质量。回顾梳理我校从2004年至今16年来的教材建设工作，与学校办学定位、人才培养模式、专业建设等是一脉相承的。

1. 办学特色鲜明，教材特色鲜明

2004年以来，在出版的教材中形成了服装类、艺术设计类、美术类3大类特色系列教材，其他学科的专业教材也围绕服装行业来编写。

2. 优势专业产出精品、经典教材

服装与服饰设计专业是国家级一流专业，从"十五"到"十三五"期间涌现多部北京市精品教材、国家级规划教材。例如，刘瑞璞教授编著的普通高等教育"十一五""十二五"国家级规划教材《服装纸样设计原理与应用》（男装篇、女装篇），历经20多年的不断修订、完善，多次再版，得到了专业人士、同行、学生和读者的厚爱，堪称同类教材中的精品。

3. 教材建设，一流课程与一流教材协同发展

2019年4月，教育部发布《关于实施一流本科专业建设"双万计划"的通知》，实施一流专业建设，建设一万个国家级一流本科专业点和一万个省部级一流本科专业建设点。这是继"双一流"后国家就加强高校内涵式发展做出的又一重大举措。专业建设聚焦课程建设，教材建设又与课程建设息息相关，使得教材建设重要性日益凸显，2019年11月我校与高等教育出版社合作举办"北京地区一流课程与一流教材研讨会"。2020年我校申报中国纺织出版社"十四五"规划选题，各学院极为踊跃，我校申报的教材选题数量在同行纺织院校中遥遥领先。

回顾16年教材建设历史，自2004年至今，我校有19部高水平精品教材（表1）。2010~2020年，我校优秀教材立项151项，2016年特色精品教材专项资助80部。

表1　2004~2020年北京服装学院高水平精品教材成果汇总

序号	教材名称	主编	出版社	备注
1	服饰图案	徐雯	中国轻工业出版社	北京高等教育精品教材
2	色彩构成	张玉祥	中国轻工业出版社	北京高等教育精品教材
3	平面广告设计	贾荣林	中国纺织出版社	北京高等教育精品教材
4	中国服装史	袁仄	中国纺织出版社	北京高等教育精品教材
5	服装艺术设计	刘元风、胡月	中国纺织出版社	北京高等教育精品教材
6	服装纸样设计原理与技术（男装、女装）	刘瑞璞	中国纺织出版社	"十二五"国家级规划教材

271

续表

序号	教材名称	主编	出版社	备注
7	服装纸样设计原理与应用（男装、女装）	刘瑞璞	中国纺织出版社	"十二五"国家级规划教材
8	染整工艺实验教程	陈英	中国纺织出版社	北京高等教育精品教材
9	服装工业制板（第二版）	潘波	中国纺织出版社	北京高等教育精品教材 "十一五"国家级规划教材
10	景观铺装设计	李瑞君	华中科技大学出版社	北京高等教育精品教材
11	数字媒体艺术概论	李四达	清华大学出版社	"十二五"国家级规划教材
12	纺织品艺术设计（第2版）	崔唯、肖彬	中国纺织出版社	"十二五"国家级规划教材
13	模特形体训练	李玮琦	中国纺织出版社	北京市本科优质教材
14	时尚传播学	赵春华	中国纺织出版社	北京高校本科优质教材
15	皮革艺术设计与制作	王森	中国轻工业出版社	北京高校本科优质教材
16	室内设计+室内设计史	李瑞君	中国建筑工业出版社	北京高校本科优质教材（重点）
17	服装工效学（第二版）	张辉	中国纺织出版社	北京高校本科优质教材
18	视觉与风格 风光摄影	董冬	人民邮电出版社	北京高校本科优质教材
19	服装表演学	李玮琦	中国纺织出版社	北京高校本科优质教材

二、教材建设中存在的问题与不足

教材是学校教学的基本依据，是教学过程中教学活动的基本工具，是体现教学内容与方法、适应人才培养需求的知识载体，是深化教育教学改革，落实党的教育方针和实现教育目标的坚强保障，也是院校教学、科研水平的重要反映[1]。纵观整个教材建设工作，尚存一些问题和不足，需要不断完善与提升。

（1）教材建设全校的整体规划略显不足，尚未最大限度发挥教材建设与课程建设、专业建设的协同效应。教材建设应立足学科、专业建设，加强教材的规划和重点发展方向，编写教材主要是教师个人自发行为编写，教材的水平、对专业建设的贡献相对有限。因此多年以来入选国家级规划教材相对较少，经典的、在业内有影响力的教材相对不足。在专业建设过程中忽略教材建设对课程建设的重要支撑作用，很多发展前景较好的专业，缺少校本教材，不利于专业凝练教学成果，占领学术高地。

（2）在教材内容建设上，作为艺术类高校，很多教材内容会涉及民族文化传承教育，学校重视培养学生对于民族文化的艺术进行再设计，在文化溯源研究中，部分教师对中国传统文化、工艺、技法等知识讲授充分，但对于文化内涵和精神意义的讲述不够深刻，虽有强烈的文化传承的意识但是深度解析不足，这对教材内容的建设也提出了进一步的要求。

（3）全面推进课程思政建设工作的进程也对教材建设提出了新要求。学校在全面推进课程思政建设工作以来，广大教师对于课程思政与专业融合意识有了大幅提高，也做了很多积极的探索和尝试，取得了显著的效果。但是部分教师结合具体课程和教材内容时推进课程思政建设工作的方式方法和手段还不够丰富，教学技巧和教学艺术也尚显不足，融合的效果也还需进一步加强。因此对教材建设提出了新的要求，需要充分发挥教材建设在课程思政建设进程中的引领作用，这也是目前教材建设中亟须解决的一个新问题。

（4）在教材选用上，特别是专业课教材，多数任课老师都能选用"十三五"普通高等教育本科部委级规划教材和专业内有一定影响力的公开出版书籍作为参考教辅。但也存在一些课程没有教材和参考，任课教师主要通过上课讲授、实践指导等方式向学生进行口传身授的情况。分析其存在原因，一方面是诸如部分课程是在时尚传播体系下，以跨学科教育为特色的创新课程，没有完全对应的教材和教辅资料，另一方面是部分学科专业课程更新迭代迅速，一些传统教材已不能满足教学实际需要。对此学校各专业积极应对，认真规划，组织教师开展系列专业教材的编写出版工作。

三、与时俱进，新时代背景下提升教材建设的核心竞争力

做好教材建设规划的顶层设计，界定教材的范围和边界，区别于专著、作品集等，集中资源开展教材建设。在撰写新的《北京服装学院教材管理办法》的过程中，一个很重要的问题即明确教材的定义。教材是指供学校教学使用的教学用书，以及作为教材内容组成部分的教学参考书（如教材的配套数字资源、图册、习题集等）。形式上表现为文字教材、数字化教材及电子出版物，含实践、实验类教材，译著、引进国外经典教材。

1. 调整教材建设模式，充分发挥教材建设与专业建设、课程建设的协同效应

2021年是"十四五"开官之年，"十四五"教材建设应与学科、专业建设相结合，以"双一流"专业建设、金课建设为依托。教材管理模式需有所改进和突破，从过去的教师为主导，转变为从全校专业建设、课程建设需求出发，鼓励教学团队出精品教材、系列教材、新形态教材（数字化教材）。编著者应了解学校的专业设置和人才培养特色，研究国内外学科发展趋势，所编教材不仅能满足学校的教学要求，也要在社会上有一定的影响力和通用性。同时，广泛征求十四五教材建设规划，明确重点、优先建设的教材领域。教材建设的主要思路包括：有创新点、有特色的，具有社会影响力和通用性的专业基础课和专业课教材；有益于国家级、市级、校本一流专业建设用教材，有益于新工科、新文科建设用教材，系列教材优先单本教材；优先课程与教材一体化建设项目。课程线上建设与新形态教材建设并举，同时开展。利用移动互联网技术，将纸质教材与在线课程网站、教学资源库的线上线下教育资源有机衔接起来；与行业头部企业或国内外领先高校合作的教材编写团队优先本校教师单一教材编写团队；优先面向未来五年的课

程建设配套教材，如新建课程，迭代升级课程，引进国外课程的配套教材；优先支持教学中长期使用效果良好的，社会认可度高的，需修订再版的教材；优先支持填补本专业领域国内空白的教材。

2. 调整教材建设管理方式，增加审核和评价制度

教材是体现国家意志、传承民族文化的重要载体，必须全面深入理解新时代教材建设的重要性。教材建设要坚持以立德树人为根本，思想政治教育和科学教育相统一，充分反映当代中国马克思主义，体现社会主义办学方向，弘扬社会主义核心价值观，全面提升教材的思想性、科学性、民族性、时代性，以满足教学改革与发展要求[2]。

教材管理实行学校、学院（部）两级管理。校级成立学校教材建设工作委员会，指导和统筹全校教材工作，贯彻党和国家关于教材工作的重大方针政策，研究审议教材建设规划和年度工作计划，研究解决教材建设中的重大问题，指导、组织、协调有关教材工作，审查课程设置和课程标准制订，审查意识形态属性较强的各类教材。

学校教材建设工作委员会下设教材建设专家小组。负责制订及审议全校教材建设规划以及相关的教材管理规定；指导和协调各二级学院（部）教材建设编审委员会工作；负责学校规划教材立项的申报和评审工作；检查落实教材工作各项方针、政策和措施；组织学校教材评估和优秀教材评奖工作；指导教材研究和评价工作等。教材建设专家小组办公室设在教务处，负责日常工作。各二级学院（部）学术委员会，负责本单位教材建设与管理。其工作职责是：制订本单位教材编写计划和教材选用计划，教材使用审核及质量评价，组织本单位申报教材立项，并向学校推荐优秀教材等。

按照教育部2019年教材管理办法文件要求，增加教材各环节的审核环节。坚持凡编必审，编审分离的制度。教材审核采用专家审读与会议审核相结合的方式，教材审核人员包括相关学科专业领域专家和一线教师，并有一定比例的校外专家参加。

完善教材质量监控和评价机制，加强对本校教材工作的检查监督。今年我校按照北京市教委的要求开展全校范围教材使用情况的清查工作。今后这项工作将成为常态。

3. 适应线上线下混合式教学，大力发展新形态教材

新形态教材链接数字化资源，教师可以通过教材网络平台及时更新教学内容和学生的学习内容，有效弥补传统教材更新跟不上知识更新的问题。学生通过扫描教材相应位置的二维码或网址检索等方式及时了解和学习最新的知识，有效满足学生的学习需求。新形态教材将教学的微视频、教学大纲、案例资料、练习题或者是一些在线的测试题、课件、虚拟实验等数字教学资源与纸质教材共同构建一体化教材。另外，新形态教材将线上线下教学相结合，与日益发展的混合式教学方式相匹配，能够有效地实施翻转式课堂和讨论式学习。

4. 加强教材信息化建设，实现教材信息化管理

建立教材动态数据库，对教材的信息进行全方位、透明化统计，让师生及时了解教材信息，参与教材评价反馈，实现教材资源信息的有效共享。教材管理信息化可以让高校管理人员更加精准、全面、完善地了解教材信息，提高高校教材管理工作的效率和质量，让高校能够随时获取教材的最新信息，便于调整教材的时效性和内容合理性。

高校人才培养是一个复杂的系统工程,涉及诸多环节和要素,其中教材建设是极为重要的一环。"十四五"即将到来,教材建设各方面需要做的工作很多,在新时代背景下,做好教材建设的"十四五"规划是第一步,进一步调整优化教材管理模式,推动我校教材建设,一流专业建设、金课建设与教材建设协同发展,继承与发展学校优势学科、特色专业的历史积淀和新的机遇,锤炼特色精品教材,助力人才培养。2020年11月教育部刚刚建立"国家级教材建设奖",每四年评选一次,期待我校能在教材建设上取得历史性的突破。

参考文献

[1] 岳庚吉. 关于公安部高等教育规划教材编写质量的几点思考[J]. 教育研究,2014(3):61-63.

[2] 教育部2019年《关于印发普通高校教材管理办法的通知》.

开拓思路精心组织　有条不紊推进落实

——疫情期间毕业设计（论文）工作督导调研

顾萍❶　李璧君

摘　要　毕业设计（论文）是高等学校本科生教学计划的重要组成部分。因为突如其来的新冠疫情，2020年春季学期的本科教学工作全部转为线上教学，2020届本科生毕业设计（论文）也全部采取线上方式。为了加强其督导工作，教学督导与评价办公室组织开展了对全校各学院各专业（方向）的毕业设计（论文）工作的督导调研工作，另外，对毕业实习工作也进行了初步摸底。从调研结果来看，各学院扎实推进疫情期间的毕业环节各项工作，全校总体工作进展平稳有序。

关键词　毕业设计（论文）；毕业实习；线上教学；督导

毕业设计（论文）是高等学校本科生教学计划的重要组成部分，是理论与实践相结合，教学与科研、生产相结合的过程，是本科生必不可少的教学阶段，是对学生进行综合素质教育的重要途径，具有任何课堂教学或教学实习所不可替代的功能，因而在人才培养过程中具有特殊地位[1]。

自新冠疫情以来，为了贯彻落实教育部关于疫情期间"停课不停学，停课不停教"要求，我校本科教学全部采用线上教学模式。2月7日，学校下发了《关于特殊时期做好2020届本科生毕业设计（论文）相关工作的通知》（教务处〔2020〕4号）。3月下旬，为了了解特殊时期本科毕业设计（论文）工作的进展情况，学校教学督导与评价办公室组织开展了专项督导和调研工作。

一、全校总体情况

各学院积极配合本次毕业设计（论文）督导，组织各专业（方向）按要求梳理总结相关工作。全部9个学院提交了相关材料，覆盖26个专业共计39个专业（方向）。总体来看，各学院成立了毕业设计（论文）领导小组，建立了院长和副院长、教学秘书、教研室主任、指导教师的多级协同工作机制。各学院高度重视，组织有力，全体指导老

---

❶ 作者简介：顾萍，北京服装学院发展规划处副处长，教学督导与评价办公室副主任，助理研究员。
资助项目：2018年度北京服装学院教育教学改革重点项目"本科专业评估指标体系及运行管理机制的研究与实践"（ZDJG-1813）。

师也努力适应新形势、接受新挑战,利用多种线上沟通工具开展毕业设计(论文)指导工作,学生也逐步适应了线上模式,全校总体工作顺利平稳开展,其中不乏创新工作及亮点。

二、主要内容

1. 人均指导学生数

毕业设计(论文)工作的人均指导学生数是指学生总人数除以指导教师总人数。该数据考量的是各学院(专业)在指导教师配备上是否充足,数值越小,说明指导教师配备越充足,对学生的指导就越有保障[2]。

调查数据显示,2020届全校进入毕业设计(论文)环节的本科生为1484人、指导教师为366人,全校指导教师的人均指导学生数为4.1。具体到9个学院,有7个学院的生师比在3~5,另外,语言文化学院2.5为最低,商学院5.8相对最高,见图1。

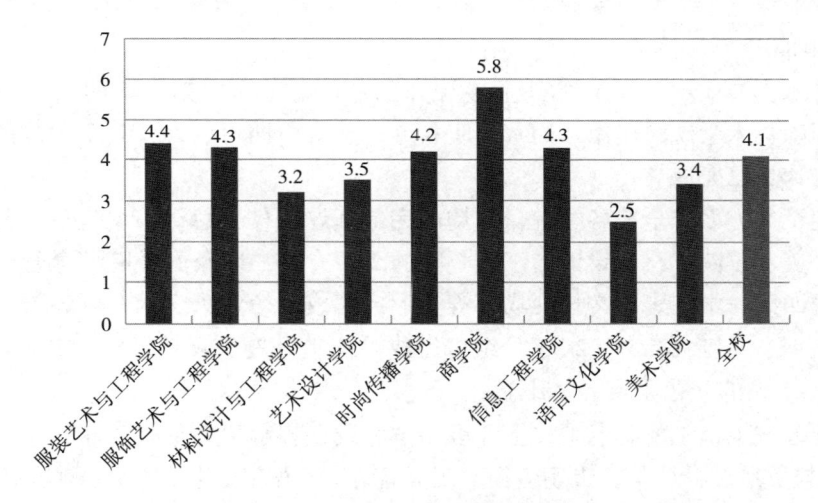

图1 各学院的人均指导学生数

具体到专业(方向),绝大部分的人均指导学生数在3~6,此外,低于3的专业(方向)有7个:摄影2、传播学(时尚传播)2.29、高分子材料与工程2.3、绘画(油画)2.3、商务英语2.5、服装与服饰设计(纤维实验班)2.6、应用化学2.8;高于6的专业(方向)有5个:服装与服饰设计(针织)7.8、会计学7.6、服装与服饰设计(男装)7.1、工商管理专业6.9、国际经济与贸易6.4,见图2。

2. 选题情况

在毕业设计方面,全校均已完成选题工作,其中服饰艺术与工程学院的产品设计(珠宝首饰)专业于2019年6月组织完成了学生选题。其余学院及专业均于2019年10~12月完成了选题工作。

在毕业论文方面,全校各专业均于上学期完成了毕业论文的选题工作。

值得一提的是,艺术设计学院今年进一步推进毕业设计专业间的交叉与融合,面向

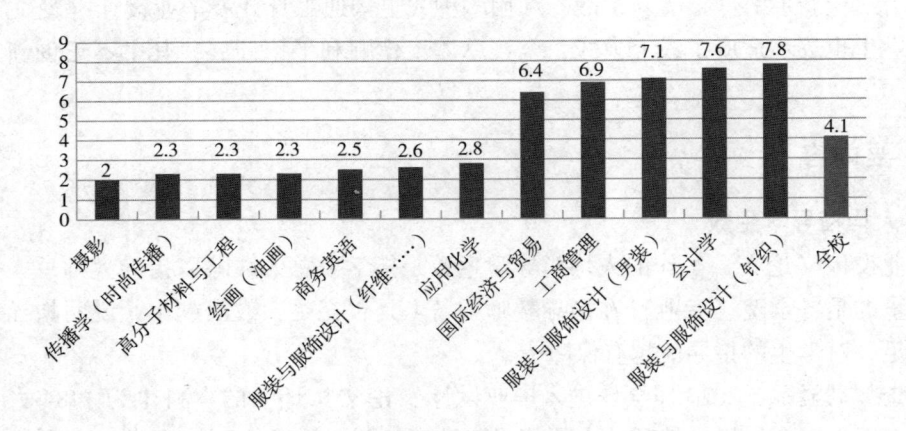

图 2　人均指导学生数较低和较高的专业（方向）

全部 4 个专业设立了 7 个跨专业选题，指导教师 26 位，共有 37 名学生选择了该类课题。

3. 开题情况

全部艺术类专业（方向）的毕业设计开题工作已于大四第一学期完成，截至 2020 年 3 月底，除美术学院将于第八周（4 月中旬）开展中期检查外，其余学院的毕业设计中期检查工作也已完成。

在毕业论文方面，全校各学院目前均已完成开题工作，总体情况良好。其中，艺术设计学院、美术学院、材料设计与工程学院的 3 个专业，以及商学院信息管理与信息系统专业于大四第一学期采用常规现场答辩的形式完成了毕业论文的开题答辩，其余学院及专业（方向）均于 2020 年 2~3 月组织完成了线上开题答辩或评审。各专业（方向）均成立了 4~7 人的开题委员会（组）。

在开题方式上，主要有老师线上评审和学生线上答辩两种形式。商学院的 4 个专业（国际经济与贸易、会计学、市场营销、工商管理）、语言文化学院商务英语专业、信息工程学院自动化专业等 6 个专业采取了线上评审的方式，即由教研室主任组织开题委员会老师对学生提交的开题报告进行线上评审（主要形式有腾讯会议、微信群、QQ 群）；其余学院及专业均采用了线上开题答辩，主要有腾讯会议、ZOOM、QQ 视频会议、QQ 群在线+屏幕共享等形式，每位学生依次在线汇报开题报告，并现场回答老师的问题，最后经开题委员会确认是否通过开题答辩。其中信息工程学院电子信息工程专业于 3 月 12 日使用腾讯会议形式开展了线上开题答辩会，8 位其他学院及部门的负责人到场进行了线上观摩。

各学院严格质量管理，不因线上模式而降低对开题质量的要求。例如，信息工程学院自动化专业 1 名学生未通过开题。商学院工商管理专业制订了《工商管理专业毕业论文开题答辩安排》，采取评审+答辩的方式，即教师集中两次评审+重点学生视频答辩，严格质量管理，对两次评审均未全票通过的 4 名同学进行了线上视频答辩（腾讯会议）。

4. 教师指导

各学院重视疫情期间毕业设计（论文）的指导工作，对教师的指导次数和指导内容均做了相关要求，并加强督促及管理。指导教师贯彻学校和学院的要求，采取各种方式较好地落实了指导工作。包括帮助学生收集和准备课题的相关资料、指导学生准备开题报告以及课题的线上指导等。指导形式有集中学习培训、小组研讨和单独辅导等，指导方式主要有腾讯会议、微信群、QQ、电话等。

服装艺术与工程学院的服装设计与工程专业，按照研究方向共分为5个小组：服装产品研发小组、服装功能与设计小组，服装营销小组，服装结构与纸样小组和现代服装技术小组。刘正东、肖伯祥两位老师针对现代服装技术小组学生所做课题需要一定编程基础的情况，专门为这部分学生开设了线上培训课程，每周安排2~3次线上培训，使用QQ群视频直播，学生反映效果良好。

5. 教学管理

各学院非常重视疫情期间对毕业设计（论文）的管理工作，在开学前按照学校要求，制订了本学院《2020届本科毕业设计（论文）工作安排统计表》，确定线上开题、中期检查、盲审、论文相似性检测以及答辩论文提交等时间节点，合理安排工作进度，确保工作顺利开展以及学生按时毕业和就业。

时尚传播学院、艺术设计学院和服装艺术与工程学院，每年专门设计印制本学院毕业设计（论文）指导手册（工作手册），手册内含学校和学院的规定、毕业设计主题、时间安排、要求等，后面空白页供学生记录用，在毕业设计开始前发给学生，人手一本。

美术学院针对毕业设计与毕业论文环节，专门召开了两次视频会议，组织全体指导教师学习学校有关文件精神，同时对创作过程进行监督和指导，建立疫情时期毕业环节指导教师群，随时监督和指导毕业指导教师的工作。

服装艺术与工程学院院领导非常重视疫情期间指导教师的指导工作，指定服装设计与工程专业的两位学业导师负责指导和监督本专业各位指导教师的工作，切实保障教学质量。两位院领导、教学秘书和两位学业导师及时将学校的相关规定和要求转达各位指导教师，并在对应时间段，提醒各位指导教师应该进行的相应工作。一位学业导师还将网上论文系统的操作录制成视频，方便指导教师和学生使用。

6. 关于毕业实习

经调研发现，除服装艺术与工程学院大四年级无毕业实习外，截至2020年3月底，其他各学院毕业实习的安排和进展有所不同，见表1。

表1 各学院毕业实习具体安排及进展情况

方式	毕业实习进展情况	学院
线下	已完成	服饰艺术与工程学院
线上	已完成	信息工程学院
线上	正在或即将开展	材料设计与工程学院、语言文化学院、商学院、艺术设计学院、时尚传播学院
线上	正在制订线上替代方案	美术学院

疫情当前，各学院以及各专业都在想尽办法研究制订毕业实习的替代方案，在制订方案时，各学院既考虑要加强学生对行业企业的认知和了解、专业精神的培养和锻炼，也考虑到工作量的要求，努力确保教学效果。例如，商学院在开学初即研究制订了《商学院 2020 届本科毕业实习环节有关调整和安排》，该学院信息管理与信息系统专业制订了线上实习方案：包括观看线上就业相关课程视频（7 个）与线上数据收集与分析（收集当前国内外疫情的数据，结合自己所学专业知识，选取多个不同维度，比如时间、确诊人数、治愈人数、管控力度、扩散强度等，分析其内在关系）两部分内容，并对各部分的作业以及两者所占成绩比例做了明确而严格的要求。

三、存在问题与改进措施

综合本次对毕业设计（论文）的督导调研以及毕业实习的摸底来看，各学院能够贯彻落实学校的工作要求，主动适应新形势，开拓思路、精心规划、认真组织，扎实推进疫情期间的毕业环节各项工作，全校总体工作进展平稳有序。但也存在一些问题。

1. 各学院在进度上和执行效果上有差异

面对突如其来的疫情防控而必须采用线上教学的新模式，对于学院、师生而言都是一次全新的挑战。对于学院而言，要重新制订工作方案，虽然各学院积极应对，但由于时间仓促，加之处于疫情严重期间，沟通和办公条件均严重受限，各学院被动地临时研究新的工作方案，面临严峻考验。毕业设计（论文）是大四最后一个学期的主要教学环节，贯穿一整学期，期间涉及选题、开题、指导、中期检查、答辩等环节，是一个系统工程，各环节都要研究清楚、思考明白、明确分工、落实责任。对于师生而言，要学习使用网上的沟通模式，要克服隔空带来的师生间的距离感，要相互适应并建立起良好的沟通节奏和习惯，以及建立良好的师生关系，适应并开展线上学习和研究。各学院的学科专业的不同、对课题调研和实践的需求、面临的问题和挑战不同，采取的方案也不同，在进度上和执行效果上体现了差异性。

2. 线上模式给学生的学习和体验带来一定冲击

受疫情期间居家线上模式的限制，现场调研类、实验实践类、设计创作类、体验类的学习受到较大冲击，尤其是工科和设计类的专业；远程指导在信息获取，互动碰撞方面不能与面对面交流相比；线上模式的磨合和适应需要过程，对师生的自律也提出了更高要求；给过程管理和监控增加了困难。在新模式的背景下，全校都在初步的摸索和实践中，因而在过程管理上，学校给予学院较大自由度，学院也给予专业较大自由度，各专业在选择和把握上有一定自主性，所以要求不尽相同。例如，少数专业的开题采取教师线上评审，未采取学生线上现场答辩的形式，对于这些学生而言，少了一次答辩的准备、体验和历练。笔者认为，虽然改常规线下模式为线上模式，但我们要尽可能创造条件，坚持应有的标准，尽可能使学生完成该有的环节，受到应有的锻炼。

3. 督导调研的内容和一手资料有限

受疫情防控期间办公模式和手段所限，本次督导调研采取学校列出调研提纲、专业教研室总结、学院审核提交的方式，目的是了解各专业的工作进展和存在问题，而没有面向学生进行调研。因此，没有学生对教师沟通指导情况、自己学习情况、遇到困难和建议等方面的真实反馈和一手资料[3]。面向学生开展调研和评价应成为下一届（2021届）毕业设计（论文）调研工作的重要内容和工作方向。

学生是教育教学的中心，教学质量是学校的生命线，是学校永恒追求的主题。在疫情防控的特殊背景下，坚持质量标准、加强质量监控，是学校坚持教学工作中心地位，以学生为中心的必然坚持和必然选择。通过本次对2020届本科毕业设计（论文）工作的督导调研，不仅使学校了解了各学院各专业（方向）的目前工作进展和工作状态，同时使各学院各专业梳理了工作、了解了进展、总结了经验、明确了不足，对后续工作的有效开展具有积极的促进作用。

参考文献

[1] 赵莹. 提高本科高校毕业设计质量的研究[J]. 教育教学论坛，2019（24）：31-32.

[2] 周好斌，李霄，徐学利，等. 完善管理体系提高本科毕业设计（论文）质量[J]. 当代教育实践与教学研究，2020（7）：98-99.

[3] 王鑫. 毕业设计（论文）质量问题影响因素探析：以应用型本科为例[J]. 大学教育，2019（12）：38-40.

浅谈特色数据库建设的可持续发展

黎焰[1]

摘 要 高校图书馆特色资源建设遇到了很多问题，但它能为读者提供优质的特色学科服务，因此仍然是高校图书馆数字资源建设的重要内容。在特色数据库的建设中，以图书馆纸质特色馆藏、特色数字馆藏为资源基础，在特色数据库平台构建中融合机构知识库的共生资源，增强与其他院系的资源建设合作，加强宣传，对资源建设人员进行业务培训等，可以使特色数据库的建设从资源建设、服务功能上得到很大的提高，从而实现良性健康的可持续发展。

关键词 特色资源建设；可持续发展；数字图书馆

20世纪90年代，建设具有特色的数字化全文数据库是"中国国家试验型数字式图书馆"试验项目的一项重要内容。由此开始，高校图书馆纷纷开展了特色数据库的建设[1]。CALIS成立以来，高校图书馆先后完成了第一至三期的特色库建设，取得了一批标志性成果[2]。随着特色资源建设的蓬勃发展，也产生了很多问题，如对特色数据库建设意义认识不足、学术价值与社会效益模糊、数据库建设的投入效用比例失衡、信息不对称妨碍了建库效率等一系列问题，使得特色资源建设开始回落。通过文献计量分析，特色资源建设研究的学术产出在2013年左右进入峰值后开始下滑，在2017年跌落至谷底[3]。

然而，特色办学是我国大学的生存策略和发展战略，由此衍生的大学特色资源建设仍然是高校图书馆数字文献资源建设的重要内容。那么如何进行图书馆特色资源建设，才能避免前期建设的一系列问题，从而达到健康的可持续发展？对此，本文从三个方面，浅谈图书馆特色资源建设的可持续发展。

一、以特色馆藏为基础的特色数据库建设

特色馆藏是高校图书馆资源的重要组成部分。高校图书馆的特色馆藏是高校图书馆为满足学校的教学科研需要而专门收藏的文献，通常是某一专题领域的文献、某一时代的文献、某一地域的文献、有关某个杰出人物的文献、易损坏的文献、独一无二的或珍贵的文献等[4]。而特色数据库一般指把图书馆具有学科特色、馆藏特色或地方特色的资

---

[1] 作者简介：黎焰，北京服装学院图书馆，副研究馆员。

源数字化，构建为可供读者在线检索使用的数据库。

在特色数据库建设中，部分图书馆忽视建库前的调研论证工作，对自建数据库的内容、文献质量以及读者需求考虑较少，主观地认为在网络环境下能揭示馆藏的特色资源即可，为了建设而建设，这样造成建成的特色数据库很少人使用[5]。这是影响特色数据库可持续发展最重要的因素。我馆的特色数据库——服装数字图书馆以学科图片库为主，图书为辅。因此图片积累的数量很大程度决定了特色数据库的价值，这为服装数字图书馆的发展造成了很大的压力。为此，本文对特色馆藏的使用做分析，试图找到服装数字图书馆可持续发展的方向。

特色馆藏可为本校读者提供专业文献资源服务。其中，特色馆藏嵌入课程是对特色馆藏的充分、影响广泛的一种使用方法。对此，本文从嵌入课程的角度来分析我馆纸质特色馆藏与数字特色资源的使用情况。

1. 纸质特色馆藏的嵌入课程使用情况

国外很多知名高校图书馆依托特色馆藏开展了嵌入课程、嵌入科研、特色馆藏展览及许多相关活动[4,6]。比如，2016年利兹大学图书馆特色馆藏部开展的艺术创作活动，包括大理石花纹绘画活动、亚麻油毡浮雕印刷活动等。通过此类活动可激发参与者从历史馆藏中获得灵感，从而创造自己的新作品。

同为艺术类院校图书馆，我馆虽然没有历史悠久的特色馆藏，但是从80年代开始积累的服装服饰时尚、工艺美术、绘画等艺术类文献资源成为我馆的特色馆藏。许多图书、期刊因为出版时间较早而显得尤为珍贵。从90年代开始，我校服装设计与工程学院、服饰设计与工程学院、艺术设计学院、造型艺术系的专业老师开始预约图书馆的"时装信息中心/面料图书馆"阅览室、外版艺术书刊阅览室，把课堂搬到了图书馆，从而可以方便使用我馆的特色馆藏。比如，2019年"时装信息中心/面料图书馆"阅览室服务于专业课堂共33次，包括服装设计课程、面料设计课程、首饰设计、服装材料学等课程，共接待读者914人。因此，我馆特色馆藏较早实现了嵌入课堂。

随着信息化的发展，学校老师、学生使用特色馆藏的方式和需求产生了新的变化。尤其今年在新型冠状病毒疫情重大公共卫生突发事件中，学校停课不停学。依托网络和信息技术，一切教学活动都需如期进行。这对老师、学生们使用特色馆藏进行教学或学习造成了很大的影响。这种影响将在今后两年或更长时间都存在。因此，如何实现特色馆藏数字化，实现在线使用，同时又能保护版权，成为特色馆藏的信息资源建设的重要问题。

2. 特色数字资源的嵌入课程使用情况

2006年，随着学科馆员制度的推行，学科馆员的学科服务嵌入到专业教学中去，使得图书馆的特色数字资源得到了推广和使用。我馆每年都有专业课嵌入课程，如研究生学术素养课、本科生中外服装史课等。在嵌入课程中，学科馆员依托特色数字馆藏辅助专业教学，从而大大提高了特色数字资源的使用率，为本校专业教学提供了有力的支持。另外，专业课程的主讲教师也越来越多在课程中使用特色馆藏资源。比如我馆的图片资讯资源WGSN就是被广泛运用到设计艺术专业课的教学中去。但是，由于数字特色资源在图书馆网站分散不集中，不利于学科资源的揭示，为读者的使用带来不便。

基于上述对纸质、电子两种形式的特色馆藏使用情况的分析，学科特色资源是教师进行科研、教学的重要学科资源，也是学生的专业学习资料。但纸质特色馆藏对阅读地点有限制，特色数字馆藏在图书馆网站分布分散。如果把纸质特色馆藏和数字特色馆藏整合在同一个特色数据库平台上，提供一站式服务，将为读者使用特色馆藏带来极大的便利。这种基于读者需求而进行的特色数据库建设，具有可持续性发展最重要的基础。我馆特色数据库——服装数字图书馆建设以来，以学科专业资源为主，但并没有明确要求依托我馆服装服饰、时尚类的服装专业特色馆藏方面，与已有特色馆藏的紧密度不够，在资源建设的质量及数量上遇到瓶颈，无法更好地为读者提供特色学科服务。因此，把我馆已有服装服饰时尚纸质图书、数字资源整合到数字图书馆平台，可以为读者提供更优质的特色学科服务，服装数字图书馆自身也会得到良性健康的发展。目前，服装数字图书馆平台正在重新构建。在构建规划中，加强了电子图书的建设，以更好地整合纸质馆藏信息、商业电子图书相关链接以及本馆电子图书，并整合学科特色资源，更好地揭示学科资源。

二、与机构知识库共生的特色资源建设

我国机构知识库（Institutional Repository，简称机构库）的建设始于2001年，已有20年的发展和实践历史。机构库的理论研究与实践的探索已获得丰硕的成果。高校图书馆的资源建设中，机构库知识库建设与特色资源建设有很多的共性，在实际建设中也存在着紧密的共生关系。"共生"一词源于生物学领域，最早由德国生物学家德贝里（1897）提出，他认为共生是共同生活的生物体某种程度的永久性物质联系。本文借用"共生"一词来形容机构知识库与特色资源建设的不可分割的关系。

特色数据库与机构知识库二者均由机构、资源、技术处理、成果展现及目的五大要素组成。其中，依托机构（高校图书馆、信息机构）、技术处理（收集、分析、筛选、规范、分类、标引、组织、存储）、成果展现（数字化特色资源库或学术数据库）与目的（机构内外成员通过互联网免费获取使用特色资源或学术资源）四大要素基本相同，唯一不同的就是库的内容。从定义看，特色库强调馆藏特色，机构库强调机构科研教学成果。但对于以学科资源为内容的特色数据库，高校或者机构的科研成果恰恰是学科特色资源。这种情况下，二者则是完全一致的。

实际上，有的机构知识库正是从特色数据库建设演化而来的，而机构库的内容也成为特色数据库重要的一部分。我馆建设的北京服装学院机构知识库的"师生设计作品"栏目，其内容来自我馆服装数字图书馆"师生设计作品"栏目。师生设计作品是服装数字图书馆独有的特色数字资源。通过数字图书馆平台，学生可以通过不同的检索项，如设计作品的导师、学科专业、分类、色彩、材料、式样等，查阅历年学生作品。与机构知识库共生的特色资源建设就是指二者资源建设完全融合在一起，难以区分。

机构知识库建设至今，其功能除了保存与展示机构科研成果，还发展出协助高校或

机构的科研管理、机构决策等功能。比如机构知识库能为学校科研管理机构、人事部门提供教师的科研成果，并因科研成果数据来源的真实性，而保证其资料的可信度。既减免了管理部门对科研成果的办公整理工作，又优化了教师们提供科研成果的流程。这些新功能使得机构知识库的建设有了更实际的意义。

尽管我馆服装数字图书馆的师生设计作品库就是我馆机构知识库同名栏目的内容，但一直以来都直接把服装数字图书馆的数据直接导入到机构知识库中，二者各自独立存在，互不关联。因此，服装数字图书馆并未因此获得机构知识库的功能，它只是独立的学科特色资源。两个数据库在内容建设上具有天然的共生关系，但在功能发挥上没有起到互相加强的作用。

本文认为，在特色资源建设中要重视其与机构知识库的共生关系，使特色资源具有机构知识库同样的保存、展示机构知识成果和辅助决策的功能，由此特色数据库建设可获得良好的可持续性发展。在特色资源建设中，可通过机构知识库、特色数据库的互相融合的方式来实现。我馆服装数字图书馆、机构知识库目前正同时改版，并由同一个数据公司负责，有利于兼顾二者的共生关系，在平台上实现二者的融合，更好地为读者提供服务。

三、其他可持续发展因素

除了上述两点，还有许多影响特色资源建设的可持续发展的要素。总体上，这些要素可以分为两点：

1. 从资源建设角度看

资源为王，注重持续不断地积累特色资源，是特色数据库可持续发展的重要因素。上述分析的两点，即以特色馆藏为基础、注重与机构知识库的共生关系，其本质都是积累特色资源。只有足够的特色资源，特色资源库才有生存的价值。

在特色库建设中，如果能嵌入科研，通过与学校其他院系的合作项目，也可增强特色数据库的资源建设，推进其可持续性发展。比如英国莱斯特大学图书馆与院系合作，针对相关学科领域开发了不同时期的指南和论文主题思想内容的历史论文馆藏特色数据库，为本科生和博士生提供研究领域和论文选题的建议。我校服装服饰、纺织品等的艺术设计教学与活动非常活跃。如果通过图书馆与院系合作，针对院系特色教学需求进行特色资源建设，可为专业提供更专业对口的资源服务。

2. 从宣传角度看

有效的宣传推广，增加特色资源的使用，也可以推进特色资源的可持续发展。高质量的海量资源加上有效的宣传推广，可以使资源得到更好的利用。另外，馆员的素质也直接关系到特色馆藏的建设与服务，因此高校图书馆的特色资源建设，需要重视提高特色馆藏馆员的素质的培养，包括业务素质与外联素质等。服装数字图书馆建设可以更好地为学校师生提供优质学科服务，因此，图书馆目前增加了做特色资源建设工作的馆员数量，并加强对馆员的业务培训，以加强图书馆特色资源建设。

四、结论

高校图书馆特色资源建设遇到了很多问题,但它能为读者提供优质的特色学科服务,因此仍然是高校图书馆数字资源建设的重要内容。在特色数据库的建设中,以图书馆纸质特色馆藏、特色数字馆藏为资源基础,在特色数据库平台构建中融合机构知识库的共生资源,增强与其他院系的资源建设合作,加强宣传,对资源建设人员进行业务培训等,可以使特色数据库的建设从资源建设、服务功能上得到很大的提高,从而实现良性健康的可持续发展。

参考文献

[1] 刘葵波. 特色数据库及其相关概念辨析[J]. 图书馆建设,2015,250(4):14-17.

[2] 王喜和,傅林红,李玖蔚,等. 特色之困:国内大学特色数据库建设现状与反思[J]. 情报理论与实践,2013,36(4):47-52,58.

[3] 林增兴. 近二十年我国图书馆特色数据库研究综述[J]. 图书馆工作与研究,2018(1):61-66.

[4] 鄂丽君. 英国高校图书馆特色馆藏建设与服务调查分析[J]. 大学图书馆学报,2016,34(4):43-50.

[5] 袁琳蓉. 高校图书馆自建特色数据库后续建设存在的主要问题及对策[J]. 图书情报工作,2012,56(19):52-55,132.

[6] 毛华兵,杜玉玲. 基于特色数据库的机构知识库建设构想:以江西省高校为例[J]. 图书馆学研究,2019,454(11):71,72-77.

数字学术视角下艺术类学科服务研究探析

宋丹[1]

摘 要 本文立足艺术类高校图书馆学科服务,通过调研国外高校服务实践,从数字学术视角探析艺术类学科服务资源建设、学科服务,为艺术类学科服务发展提供新的研究视角,从资源建设学科化、学科服务专业化、信息素养嵌入化、科研支撑常态化拓展学科服务维度和深度。

关键词 数字学术;艺术类;学科服务

一、艺术类高校图书馆学科服务新背景

在我国建设"双一流"学科背景下,艺术类高校图书馆如何抓住高质量发展良好机遇,如何为用户提供多维度、深层次的服务,从基础化服务转变为精细化高质量服务,是艺术类高校图书馆面临的机遇与挑战。我国学科服务发展已经经历了二十多年,从学科服务1.0,到提供更高层次、精准文献与服务的学科服务2.0,再到迁入科研、教学一线,全方位为科技创新和决策提供个性化服务的学科服务3.0,我国学科服务发展仍然存在很多问题,但整体成果显著。艺术类高校图书馆学科服务作为图书馆深化服务、展现风貌、持续发展的动力源,其定位、服务内容、服务方式都展现出了新的发展态势,但是总体发展仍停留在学科服务1.0时期。

二、数字学术新视角

美国大学与研究图书馆协会(简称ACRL),2016年6月发布的《2016高校图书馆发展趋势》将数字学术(Digital Scholarship)列为未来图书馆领域发展趋势之一。ACRL将数字学术服务定义为:图书馆为满足各学科科研人员的跨学科科研合作需求,充分利用信息技术与数字工具,通过开发和利用各类学术资源,深入科学研究生命周期各个环节开展的全方位学术服务[1]。国内外高校抓住发展机遇,开展数字学术服务相关工作,例如哥伦比亚大学、多伦多大学、布朗大学等都开展数字学术服务(Digital Scholarship Service),数字学术服务内容包括数字化和数字化馆藏建设、元数据监控、数据管理项目、数据分析服务和软件、教育合作、数据出版、数字人文项目、数字学术交流等[2],

---

[1] 作者简介:宋丹,北京服装学院图书馆,助理馆员。

研究型图书馆的数字学术服务是对新兴的使用数字技术发表科研成果的一种支持服务。

数字学术从数字化馆藏建设、数据管理、数据分析与服务、数据素养教育、数字人文、数字学术交流等多个角度为艺术类学科服务提供新的研究视角。基于此，本文调研艺术类高校图书馆管学科服务，对有代表性的学科服务项目进行深入分析，艺术类学科服务提供新的研究思考。

三、艺术类高校图书馆学科服务实践

1. 哥伦比亚大学图书馆学科服务项目

哥伦比亚大学建立了数字学术分析中心（The Center for Digital Research and Scholarship），提供服务包括数字仓储、出版咨询和数字人文项目等多种方式。其中艺术类相关研究项目开展，主要通过相关数字资源整理加工，提供主题化项目服务[3]。其中包括：① "女性电影先驱项目"（The Women Film PioneersProject，WFPP）[4]，研究对象为无声电影时代，参与电影制作的全球女性先驱，将与其相关研究资料进行分类与加工，分析角度包括相关研究资料、电影原片、女性先驱等，包括文献目录、数字资源＆研究工具、FIAF Film Archives 相关电影、DVD 相关资源、当代女性电影先驱等多个栏目，从历史进展分析了女性电影人历史贡献，通过个人分析，将相关影片、数字资源进行整合，并把相关研究工具进行整合。② "数字但丁"（Digital Dante）[5]，分析角度包括"但丁"、研究历史进程、交互式评论资料、课程、图像、声音、文本等，拓展了研究资料类型，将音视频资源、交互式评论资料资源进行整合研究。

2. 罗德岛艺术学院图书馆

罗德岛艺术学院 Rhode Island School of Design（RISD）是一所集艺术与设计学科于一体的世界顶尖设计学院。调研了该校图书馆 Fleet Library[6]，图书馆在数字化建设中，立足特藏资源，包括材料馆藏、图片馆藏、单一馆藏，从地理空间与数据化两方面拓展图书馆学科服务。

（1）Digital Commons。展示了罗德岛艺术学院特有的、创造性的学术资源。包括优秀教职工/学生的成果与作品、学院历史资源、图书馆特藏资源，该数字共享中心作为建立了以上资料的数字化存储，包括 213 个专业成果[7]。研究和学术资源可通过学院、部门、办公室、期刊、图书馆馆藏多个角度进行展示。在展示页面，充分体现艺术类图书馆特点，充满设计感的展示学术成果。图 1 所示为 Digital Commons 资源展示。

（2）分学科做学术指引。针对不同学科，个性化学术指引。面向不同学科，从基础到高阶发现，从简单使用到高级使用，分层介绍资源内容与获取方式，包括专著在内的重要文本、文献/图片查找方式、引用参考文献、专业资源等学术资源[8]。

（3）最大化利用开放获取。艺术类相关资源具有大量的开放获取期刊与图书。罗德岛艺术学院图书馆最大化利用 OA 期刊库与 OA 图书平台，例如 Art and Architecture Thesaurus、Art Discovery Group Catalogue 等进行利用。将开放获取作为资源建设的一个重要部分，完善数字资源建设。

图 1 Digital Commons 资源展示图

3. 帕森斯设计学院图书馆

美国帕森斯设计学院（Parsons School of Design at The New School），是美国最著名的服装设计学院。帕森斯设计学院图书馆（The New School Libraries & Archives），集图书馆与档案管理于一体[9]，在学科服务方面，立足艺术类学科需求，从资源建设、信息素养培训、科研支撑各方面都体现出"学科"特点。

（1）数据库资源精准化。帕森斯设计学院图书馆，数据库分类除了常见的按照字母顺序排序、最常用数据库、新数据分类等，还按照学科主题对数据库类型进行了分类汇总。将同一数据库中不同学科的资源进行聚类，根据学科不同，生成不同的数据库链接。将数据库资源精细化加工，提供更高质量的学科服务。

（2）学科服务资源聚类化。艺术类学科服务更注重学科资源聚类。聚类角度有：第一，从资源类型角度，从数据库、图片、写作资源等多个角度，将学科建设中需要的资源进行整合聚类。第二，根据学科类型进行资源聚类。建立了不同学科的数据库、图书、学者库、课程库等。

（3）学科服务责任化。针对不同学科建立不同主页，将学科介绍、图书、电子图书、期刊等连续出版物、数据库、图片、写作资源等进行分别介绍。将学术科研帮助，作为核心，进行资源汇总和服务整合。同时，将学科馆员个人信息进行展示，从感知上增强服务温度（图2）。

4. 艺术类学科服务多维度拓展与深化

从专业设置角度分析，艺术类高校设置专业与综合类高校相比较，更具创新性、新颖性、及时性特点。从用户思维角度分析，艺术类高校所服务的师生，更具感性意识，在与理性意识碰撞过程中，更关注通过作品/成果创造性的展示自己的想法。在创作过

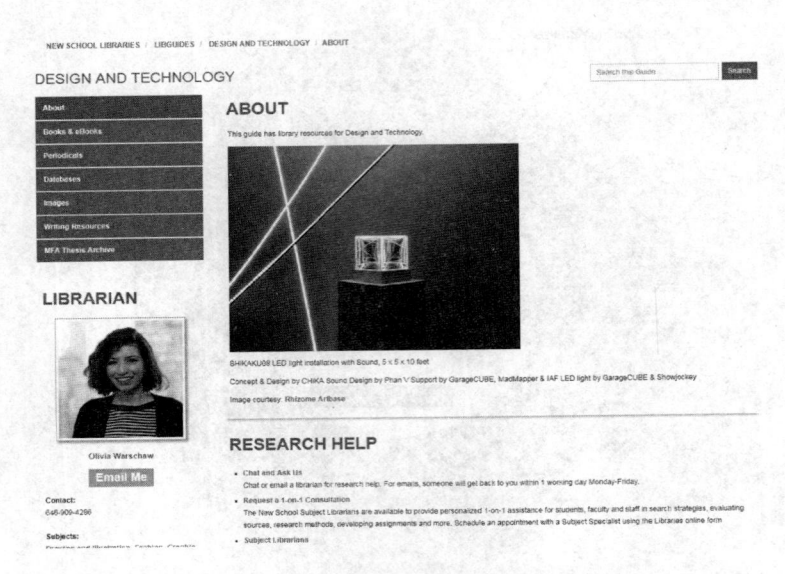

图 2　帕森斯设计学院图书馆学科服务页

程中,理性的认识和理解已有研究成果,具有理性与感性相融合的特点。本文立足艺术类高校图书馆学科服务,在调研国内外高校服务实践基础上,思考拓展与深化艺术类学科服务研究。

(1) 资源建设学科化。艺术类学科服务相关资源包括纸质资源,电子化/数字化资源,本地、远程或馆际互借资源等。首先,资源类型精准化。从资源类型分析,除图书、期刊、学位论文、会议论文、专利、标准等基础学科资源外,要突出特藏资源、实体资源、图片资源、音视频资源等艺术类相关资源建设。其次,将资源进行精准化区分,根据学科拆分数据库、根据学科整合不同学术资源,将资源进行精准化加工,突出资源学科化。

(2) 学科服务专业化。学科服务人员由"人"转变成"团队"。突出服务人员专业化,学科服务人员将不是一个人,将学科服务责任到"团队",服务专业小组将由图书馆、专业数据人员、专业学科人员组成。通过团队配合,将学科馆员团体作为学科服务工作的重要支撑,通过人员专业化建设,增强人文关怀和图书馆友好度。

(3) 信息素养嵌入化。新视角下的学科服务,一方面,注重将信息素养嵌入教学活动中去,将图书馆作为教学搭档,通过提供空间、信息素养培训、交流平台构建等多种方式,将信息素养嵌入到教学活动,增强体验感。另一方面,将信息素养嵌入到学科指导中,让用户从基础学习到深入研究都能够获取不同程度的信息素养培训课程。

(4) 科研支撑常态化。科研支撑是艺术类学科服务重要一部分。从传统的科研咨询服务,要进一步深化,从项目申请、研究计划写作、在线出版服务、研究数据管理、数字学术服务等多方面,进行拓展,在科研活动初期就做好学科服务,将科研支撑常态化。在科研成果保存方面,突出学科特点,将成果"艺术"化展示,同时,在科研成果评价方面，进一步思考如何突出艺术学学科特点，更好的支撑科研活动。

在数字学术发展过程中，艺术类学科服务发展方面的探索更需要突出学科特点，本文从四个方面进行思考。如何在数字环境和知识创新环境中，更好地突出艺术类学科服务特点，更好的发挥学科馆员团队优势，促进图书馆与各部门合作，是需要进一步调研和思考的问题。

参考文献

［1］ARL. SPEC Kit 350：Supporting Digital Scholarship（May 2016）［EB/OL］. http：//publications. arl. org/Supporting-Digital-Scholarship-SPEC-Kit-350. 2020-09-10.

［2］介凤，盛兴军. 图书馆服务转型与空间变革：以北美地区大学图书馆为例［J］. 图书情报工作，2016，60（13）：64-70.

［3］Digital Scholarship［EB/OL］. https：//library. columbia. edu/services/digital-scholarship. html. 2020-09-10.

［4］Women Film Pioneers Project［EB/OL］. https：//wfpp. columbia. edu. 2020-09-10.

［5］Digital Dante［EB/OL］. https：//digitaldante. columbia. edu. 2020-09-10.

［6］Fleet Library［EB/OL］. https：//library. risd. edu. 2020-09-10.

［7］Digital Commons@ RISD［EB/OL］. https：//digitalcommons. risd. edu. 2019-09-10.

［8］Research Guides［EB/OL］. https：//risd. libguides. com/？b=s. 2019-09-10.

［9］The New School Libraries & Archives［EB/OL］. https：//library. newschool. edu. 2019-09-10.

浅谈图书馆配商线上书展平台

耿金玉[1]

摘 要 因疫情影响，今年春季的馆配会各馆配商均采用线上订购的模式举行，线上采书，将图书馆、出版社、馆配商集合在同一网络平台上，使图书馆员、专家、读者同时参与选书，实现图书选藏的专业化，满足读者需求的个性化，真正实现你选书，我买单！但作为一种新的图书采选模式也不可避免会面临新的问题，需要在实践中摸索与完善。

关键词 高校图书馆；文献资源建设；馆配商

2020年初突发的疫情，对各行各业产生了重大的影响，对图书馆图书采选工作来说，尤其是纸质图书的采选发生了重大的变革，一年一度的春季馆配会陆续改为线上举办，与我馆合作的两家大型书商都迅速响应，利用新技术和大数据平台组织各类型图书馆完成了首次线上采选活动。这一全新的图书采选模式展现了图书采选馆员及馆配商应对突发事件的应急处理能力，同时也可能由此带来图书采选流程的一次历史性变革，并且引发对这一新的应用领域的探索。

一、线上书展平台具有绝对优势

（1）馆配商的线上采选平台高度模拟了线下展会的特征，所有的功能跟线下基本一样，其突破了时间、空间的限制，扩大了参与范围。对于高校馆而言，线上采选覆盖了全校师生，并将比以往线下馆配会更丰富、多样化的图书资源呈现在页面上，为师生拓宽了荐购渠道，为馆员挖掘了用户需求，并实现图书采选工作的远程化办公。原来线下的出版社重点图书推介及专家研讨会等活动改成线上直播形式，图书馆采选人员和读者可以在线上观看并参与活动，在获取行业信息的同时，采选到符合馆藏的图书。

（2）采选平台将图书以不同的形式向采选人员展示，不仅包括基本的题名、出版社等基础信息，还有图书封面图展示、图书试读等功能，将更多的图书信息进行展示，使采选人员对图书进行进一步了解，从而增加采选的质量。

（3）强大的检索功能可以将海量资源进行分类展示，包括按中图分类筛选、按出版社筛选、输入关键词筛选、按学科大类筛选等，不但提高了采选的效率，图书馆更可利

---

[1] 作者简介：耿金玉，北京服装学院图书馆。

用检索出的数据与馆藏数据比对进行查缺补漏。这一功能是相比线下书展可谓质的变革。

（4）出版社销售排行、图书单品排行等排行榜直观的向采选馆员展示图书销售情况，畅销书目一目了然，而单本图书信息也的同行采选情况展示，增加了各图书馆资源的互鉴，为采选图书提供了指导性建议。

（5）纸电一体化平台融合。线上采选平台将纸本图书和电子图书互联在一起，给采选工作带来了新的体验，在检索某一种图书时，如果有相应的电子图书，页面会显示有该书电子图书信息，与纸本图书一样可以加入购物车，立即购置入馆。该功能省去了采选馆员对电子和纸本图书间的查重环节，提高了决策效率。

二、探究平台存在的问题

由于前期缺少充足的时间做准备与规划，线上采选平台多基于原有的资源平台升级了一些新功能，在使用上也存在一些问题，使得线上采选系统还有很大的提升空间。

（1）各馆配商的线上书展均是首次举办，对平台技术开发和数据管理是一个很大的考验，采选平台均不够稳定，在选书过程中经常出现掉线、网络不畅、图书信息不全等问题，给采选过程造成了一些阻碍，影响工作进度。

（2）平台虽然提供了学校学生和教师读者的选书功能，但是由于没有和校内读者信息挂接，造成了馆员无法对读者身份进行核实、也无法对图书采选的图书做跟踪和反馈。选书平台不能支持馆藏数据查重，出现了大量的采重现象，以本人实践数据为例，采选的1500种图书，导入图书馆系统查重后，新书数据仅有400余种，同样各馆配商之间的数据也存在大量的重复，重复劳动严重影响了采选馆员的工作效率和工作热情。

（3）平台上几十万的书目包括了新书数据和馆配商库存数据，但即使看来如此庞大的书目品种做支撑，在馆员采选过程中依然觉得不够全。线上选书模式给予了图书馆应对疫情时期纸质图书借阅的新的灵感，北京服装学院图书馆开展了线上购书快递到家的服务，解决了一些读者的阅读需求，但是由于馆配商书目和物流服务欠缺，还是首选京东作为最主要的购书渠道。

（4）线上的服务给纸质图书带来了巨大的危机，但平台上电子图书尤其是学术类电子图书品种的匮乏，难以满足读者需求，单纯地依靠电子图书无法满足读者的需求，纸质图书在现阶段还无法被替代。

（5）线上书展是应急之策，虽然解决了空间的问题，图书馆可以有更多的时间选择需要的图书，时间安排方面更加灵活，也不会因为展会场地的拥堵而错过部分图书，但其无法完全替代现场选书时和出版社工作人员的接触和互动，还有同行之间的现场交流机会。

三、对平台发展创新的探讨

图书馆的资源建设从过去的满足大多数用户需求转向服务于目标用户[1]。上海师范大学图书馆蔡迎春提出当前图书馆采选工作有三大新趋势，分别是智能选书、纸电同采以及线上与线下相结合[2]。读者决策采购作为当下文献资源建设的措施之一，它提升了文献资源采选的质量，真正实现了"每本图书有其读者"的愿景，并将在预期图书馆将遭遇经费削减或经费不足的状况下，转变为主要资源采选方式。线上书展平台的试验，证实馆配商有能力提供线上的采选技术服务，希望继续改进功能，为各图书馆真正实现纸质图书的读者决策采购提供基础平台。

（1）线上书展平台可被高校馆作为常规采购和读者荐购渠道长期使用，但需要平台增加为每位读者设置可被采选馆员识别的账号，以便馆员和读者间交流。平台应体现图书馆馆藏数据状态，并提供一站式检索、馆藏查重等必备功能，比如不同馆员之间采选数据的查重、采选的图书与馆藏数据的查重，并给予相应的提示。不同读者提交的荐购申请，也应当显示荐购次数，它将成为馆员确定是否采选以及确定副本量的重要依据。

（2）目前京东、当当等图书销售平台给读者提供了很好的用户体验，友好的界面、详细的图书信息，众多的读者评价以及快捷的配送都是馆配商平台可以借鉴的，但是如何能运用电商平台的已有技术，创新服务与资源，是馆配商们需要深度思考并立足的关键。北京建筑大学图书馆袁伟峰指出，疫情对图书零售业的冲击和变革，图书馆线上采购或许是个开始，互联网电商进驻图书馆将对传统馆配商造成巨大冲击。所以馆配商必须对业态进行再挖掘，找出与互联网电商抗衡的突破口。

（3）智能时代，基于微服务架构的智慧图书馆服务平台，将成为未来图书馆资源服务与管理的主流趋势，而如何将已有的关于读者决策采购、智能采选等理论，结合相关实践融入智慧采选平台中，今年的线上书展为我们提供了一个实践机会，让馆员有机会总结各种不足，并提出一些解决方案。

四、结语

面对本次新冠疫情，图书馆是缺乏应对预案的，但图书馆人反应迅速，各个图书馆立刻转场线上服务，创新服务方式，开拓新的服务领域，受到了读者的好评。图书馆对人类最大的贡献不只在于保存，而更在于"连接"[3]。馆藏的资源是服务之本，图书馆作为中间介质，将读者和资源链接在一起，这也图书馆存在的重要价值。图书馆应将应急服务机制纳入"十四五"规划中，加强馆员的培训，提高应对突发事件的能力。

馆配商作为链接图书馆、出版社、读者、甚至是作者之间的纽带，与图书馆相互依存，疫情期间，馆配商响应时局，与时俱进，开发的线上采选平台为图书馆纸质图书采选工作的开展带来了便利。李梓奇、李玉海从理论及实践剖析出非常时期馆配商和图书馆之间均衡点为"共度时艰"[4]。馆配商与图书馆联系紧密，相互成就，馆配商应继续扩大其书目范围，多渠道搜集图书馆特色馆藏书籍，比如收集合作出版图书、展览名录或图册、断销二手书等。

出版社在本次疫情期间，出版社在馆配商的驱动下，做了一些工作，但图书馆届强烈呼吁其增大电子图书的出版品种以及纸电同步出版，来适应时代的需求。

图书馆如何精准选书确保采选质量，如何优化采选不同类型图书，智能选书、纸电同采以及线上与线下相结合，势必将成为智能时代图书馆采选工作新趋势。

参考文献

[1] 刘兹恒. 后疫情时期的图书馆文献资源建设[J]. 内蒙古图书馆工作，2020（1）：72-76.

[2] 蔡迎春. 智能时代图书馆采访工作三大新趋势[N]. 中国出版传媒商报，2020-9-08.

[3] 吴建中. 超越"新冠肺炎"的思考：从图书馆说起［DB/OL］．［2020-09-15］. http：//www.chinalibs.net/ArticleInfo.aspx？id＝473268.

[4] 李梓奇，李玉海. 非常时期图书馆与馆配商的合作与博弈[J]. 图书情报工作，2020，64（15）：63-71.

浅谈高校日文文献回溯建库工作

——以北京服装学院图书馆为例

焦海霞[1]

摘　要　北京服装学院图书馆收藏了大量的日文文献，在 2018 年之前日文文献是按 USMARC 编目也有部分是按 CNMARC 编目，数据一直不规范。本文从该馆目前日文文献的现状，存在的问题以及读者需求方面出发，阐述了日文文献回溯建库的必要性。探讨了日文文献回溯建库过程中需要注意的问题以及解决方法。

关键词　大学图书馆；日文文献；回溯建库；联合编目

截至 2017 年上半年，北京服装学院图书馆（以下简称"北服图书馆"）对待日文书，一直采取 USMARC 编目，也有部分文献采取 CNMARC 编目。时至今日，图书馆信息化建设高速发展，馆际交流越来越频繁、密切，日文文献编目规范化势在必行，自 2018 年起，北服图书馆采取日文 MARC 回溯日文图书，解决长久以来日文图书的尴尬境地，独立出日文图书的典藏专区。

一、日文文献回溯建库背景

北服图书馆作为 CALIS 成员馆的一所综合性高校图书馆，已经相继完成了中文图书回溯建库和英文文献回溯建库工作，实现了统一的自动化管理。如果日文文献不尽快回溯建库，将会影响到馆际数据的交流与合作。

日文文献目前存在的诸多问题需要通过回溯建库来解决。分类不够准确、排架混乱是北服图书馆日文图书的最大问题，由于人员技术有限，缺少掌握日文的编目员，所有上架日文文献分类仅分到 2 级类目，且与中西文图书混排在一起。在排架的时候只按大类排架，这就造成了读者利用上的极大不便：读者只能根据想要的大类在书架中漫无目的地寻觅，而不能确切知道自己想要的日文书是否有、也不知道在哪里。并且由于参与图书分类的人员庞杂且没有日语背景，只是了解中文编目或西文编目就参与到日文文献的分类工作中，有些图书只凭标题或者自己对内容的粗糙理解就按《中国图法分类法》进行分类了，没有仔细研究内容并做考证，造成很多日文图书分类不准确。比如说教育

---

[1] 作者简介：焦海霞，北京服装学院图书馆。

类书分到文化类等情况很多[1]。看到某某用语就把它分到了 H 语言类，但是其实字典应该分到 G 类或者是图书馆学里面。甚至还有一些套书被分到不同类别，分散放置，给读者带来了许多麻烦[2]。

二、日文文献回溯建库过程中需注意的问题

回溯建库是一个繁杂而庞大的工作，在此过程中需要我们注意的问题也很多。

1. 了解图书内容，保证分类的准确性

分类编目的过程也是了解图书内容的过程，在此过程中编目员翻阅图书文献，对于没有日语背景的工作人员来说，日文最大的优点就是正式的文献中会有大量汉字有助于得到内容的信息，如果再配以图片等信息，就能获得比较正确的内容信息。以此来保证我们完成回溯建库后，日文文献的内容都是积极健康向上的。了解日文图书的内容，结合《中国图书分类法》，给出相对应的准确的分类号。这就可以保证回溯建库后，所有日文文献分类的准确性。

2. 充分利用外部数据源

在网络高速发展和普及的今天，图书馆的编目工作可以借助网络化为各类文献的编目利用外部数据源提供了条件。回溯建库中最难的编目工作的难度得到减轻，效率和质量也大大提高。增加了书目数据的规范化。利用外部数据源，就是指我们在编目工作中可以套录利用本馆外的标准而规范的数据。在回溯工作过程中用到最多的是 CALIS 联合目录，可以通过 Z39.50 客户端在 CALIS 联合目录中查询是否有可利用数据源。

3. 找到输入日文的好方法

在套录不到外部源数据的情况下，需要对日文书目进行原始编目。书名、作者等必须输入的内容都是日文，因为对日语不熟悉，因此对日文键盘也无法做到盲打，笔者建议在百度搜出平假名、片假名制作文档，从文档中拷贝粘贴，可以做到效率更高。

三、建立日文文献回溯建库相关工作规则

1. 日文图书分类原则

日文图书分类依《中国图书分类法》第 5 版为分类标准。根据学校专业设置情况，对《中国图书分类法》使用做适当调整，以适应本馆分编工作需要。规定分类级次，分类要详细，但根据日文图书数量，要控制在 6 级以内，保障精细类目之下的文献量。

2. 日文著录模板采用专用模板——03 日文著录模版

种次号与中西文区分开单独排序，日文模板必备字段见表 1。

表 1　日文模板必备字段列表（其他字段有则必备）

字段名称	字段	标识符	内容
头标区			ctrl+u 自动生成
记录版次标识	005		系统自动生成

续表

字段名称	字段	标识符	内容
国际标准书号	010		＄a（ISBN） ＄dCNY 价格
一般处理数据	100		＄a（ctrl+u 自动生成，注意语种标注为"jpn"代表语种为日语，题名语系代码相去标注为"da"代表语系为日语）
作品语种	101		＄ajpn
出版国别	102		＄aJN ＄b 出版地区代码
图书编码数据	105		ctrl+u，选择相应代码
文字资料形态特征	106		＄ar（代表纸质图书）
题名与责任者	200	00	＄a 题名 ＄f 责任者（其他字段有则必备）
版本项	205		＄a 版本说明
出版发行项	210		＄a 出版、发行地 ＄c 出版、发行者名称 ＄d 出版、发行日期
载体形态项	215		＄a 页数及卷册 ＄c 图及其他细节 ＄d 尺寸或开本 ＄e 附件
丛编项	225		＄a 丛编题名
一般性附注	300		＄a 附注内容
书目附注	320		＄a 附注内容
提要或文摘	330		＄a 附注内容
丛编项	410		＄a 丛编题名
编目员补充翻译题名	541		＄a 编目员补充翻译题名 ＄zchi（翻译题名语种）
普通主题	606	#0	＄a 主标目 ＄x 主题复分 ＄y 地区复分 ＄z 年代复分（如掌握日文可用原文）
普通主题	606	#4	＄a 主标目 ＄x 主题复分 ＄y 地区复分 ＄z 年代复分（翻译以上对应各字段）
中图法分类号	690		＄a 分类号 ＄v5（版次）
人名等同责任者	701	#0	＄a 主标目 ＄4 著（著者责任）
团体名称等同责任	711	02	＄a 主标目 ＄4 著（著者责任）
记录来源字段	801		＄a CN ＄c 编目机构代码 ＄c 编目日期

注　1. 其他未列出字段参见 CALIS 联机合作编目手册（上）有则必备。
　　2. 所以字符在西文半角状态下录入。

3. 索书号的编制

由文种号、分类号、种次号三个方面组成。Japan 的语种简称是 J, 这一标志著于索书号第一排, 示意图及示例如下:

语种		J
分类号		B83
种次号		2
示意图		示例

四、如何利用原有数据

1. 原有数据为规范数据的利用

由于很多成员馆日文图书的编目也不是很规范, 很多数据无法套录, 如果本馆的数据采用的是 CNMARC, 很多信息是可以利用的, 而且基本字段与日文图书也是一一对应的, 但因为记录控制号为中文图书以 01 开头, 所以可以直接套录 MARC 稍加修改即可; 如原有数据为西文化 USMARC, 也可以直接套录 MARC, 修改字段名称、字段代码、指示等与日文图书一致即可。然后再把两条数据做一个馆藏合并即可, 然后就可以自动升成单独排序的日文种次号。

2. 原有数据为不规范数据的利用

在回溯建库过程中, 发现很多数据为对应性错误的数据, 但数据里边的内容又是可以利用的数据。举例说明: 数据为 USMARC 西文图书记录控制号以 02 开头, 但数据内容是按 CNMARC 编目的, 这样使用相关检索条件在主书目库中检索不到, 但用登录号是可以检索出来, 只是在主书目库检索里显示的是空白数据, 反过来数据为 CNMARC 中文图书, 记录控制号以 01 开头, 但数据内容是按 USMARC 编目的数据也在系统中大量存在, 这种数据对应性错误也是回溯建库里重要的一个工作。如何利用这部分数据是需要编目人员掌握一定的技术要求的, 首先, 编目人员根据数据的对应性原则做对应性修改, 保证可以在原始编目检索出来才可以套录使用。比如, USMARC 的数据内容用 CNMARC 编目, 需要拷贝 "中文题名 200" 字段的内容, 粘贴到新增加字段 "西文题名 245", 保存时把校验模版换成 "01 中文模板", 这样才能保证该条数据既满足可以用题名检索的要求, 又不因著录未满足西文图书的要求而出现无法保存的状况。如此操作后就可以在原始编目中检索到该条数据, 进行套录修改为日文图书 MARC 数据。

五、结语

日文文献回溯建库工作是一个比较复杂而且难度较大的工作, 在工作之初要确立回溯方案, 而在工作中根据实际情况不断调整工作方法, 总结出相关的实践工作经验, 以期与广大同仁共同分享[3]。

参考文献

[1] 殷根瑛. 日文图书回溯建库探讨[J]. 图书馆研究与工作, 2009 (1): 49-53.

[2] 贾勇．网络环境下日文文献编目的路径与利弊[J]．图书馆学刊，2007（3）：131-132.
[3] 胡静．日文文献回溯建库的思考与实践：以贵州大学图书馆为例[J]．高校科技，2018（2）：67-68.